CONSEJOS SOBRE EL RÉGIMEN ALIMENTICIO
ELENA G. DE WHITE

"¡Bienaventurada tú, tierra, cuando tu rey

es hijo de nobles, y tus príncipes comen

a su hora, para reponer sus fuerzas y no

para beber!" Ecl. 10:17.

Carta- Declaración procedente de los archivos de manuscritos de Elena G. de White*
C.H.- Counsels on Health
C.M.- Consejos para los maestros
C.T.B.H.-Christian Temperance and Bible Hygiene (Temperancia cristiana e higiene bíblica)*
D.T.G.- El Deseado de todas las gentes
Ed.-La educación
E.from U.T.-Extracts from Unpublished Testimonies in Regard to Flesh Foods (Extractos de testimonios inéditos relativos a la carne como alimento)*
F.E.-Fundamentals of Christian Education (Fundamentos de la educación cristiana)
G.W.-Gospel Workers (Obreros evangélicos), edición inglesa antigua.
H. to L.- How to Live (Cómo vivir) (seis folletos)*
J.T., 1- Joyas de los testimonios, tomo 1
L. and T.-Life and Teachings of Ellen G. White (Vida y enseñanzas de Elena G. de White)
M.C.-El ministerio de curación 12
M.M.-Medical Ministry (Ministerio médico)
MS.-Manuscrito: declaración tomada de los archivos de manuscritos de Elena G. de White*
M.S., 1-Mensajes selectos, tomo 1.
0.E.-Obreros evangélicos
P.V.G.M.-Palabras de vida del gran Maestro (Christ Object Lessons)
R.& H.-Review and Herald*
Sp. Gifts IV- Spiritual Gifts (Dones espirituales), Vol. IV* (Existen también referencias al mismo libro bajo el título Facts of Faith, tomo II)
1 T-Testimonies for the Church (Testimonios para la iglesia [de la serie en inglés de 9 volúmenes]), tomo I
Y. I.-Youth's Instructor*

SECCIÓN I Razones de la Reforma
Para la gloria de Dios

1.* Se nos concede una sola vida; y la pregunta que cada uno debe hacerse es: "¿Cómo puedo invertir mis facultades de manera que rindan el mayor provecho? ¿Cómo puedo hacer más para la gloria de Dios y el beneficio de mis semejantes?" Pues la vida es valiosa sólo en la medida en que se la usa para el logro de estos propósitos.

Nuestro primer deber hacia Dios y nuestros semejantes es el desarrollo individual. Cada facultad con que el Creador nos ha dotado debemos cultivarla hasta el más alto grado de perfección, para realizar la mayor suma de bien de la cual seamos capaces. Por tanto, está bien invertido el tiempo que se usa en la adquisición y la preservación de la salud física y mental. No podemos permitirnos empequeñecer o inhabilitar ninguna función del cuerpo o de la mente. Con la misma seguridad con que lo hagamos, deberemos sufrir las consecuencias.

ESCOGER LA VIDA O LA MUERTE

Cada hombre tiene la oportunidad, en alto grado, de hacer de sí mismo lo que elija ser. Las bendiciones de esta vida, y también las del estado inmortal, están a su alcance. Puede él formar un carácter de gran excelencia, y adquirir nueva fuerza a cada paso. Puede avanzar diariamente en conocimiento y sabiduría, consciente de que el progreso le proporcionará nuevas delicias, y añadir una virtud a otra, 16 una gracia a otra. Sus facultades mejorarán con el uso; cuanto más sabiduría obtenga, mayor será su capacidad para adquirir más aún, su inteligencia, conocimiento y virtud se desarrollarán así para adquirir mayor fuerza y más perfecta simetría.

Por otra parte, puede permitir que sus facultades se herrumbren por falta de uso, o que sean pervertidas por malos hábitos, y por falta de dominio propio o de vigor moral y religioso. Entonces marcha hacía abajo; es desobediente a la ley de Dios y a las leyes de la salud. El apetito lo domina. La inclinación lo desvía. Le resulta más fácil permitir que los poderes del mal, que están siempre activos, lo arrastren hacia atrás que luchar contra ellos y avanzar. Sigue luego la disipación, la enfermedad y la muerte. Esta es la historia de muchas vidas que podrían haber sido útiles en la causa de Dios y la humanidad.

Buscad la perfección

2*. Dios quiere que alcancemos el ideal de perfección hecho posible para nosotros por el don de Cristo. Nos invita a escoger el lado de la justicia, a ponernos en relación con los agentes celestiales, a adoptar principios que restaurarán en nosotros la imagen divina. En su Palabra escrita y en el gran libro de la naturaleza ha revelado los principios de la vida. Es tarea nuestra conocer estos principios y por medio de la obediencia cooperar con Dios en restaurar la salud del cuerpo tanto como la del alma.

3*. El organismo vivo es propiedad de Dios; le pertenece por el derecho que le confieren la creación y la redención. Por lo tanto, por el empleo equivocado de cualquiera de nuestras facultades, despojarnos a Dios del honor que le debemos. 17

Un asunto de obediencia

4*. La obligación que tenemos para con Dios de presentarle cuerpos limpios, puros y sanos, no se comprende.

5*. El dejar de cuidar la maquinaria viviente es un insulto infligido al Creador. Existen reglas divinamente establecidas que, si se observan, guardarán a los seres humanos de la enfermedad y la muerte prematura.

6*. Una razón por la cual no disfrutamos de más bendiciones del Señor, es que no prestamos atención a la luz que le ha placido darnos con respecto a las leyes de la vida y la salud.

7*. Dios es tan ciertamente el autor de las leyes físicas como lo es de la ley moral. Su ley está Escrita con su propio dedo sobre cada nervio, cada músculo y cada facultad que ha sido confiada al hombre.

8* El Creador del hombre ha dispuesto la maquinaria viviente de nuestro cuerpo. Toda función ha sido hecha maravillosa y sabiamente. Y Dios se ha comprometido a conservar esta maquinaria humana marchando en forma saludable, si el agente humano quiere

obedecer las leyes de Dios y cooperar con él. Toda ley que gobierna la maquinaria humana ha de ser considerada tan divina en su origen, en su carácter y en su importancia como la Palabra de Dios. Toda acción descuidada y desatenta, todo abuso cometido con el maravilloso mecanismo del Señor, al desatender las leyes específicas que rigen la habitación humana, es 18 una violación de la ley de Dios. Podemos contemplar y admirar la obra de Dios en el mundo natural, pero la habitación humana es la más admirable.
[El pecado de seguir una conducta que gaste innecesariamente la vitalidad u oscurezca el cerebro -194]

9* Es tan ciertamente un pecado violar las leyes de nuestro ser como lo es quebrantar las leyes de los Diez Mandamientos. Hacer cualquiera de ambas cosas es quebrantar los principios de Dios. Los que transgreden la ley de Dios en su organismo físico, tendrán la inclinación a violar la ley de Dios pronunciada desde el Sinaí.
[Véase también 63]

Nuestro Salvador advirtió a sus discípulos que inmediatamente antes de su segunda venida existiría un estado de cosas muy similar al que precedió al diluvio. El comer y beber sería llevado al exceso, y el mundo se entregaría al placer. Este estado de cosas es el que existe hoy. El mundo está mayormente entregado a la complacencia del apetito; y la disposición a seguir costumbres mundanas nos esclavizará a hábitos pervertidos: hábitos que nos harán más y más semejantes a los moradores de Sodoma que fueron condenados. Me he admirado de que los habitantes de la tierra no hayan sido destruidos, como la gente de Sodoma y Gomorra. Veo que existe suficiente razón que explica el estado de degeneración y mortalidad imperante en el mundo. La pasión ciega controla la razón, y en muchos casos toda consideración elevada es sacrificada a la lujuria.

El conservar el cuerpo en una condición sana, a fin de que todas las partes de la maquinaria viva actúen armoniosamente, debe ser el estudio de nuestra vida. Los hijos de Dios no pueden glorificarlo a él con cuerpos enfermos o mentes enanas. Los que se complacen en cualquier clase 19 de intemperancia, ora sea en el comer o beber, malgastan su energía física y debilitan su poder moral.

10* Puesto que las leyes de la naturaleza son las leyes de Dios, sencillamente es nuestro deber dar a estas leyes un estudio cuidadoso. Debemos estudiar sus requerimientos con respecto a nuestros propios cuerpos, y conformarnos a ellos. La ignorancia en estas cosas es pecado.
[La ignorancia voluntaria aumenta el pecado- 53]

"¿No sabéis que vuestros cuerpos son miembros de Cristo?" "¿O ignoráis que vuestro cuerpo es templo del Espíritu Santo, el cual está en vosotros, el cual tenéis de Dios, y que no sois vuestros? Porque habéis sido comprados por precio; glorificad, pues, a Dios en vuestro cuerpo y en vuestro espíritu, los cuales son de Dios" (1 Cor. 6:15, 19, 20). Nuestros cuerpos son la propiedad adquirida por Cristo, y no estamos en libertad de hacer con ellos como nos parezca. El hombre ha hecho esto. Ha tratado su cuerpo como si las leyes que lo rigen no tuvieran ninguna penalidad. Debido al apetito pervertido, sus órganos y facultades se han debilitado, se han enfermado y se han inutilizado. Y estos resultados que Satanás ha producido con sus propias tentaciones especiosas, los usa para vituperar a Dios. El presenta ante Dios el cuerpo humano que Cristo ha comprado como su propiedad; ¡y qué repugnante representación de su Creador es el hombre! Debido a que el hombre ha pecado contra su cuerpo, y ha corrompido sus costumbres, Dios resulta deshonrado.

Cuando los hombres y las mujeres se convierten de verdad, respetan concienzudamente las leyes de la vida que Dios ha establecido en su ser, y así tratan de evitar la debilidad física, mental y moral. La obediencia a estas leyes ha de convertirse en un deber personal. Nosotros mismos debemos sufrir los males producidos por la violación de la 20 ley. Debemos dar cuenta a Dios por nuestros hábitos y prácticas. Por lo tanto, la pregunta que debemos hacernos no es: "¿Qué dirá el mundo?" sino "¿Cómo trataré yo, que pretendo ser un cristiano, la habitación que Dios me ha dado? ¿Trabajaré para lograr mi más alto bien temporal y espiritual al guardar mi cuerpo como templo para la morada del Espíritu Santo, o me abandonaré a las ideas y prácticas del mundo?"

Penalidad de la ignorancia

11.* Dios ha establecido leyes que gobiernan nuestra constitución, y estas leyes que él ha implantado en nuestro ser son divinas, y para cada transgresión existe una penalidad, que ha de cumplirse tarde o temprano. La mayor parte de las enfermedades que han hecho sufrir y que están haciendo padecer a la humanidad, han sido creadas por los hombres debido a la ignorancia de las leyes básicas que rigen su propio organismo. Parecen indiferentes en materia de salud, y trabajan con perseverancia para despedazarse, y cuando están quebrantados y, debilitados corporal y mentalmente, mandan a buscar al médico y se acarrean la muerte con las drogas.*

No siempre son ignorantes

12*. Cuando se habla con algunas personas acerca del tema de la salud, a menudo dicen: "Sabemos actuar mucho mejor de lo que lo hacemos". No se dan cuenta de que son responsables de todo rayo de luz recibido con respecto a su bienestar físico, y que todos sus hábitos están abiertos a la inspección de Dios. La vida física no ha de ser tratada de manera fortuita o descuidada. Todo órgano, toda fibra del 21 ser, han de ser sagradamente preservados de prácticas dañinas.

La responsabilidad por la luz

13*. En el tiempo en que brilló sobre nosotros la luz de la reforma pro salud, y desde ese tiempo en adelante, la pregunta siempre presente ha sido ésta: "¿Estoy yo practicando la verdadera temperancia en todas las cosas?" "¿Es tal mi régimen alimenticio que me pondrá en una posición en la cual pueda realizar la mayor suma de bien?" Si no podemos contestar estas preguntas en forma positiva, aparecemos condenados delante de Dios, porque él nos tendrá por responsables de la luz que ha brillado sobre nuestro sendero. Dios nos ha tolerado durante el tiempo de nuestra ignorancia, pero tan pronto como la luz brilla sobre nosotros, él nos exige que cambiemos nuestros hábitos destructores de la salud, y que nos coloquemos, en la debida relación con las leyes físicas.

14*. La salud es un tesoro. De todas las posesiones temporales es la más preciosa. La riqueza, el saber y el honor se adquieren a un precio elevado, cuando se obtienen a costa de la pérdida del vigor de la salud. Pero ninguna de estas cosas puede asegurar la felicidad, si la salud llega a faltar. Abusar de la salud que Dios nos ha dado es un terrible pecado; tales abusos nos debilitan para la vida y nos hacen perdedores, cualquiera sea el grado de educación que alcancemos por ese medio.

[Ejemplos de sufrimiento debido al descuido de la luz -119, 204]

15*. Dios ha provisto pródigamente para la subsistencia y la felicidad de todas sus criaturas; si sus leyes nunca fueran 22 violadas, si todos los seres humanos actuaran de acuerdo con la voluntad divina, el resultado sería la salud, la paz y la felicidad, en lugar de la miseria y el mal permanente.

16*. Una cuidadosa conformidad de nuestra parte con las leyes que Dios ha implantado en nuestro ser, asegurara la salud, y no se producirá un quebrantamiento de la constitución.
[La reforma pro salud como medio que el Señor tiene para aminorar el sufrimiento -788]

Una ofrenda sin tacha

17*. En el servicio judaico antiguo se exigía que todo sacrificio fuera sin tacha. En el texto se nos dice que presentemos nuestros cuerpos como sacrificio vivo, santo, aceptable a Dios, que es nuestro racional culto. Somos la obra de Dios. El salmista, al meditar en la obra maravillosa de Dios revelada en la estructura humana, exclamó: "Asombrosa y maravillosamente he sido formado" (Sal. 139:14, VM). Hay muchas personas que se educan en las ciencias y se familiarizan con la teoría de la verdad, pero no entienden las leyes que gobiernan su propio ser. Dios nos ha dado facultades y talentos; y es nuestro deber, como hijos e hijas de Dios, hacer el mejor uso de ellos. Si debilitamos estas facultades de la mente o del cuerpo por medio de hábitos erróneos o por la complacencia de un apetito pervertido, será imposible que honremos a Dios como debiéramos.

18*. Dios exige que el cuerpo le sea presentado como sacrificio vivo, no como sacrificio muerto o moribundo. Las ofrendas de los antiguos hebreos debían ser sin tacha, ¿y será agradable para Dios aceptar una ofrenda humana llena 23 de enfermedad y corrupción? El nos dice que nuestro cuerpo es el templo del Espíritu Santo; y nos exige que cuidemos este templo, a fin de que sea una habitación adecuada para su Espíritu. El apóstol Pablo nos da esta amonestación: "No sois vuestros, porque habéis sido comprados por precio; glorificad, pues, a Dios en vuestro cuerpo y en vuestro espíritu, los cuales son de Dios" (1 Cor. 6: 19, 20). Todos deben ser muy cuidadosos para preservar el cuerpo en la mejor condición de salud posible, a fin de que puedan rendir a Dios un servicio perfecto, y cumplir su deber en la familia y en la sociedad.

Una ofrenda despreciable

19*. Debe obtenerse conocimiento con respecto a cómo comer, beber y vestirse como para preservar la salud. La enfermedad es causada por la violación de las leyes de la salud; es el resultado de infringir las leyes de la naturaleza. Nuestro primer deber, un deber que tenemos para con Dios, hacia nosotros mismos y con nuestros semejantes, es obedecer las leyes de Dios, que incluyen las leyes de la salud. Si estamos enfermos, imponemos una carga cansadora a nuestros amigos y nos descalificamos para cumplir nuestros deberes hacia la familia y los vecinos. Y cuando la muerte prematura es el resultado de nuestra violación de la ley natural, acarreamos dolor y sufrimiento a los demás; privamos a nuestros vecinos de la ayuda que debiéramos darles mientras vivimos; despojamos a nuestras familias del bienestar y la ayuda que debiéramos darles, y privamos a Dios del servicio que él reclama de nosotros para hacer progresar su gloria. ¿No somos, pues, transgresores de la ley de Dios y en el peor sentido?

Pero Dios es muy piadoso, bondadoso y tierno, y cuando la luz les llega a los que han perjudicado su salud por complacencias pecaminosas, y ellos se convencen de pecado, 24 y se arrepienten y buscan el perdón, él acepta la pobre ofrenda que le presentan y los recibe. ¡Oh, cuán tierna es la misericordia que él manifiesta al no rechazar lo que queda de la vida, de la cual ha abusado el sufriente y arrepentido pecador! En su bondadosa misericordia, salva a estas almas, como si fuera por fuego. ¡Pero cuán inferior y despreciable sacrificio, en el mejor de los casos, es éste para ofrecer a un Dios puro y santo! Las facultades nobles han sido paralizadas por hábitos erróneos de pecaminosa complacencia. Las aspiraciones están pervertidas, y el alma y el cuerpo desfigurados.

El porqué de la luz de la reforma pro salud

20*. El Señor ha permitido que su luz brillara sobre nosotros en estos últimos días, para que la oscuridad y las tinieblas que se han estado juntando en las pasadas generaciones debido a una complacencia pecaminosa, pudieran ser en cierto grado despejadas, y para que el tren de los males que han resultado debido a la intemperancia en él comer y en el beber, pudiera ser disminuido.

El Señor proyectó con sabiduría colocar a su pueblo en una posición en, que se separara del mundo en espíritu y práctica, y en que sus hijos no fueran inducidos con tanta facilidad, a la idolatría, mancillándose con las corrupciones prevalecientes de su época. Es el propósito de Dios que los padres creyentes, y sus hijos se presenten como representantes vivos de Cristo, candidatos para la vida eterna. Todos los que son participantes de la naturaleza divina escaparán a la corrupción: que está en el mundo por la concupiscencia. Es imposible que los que gratifican el apetito alcancen la perfección cristiana.

21*. Dios ha permitido que la luz de la reforma pro salud brillara sobre nosotros en estos días finales, para que 25 andando en la luz escapemos a muchos de los peligros: a que estaremos expuestos. Satanás está obrando con gran poder para inducir a los hombres a dar rienda suelta al apetito, a gratificar la inclinación y a gastar sus días con descuidada insensatez. Presenta las atracciones de una vida de disfrute egoísta y de complacencia sensual. La intemperancia absorbe las energías tanto de la mente como del cuerpo. El que es así vencido, se ha colocado en el terreno de Satanás, donde será tentado y molestado, y finalmente dominado a gusto por el enemigo de toda justicia.

22*. A fin de preservar la salud, se necesita la temperancia en todas las cosas: temperancia en el trabajo, temperancia en el comer y en el beber. Nuestro Padre celestial envió la luz de la reforma pro salud como protección contra los males resultantes de un apetito degradado, a fin de que los que aman la pureza y la santidad sepan cómo usar con discreción las buenas cosas que él ha provisto para ellos, y a fin de que por el ejercicio de la temperancia en la vida diaria, puedan ser santificados por medio de la verdad.

23*. Téngase siempre presente que el gran objeto de la reforma higiénica es asegurar el más alto desarrollo posible de la mente, el alma y el cuerpo. Todas las leyes de la naturaleza -que son las leyes de Dios- han sido ideadas para nuestro bien. Su obediencia promoverá nuestra felicidad en esta vida, y nos ayudará a preparemos para la vida futura.

La importancia de los principios de la salud.

24*. Se me ha mostrado que los principios que nos fueron dados en los primeros días de este mensaje no han perdido su importancia, y debemos tenerlos en cuenta tan concienzudamente 26 como entonces. Hay algunos que jamás han seguido la luz dada en cuanto al régimen. Ya es tiempo de sacar la luz de debajo del almud para que resplandezca con toda su fuerza.

Los principios del sano vivir tienen una gran importancia para nosotros como individuos y como pueblo...

Todos somos probados en este tiempo. Hemos sido bautizados en Cristo; y si estamos dispuestos a separarnos de todo aquello que tienda a degradarnos y a hacernos lo que no debemos ser, recibiremos fuerza para crecer en Cristo, nuestra cabeza viviente, y veremos la salvación de Dios.

Sólo cuando demostremos ser inteligentes tocante a los principios de una vida sana, podremos discernir los males que resultan de un régimen alimenticio impropio. Aquellos que, habiéndose impuesto de sus errores, tengan el valor de modificar sus costumbres, encontrarán que la reforma exige luchas y mucha perseverancia. Pero una vez que hayan adquirido gustos sanos, verán que el consumo de la carne, en el que antes no veían mal alguno, preparaba lenta pero seguramente la dispepsia y otras enfermedades.

A la vanguardia de los reformadores

25*. Los adventistas del séptimo día manejan verdades trascendentales. Hace más de cuarenta años que el Señor nos dio luces especiales sobre la reforma pro salud; pero, ¿cómo seguimos en esa luz? ¡Cuántos hay que han rehusado poner su vida en armonía con los consejos de Dios! Como pueblo, debiéramos realizar progresos proporcionales a la luz que hemos recibido. Es deber nuestro comprender y respetar los principios de la reforma pro salud. En el asunto de la temperancia, deberíamos dejar muy atrás a todos los demás; sin embargo, hay en nuestras iglesias miembros a quienes las instrucciones no han faltado, y hasta predicadores, que demuestran poco respeto por la luz que 27 Dios nos ha dado tocante a este asunto. Comen según sus gustos y trabajan como mejor les parece.

Colóquense los maestros y directores de nuestra obra firmemente sobre el terreno bíblico en lo que se refiere a la reforma pro salud, y den un testimonio definido a los que creen que vivimos en los últimos tiempos de la historia de este mundo. Debe haber una línea de separación entre los que sirven a Dios y los que se complacen a sí mismos.

26*. ¿Andarán a la zaga de los religiosos entusiastas de estos días, que no tienen fe en la pronta aparición de nuestro Salvador, los que están "aguardando la esperanza bienaventurada y la manifestación gloriosa de nuestro gran Dios y Salvador Jesucristo, quien se dio a sí mismo por nosotros para redimirnos de toda iniquidad y purificar para sí un pueblo propio, celoso de buenas obras" ? (Tito 2: 13, 14). El pueblo peculiar que Dios está purificando para sí, a fin de trasladarlo al cielo sin ver la muerte, no debe estar a la zaga de otros en buenas obras. En sus esfuerzos por limpiarse a sí mismos de toda contaminación de la carne y del espíritu, perfeccionando la santidad en el temor de Dios, deben estar tanto más adelantados que toda otra clase de personas sobre la tierra, cuanto es más exaltada su profesión que la de otros.

La reforma pro salud y la oración por el enfermo

27*. Para obtener y conservar la pureza, los adventistas del séptimo día deben tener el Espíritu Santo en sus corazones y en sus familias. El Señor me ha mostrado que cuando el Israel de hoy se humille delante de él y quite toda inmundicia del templo de su alma, Dios escuchará sus oraciones en favor de los enfermos y dará eficacia a los reme 28 dios empleados contra la enfermedad. Cuando el agente humano haga con fe cuanto pueda para combatir la enfermedad por los sencillos métodos de tratamiento que Dios indicó, el Señor bendecirá estos esfuerzos.

Si después de habérsele dado tanta luz, el pueblo de Dios continúa fomentando sus malas costumbres y sigue complaciendo sus apetitos en oposición a la reforma, sufrirá las consecuencias inevitables de la transgresión. Dios no salvará milagrosamente de las consecuencias de sus faltas a aquellos que están resueltos a satisfacer a toda costa su apetito pervertido. Les advirtió: "En dolor seréis sepultados" (Isa. 50: 11).

Los presuntuosos que dicen: "El Señor me ha sanado; no tengo necesidad de restringir mi alimentación; puedo comer y beber según me plazca", necesitarán muy pronto, en su cuerpo y en su alma, el poder sanador de Dios. El hecho de que el Señor os haya curado misericordiosamente no es una razón para pensar que podéis seguir las prácticas del mundo. Obedeced a la orden que Cristo daba después de sus curaciones: "Vete, y no peques más" (Juan 8:11). El apetito no debe ser vuestro dios.

28*. La reforma pro salud es una rama de la obra especial de Dios en beneficio de su pueblo...

Vi que la razón por la cual Dios no escuchó más plenamente las oraciones de sus siervos en favor de los enfermos que hay entre nosotros, es que él no podía ser glorificado al hacer tal cosa mientras estuviéramos violando las leyes de la salud. También vi que él ha dispuesto que la reforma pro salud y el Instituto de Salud prepararan el camino para que la oración de fe fuera plenamente contestada. La fe y las buenas obras deben ir mano a mano para aliviar a los afligidos que se hallan entre nosotros, a fin de hacerlos idóneos para glorificar a Dios aquí y salvarlos a la venida de Cristo. 29

29*. Muchos han esperado que Dios los preservara la enfermedad meramente porque le pidieron que lo hiciera. Pero Dios no escuchó sus oraciones, porque su fe no se perfeccionó por medio de las obras. Dios no obrará un milagro para preservar de la enfermedad a aquellos que no se cuidan a sí mismos, sino que están continuamente violando las leyes de la salud, y que no hacen ningún esfuerzo para prevenir la enfermedad. Cuando hacemos todo lo que está de nuestra parte para tener salud, entonces podemos esperar que sigan benditos resultados, y podemos pedir a Dios con fe que bendiga nuestros esfuerzos para la preservación de la salud. El entonces contestará nuestra oración, si su nombre puede ser glorificado por ello. Pero entiendan todos que tienen una obra que hacer. Dios no obrará de una manera milagrosa para preservar la salud de personas que están siguiendo una conducta que los lleva con seguridad a la enfermedad, por su descuido y falta de atención de las leyes de la salud.

Los que gratifiquen su apetito, y entonces sufran por su intemperancia, y tomen drogas para aliviarse, pueden estar seguros de que Dios no intervendrá para salvar la salud y la vida que se puso en peligro en forma tan temeraria. La causa ha producido su efecto. Muchos, como último recurso, siguen la instrucción de la Palabra de Dios, y solicitan las oraciones de los ancianos de la iglesia para la restauración de su salud. Dios no ve conveniente contestar oraciones ofrecidas en favor de tales personas, porque él sabe que si su salud fuera restablecida, ellos la sacrificarían de nuevo sobre el altar de un apetito malsano.

[Véase también 713]

Una lección aprendida del fracaso de Israel

30*. El Señor prometió al antiguo Israel que lo preservaría de todas las enfermedades con que había afligido a los 30 egipcios, si tan sólo quería permanecer en él y hacer todo lo que exigiera; pero su promesa tenía la obediencia por condición. Si los israelitas hubiesen seguido las instrucciones dadas y sacado provecho de sus ventajas, hubiesen llegado a ser una lección objetiva para el mundo, por su salud y su prosperidad. Los israelitas no realizaron el propósito divino y perdieron así las bendiciones que les eran reservadas. Sin embargo, en José y en Daniel, en Moisés y en Elías, como en otros muchos casos, tenemos nobles ejemplos de los resultados que pueden obtenerse viviendo conforme a las verdaderas normas. La misma fidelidad producirá hoy día los mismos resultados. A nosotros se aplican estas palabras: "Mas vosotros sois linaje escogido, real sacerdocio, gente santa, pueblo adquirido, para que anunciéis las virtudes de aquel que os ha llamado de las tinieblas a su luz admirable" (1 Ped. 2:9).

31*- Si los israelitas hubiesen obedecido las instrucciones recibidas y aprovechado sus ventajas, hubieran dado al mundo una verdadera lección objetiva de salud y prosperidad. Si como pueblo hubieran vivido conforme al plan de Dios, habrían sido preservados de las enfermedades que afligían a las demás naciones. Más que ningún otro pueblo, hubieran tenido fuerza física e intelectual.

[Véase también 641-644]

La carrera cristiana

32* "¿No sabéis que los que corren en el estadio, todos a la verdad corren, pero uno solo se lleva el premio? Corred de tal manera que lo obtengáis. Todo aquel que lucha, de todo se abstiene; ellos, a la verdad, para recibir una corona corruptible, pero nosotros, una incorruptible" (1 Cor.9:24, 25). 31

Aquí se establecen los buenos resultados del dominio propio y los hábitos temperantes. Los diversos juegos atléticos instituidos entre los antiguos griegos en honor de sus dioses, nos son presentados por el apóstol Pablo para ilustrar la lucha espiritual y su recompensa. Los que debían participar en estos juegos eran entrenados en base a la más severa disciplina. Toda complacencia que tendía a debilitar las facultades físicas era prohibida. Los alimentos de lujo y el vino eran excluidos, a fin de promover el vigor, la fortaleza y la resistencia física.

El ganar el premio por el cual luchaban -una guirnalda de flores corruptible, conseguida en medio del aplauso de la multitud- era considerado como el más alto honor. Si tanto podía soportarse, y tanta abnegación practicarse con la esperanza de obtener un premio de tan poco valor, que en el mejor de los casos podía ser logrado sólo por uno, ¡cuánto mayor no debe ser el sacrificio, cuánto más voluntaria la abnegación para ganar una corona incorruptible, para conquistar la vida eterna!

Hay una obra que debemos hacer: una obra dura, ferviente. Todos nuestros hábitos, nuestros gustos e inclinaciones deben ser educados de acuerdo con las leyes de la vida y la salud. Por este medio debemos obtener las mejores condiciones físicas, y tener claridad mental para discernir entre el bien y el mal.

El ejemplo de Daniel

33*-Para entender correctamente el tema de la temperancia, debemos considerarlo desde un punto de vista bíblico; y en ninguna parte podemos encontrar una ilustración más abarcante y llena de fuerza de la verdadera temperancia y de las bendiciones que la acompañan, que la que nos presenta la historia del profeta Daniel y sus asociados hebreos en la corte de Babilonia... 32

Dios siempre honra lo recto. Se habían reunido en Babilonia los jóvenes más promisorios de todos los países sometidos por el gran conquistador, y sin embargo entre todos ellos, los cautivos hebreos no tenían rival. La forma erguida, el paso firme y elástico, el rostro despejado, la inteligencia clara y el aliento puro -todas estas cosas eran certificado de buenos hábitos- constituían una insignia de nobleza con la cual la naturaleza honra a los que son obedientes a sus leyes.

La historia de Daniel y sus compañeros ha sido recordada en las páginas de la Palabra inspirada para beneficio de los jóvenes de todas las edades sucesivas. Lo que algunos hombres han hecho, otros hombres pueden hacerlo. ¿Permanecieron estos jóvenes hebreos firmes en medio de grandes tentaciones, y presentaron un noble testimonio en favor de la verdadera temperancia? Los jóvenes de nuestros días pueden dar un testimonio similar. Haríamos bien en pensar en la lección que se presenta aquí. Nuestro peligro no radica en la escasez, sino en la abundancia. Estamos siempre tentados a los excesos. Los que quieran preservar sus facultades intactas para el servicio de Dios, deben observar una estricta temperancia en el uso de los productos de la generosidad divina, así como abstenerse completamente de toda complacencia perjudicial o degradante.

La generación naciente está rodeada de seducciones calculadas para tentar el apetito. Especialmente en nuestras grandes ciudades, toda forma de complacencia es facilitada y presentada como atractiva. Aquellos que, a semejanza de Daniel, rehusen mancillarse a sí mismos, cosecharán la recompensa de sus hábitos de temperancia. Con su mayor vigor físico y su poder de resistencia incrementado, tienen un depósito bancario del cual pueden retirar en caso de emergencia.

Los hábitos físicos correctos promueven la superioridad mental. El poder intelectual, la fuerzas física y la longevidad dependen de leyes inmutables. Este no es un problema 33 de azar o de casualidad. El Dios de la naturaleza no intervendrá para salvar a los hombres de las consecuencias de violar las leyes de la naturaleza. Existe mucha verdad genuina en el adagio: "Todo hombre es el arquitecto de su propio destino". Si bien los padres son responsables de la estampa del carácter así como de la educación y preparación de sus hijos e hijas, es cierto sin embargo que nuestra posición y utilidad en el mundo depende, en gran medida, de nuestra propia conducta. Daniel y sus compañeros disfrutaron los beneficios de la debida preparación y educación en los primeros años de la vida, pero estas ventajas de por si no los habrían hecho lo que fueron. Llegó el tiempo en que debían actuar por sí mismos: cuando su futuro dependía de su propia conducta. Entonces decidieron ser leales a las lecciones que les fueron enseñadas en la niñez. El temor de Dios, que es el principio de la sabiduría, fue el fundamento de su grandeza. El Espíritu de Dios fortaleció todo verdadero propósito, toda noble resolución.

34*.Los jóvenes [Daniel, Ananías, Misael y Azarías] que asistían a esta escuela de preparación no solamente debían ser admitidos en el palacio real sino que también se dispuso que comieran de la carne y bebieran del vino que venían de la mesa del rey. En todo esto el rey consideraba qué estaba no sólo concediéndoles un gran honor, sino además asegurándoles el mejor desarrollo físico y mental que pudieran lograr.

Entre las viandas que se colocaban ante el rey había carne de cerdo y otras carnes declaradas inmundas por la ley de Moisés. Se había prohibido expresamente que los hebreos las comieran. Aquí Daniel fue puesto en una prueba severa. ¿Debía adherirse a las enseñanzas de sus padres sobre alimentos y bebidas, y ofender al rey, probablemente perdiendo no sólo su posición sino también su vida, o debía 34 desobedecer el mandato del Señor y retener el favor real, obteniendo de esta suerte grandes ventajas intelectuales y las más halagüeñas perspectivas mundanas?

Daniel no dudó por mucho tiempo. Decidió mantenerse firme en su integridad, fueran cualesquiera los resultados." Y Daniel propuso en su corazón no contaminarse con la porción de la comida del rey, ni con el vino que él bebía" (Dan. 1: 8).

Hay muchos, entre los profesos cristianos modernos, que podrían concluir que Daniel fue demasiado escrupuloso, y que podrían considerarlo estrecho y fanático. Creen que el asunto de comer y beber tiene demasiado poca consecuencia para exigir una posición tan decidida: una posición que comporta el probable sacrificio de toda ventaja terrena. Pero los que razonan de esta suerte hallarán, en el día del juicio, que ellos se han desviado de los expresos requerimientos de Dios, y han establecido su propia opinión como norma de lo que es correcto o incorrecto. Encontrarán que lo que les parecía sin importancia no es considerado así por Dios. Sus requerimientos deben ser obedecidos en forma inflexible. Los que aceptan y obedecen uno de sus preceptos porque resulta conveniente hacerlo, en tanto que rechazan otro porque su observancia requeriría un sacrificio, rebajan la norma de la justicia, y por su ejemplo inducen a otros a considerar livianamente la santa ley de Dios. "Así dice el Señor" ha de ser nuestra regla en todas las cosas...

El carácter de Daniel se presenta al mundo como un notable ejemplo de lo que la gracia de Dios puede hacer por los hombres caídos por naturaleza y corrompidos por el pecado. El relato sobre su vida noble y llena de sacrificio, resulta de ánimo para nuestra humanidad común. De él podemos recibir fuerza para resistir noblemente la tentación, y con firmeza, y con la gracia de la mansedumbre, defender lo recto bajo la más severa prueba.

Daniel podría haber encontrado una excusa plausible 35 para apartarse de sus hábitos estrictamente temperantes; pero la aprobación de Dios era más cara para él que el favor del más poderoso potentado terrenal: más cara aún que la vida misma. Habiendo obtenido por su conducta cortés el favor de Melsar, el oficial que estaba a cargo de los jóvenes hebreos, Daniel hizo la petición de que se le permitiera no comer de la comida del rey, o beber de su vino. Melsar temía que si accedía a este pedido, incurriría en el desagrado del rey, y así peligraría su propia vida. Como muchas personas hoy, pensaba que un régimen abstemio haría que estos jóvenes tuvieran una apariencia demacrada y enfermiza y fueran deficientes en fuerza muscular, en tanto que la lujosa comida proveniente de la mesa del rey los haría rubicundos y hermosos, y les impartiría una actividad física superior.

Daniel solicitó que el asunto fuera decidido por una prueba de diez días: los jóvenes hebreos, durante este breve período, debían tener permiso para comer alimentos sencillos, mientras sus compañeros participarían de los exquisitos manjares del rey. Finalmente el pedido les fue otorgado, y entonces Daniel se sintió seguro de que había ganado su caso. Aunque era sólo un joven, había visto los efectos perjudiciales del vino y de una vida lujuriosa sobre la salud física y mental.

Al final de los diez días el resultado vino a ser precisamente lo opuesto a lo que esperaba Melsar. No sólo en su apariencia personal, sino también en su actividad física y en su vigor mental, los que habían sido temperantes en sus hábitos revelaron poseer una notable superioridad sobre sus compañeros que habían complacido su apetito. Como resultado de esta prueba, a Daniel y a sus asociados les fue permitido continuar su régimen sencillo durante todo el curso de su preparación para los deberes del reino.

SE GANA LA APROBACIÓN DE DIOS

El Señor consideró con aprobación la firmeza y la abnegación de estos jóvenes hebreos y su bendición los acompañó. 36 "A estos cuatro muchachos Dios les dio conocimiento e inteligencia en todas las letras y ciencias; y Daniel tuvo entendimiento en toda visión y sueños" (Dan. 1:17). A la expiración de los tres años de preparación, cuando su capacidad y sus conocimientos fueron puestos a prueba por el rey, "el rey habló con ellos, y no fueron hallados entre todos ellos otros como Daniel, Ananías, Misael y Azarías; así, pues, estuvieron delante del rey. En todo asunto de sabiduría e inteligencia que el rey les consultó, los halló diez veces mejores que todos los magos y astrólogos que había en todo su reino" (Dan. 1:19, 20).

Aquí hay una lección para todos, pero especialmente para los jóvenes. El cumplimiento estricto de los requerimientos de Dios es benéfico para la salud del cuerpo y de la mente. A fin de. alcanzar la más alta norma de conquistas morales e intelectuales, es necesario buscar sabiduría y fuerza de Dios, y observar una estricta temperancia en todos los hábitos de la vida. En la experiencia de Daniel y sus compañeros tenemos un ejemplo del triunfo de los principios sobre la tentación de complacer el apetito. Esa experiencia nos muestra que por medio de los principios religiosos los jóvenes pueden triunfar sobre la concupiscencia de la carne y mantenerse leales a los requerimientos de Dios aunque les cueste un gran sacrificio. [Régimen de Daniel -117,241,242]

Falta de preparación para el fuerte clamor

35*. Me fue mostrado que la reforma pro salud es una parte del mensaje del tercer ángel, y está tan estrechamente relacionada con él como el brazo y la mano lo están con el cuerpo humano. Vi que como pueblo veremos efectuar un movimiento de avance en esta gran obra. Los ministros y el pueblo deben actuar de concierto. Los hijos de Dios no están preparados para el fuerte clamor del tercer ángel. 37 Tienen una obra que hacer en favor de sí mismos que no deben dejar para que Dios la haga por ellos. El ha reservado esta obra para que ellos la hicieran. Es una obra individual; uno no puede hacerla por otro. "Así que, amados, puesto que tenemos tales promesas, limpiémonos de toda contaminación de carne y de espíritu, perfeccionando la santidad en el temor de Dios". La glotonería es el pecado prevaleciente en esta era. El apetito pecaminoso convierte en esclavos a hombres y mujeres, entenebrece sus intelectos y entorpece sus sensibilidades morales hasta un grado tal que las sagradas y altas verdades de la Palabra de Dios no son apreciadas. Las propensiones inferiores han dominado a hombres y mujeres.

A fin de estar listos para la traslación, los hijos de Dios deben conocerse a sí mismos. Deben tener una comprensión de su propia estructura física, para que junto con el salmista puedan exclamar.- "Te alabaré; porque formidables, maravillosas son tus obras" (Sal. 139:14) Siempre deben tener el apetito en sujeción a los órganos morales e intelectuales. El cuerpo debe ser siervo de la mente, y no la mente del cuerpo.

Preparación para el refrigerio

36*. Dios exige que sus hijos se limpien a sí mismos de toda inmundicia de la carne y del espíritu, perfeccionando la santidad en el temor del Señor. Todos los que sean indiferentes y se disculpen por no hacer esta obra, esperando que el Señor haga por ellos lo que él exige que ellos hagan por sí mismos, serán hallados faltos cuando los mansos de la tierra, que han puesto por obra sus juicios, sean escondidos en el día de la ira del Señor.

Se me mostró que si el pueblo de Dios no hace esfuerzos de su parte, sino que espera que venga el refrigerio y quite sus errores y corrija sus equivocaciones; si depende de ello para limpiarse de la inmundicia de la carne y del espíritu, 38 a fin de estar preparado para empeñarse en el fuerte clamor del tercer ángel, será hallado falto. El refrigerio, o sea el poder de Dios, viene solamente sobre los que se hallan preparados para él haciendo la tarea que Dios les pide, es a saber, limpiarse a si mismos de toda inmundicia de la carne y del espíritu, perfeccionando la santidad en el temor de Dios.

Un llamado a los vacilantes

37* . El dejar de seguir los sanos principios ha echado a perder la historia del pueblo de Dios. Ha habido un descuido continuo en la reforma pro salud, y como resultado de ello Dios es deshonrado por una gran falta de espiritualidad. Se han erigido barreras que nunca se habrían visto si el pueblo de Dios hubiera andado en la luz.

¿Permitiremos nosotros, los que hemos tenido tan grandes oportunidades, que la gente del mundo se nos adelante en la reforma pro salud? ¿Rebajaremos nuestras mentes y abusaremos de nuestras facultades con una forma equivocada de comer? ¿Violaremos la santa ley de Dios siguiendo prácticas egoístas? ¿Llegará nuestra inconsecuencia a ser un objeto de oprobio? ¿Viviremos una vida tan diferente de la de Cristo que el Salvador se avergonzará de llamarnos hermanos?

¿No haremos en cambio la obra médico-misionera, que es el Evangelio en acción, viviendo de tal manera que la paz de Dios pueda dominar en nuestro corazón? ¿No quitaremos todo obstáculo que esté ante los pies de los no creyentes, recordando siempre qué es lo que cuadra a una profesión de cristianismo? Mucho mejor es abandonar el nombre de Cristo que hacer profesión y al mismo tiempo complacer los apetitos que fortalecen las pasiones no santificadas.

Dios exige que todo miembro de la iglesia dedique su vida sin reservas al servicio del Señor. El pide una reforma decidida. Toda la creación gime bajo la maldición. Los hijos 39 de Dios deben colocarse a sí mismos donde puedan crecer en la gracia, siendo santificados en cuerpo, alma y espíritu, por la verdad. Cuando rompan con toda complacencia destructora de la salud, tendrán una percepción más clara de lo que constituye la verdadera santidad. Un cambio poderoso se verá en su experiencia religiosa.

Todos son probados

38* . Es de gran importancia que hagamos individualmente nuestra parte y tengamos una comprensión inteligente de lo que debemos comer y beber, y cómo debemos vivir para preservar la salud. Todos están siendo probados para ver si aceptan los principios de la reforma pro salud o siguen una conducta de complacencia propia.

Nadie piense que puede actuar como le agrade con relación al régimen alimenticio. Antes bien, a todos los que se sientan a la mesa con vosotros, debe resultarles evidente que seguís los principios en materia de alimentación, así como en todos los demás asuntos, a fin de que la gloria de Dios sea revelada. No podéis permitiros actuar de otra suerte, porque tenéis un carácter que formar para la vida futura inmortal. Grandes responsabilidades descansan sobre toda alma humana. Comprendamos estas responsabilidades, y llevémoslas noblemente en el nombre del Señor.

A cada uno de los que son tentados a complacer el apetito quiero decirle: No ceda a la tentación, mas limítese al uso de alimentos sanos. Ud. puede educarse para gozar de un régimen saludable. El Señor ayuda a los que tratan de ayudarse a sí mismos, pero cuando los hombres no ponen especial empeño en obrar según la mente y la voluntad de Dios, ¿cómo puede él obrar por medio de ellos? Hagamos nuestra parte, obrando nuestra salvación con temor y temblor, no sea que cometamos errores en la forma de tratar nuestro cuerpo, el cual estamos, delante de Dios, en la obligación 40 de conservar en la condición más saludable posible.

La verdadera reforma es la reforma del corazón

39* . Los que quieren trabajar en el servicio de Dios no deben estar buscando gratificación mundana e indulgencia egoísta. Los médicos de nuestras instituciones deben estar imbuidos de los principios vivos de la reforma pro salud. Los hombres no serán nunca temperantes hasta que la gracia de Cristo sea un principio viviente en el corazón. Todas las promesas del mundo no lo harán a Ud. y a su esposa reformadores en materia de salud. Ninguna mera restricción de su régimen alimenticio lo curará de su apetito enfermo. El Hno. y la Hna.- no practicarán la temperancia en todas las cosas hasta que sus corazones sean transformados por la gracia de Dios.

Las circunstancias no pueden producir reformas. El cristianismo propone una reforma del corazón. Lo que Cristo obra dentro, se realizará bajo el dictado de un intelecto convertido. El plan de comenzar afuera y tratar de obrar hacia el interior siempre ha fracasado, y siempre fracasará. El plan de Dios con Ud. es comenzar con la raíz misma de todas las dificultades, el corazón, y entonces del corazón mismo surgirán los principios de justicia. La reforma será exterior así como interior.

40*. Los que elevan la norma tanto como les sea posible de acuerdo con la orden de Dios, según la luz que el Señor les ha dado por medio de su Palabra y de los testimonios de su Espíritu, no cambiarán su conducta para acomodarse a los deseos de sus amigos o parientes, ora se trate de una, de dos o de una cantidad de personas que estén viviendo contrariamente a la sabia disposición divina. Si procedemos 41 según los principios en estas cosas, si observamos reglas estrictas en nuestra alimentación, si como cristianos educamos nuestros gustos según el plan de Dios, ejerceremos una influencia que estará de acuerdo con la mente de Dios. La pregunta es: "¿Estamos dispuestos a ser fieles reformadores en pro de la salud?" [Para el contexto véase 720]

Una cuestión de primordial importancia

41*. Estoy encargada de dar a nuestra iglesia entera un mensaje tocante a la reforma pro salud; porque muchos han dejado de ser fieles a sus principios.

El propósito de Dios para con sus hijos es que éstos alcancen la medida de la estatura de hombres y mujeres perfectos en Cristo Jesús. Para ello, deben hacer uso conveniente de todas las facultades de la mente, el alma y el cuerpo. No pueden derrochar ninguna de sus energías mentales o físicas.

El asunto de la conservación de la salud tiene una importancia capital. Al estudiar esta cuestión en el temor de Dios, aprenderemos que, para nuestro mejor desarrollo físico y espiritual, conviene que nos atengamos a un régimen alimenticio sencillo. Estudiemos con paciencia esta cuestión. Para obrar atinadamente en este sentido, necesitamos conocimientos y discernimiento. Las leyes de la naturaleza existen, no para ser resistidas, sino acatadas.

Los que han recibido instrucciones acerca de los peligros del consumo de carne, té, café y alimentos demasiado condimentados o malsanos, y quieran hacer un pacto con Dios por sacrificio, no continuarán satisfaciendo sus apetitos con alimentos que saben son malsanos. Dios pide que los apetitos sean purificados y que se renuncie a las cosas que no son buenas. Esta obra debe ser hecha antes que su pueblo pueda estar delante de él como un pueblo perfecto.42

El pueblo remanente de Dios debe ser un pueblo convertido. La presentación de este mensaje debe tener por resultado la conversión y santificación de las almas. El poder del Espíritu de Dios debe hacerse sentir en este movimiento. Poseemos un mensaje maravilloso y definido; tiene una importancia capital para quien lo recibe, y debe ser proclamado con fuerte voz. Debemos creer con una fe firme y permanente que este mensaje irá cobrando siempre mayor importancia hasta la consumación de los tiempos.

Algunos profesos cristianos aceptan ciertas porciones de los Testimonios como un mensaje de Dios, pero rechazan las que condenan sus costumbres favoritas. Tales personas trabajan para su mengua y la de la iglesia. Es de todo punto esencial que andemos en la luz mientras la tenemos. Los que diciendo creer en la reforma pro salud, niegan sus principios en la vida diaria, causan perjuicio a su alma y producen una impresión desfavorable en la mente de los creyentes y de los no creyentes.

Una solemne responsabilidad descansa sobre los que tienen conocimiento de la verdad: la de velar para que todas sus obras correspondan a su fe, que su vida sea refinada y santificada, y que sean preparados para la obra que debe cumplirse rápidamente en el curso de estos últimos días del mensaje. No tienen ni tiempo ni fuerzas que gastar en la satisfacción de sus apetitos. Estas palabras debieran repercutir con fuerza ahora en nuestros oídos: "Arrepentíos y convertíos, para que sean borrados vuestros pecados; pues que vendrán los tiempos del refrigerio de la presencia del Señor" (Hech. 3:19). A muchos de los nuestros les falta espiritualidad y se perderán a menos que se conviertan completamente. ¿Queréis arriesgaros a ello? ...

Solo el poder de Cristo puede obrar, en el corazón y la mente, la transformación que deben experimentar todos los que quieran participar con él de la nueva vida, en el reino de los cielos. "El que no naciera otra vez -dice el Salvador 43- no puede ver el reino de Dios" (Juan 3:3). La religión proveniente de Dios es la única que nos puede conducir a él. Para servirle convenientemente, es necesario haber nacido del Espíritu divino. Entonces seremos inducidos a velar. Nuestros corazones serán purificados, nuestras mentes renovadas, y recibiremos nuevas aptitudes para conocer y amar a Dios. Obedeceremos espontáneamente a todos sus requerimientos. En eso consiste el culto verdadero.

Un frente unido

42*. Se nos ha dado la obra de hacer avanzar la reforma pro salud. El Señor desea que sus hijos estén de acuerdo el uno con el otro. Como Ud. debe saber, no abandonaremos la posición en la cual, durante los últimos treinta y cinco años,* el Señor nos ha pedido que estuviéramos. Tenga cuidado de cómo se coloca Ud. en la oposición a la obra de la reforma pro salud. Ella avanzará; porque constituye el medio que el Señor tiene de aminorar los sufrimientos de nuestro mundo, y de purificar a su pueblo. Tenga cuidado de la actitud que asume, no sea que se lo encuentre causando división. Hermano mío, aun cuando Ud. deje de aplicar en su propia vida y a su propia familia las bendiciones que se obtienen al seguir los principios de la reforma pro salud, no perjudique a otros oponiéndose a la luz que Dios ha dado sobre este tema.

43*. El Señor ha dado a su pueblo un mensaje con respecto a la reforma pro salud. Esta luz ha estado brillando en su camino durante treinta años; y el Señor no puede sostener a sus siervos en una conducta que la contradiga. El se desagrada cuando sus siervos actúan en oposición al mensaje referente a este punto, que él les ha dado para que 44 den a los demás. ¿Puede agradarle a él el que la mitad de los obreros que trabajan en un lugar, enseñe que los principios de la reforma pro salud se hallan tan estrechamente relacionados con el mensaje del tercer ángel como el brazo con el cuerpo, mientras sus colaboradores, por medio de su ejemplo práctico, enseñan principios que son completamente opuestos? Esto se considera como un pecado a la vista de Dios...

Nada trae más desánimo a los centinelas del Señor que el relacionarse con los que tienen capacidad mental, y entienden las razones de nuestra fe, pero por precepto y ejemplo manifiestan indiferencia hacia las obligaciones morales.

No puede jugarse con la luz que Dios ha dado sobre la reforma pro salud sin perjuicio para los que intentan hacerlo; y ningún hombre puede esperar tener éxito en la obra de Dios mientras, por precepto y ejemplo, actúa en oposición a la luz que Dios ha enviado.

44*. Es importante que los ministros den instrucciones con respecto a una vida templada. Deben mostrar la relación que existe entre comer, trabajar, descansar y vestirse por una parte, y la salud por la otra. Todos los que creen la verdad para estos últimos días, tienen algo que hacer en este asunto. Les concierne, y Dios exige que se despierten y se interesen en esta reforma. El no se agradará de su conducta si ellos consideran esta cuestión con indiferencia.

El tropezar contra la bendición

45*. Dijo el ángel: "Os ruego... que os abstengáis de los deseos carnales que batallan contra el alma" (1 Ped. 2:11). Ud. ha tropezado contra la reforma pro salud. A Ud. le parece que es un apéndice innecesario de la verdad. No 45 es así; es parte de la verdad. Tiene Ud. delante una obra que lo afectará más de cerca y que llegará a ser más decisiva que cualquier otra cosa que haya sido dirigida a Ud. Mientras Ud. duda y se mantiene a la zaga, y no se posesiona de las bendiciones que tiene el privilegio de recibir, Ud. sufre una pérdida. Ud. está tropezando precisamente sobre la verdad misma que el cielo ha colocado en su camino para hacer el progreso menos difícil. Satanás la presenta ante Ud. con el enfoque más objetable, a fin de que Ud. luche contra aquello que llegará a ser de máximo beneficio para Ud., aquello que sería para su salud física y espiritual.

[Excusas para obrar mal preparadas bajo las influencias satánicas - 710]

Considerad el juicio

46*. El Señor llama a voluntarios para que entren en su ejército. Hombres y mujeres enfermizos necesitan llegar a ser reformadores en pro de la salud. Dios cooperará con sus hijos para preservar su salud, si ellos comen con cuidado, rehusando colocar cargas innecesarias sobre su estómago. Bondadosamente él ha hecho que la senda de la naturaleza fuera segura, y lo suficientemente amplia como para que todos anden en ella. El nos ha dado como nuestro sustento las producciones saludables de la tierra.

El que no escucha la instrucción que Dios ha dado en su Palabra y en sus obras, el que no obedece los mandatos divinos, tiene una experiencia defectuosa. Es un cristiano enfermizo. Su vida espiritual es débil. Vive, pero su vida está desprovista de fragancia. Desperdicia los preciosos momentos de gracia.

Muchos han hecho gran daño a su cuerpo al desatender las leyes de la vida, y pueden no recobrarse nunca de los efectos de su descuido; pero aún ahora pueden arrepentirse y convertirse. El hombre ha tratado de ser más sabio que 46Dios. El se ha convertido en ley para sí mismo. Dios exige que demos atención a sus requerimientos, para no seguir deshonrándolo mediante una conducta que empequeñece las facultades físicas, mentales y espirituales. La decadencia y la muerte prematuras son los resultados de apartarse de Dios para seguir los caminos del mundo. El que complace el yo debe llevar la penalidad. En el juicio veremos cuán seriamente Dios considera la violación de las leyes de la salud. Entonces, al echar una mirada retrospectiva a nuestra conducta, veremos cuánto conocimiento de Dios podríamos haber obtenido, cuán nobles caracteres podríamos haber formado, si hubiéramos tomado la Biblia como nuestro consejero.

El Señor está esperando que sus hijos se hagan sabios en su comprensión de las cosas. Al ver la miseria, la deformidad y la enfermedad que han venido al mundo como resultado de la ignorancia con respecto al debido cuidado del cuerpo, ¿cómo podemos rehusarnos a dar la amonestación? Cristo ha declarado que, como fue en los días de Noé, cuando la tierra estaba llena de violencia y corrompida por el crimen, así será cuando el Hijo del hombre sea revelado. Dios nos ha dado una gran luz, y si andamos en esa luz, veremos su salvación. Necesitamos realizar cambios decididos. Es tiempo de que humillemos nuestro orgullo, nuestros corazones obstinados, y busquemos al Señor mientras pueda ser hallado. Como pueblo debemos humillar nuestros corazones delante de Dios; porque las cicatrices de la inconsecuencia se hallan en nuestra práctica.

El Señor nos exige que nos pongamos de acuerdo con su plan. El día casi ha pasado; la noche está por llegar. Ya se ven los juicios de Dios, tanto en tierra como por mar. No se nos otorgará un segundo tiempo de gracia. Esta no es una hora para hacer movimientos equivocados. Agradezca cada uno a Dios de que todavía tenemos una oportunidad para formar caracteres para la vida eterna futura. 47

SECCIÓN II El Régimen Alimenticio y la Espiritualidad
49
La intemperancia como pecado
47*. Nadie que profese piedad considere con indiferencia la salud del cuerpo, y se haga la ilusión de que la que la intemperancia no es pecado, y que ésta no afectará su espiritualidad. Existe una estrecha simpatía entre la naturaleza física y la moral.
48*. En el caso de nuestros primeros padres, el deseo intemperante dio por resultado la pérdida del Edén. La templanza en todo tiene que ver con nuestra reintegración en el Edén más de lo que los hombres se imaginan.
49*. La transgresión de la ley física es la transgresión de la ley de Dios. Nuestro Creador es Jesucristo. El es el autor de nuestro ser. El ha creado la estructura humana. Es el autor de las leyes físicas, así como es el autor de la ley moral. Y el ser humano que es descuidado en los hábitos y las prácticas que conciernen a su vida y a su salud física, peca contra Dios. Muchos que profesan amar a Jesucristo no manifiestan la debida reverencia y el debido respeto hacia Aquel que dio su vida para salvarnos de la muerte eterna. El no es reverenciado, o respetado, o reconocido. Esto se manifiesta en el perjuicio que ellos infieren a su propio cuerpo al violar las leyes de su ser. 50
50*. Una transgresión constante de las leyes de la naturaleza es una transgresión constante de la ley de Dios. El peso actual del sufrimiento y la angustia que vemos por doquiera, la actual deformidad, decrepitud, enfermedad e imbecilidad que hoy en día inundan el mundo, en comparación de lo que podría ser y de lo que Dios se propuso que fuera, hacen de este mundo un leprosario; y la actual generación es débil en potencia mental, moral y física. Toda esta miseria se ha acumulado de generación en generación debido a que los hombres caídos quieren violar la ley de Dios. Pecados de la mayor magnitud se cometen por medio de la complacencia del apetito pervertido.
51*. La excesiva complacencia en el comer, beber y dormir, así como en las cosas que se miran, es pecado. La acción armoniosa y saludable de todas las facultades del cuerpo y de la

mente resulta en felicidad; y cuanto más elevadas y refinadas las facultades, más pura la felicidad.
[Dios señala el pecado de la complacencia - 246]
Cuando la santificación es imposible
52*. Una gran proporción de todas las enfermedades que afligen a la familia humana es resultado de sus propios hábitos erróneos, debido a su deliberada ignorancia, a su descuido de la luz que Dios ha dado con respecto a las leyes de su ser. No es posible que glorifiquemos a Dios mientras vivamos violando las leyes de la vida. El corazón no puede de ninguna manera mantener su consagración a Dios mientras se complace el apetito carnal. Un cuerpo enfermo y un intelecto desordenado, debido a la continua complacencia de la lujuria perniciosa, hace que la santificación del cuerpo y del espíritu sean imposibles. El apóstol entendía 51 la importancia de una condición saludable del cuerpo para lograr el éxito en el perfeccionamiento del carácter cristiano. El dice: "Golpeo mi cuerpo, y lo pongo en servidumbre, no sea que habiendo sido heraldo para otros, yo mismo venga a ser eliminado" (1 Cor. 9:27). Menciona el fruto del Espíritu, en el cual está incluida la temperancia. "Pero los que son de Cristo han crucificado la carne con sus pasiones y deseos" (Gál. 5:24)
[Imposibilidad de obtener la perfección cristiana mientras se da rienda suelta al apetito - 356]
La ignorancia voluntaria aumenta el pecado
53*. Es un deber saber cómo preservar el cuerpo en la mejor condición posible de salud, y es un deber sagrado vivir de acuerdo con la luz que Dios misericordiosamente ha dado. Si cerramos nuestros ojos a la luz por temor a ver nuestros errores, que no estamos dispuestos a abandonar, nuestros pecados no resultan disminuidos, sino aumentados. Si uno se aparta de la luz en un caso, será descuidado en otro. Es tan pecaminoso violar las leyes de nuestro ser como violar uno de los Diez Mandamientos, porque no podemos hacer ni una cosa ni la otra sin quebrantar la ley de Dios. No podemos amar al Señor con todo el corazón, la mente, el alma y las fuerzas mientras amemos nuestros apetitos y nuestros gustos mucho más de lo que amamos al Señor. Estamos disminuyendo diariamente nuestra fuerza para glorificar a Dios, cuando él exige toda nuestra fuerza, toda nuestra mente. Por medio de nuestros malos hábitos estamos disminuyendo el dominio que tenemos de la vida, y sin embargo estamos profesando ser seguidores de Cristo, preparándonos para el toque final de la inmortalidad.
Hermano mío, hermana mía, tiene Ud. una obra que hacer, que nadie puede hacer por Ud. Despierte de su letargo, 52 y Cristo le dará vida. Cambie su forma de vivir, de comer, de beber, de trabajar. Mientras siga viviendo de la manera que lo ha hecho durante años, no podrá discernir claramente las cosas sagradas de las eternas. Sus sensibilidades resultan embotadas, y su intelecto entenebrecido. No ha estado creciendo en la gracia y en el conocimiento de la verdad como ha sido su privilegio hacerlo. No ha estado aumentando su espiritualidad, sino que ha estado entenebreciéndose más y más.
54*. El hombre fue el acto culminante de la creación de Dios, hecho a la imagen de Dios, y destinado a ser una contraparte de Dios. .. El hombre es muy querido para Dios, porque fue formado a su propia imagen. Este hecho debe impresionarnos con la importancia de enseñar por precepto y por ejemplo el pecado de contaminar, por la indulgencia del apetito o por

cualquier otra práctica pecaminosa, el cuerpo que está destinado a representar a Dios ante el mundo.
[La ley natural proclamada claramente - 97]

Efectos mentales de la desobediencia a la ley física

55*. Dios exige que su pueblo progrese constantemente. Debemos aprender que la satisfacción de nuestros apetitos es el mayor obstáculo que pueda oponerse a nuestro progreso intelectual y a la santificación del alma. No obstante todo lo que profesamos en lo que concierne a la reforma pro salud, algunos de entre nosotros se alimentan mal.

56*. No debemos proveer para el sábado una cantidad de alimento más abundante ni variada que para los demás días. Por el contrario, el alimento debe ser más sencillo, y debe comerse menos para que la mente se encuentre despejada 53 y vigorosa para entender las cosas espirituales. A estómago cargados cerebro pesado. Pueden oírse las más hermosas palabras sin apreciarlas, por estar confusa la mente a causa de una alimentación impropia. Al comer con exceso en el día de reposo, muchos contribuyen más de lo que se figuran a incapacitarse para aprovechar los recursos de edificación espiritual que ofrece ese día.

57* Se me ha mostrado que algunos de nuestros congresos campestres están lejos de ser lo que el Señor dispuso que fueran. La gente viene sin estar preparada para la visitación del Espíritu Santo. Por lo general las hermanas dedican considerable tiempo antes de las reuniones a la preparación de vestidos para el adorno exterior, mientras que olvidan completamente el adorno interno, que es de gran precio a la vista de Dios. También se destina innecesariamente mucho tiempo a cocinar, para preparar ricos pasteles y tortas y otros artículos de consumo que perjudican positivamente a los que participan de ellos. Si nuestras hermanas proveyeran buen pan y algunas otras clases de alimentos sanos, tanto ellas como sus familias estarían mejor preparadas para apreciar las palabras de vida, y serían mucho más susceptibles a la influencia del Espíritu Santo.

A menudo el estómago es sobrecargado con alimentos que rara vez son tan sencillos como los que se consumen en casa, donde la cantidad de ejercicio que se hace es el doble o el triple. Esto hace que la mente esté tan aletargada que resulta difícil apreciar las cosas eternas, y la reunión termina, y ellos están chasqueados por no haber gozado mis del Espíritu de Dios... Que la preparación para comer y vestir sea un asunto secundario, pero que un profundo escudriñamiento del corazón comience en el hogar. 54

[El apetito complicado le impide a uno comprender la verdad presente - 72]
[El apetito complicado paraliza los sentidos - 227]
[El apetito complicado embota el cerebro - 209, 226]
[El apetito complicado descalifica a la persona para trazar planes y dar consejos - 7I]
[El apetito complicado debilita las facultades espirituales, mentales y físicas de los niños - 346]
[Durmiendo bajo las verdades ardientes de la Palabra- 222]
[El vigor mental y moral aumentado por un régimen abstemio - 85, 117, 206]
[Efecto de un régimen a base de carne sobre el vigor mental - 678, 680, 682, 686]
[Más acerca del régimen alimenticio en los congresos campestres - 124]

El efecto sobre la apreciación de la verdad

58*. Necesitáis mentes claras y enérgicas para apreciar el carácter excelso de la verdad, para valorar la expiación y estimar debidamente las cosas eternas. Si seguís una conducta equivocada y erróneos hábitos de comer, y por ello debilitáis las facultades intelectuales, no estimáis la salvación y la vida eterna como para que os inspiren a conformar vuestras vidas con la de Cristo; ni haréis los esfuerzos fervorosos y abnegados para conformaros con la voluntad de Dios que su Palabra requiere, y que necesitáis para que os den la idoneidad moral que merecerá el toque final de la inmortalidad.

59*. Aun cuando Ud. sea estricto en cuanto a la calidad de sus alimentos, ¿glorifica Ud. a Dios en su cuerpo y en su espíritu, que son del Señor, tomando tanta cantidad de alimentos? Los que colocan tantos alimentos en el estómago, y así cargan demasiado su naturaleza, no podrían apreciar 55 la verdad si oyeran como se espacian en ella los que la presentan. No podrían despertar las sensibilidades entenebrecidas del cerebro para darse cuenta del valor de la expiación, y del gran sacrificio que se hizo por el hombre caído. Es imposible para los tales apreciar la grande y preciosa recompensa, que es rica en extremo, y que se halla en reserva para los fieles que triunfan. Nunca debe dejarse que la parte animal de nuestra naturaleza gobierne la parte moral e intelectual.

60*. Algunos están satisfaciendo los apetitos carnales, que combaten contra el alma, y que son un obstáculo constante para su progreso espiritual. Siempre tienen una conciencia acusadora, y si se presentan verdades directas, están listos para darse por ofendidos. Sienten la propia condenación, y creen que los temas han sido elegidos adrede para tocar su caso. Se manifiestan agraviados e injuriados, y se retiran de las asambleas de los santos. Abandonan las reuniones con los demás, pues entonces su conciencia no es perturbada. Pronto pierden su interés en las reuniones y su primer amor por la verdad, y, a menos que se reformen completamente, regresarán para hacer causa común con la hueste de los rebeldes, que se halla bajo el estandarte negro de Satanás. Si ellos crucificaran los apetitos carnales que batallan contra el alma, se apartarían del paso de las flechas de la verdad, y éstas pasarían a su lado sin herirlos. Pero mientras complacen los apetitos carnales, y acarician sus ídolos, se constituyen a sí mismos en blancos para ser alcanzados por las flechas de la verdad, y si la verdad se habla a todos, ellos deben ser heridos...

Eluso de estimulantes artificiales es destructor para la salud y tiene una influencia embotadora sobre el cerebro, haciendo que resulte imposible :apreciar las cosas eternas. Los que acarician estos ídolos no pueden valorar correctamente 56 la salvación que Cristo ha traído para ellos por medio de una vida de abnegación, de continuo sufrimiento y vituperio, y deponiendo finalmente su propia vida impecable para salvar de la muerte al hombre que perecía.

61*. La mantequilla y la carne estimulan. Estas han perjudicado el estómago y pervertido el gusto. Los nervios sensitivos del cerebro han sido entorpecidos, y el apetito animal fortalecido a expensas de las facultades morales e intelectuales. Estas facultades superiores, que son las que deben gobernar, han estado debilitándose, de manera que las cosas eternas no han sido discernidas. Una parálisis ha entorpecido lo espiritual y devocional. Satanás ha triunfado al ver cuán fácilmente puede llegar por medio del apetito y controlar a los hombres y las mujeres de inteligencia, destinados por el Creador a hacer una obra buena y grande.

[Es imposible que los intemperantes valoren la expiación-119]

[Los intemperantes no pueden ser susceptibles i las influencias santificadoras de la verdad - 780]

Efectos sobre el discernimiento y la decisión

62*. Cualquier cosa que disminuya la fuerza física, debilita la mente y la vuelve menos capaz de discernir entre lo bueno y lo malo. Nos volvemos menos capaces de escoger lo bueno, y tenemos menos fuerza de voluntad para hacer lo que sabemos que es recto. El uso indebido de nuestras facultades físicas acorta el período de tiempo en el cual nuestras vidas pueden ser usadas para la gloria de Dios. Y ello nos incapacita para realizar la obra que Dios nos ha dado para hacer. 57

63*. Aquellos que, después de haber recibido la luz sobre el tema del comer y beber con sencillez, en obediencia a las leyes morales y físicas, todavía se apartan de la luz que les señala su deber, rehuirán cumplir con su deber en otras cosas. Evitando la cruz que tendrían que tomar a fin de estar en armonía con la ley natural, embotan la conciencia; y para esquivar el reproche, violarán los Diez Mandamientos. Algunos tienen una falta de voluntad decidida para llevar la cruz y menospreciar la vergüenza.

64*. Los que se acarrean enfermedad a sí mismos, por la propia complacencia, no tienen cuerpos y mentes sanos. No pueden pesar las evidencias de la verdad, y comprender los requerimientos de Dios. Nuestro Salvador no extenderá su brazo hasta una profundidad suficiente como para elevar a los tales de su estado degradado, mientras persistan en observar una conducta que los hunde aún más profundamente.

Se exige que todos hagan lo que puedan para preservar cuerpos sanos y mentes sanas. Si ellos complacen un apetito grosero, y al hacerlo entorpecen sus sensibilidades, y entenebrecen sus facultades de percepción de manera que no puedan apreciar el carácter exaltado de Dios, o deleitarse en el estudio de su Palabra, pueden estar seguros de que Dios no aceptará su ofrenda indigna más rápidamente de lo que aceptó la de Caín. Dios exige que se limpien a sí mismos de toda inmundicia de la carne y del espíritu, perfeccionando la santidad en el temor de Dios. Después que el hombre ha hecho todo lo que está de su parte para propiciar la salud, negándose a complacer el apetito y las pasiones groseras, a fin de poder poseer una mente sana y una imaginación santificada, con el propósito de poder rendir a Dios una ofrenda en justicia, es salvado sólo por un milagro de 58 la misericordia de Dios, como lo fue el arca sobre las olas tormentosas. Noé había hecho todo lo que Dios pidió de él al confeccionar un arca segura; luego Dios realizó lo que el hombre no podía hacer, y preservó el arca por su poder milagroso.

65*. El abusarse del estómago complaciendo el apetito, constituye la fuente fructífera de la mayor parte de las pruebas de la iglesia. Los que comen y trabajan intemperada e irracionalmente, hablan y actúan irracionalmente. Un hombre intemperante no puede ser un hombre paciente. No es necesario tomar bebidas alcohólicas para ser intemperante. El pecado de comer con intemperancia, de comer muy frecuentemente, en demasiada cantidad, y alimentos ricos y malsanos, destruye la acción saludable de los órganos digestivos, afecta el cerebro y pervierte el juicio, impidiendo el funcionamiento racional, sereno y saludable del pensamiento y la acción. Y ésta es la fuente fructífera de las pruebas de la iglesia. Por lo tanto, con el propósito de que los hijos de Dios se hallen en un estado aceptable ante él, donde puedan glorificarlo en su cuerpo y en su espíritu, que son de Dios, deben negarse con interés y con celo a complacer su apetito, y deben ejercer la temperancia en todas las cosas. Pueden entonces comprender la verdad en su belleza y claridad, y pueden ponerla en práctica en su vida. Así, por medio de una conducta juiciosa, sabia y recta, no darán a los enemigos de nuestra fe ninguna ocasión para que éstos censuren la causa de la verdad.

66*. Hno. y Hna. G, despertaos, os ruego. No habéis recibido la luz de la reforma pro salud, ni habéis actuado de acuerdo con ella. Si hubierais restringido vuestro apetito, os habríais ahorrado mucho trabajo extra; y, lo que es de una consecuencia vastamente mayor, habríais preservado59 mejor vuestra salud física, y un grado más elevado de fortaleza intelectual para apreciar las verdades eternas; tendríais un cerebro más claro para pesar las evidencias en favor de la verdad, y estaríais mejor preparados para dar a otros razón de la esperanza que hay en vosotros.

67*. Algunos han expresado desprecio por esta obra de reforma, y han dicho que era del todo innecesaria; ésta fue una excitación para distraer las mentes de la verdad presente. Han dicho que los asuntos eran llevados a extremos. Los tales no saben de qué hablan. Mientras hombres y mujeres que profesan piedad están enfermos desde la parte superior de la cabeza hasta la planta de los pies, mientras sus energías físicas, mentales y morales se hallan debilitadas debido a la gratificación de un apetito pervertido y al exceso de trabajo, ¿cómo pueden ellos pesar las evidencias en favor de la verdad, y comprender los requerimientos de Dios? Si sus facultades morales e intelectuales se hallan entenebrecidas, no pueden apreciar el valor de la expiación o el carácter exaltado de la obra de Dios, ni deleitarse en el estudio de su Palabra. ¿Cómo puede un dispéptico nervioso estar siempre preparado para dar respuesta, con mansedumbre y temor, a quien le pida una razón de la esperanza que hay en él? ¡Cuán pronto podría una persona tal estar confundida y agitada, y debido a una imaginación enferma ser inducida a ver las cosas con un enfoque totalmente erróneo, y por falta de la mansedumbre y tranquilidad que caracterizó la vida de Cristo, ser inducido a deshonrar su profesión mientras contiende con hombres irrazonables! Viendo las cosas desde un alto punto de vista religioso, debemos ser reformadores cuidadosos para ser semejantes a Cristo.

Vi que nuestro Padre celestial nos ha otorgado la gran bendición de la luz relativa a la reforma pro salud, para que obedezcamos las exigencias divinas, y glorifiquemos a 60 Dios en nuestro cuerpo y en nuestro espíritu, que son de él, y para que finalmente nos hallemos sin tacha delante del trono de nuestro Dios. Nuestra fe nos exige que elevemos la norma, y que avancemos. Aunque muchos objetan la conducta seguida por otros reformadores en pro de la salud, ellos mismos, como hombres razonables, deben hacer algo. Nuestra raza se encuentra en una condición deplorable, y sufre enfermedades de toda especie. Muchos tienen enfermedades heredadas, y sufren en gran manera a causa de los malos hábitos de sus padres; y sin embargo siguen el mismo proceder erróneo con respecto a sí mismos y a sus hijos, que fue seguido hacia ellos. Son ignorantes con respecto a sí mismos. Están enfermos y no saben que sus propios hábitos erróneos les están causando inmensos sufrimientos. Hay solamente unos pocos que hasta ahora han sido despertados lo suficientemente como para entender cuánto tienen que ver sus hábitos relativos al régimen alimenticio con su salud, su carácter, su utilidad en este mundo, y su destino eterno. Vi que es el deber de los que han recibido la luz del cielo, y han comprendido los beneficios de andar en ella, manifestar un interés mayor por los que todavía están sufriendo por carencia de conocimiento. Los observadores del sábado que están esperando el pronto regreso de su Salvador deben ser los últimos en manifestar falta de interés en esta gran obra de la reforma. Los hombres y mujeres deben ser instruidos, y los ministros y el pueblo deben sentir que descansa sobre ellos la responsabilidad de trabajar para agitar el tema, e instar a otros a aceptarlo.

68*. Los hábitos físicos tienen muchísimo que ver con el éxito de todo individuo. Cuanto más cuidadoso sea Ud. en su régimen alimenticio, cuanto más sencillos y carentes de estímulo sean los alimentos que sostienen el cuerpo en su acción armoniosa, más clara será su concepción del deber. 61

Debe haber una cuidadosa reconsideración de cada hábito y cada práctica, no sea que una condición mórbida del cuerpo arroje una nube sobre todas las cosas.

69*. Nuestra salud física es conservada por lo que comemos; si nuestros apetitos no están bajo el control de una mente santificada, si no somos temperantes en todo lo que comemos y bebemos, no estaremos en un estado mental y físico sano para estudiar la Palabra con el propósito de aprender lo que dicen las Escrituras: ¿Qué haré para tener la vida eterna? Todo hábito malsano producirá una condición malsana en el sistema, y la delicada y viviente maquinaria humana del estómago resultará perjudicada, y no podrá realizar su trabajo debidamente. El régimen alimenticio tiene mucho que ver con la disposición a entrar en la tentación y cometer pecado.

70*. Si el Salvador de los hombres, a pesar de su fortaleza divina, necesitaba orar, ¡cuánto más debieran los débiles y pecaminosos mortales sentir la necesidad de orar con fervor y constancia! Cuando Cristo se veía más fieramente asediado por la tentación, no comía. Se entregaba a Dios, y gracias a su ferviente oración y perfecta sumisión a la voluntad de su Padre salía vencedor. Sobre todos los demás cristianos profesos, debieran los que profesan la verdad para estos últimos días imitar a su gran Ejemplo en lo que a la oración se refiere. "Bástale al discípulo ser como su maestro, y al siervo como su señor" (Mat. 10:25). Nuestras mesas están con frecuencia cargadas de manjares malsanos e innecesarios, porque amamos esas cosas más que la abnegación, la salud y la sanidad mental. Jesús pedía fuerza a su Padre con fervor. El divino Hijo de Dios la consideraba de más valor que el sentarse ante la mesa más lujosa. Demostró que la 62 oración es esencial para recibir fuerzas con que contender contra las potestades de las tinieblas, y hacer la obra que se nos ha encomendado. Nuestra propia fuerza es debilidad, pero la que Dios concede es poderosa, y hará más que vencedor a todo aquel que la obtenga.

[El apetito complicado desequilibra la mente - 237]
[El apetito complicado anubla la conciencia - 72]
El efecto sobre la influencia y la utilidad propias

71*. Qué lástima es que a menudo, cuando debe ejercerse gran restricción propia, el estómago es llenado con una masa de alimento perjudicial, que queda allí para descomponerse. La perturbación del estómago afecta el cerebro. El que come en forma imprudente no se da cuenta de que se está descalificando para dar consejos sabios, y para trazar planes para el mejor progreso de la obra de Dios. Pero esto es así. No puede discernir las cosas espirituales, y en las reuniones de consejo, cuando debe decir Sí y Amén, dice No. Hace proposiciones muy desatinadas. El alimento que ha comido ha entorpecido su capacidad cerebral.

La complacencia excesiva para consigo mismo le impide al agente humano dar testimonio de la verdad. La gratitud que ofrecemos a Dios por sus bendiciones resulta grandemente afectada por los alimentos colocados en el estómago. La complacencia del apetito es causa de disensión, lucha, discordia, y muchos otros males. Se pronuncian palabras impacientes, se realizan actos de falta de bondad, se siguen prácticas deshonestas y se manifiesta pasión, y todo porque los nervios del cerebro están enfermos por el abuso cometido con el estómago.

72*. Algunos no pueden ser impresionados con la necesidad de comer y beber para la gloria de Dios. La complacencia 63 del apetito los afecta en todas las relaciones de la vida. Esto se ve en su familia, en su iglesia, en las reuniones de oración y en la conducta de sus hijos. Ha sido la maldición de su vida. No podéis conseguir que entiendan las verdades para estos últimos días. Dios ha hecho provisión en forma abundante para el sustento y la felicidad de todas sus criaturas; y si sus leyes nunca fueran violadas, y todos actuaran en armonía con la voluntad divina, se experimentaría salud, paz y felicidad en lugar de miseria y continuo mal.

73*. El Redentor del mundo sabía que la complacencia del apetito produciría debilidad física y embotaría de tal manera los órganos de la percepción, que no discernirían las cosas sagradas y eternas. Cristo sabía que el mundo estaba entregado a la glotonería y que esta sensualidad pervertiría las facultades morales. Si la costumbre de complacer el apetito dominaba de tal manera a la especie que, a fin de romper su poder, el divino Hijo de Dios tuvo que ayunar casi seis semanas en favor del hombre, ¡qué obra confronta el cristiano para poder vencer como Cristo venció! El poder de la tentación a complacer el apetito pervertido puede medirse únicamente por la angustia indecible de Cristo en aquel largo ayuno en el desierto.

Cristo sabía que a fin de llevar a cabo con éxito el plan de salvación, debía comenzar la obra de redimir al hombre donde había comenzado la ruina. Adán cayó por satisfacer el apetito. A fin de enseñar al hombre su obligación de obedecer a la ley de Dios, Cristo empezó su obra de redención reformando los hábitos físicos del hombre. La decadencia de la virtud y la degeneración de la especie se deben principalmente a la complacencia del apetito pervertido.

RESPONSABILIDADES Y TENTACIONES ESPECIALES DE LOS MINISTROS

A todos, especialmente a los predicadores que enseñan la verdad, incumbe la solemne responsabilidad de vencer 64 en lo tocante al apetito. Su utilidad sería mucho mayor si dominasen sus apetitos y pasiones; y sus facultades mentales y morales serían más vigorosas si ellos combinasen el trabajo físico con las actividades mentales. Combinando los hábitos de estricta temperancia con el trabajo mental y físico, lograrían hacer mucho más trabajo, y conservarían la claridad de la mente. Si siguiesen esta conducta, sus pensamientos y palabras fluirían más libremente, sus ejercicios religiosos serían más enérgicos y las impresiones hechas en sus oyentes serían más notables.

La intemperancia en el comer, aunque se trate de alimentos de la debida calidad, tendrá una influencia agotadora sobre el organismo y embotará las emociones más sensibles y santas.

74*. Algunas personas traen al campamento [en los congresos] alimentos que son completamente inadecuados para tales ocasiones, tortas y pasteles concentrados, y una variedad de platos que trastorna la digestión de un hombre sano de trabajo. Por supuesto, lo mejor que pueda conseguirse no se considera demasiado bueno para el ministro. La gente manda estas cosas a la mesa de éste, y lo invita a sus propias mesas. De esta manera los ministros son tentados a comer demasiado, y alimentos que son perjudiciales. No solamente se disminuye su eficiencia en el congreso, sino que muchos se convierten en dispépticos. El ministro debe declinar esta bien intencionada pero imprudente hospitalidad, aun a riesgo de una aparente falta de cortesía. Y el pueblo debe tener un grado suficiente de verdadera bondad como para no obligarlo a una alternativa semejante. Los hermanos yerran cuando tientan al pastor con alimentos malsanos. De esta manera se han perdido talentos preciosos para la causa de Dios; y muchos, aunque viven, se ven privados de la mitad del vigor y la fuerza de sus facultades. Los ministros, por encima de todos los de 65 más deben ahorrar la fuerza del cerebro y de los nervios. Deben evitar todo alimento o bebida que tenga la tendencia a irritar o excitar los nervios. La excitación es seguida de depresión; la excesiva complacencia entenebrecerá la mente, y hará que los pensamientos sean difíciles y confusos. Nadie puede ser un obrero de éxito en las cosas espirituales hasta que observe una estricta temperancia en sus hábitos dietéticos. Dios no puede permitir que su Santo Espíritu descanse sobre los que, aunque saben cómo deben comer para disfrutar de salud, persisten en una práctica que debilitará la mente y el cuerpo.

"Hacedlo todo para la gloria de Dios"

75*. Por la inspiración del Espíritu de Dios, el apóstol Pablo insta a que todo lo que hagamos, aun el acto natural de comer o beber, debemos hacerlo no para complacer el apetito pervertido, sino con un sentido de responsabilidad: "Hacedlo todo para la gloria de Dios" (1 Cor. 10:31). Cada parte del hombre ha de ser protegida; hemos de ejercer cuidado, no sea que lo que se lleva al estómago borre de la mente pensamientos elevados y santos. ¿No puedo yo hacer lo que me place? pregunta alguien, como si estuviéramos tratando de privarlo de un gran bien, cuando presentamos la necesidad de comer con inteligencia, y conformar todos los hábitos a las leyes que Dios ha establecido.

Existen derechos que pertenecen a todos los individuos. Tenemos una individualidad y una identidad que es nuestra. Nadie pueda sumergir su identidad en la de algún otro. Cada uno debe actuar por sí mismo, de acuerdo con los dictados de su propia conciencia. Con respecto a nuestra responsabilidad e influencia, somos responsables ante Dios porque derivamos nuestra vida de él. No la obtenemos de la humanidad, sino sólo de Dios. Pertenecemos a él por creación y por redención. Nuestros propios cuerpos no nos 66 pertenecen, para que los tratemos como nos plazca, para que los estropeemos con hábitos que conducen a la decadencia, imposibilitándonos el rendir a Dios un servicio perfecto. Nuestra vida y todas nuestras facultades mentales, pertenecen a él. El está cuidando de nosotros cada momento. El conserva la maquinaria humana en acción. Si nos la dejara para que la hiciéramos funcionar nosotros por un solo momento, moriríamos. Andamos absolutamente de Dios.

Aprendemos una gran lección cuando nos damos cuenta de nuestra relación con Dios, y su relación con nosotros. Las palabras: "No sois vuestros, porque habéis sido comprados por precio" (1 Cor, 6:19, 20), deben grabarse permanentemente en nuestra memoria, para que siempre reconozcamos el derecho que Dios tiene sobre nuestros talentos, nuestra propiedad, nuestra influencia, nuestra individualidad personal. Hemos de aprender cómo tratar este don de Dios constituido por la mente, el alma y el cuerpo, para que, como posesión comprada por Cristo, podamos realizar un servicio saludable y grato para él.

76*. Ha estado resplandeciendo la luz sobre vuestra senda con respecto a la reforma pro salud y el deber que incumbe a los hijos de Dios en estos postreros días en cuanto a ejercer templanza en todas las cosas. Vi que estabais entre aquellos que demorarían en ver la luz y en corregir su manera de comer, beber y trabajar. En la medida en que se reciba y se siga la luz, ésta realizará una completa reforma en la vida y el carácter de todos aquellos que son santificados por ella.

Relación con la vida victoriosa

77*. El comer, el beber y el vestirse guardan una relación directa con el progreso espiritual.67

78*. Muchos alimentos que los paganos comían con toda libertad les estaban prohibidos a los israelitas. Y la prohibición no era arbitraria, pues se trataba de manjares nocivos, y el hecho de que eran declarados inmundos enseñaba que tales manjares contaminan. Lo que corrompe el cuerpo tiende a corromper el alma. El que lo consume va quedando por ello inhabilitado para tener comunión con Dios y para rendirle un servicio elevado y santo.

79*. El Espíritu de Dios no puede venir en nuestra ayuda, y asistirnos en el perfeccionamiento de un carácter cristiano, mientras estamos satisfaciendo nuestro apetito en perjuicio de nuestra salud, y mientras el orgullo de la vida nos domina.

80*. Todos los que participan de la naturaleza divina escaparán a la corrupción que está en el mundo por la concupiscencia. Es imposible que los que satisfacen el apetito obtengan la perfección cristiana.

81*. Esta es la verdadera santificación. No es meramente una teoría, una emoción, o una forma de palabras, sino un principio vivo y activo que entra en la vida cotidiana. Requiere que nuestros hábitos en el comer, beber y vestir sean tales que aseguren la preservación de la salud física, mental y moral, para que podamos presentar al Señor nuestros cuerpos, no como una ofrenda corrompida por los malos hábitos, sino como "sacrificio vivo, santo, agradable a Dios" (Rom. 12:1).
(Para el contexto, véase 254)

82*. Nuestros hábitos en el comer y beber muestran si somos del mundo o estamos entre el número de aquellos 68 a quienes el Señor, por el poderoso instrumento de la verdad, ha separado del mundo.

83*. Es la intemperancia en el comer lo que produce tanta invalidez, y despoja a Dios de la gloria que se le debe. Debido a que no se niegan a sí mismos, muchos hijos de Dios son incapaces de alcanzar la alta norma de espiritualidad que él ha establecido para ellos, y aun cuando se arrepientan y se conviertan, toda la eternidad testificará de la pérdida que han tenido por entregarse al egoísmo.

84*. ¡Cuán numerosos son los que se privan de las ricas bendiciones que Dios les reserva en lo que se refiere a la salud y los dones espirituales! Muchas almas hay que luchan por alcanzar grandes victorias y bendiciones especiales para poder cumplir grandes hechos. Para alcanzar su propósito, creen que es necesario agotarse en oraciones y lágrimas. Cuando esas personas escudriñen las Escrituras con oración, para conocer la expresa voluntad de Dios, y luego la cumplan de todo corazón y sin ninguna reserva o complacencia propia, entonces hallarán descanso. Sus angustias, sus lágrimas y sus luchas no les procurarán el descanso que anhelan. Ellas deben hacer la entrega completa de su personalidad. Deben hacer lo que les venga a mano, apropiándose de la abundante gracia que Dios promete a los que oran con fe.

"Si alguno quiere venir en pos de mí -dijo Jesús- , niéguese a sí mismo, y tome su cruz cada día, y sígame" (Luc. 9:23). Sigamos al Salvador en su sencillez y abnegación. Exaltemos al Hombre del Calvario por la palabra y por una vida santa. El Señor se allega muy cerca de aquellos que se consagran a él. Si hubo tiempo cuando fue necesario que el Espíritu de Dios obrase en nuestro corazón y en nuestra vida, es ahora. Aferrémonos a esta divina potencia para vivir una vida de santidad y abnegación.69

85*. Así como nuestros primeros padres perdieron el Edén por complacer el apetito, nuestra única esperanza de reconquistar el Edén consiste en dominar firmemente el apetito y la pasión. La abstinencia en el régimen alimenticio y el dominio de todas las pasiones conservarán el intelecto y darán un vigor mental y moral que capacitará a los hombres para poner todas sus propensiones bajo el dominio de las facultades superiores, para discernir entre lo bueno y lo malo, lo sagrado y lo profano. Todos los que tienen un verdadero sentido del sacrificio hecho por Cristo al abandonar su hogar del cielo para venir a este mundo a fin de mostrar al hombre, por su propia vida, cómo resistir la tentación, se negarán alegremente a sí mismos y resolverán participar de los sufrimientos de Cristo.

El temor de Jehová es el principio de la sabiduría. Los que venzan como Cristo venció, necesitarán precaverse constantemente contra las tentaciones de Satanás. El apetito y las pasiones deben ser sometidos al dominio de la conciencia iluminada, para que el intelecto no sufra perjuicio, y las facultades de percepción se mantengan claras a fin de que las obras y trampas de Satanás no sean interpretadas como providencia de Dios. Muchos desean la recompensa y la victoria finales que han de ser concedidas a los vencedores, pero no están dispuestos a soportar los trabajos, las privaciones y la abnegación como lo hizo su Redentor. Únicamente por la obediencia y el esfuerzo continuo seremos vencedores como Cristo lo fue.

El poder dominante del apetito causará la ruina de millares de personas, que, si hubiesen vencido en ese punto, habrían tenido fuerza moral para obtener la victoria sobre todas las demás tentaciones de Satanás. Pero los que son esclavos del apetito no alcanzarán a perfeccionar el carácter cristiano. La continua transgresión del hombre durante seis mil años ha producido enfermedad, dolor y muerte. 70Y a medida que nos acerquemos al fin, la tentación de complacer el apetito será más poderosa y más difícil de vencer.

86*. El que aprecia la luz que el Señor le ha dado sobre la reforma pro salud tiene una ayuda importante en la obra en que está empeñado de santificarse por medio de la verdad, y hacerse idóneo para la inmortalidad.

[Relación de un régimen sencillo con el discernimiento espiritual - 119]
[El no gobernar el apetito debilita la resistencia a la tentación - 237]
[Los muros del dominio propio no han de ser derribados - 260]
[La alimentación a base de carne es un obstáculo para el progreso espiritual - 655, 656, 657, 660, 682, 683, 684, 688]
[Poder para la victoria sobre otras tentaciones dado a los que vencen en el terreno del apetito - 253]
[La formación del carácter obstaculizada por el indebido cuidado del estómago - 719]

LA RELACIÓN DEL RÉGIMEN ALIMENTICIO CON LAS NORMAS MORALES

La contaminación moral en los tiempos antiguos

87*. La gente que vivió antes del diluvio participaba de alimentos animales, y gratificó su concupiscencia hasta que su copa de iniquidad se llenó, y Dios limpió la tierra de su corrupción moral por medio de un diluvio...

El pecado ha prevalecido desde la caída. Mientras unos 71 pocos han permanecido fieles a Dios, la gran mayoría ha corrompido sus caminos delante de él. La destrucción de Sodoma y Gomorra se debió a su excesiva maldad. Dieron rienda suelta a sus apetitos intemperantes, y luego a sus pasiones corruptas, hasta que estuvieron tan degradados, y sus pecados llegaron a ser tan abominables, que su copa de iniquidad se llenó, y fueron consumidos con fuego del cielo.

88*. En nuestra época existen los mismos pecados que los que trajeron la ira de Dios en los días de Noé. Los hombres y las mujeres llevan ahora el comer y el beber hasta la glotonería y la embriaguez. Este pecado prevaleciente, la complacencia del apetito pervertido, inflamó las pasiones de los hombres en los días de Noé, y condujo a una corrupción general, hasta que su violencia y sus crímenes alcanzaron al cielo, y Dios lavó la tierra de su contaminación moral por medio de un diluvio.

Los mismos pecados de la glotonería y la embriaguez amortiguaron las sensibilidades morales de los habitantes de Sodoma, de manera que los crímenes parecían constituir el deleite de los hombres y las mujeres de esa ciudad malvada. Cristo amonesta de esta manera al mundo: "Asimismo como sucedió en los días de Lot; comían, bebían, compraban, vendían, plantaban, edificaban; mas el día en que Lot salió de Sodoma, llovió del cielo fuego y azufre, y los destruyó a todos. Así será el día en que el Hijo del hombre se manifieste" (Luc. 17:28-30).

Cristo nos ha dejado aquí una lección de las más importantes. El no estimula la indolencia en su enseñanza. Su ejemplo fue lo opuesto de esto. Cristo era un obrero ferviente. La suya fue una vida de abnegación, diligencia, perseverancia, industria y economía. El quiere presentar delante de nosotros el peligro de hacer del comer y beber lo más importante. Revela el resultado de ceder a la complacencia 72 del apetito. Las facultades morales son debilitadas, de manera que el pecado no parece pecaminoso. Los crímenes son tolerados, y las bajas pasiones gobiernan la mente, hasta que la corrupción general elimina los buenos principios e impulsos, y Dios es blasfemado. Todo esto es el resultado de comer y beber en exceso. Esta es precisamente la condición que él declara que existiría en ocasión de su segunda venida.

¿Serán amonestados los hombres y las mujeres? ¿Apreciarán ellos la luz, o llegarán a ser esclavos del apetito y las bajas pasiones? Cristo nos presenta algo por lo cual afanarnos que es más elevado que meramente lo que hemos de comer, lo que hemos de beber, o lo que ha de vestirnos. El comer, el beber y el vestirnos son llevados a tales excesos que se convierten en crímenes, y se hallan entre los pecados notables de los últimos días, y constituyen una señal de la pronta venida de Cristo. Tiempo, dinero y energía que pertenecen al Señor, pero que él nos ha confiado, se malgastan en innecesarias superfluidades del vestido, y en excesos propios de un apetito pervertido, que disminuye la vitalidad y trae sufrimiento y decadencia. Es imposible presentar nuestro cuerpo como sacrificio vivo a Dios, cuando está lleno de corrupción y enfermedad debido a nuestra propia indulgencia pecaminosa.

Corrupciones prevalecientes debidas al apetito no restringido

89*. Muchos se maravillan de que la humanidad haya degenerado tanto, física, mental y moralmente. No entienden que es la violación de la constitución y las leyes de Dios, y la transgresión de las leyes de la salud, lo que ha producido esta triste degeneración. La transgresión de los mandamientos de Dios ha hecho que el Señor retrajera su mano que imparte prosperidad.73

La intemperancia en el comer y el beber, y la complacencia de las bajas pasiones, ha entumecido las delicadas sensibilidades, de manera que las cosas sagradas han sido puestas al nivel de las cosas comunes.

90*. Los que se permiten convertirse en esclavos de un apetito glotón, a menudo van más allá, y se rebajan a sí mismos complaciendo sus pasiones corruptas, que han sido excitadas por la intemperancia en el comer y el beber. Dan rienda suelta a sus bajas pasiones, hasta que la salud y el intelecto sufren grandemente. Las facultades de raciocinio resultan destruidas en gran medida por los malos hábitos.

91*. La irregularidad en el comer y el beber y la forma impropia de vestirse, depravan la mente y corrompen el corazón, y esclavizan los nobles atributos del alma a las pasiones animales.

92*. Que nadie que profesa piedad considere con indiferencia la salud del cuerpo y se haga la ilusión de que la intemperancia no es pecado, y que no afectará su espiritualidad. Existe una estrecha simpatía entre la naturaleza física y la espiritual. La norma de virtud resulta elevada o degradada por los hábitos físicos. El comer en exceso de la mejor clase de alimentos producirá una condición mórbida en los sentimientos morales. Y si el alimento no es el más saludable, los efectos serán aún más perjudiciales. Cualquier hábito que no promueva una acción saludable en el organismo humano, degrada las facultades más elevadas y más nobles. Los hábitos erróneos en el comer y beber conducen a yertos en el pensamiento y la acción. La complacencia del apetito fortalece las propensiones animales, dándoles el predominio sobre las facultades de la mente y el espíritu. 74

"Os ruego... que os abstengáis de los deseos carnales que batallan contra el alma" (1 Ped. 2:11), el lenguaje que usa el apóstol Pedro. Muchos consideran esta advertencia aplicable sólo a la licencia; pero tiene un sentido más amplio. Nos guarda contra toda complacencia perjudicial del apetito o la pasión. Es una advertencia de las más fuertes contra el uso de estimulantes y narcóticos tales como el té, el café, el tabaco, el alcohol y la morfina. Estas complacencias pueden bien ser clasificadas entre la concupiscencia que ejerce una influencia perniciosa sobre el carácter moral. Cuanto más temprano en la vida se formen estos hábitos perjudiciales, más firmemente tomarán posesión de la víctima convirtiéndola en un esclavo de la concupiscencia, y más ciertamente rebajarán la norma de espiritualidad.

93*. Ud. necesita ejercer temperancia en todas las cosas. Cultive las facultades superiores de la mente, y habrá menos fuerza en el crecimiento de lo animal. Es imposible que Ud. acreciente la fuerza espiritual mientras su apetito y sus pasiones no se hallan bajo un perfecto dominio. Dice el inspirado apóstol: "Golpeo mi cuerpo, y lo pongo en servidumbre, no sea que habiendo sido heraldo para otros, yo mismo venga a ser eliminado" (1 Cor. 9:27)

Hermano mío, despiértese, le ruego, y permita que la obra del Espíritu de Dios penetre más profundamente que en la parte exterior; permítale alcanzar hasta las fuentes profundas de toda acción. Es principio lo que se necesita; firme principio, y vigor de acción en las cosas espirituales así como en las temporales. Sus esfuerzos carecen de fervor. ¡Oh, cuántos están abajo en la escala de la espiritualidad, porque no se niegan a satisfacer el apetito! La energía nerviosa del cerebro es entorpecida y casi paralizada por comer en exceso. Cuando los tales van a la casa de Dios el sábado, no pueden mantener los ojos abiertos. Los más 75 fervientes llamamientos dejan de despertar sus intelectos pesados e insensibles. La verdad puede ser presentada con profundo sentimiento; pero no despierta las sensibilidades morales, ni ilumina el entendimiento. ¿Han estudiado los tales para glorificar a Dios en todas las cosas?

La influencia de un régimen sencillo

94*. Si todos los que profesan obedecer la ley de Dios estuvieran libres de iniquidad, mi alma quedaría aliviada; pero no lo están. Aun algunos de los que profesan guardar todos los mandamientos de Dios son culpables del pecado de adulterio. ¿Qué puedo decir para despertar sus sensibilidades embotadas? Los principios morales, aplicados estrictamente, son la única salvaguardia del alma. Si hubo alguna vez un tiempo en que la alimentación debía ser de la clase más sencilla, es ahora. No debe ponerse carne delante de nuestros hijos. Su influencia tiende a excitar y fortalecer las pasiones inferiores, y tiende a amortiguar las facultades morales, Los cereales y las frutas, preparados sin grasa en forma tan natural como sea posible, deben ser el alimento destinado a todos aquellos que aseveran estar preparándose para ser trasladados al cielo. Cuanto menos excitante sea nuestra alimentación, tanto más fácil será dominar las pasiones. La complacencia del gusto no debe ser consultada sin tener en cuenta la salud física, intelectual o moral.

La satisfacción de las pasiones más bajas inducirá a muchísimas personas a cerrar los ojos a la luz, porque temen ver pecados que no están dispuestos a abandonar. Todos pueden ver si lo desean. Si prefieren las tinieblas a la luz, su criminalidad no disminuirá por ello. ¿Por qué no leen los hombres y mujeres y se instruyen en estas cosas que tan decididamente afectan su fuerza física, intelectual y moral? Dios os ha dado un tabernáculo que cuidar y conservar en la mejor condición para su servicio y gloria.76

La temperancia es una ayuda para el dominio moral

95*. El alimento que consumís no es de la clase sencilla y saludable que produce la mejor clase de sangre. La sangre impura oscurecerá seguramente las facultades morales e intelectuales. y despertará y fortalecerá las pasiones más bajas de vuestra naturaleza. Ninguno de vosotros puede permitirse seguir un régimen afiebrante; porque esto se hace a expensas de la salud del cuerpo, y de la prosperidad de vuestras propias almas y las almas de vuestros hijos.

Colocáis sobre vuestras mesas alimentos que sobrecargan los órganos digestivos, excitan las pasiones animales y debilitan las facultades morales e intelectuales. Los alimentos muy condimentados y la carne no son de beneficio para vosotros...

Os ruego, por causa de Cristo, que pongáis vuestra casa y vuestros corazones en orden. Que la verdad de origen celestial os eleve y os santifique, en alma, cuerpo y espíritu. "Os ruego. . que os abstengáis de los deseos carnales que batallan contra el alma" (1 Ped. 2:11).

Hermano G, su forma de comer tiene la tendencia a fortalecer las pasiones bajas. Ud. no controla su cuerpo como es su deber hacerlo para perfeccionar la santidad en el temor de Dios. La temperancia en el comer debe practicarse antes que Ud. sea un hombre paciente.

96*. El mundo no debe ser un criterio para nosotros. Está de moda complacer el apetito con alimentos lujosos o concentrados y estímulos antinaturales, fortaleciendo de esta manera las propensiones animales, y perjudicando el crecimiento y el desarrollo de las facultades morales. No hay estímulo para ninguno de los hijos o hijas de Adán a fin de que lleguen a ser victoriosos en la guerra cristiana, a menos 77 que decidan practicar la temperancia en todas las cosas. Si lo hacen, no pelearán como quien hiere el aire.

Si los cristianos mantienen el cuerpo en sujeción, y ponen todos sus apetitos y pasiones bajo el dominio de una conciencia iluminada, sintiendo que es un deber que tienen para con Dios y para con sus vecinos el obedecer las leyes que gobiernan la salud y la vida, tendrán la bendición del vigor físico y mental. Tendrán poder moral para empeñarse en la guerra contra Satanás; y en el nombre de Aquel que venció el apetito en favor de ellos, pueden ser más que vencedores para su propio bien. Esta guerra está abierta para todos los que deseen empeñarse en ella.

[Efecto del régimen a base de carne sobre el poder moral - 658, 683, 684, 685, 686, 687]
[La casa de campo; su relación con el régimen y la moral - 711]
[Falta de poder moral debido a la complacencia de los niños en el comer y beber - 347]
[Alimentos que causan irritabilidad y nerviosidad - 556, 5589, 5629, 5741]
[El apetito complacido debilita las facultades morales - 231]

SECCIÓN III La Reforma Pro Salud y el Mensaje del Tercer Ángel

La Reforma Pro Salud y el Mensaje del Tercer Ángel como la mano para el cuerpo

97*. El 10 de diciembre de 1871 me fue mostrado nuevamente que la reforma pro salud es un ramo de la gran obra que ha de preparar a un pueblo para la venida del Señor. Está tan íntimamente relacionada con el mensaje del tercer ángel como la mano lo está con el cuerpo. La ley de los Diez Mandamientos ha sido considerada livianamente por los hombres, pero el Señor no quiso venir a castigar a los transgresores de dicha ley sin mandarles primero un mensaje de amonestación. El tercer ángel proclama ese mensaje. Si los hombres hubieran sido siempre obedientes al Decálogo, y hubiesen llevado a cabo en su vida los principios de esos preceptos, la maldición de tanta enfermedad que ahora inunda al mundo no existiría.

PARA PREPARAR A UN PUEBLO

Los hombres y las mujeres no pueden violar la ley natural, complaciendo un apetito depravado y pasiones concupiscentes, sin violar la ley de Dios. Por lo tanto, el Señor ha permitido que sobre nosotros resplandezca la luz de la reforma pro salud, para que veamos el pecado que cometemos al violar las leyes que él estableció en nuestro ser. Todos nuestros goces o sufrimientos pueden atribuirse a la obediencia o transgresión de la ley natural. Nuestro misericordioso Padre celestial ve la condición 82 deplorable de los hombres que, a sabiendas unos, por ignorancia muchos, viven violando las leyes que él estableció. Pero por su amor y compasión hacia la humanidad, él hace resplandecer la luz de la reforma pro salud. Promulga su ley y anuncia la penalidad que se aplicará a la transgresión de ella, para que todos puedan aprender y procuren vivir en armonía con la ley natural. Proclama su ley tan distintamente y, la hace tan eminente que es como una ciudad asentada sobre una montaña. Todos los seres responsables pueden comprenderla si quieren. Los idiotas no serán responsables. Hacer clara la ley natural e instar a que se la obedezca es la obra que acompaña al mensaje del tercer ángel, con el propósito de preparar a un pueblo para la venida del Señor.

LA DERROTA DE ADÁN - LA VICTORIA DE CRISTO *

Adán y Eva cayeron por el apetito intemperante. Cristo vino y soportó las más duras tentaciones de Satanás, y en favor de la raza, venció el apetito, mostrando que el hombre puede vencer. Así como Adán cayó en el apetito, y perdió la bendición del Edén, los hijos de Adán pueden, por medio de Cristo, vencer el apetito, y por la temperancia en todas las cosas volver a conquistar el Edén.

AYUDAS PARA DISCERNIR LA VERDAD

La ignorancia no es ahora una excusa de la transgresión de la ley. La luz brilla claramente, y nadie necesita ser ignorante, porque el gran Dios es, él mismo, el instructor del hombre. Todos tienen la más sagrada obligación ante Dios de prestar oídos a la sana filosofía y la experiencia auténtica que ahora él les está dando con referencia a la reforma pro salud. El Señor se propone que el gran tema de la reforma pro salud sea agitado, y la mente publica profundamente sacudida para investigar; pues es imposible que los hombres y mujeres, con todos sus hábitos pecaminosos 83 destructores de la salud y debilitantes del cerebro, disciernan la sagrada verdad por medio de la cual han de ser santificados, refinados, elevados y hechos idóneos para la asociación con los ángeles celestiales en el reino de gloria...

SANTIFICADOS O CASTIGADOS

El apóstol Pablo exhorta a la iglesia:"Así que, hermanos, os ruego por las misericordias de Dios, que presentéis vuestros cuerpos en sacrificio vivo, santo, agradable a Dios, que es vuestro culto racional" (Rom. 12:1). Los hombres, pues, pueden profanar sus cuerpos por medio de complacencias pecaminosas. Si no son santos, no son idóneos para ser adoradores espirituales, ni son dignos del cielo. Si el hombre aprecia la luz que Dios en su misericordia le da sobre la reforma pro salud, puede ser santificado por medio de la verdad, y hecho idóneo para la inmortalidad. Pero si desatiende esa luz, y vive en violación de la ley natural, debe pagar la penalidad.

La obra de Elías y de Juan como símbolo

98*. Durante años el Señor ha estado llamando la atención de sus hijos a la reforma pro salud. Esta es una de las grandes ramas de la obra de preparación para la venida del Hijo del hombre. Juan el Bautista salió con el espíritu y el poder de Elías, para preparar el camino del Señor, y para hacer volver el pueblo a la sabiduría de los justos. El fue un representante de los que viven en estos últimos días, a quienes Dios ha confiado verdades sagradas para presentar delante del pueblo con el propósito de preparar el camino para la segunda aparición de Cristo. Juan era un reformador. El ángel Gabriel, directamente del cielo. dio un discurso sobre la reforma pro salud al padre y a la madre de Juan. Dijo que no debía beber vino ni ninguna bebida fuerte, y que debía ser lleno del Espíritu Santo desde su nacimiento.84

Juan se separó de los amigos y de los lujos de la vida. La sencillez de su vestido, un manto tejido con pelo de camello, era una reprensión permanente de la extravagancia y la ostentación de los sacerdotes judíos y del pueblo en general. Su régimen alimenticio, puramente vegetal, de langostas y miel silvestre, era un reproche de la complacencia del apetito y la glotonería que prevalecía por doquiera. El profeta Malaquías declara: "He aquí, yo os envío el profeta Elías, antes que venga el día de Jehová, grande y terrible. El hará volver el corazón de los padres hacia los hijos, y el corazón de los hijos hacia los padres" (Mal. 4:5, 6). Aquí el profeta describe el carácter de la obra. Los que han de preparar el camino para la segunda venida de Cristo, son representados por el fiel Elías, así como Juan vino con el espíritu de Elías para preparar el camino para la primera venida de Cristo.

El gran tema de la reforma ha de ser agitado, y la mente del público ha de ser despertada. La temperancia en todas las cosas ha de ser relacionada con el mensaje, para hacer volver al pueblo de Dios de su idolatría, su glotonería y su extravagancia en el vestido y en otras cosas.

UN NOTABLE CONTRASTE

La abnegación, la humildad y la temperancia que se exigen de parte de los justos, a quienes Dios guía y bendice especialmente, han de ser presentadas al pueblo en contraste con los hábitos extravagantes y destructores del carácter de los que viven en esta era de degeneración. Dios ha mostrado que la reforma pro salud está tan relacionada con el mensaje del tercer ángel como la mano lo está con el cuerpo. En ninguna parte ha de encontrarse una causa tan grande de degeneración física y moral como en el descuido de este importante tema. Los que complacen su apetito y su pasión, y cierran los ojos a la luz por temor de ver complacencias pecaminosas que no están dispuestos a abandonar, son culpables delante de Dios. 85

Todo el que se aparte de la luz en un caso endurece su corazón para desatender la luz en otros asuntos. Todo el que viole obligaciones morales en materia de alimentación y vestido, prepara el camino para violar las exigencias de Dios con respecto a intereses eternos. . .

El pueblo al cual Dios está guiando será peculiar. Sus miembros no serán como el mundo. Pero si siguen la dirección de Dios, realizarán los propósitos del Señor, y rendirán su voluntad a la suya. Cristo morará en su corazón. El templo de Dios será santo. Vuestro cuerpo, dice el apóstol, es el templo del Espíritu Santo.

Dios no exige que sus hijos se nieguen a sí mismos para perjuicio de sus fuerzas físicas. Les exige que obedezcan la ley natural, para preservar su salud física. El sendero de la naturaleza es el camino que él señala, y es lo suficientemente ancho para cualquier cristiano. Dios nos ha provisto con mano pródiga de ricas y variadas bendiciones para nuestra subsistencia y nuestro gozo. Pero para que podamos disfrutar del apetito natural, que preservará la salud y prolongará la vida, él restringe el apetito. El dice: Tened cuidado, refrenaos, negaos a satisfacer el apetito antinatural. Si creamos un apetito pervertido, violamos las leyes de nuestro ser, y asumimos la responsabilidad por abusar de nuestros cuerpos y por acarrearnos enfermedades.

Dad el debido lugar a la obra en favor de la salud

99*. La indiferencia con la cual han sido tratados los libros de salud por parte de muchos es una ofensa hacia Dios. El separar la obra que se hace en favor de la salud del gran cuerpo de la causa no está en el orden de Dios. La verdad presente tiene que ver con la obra de la reforma pro salud tan ciertamente como con los otros rasgos de la obra evangélica. 86 Ninguna rama, cuando se la separa de las demás, puede ser un todo perfecto.

El evangelio de la salud tiene defensores capaces, pero su labor ha sido muy dura debido a que muchos ministros, presidentes de asociaciones y otros hombres que ocupan puestos de influencia han dejado de dar al asunto de la reforma pro salud la debida atención. No la han reconocido en su debida relación con la obra del mensaje como la mano derecha del cuerpo. En tanto que se ha mostrado muy poco respeto hacia este departamento por parte de muchos miembros, y de algunos de los ministros, el Señor ha manifestado su consideración por ella dándole abundante prosperidad.

Cuando se la dirige en forma debida, la obra en pro de la salud es una cuña de entrada, que abre camino para otras verdades a fin de alcanzar el corazón. Cuando el mensaje del tercer ángel es recibido en su plenitud, la reforma pro salud recibirá su lugar en los consejos de la asociación, en la obra de la iglesia, en el hogar, en la mesa, y en todos los arreglos de la casa. Entonces el brazo derecho servirá y protegerá el cuerpo.

Pero aun cuando la obra pro salud tiene su lugar en la promulgación del mensaje del tercer ángel, sus abogados no deben de ninguna manera luchar para hacerle tomar el lugar del mensaje.

Necesidad de dominio propio

100*. Uno de los efectos más deplorables de la apostasía original fue la pérdida de la facultad del dominio propio por parte del hombre. Sólo en la medida en que se recupere esta facultad puede haber verdadero progreso.

El cuerpo es el único medio por el cual la mente y el alma se desarrollan para la edificación del carácter. De ahí que el adversario de las almas encamine sus tentaciones al debilitamiento y a la degradación de las facultades físicas. 87 Su éxito en esto envuelve la sujeción al mal de todo nuestro ser. A menos que estén bajo el dominio de un poder superior, las propensiones de nuestra naturaleza física acarrearán ciertamente ruina y muerte.

El cuerpo tiene que ser puesto en sujeción. Las facultades superiores de nuestro ser deben gobernar. Las pasiones han de obedecer a la voluntad, que a su vez ha de obedecer a Dios. El poder soberano de la razón, santificado por la gracia divina, debe dominar en nuestra vida.

Las exigencias de Dios deben estamparse en la conciencia. Hombres y mujeres deben despertar y sentir su obligación de dominarse a sí mismos, su necesidad de ser puros y libertados de todo apetito depravante y de todo hábito envilecedor. Han de reconocer que todas las facultades de su mente y de su cuerpo son dones de Dios, y que deben conservarlas en la mejor condición posible para servirle.

Los pastores y los miembros deben obrar de concierto

101*. Una parte importante de la obra del ministerio es la de explicar fielmente al pueblo la reforma pro salud, tal como se presenta relacionada con el mensaje del tercer ángel, como parte integrante de la misma obra. Ellos mismos no deben dejar de adoptarla, y deben instar a todos los que profesan la verdad a aceptarla.

102*. La reforma pro salud, según me fue mostrado, es una parte del mensaje del tercer ángel, y se halla tan estrechamente relacionada con él como el brazo y la mano lo están con el cuerpo. Vi que como pueblo debemos hacer progresos en esta gran obra. Los ministros y los miembros de la iglesia deben actuar de concierto. Los hijos de Dios no están preparados para el fuerte clamor del tercer ángel. Tienen una obra que realizar en favor de sí mismos que no 88 pueden dejar que Dios haga en lugar de ellos. El les ha dejado esta obra a ellos para que la hagan. Es una obra individual; una persona no puede hacerla por otra.

Una parte del mensaje, pero no su totalidad

103*. La reforma pro salud está estrechamente relacionada con la obra del tercer mensaje, y sin embargo no es el mensaje. Nuestros predicadores deben enseñar la reforma pro salud, y sin embargo no deben hacer de ella el tema principal en lugar del mensaje. Su lugar está entre los asuntos que hacen la obra preparatoria para hacer frente a los sucesos presentados por el mensaje; entre estos temas, ocupa un lugar prominente. Debemos tomar posesión de toda reforma con celo, y no obstante debiéramos evitar dar la impresión de que estamos vacilando, y que estamos sujetos al fanatismo.

104*. La reforma pro salud se halla tan íntimamente relacionada con el mensaje del tercer ángel como el brazo con el cuerpo; pero el brazo no puede tornar el lugar del cuerpo. La proclamación del mensaje del tercer ángel, los mandamientos de Dios y el testimonio de Jesús, es la preocupación básica de nuestra obra. El mensaje ha de ser proclamado con un fuerte clamor, y ha de ir a todo el mundo. La presentación de los principios de la salud deben unirse con este mensaje, pero en ninguna forma debe ser independiente de él, y de ninguna manera ocupar su lugar.

Su relación con las instituciones médicas

105*. Los sanatorios que están establecidos han de ser íntima e inseparablemente ligados con el Evangelio. El Señor ha dado instrucción según la cual el Evangelio ha de ser llevado adelante; y el Evangelio incluye la reforma pro salud. 89 en todas sus fases. Nuestra obra consiste en iluminar al mundo; porque éste se halla ciego ante los movimientos que han de desarrollarse, preparando el camino para las plagas que Dios permitirá que vengan sobre el mundo. Los fieles atalayas de Dios deben dar la amonestación. . .

La reforma pro salud ha de destacarse de manera más prominente en la proclamación del mensaje del tercer ángel. Los principios de la reforma pro salud se hallan en la Palabra de Dios. El evangelio de la salud debe vincularse firmemente con el ministerio de la palabra. Es el deseo del Señor que la influencia restauradora de la reforma pro salud sea una parte del gran esfuerzo final para proclamar el mensaje evangélico.

Nuestros médicos han de ser obreros para Dios. Han de ser hombres cuyas facultades hayan sido santificadas y transformadas por la gracia de Cristo. Su influencia ha de ser vinculada con la verdad que debe darse al mundo. En perfecta y completa unidad con el ministerio evangélico, la obra de la reforma pro salud revelará su poder divino. Bajo la influencia del Evangelio, se realizarán grandes reformas por medio de la obra médico-misionera. Separad, sin embargo, la obra médico-misionera del Evangelio, y esta obra resultará mutilada.

106*. Nuestros sanatorios y nuestras iglesias pueden alcanzar una norma más elevada y más santa. La reforma pro salud ha de ser enseñada y practicada por nuestros hermanos. El Señor está pidiendo que haya un reavivamiento de los principios de la reforma pro salud. Los adventistas tienen una obra especial que hacer como mensajeros a fin de trabajar por las almas y los cuerpos de los hombres.

Cristo ha dicho de su pueblo: "Vosotros sois la luz del mundo" (Mat. 5:14). Somos el pueblo que lleva el nombre del Señor, para proclamar las verdades de origen divino.90

La obra más solemne y sagrada que alguna vez se haya dado a los mortales es la de proclamar los mensajes del primero, el segundo y el tercer ángel a nuestro mundo. En nuestras grandes ciudades debe haber institutos de salud para cuidar de los enfermos, y para enseñar los grandes principios de la reforma pro salud.

Una cuña de entrada

107*. He recibido la instrucción de que no hemos de demorarnos en la realización de la tarea que necesita ser hecha en el ramo de la reforma pro salud. Por medio de esta obra hemos de alcanzar almas que viven en las zonas urbanas y en las áreas rurales.

108*. Puedo ver que en la providencia de Dios la obra médico-misionera ha de ser una gran cura de entrada, por medio de la cual puede ser alcanzada el alma enferma.

Para quitar prejuicios y aumentar la influencia

109*. Mucho del prejuicio que impide que la verdad del mensaje del tercer ángel alcance los corazones de la gente, podría ser quitado si se diera más atención a la reforma pro salud. Cuando la gente llega a interesarse en este tema, a menudo está preparado el camino para la entrada de otras verdades. Si la gente ve que somos inteligentes con respecto a la salud, estará más lista a creer que somos ortodoxos en materia de doctrinas bíblicas.

Este ramo de la obra del Señor no ha recibido la debida atención, y por este descuido se ha perdido mucho. Si la iglesia manifestara un interés mayor en reformas por medio de las cuales Dios mismo está tratando de prepararla para 91 su segunda venida, su influencia sería muy superior a lo que es ahora. Dios ha hablado a sus hijos, y él se propone que ellos escuchen y obedezcan su voz. Aunque la reforma pro salud no es el mensaje del tercer ángel, se halla estrechamente relacionada con él. Los que proclaman el mensaje también deben enseñar la reforma pro salud. Es un tema que debemos entender, a fin de estar preparados para los acontecimientos inmediatos, y debe tener un lugar prominente. Satanás y sus agentes están tratando de obstaculizar esta obra de reforma, y harán todo lo que puedan para afligir con perplejidades y cargas a los que se empeñen en ella de todo corazón. Sin embargo nadie debe desanimarse por esto, o cesar en sus esfuerzos por esa razón. El profeta Isaías habla de esta manera de una característica de Cristo: "No se cansará ni desmayará, hasta que establezca en la tierra justicia" (Isa. 42:4). No hablen pues los seguidores de Cristo de fracaso o de desánimo, antes bien recuerden el precio pagado para rescatar al hombre a fin de que no pereciera, sino que tuviera vida eterna.

110*. La obra de la reforma pro salud es el medio que el Señor usa para aminorar el sufrimiento en nuestro mundo y para purificar a su iglesia. Enseñad al pueblo que puede actuar como la mano ayudadora de Dios, cooperando con el Artífice Maestro en restaurar la salud física y espiritual. Esta obra lleva la firma del cielo, y abrirá las puertas para la entrada de otras verdades preciosas. Hay lugar para que trabajen todos los que se hagan cargo de esta obra en forma inteligente.

[Véase Medical Ministry, sección 2, "The Divine Plan in the Medical Missionary Work" (El plan divino en la obra médico-misionera), y sección 13, "Medical Missionary Work and the Gospel Ministry" (La obra médico-misionera y el ministerio evangélico)] 95

SECCIÓN IV El Régimen Alimenticio Debido

PARTE 1 - EL RÉGIMEN ORIGINAL

Escogido por el Creador

111*. Para saber cuáles son los mejores comestibles tenemos que estudiar el plan original de Dios para la alimentación del hombre. El que creó al hombre y comprende sus necesidades indicó a Adán cuál era su alimento. "He aquí -dijo- que os he dado toda planta que da semilla. . ., y todo árbol en que hay fruto y que da semilla; os será para comer" (Gén. 1:29). Al salir del Edén para ganarse el sustento labrando la tierra bajo el peso de la maldición del pecado, el hombre recibió permiso para comer también "plantas del campo". Los cereales, las frutas carnosas, los frutos oleaginosos, las legumbres y las hortalizas constituyen el alimento escogido para nosotros por el Creador. Preparados del modo más sencillo y natural posible, son los comestibles más sanos y nutritivos. Comunican una fuerza, una resistencia y un vigor intelectual que no pueden obtenerse de un régimen alimenticio más complejo y estimulante.

112*. Dios dio a nuestros primeros padres los alimentos que él se propuso que debía comer la raza humana. Era contrario a su plan quitar la vida de ninguna criatura. No debía haber muerte en el Edén. Los frutos de los árboles del jardín, constituían el alimento que requerían las necesidades del hombre.

[Para el contexto véase 639]96

Un llamado a regresar

113*. El Señor se propone que su pueblo vuelva a vivir a base de frutas, hortalizas* y cereales sencillos. . . Dios les proveyó a nuestros primeros padres los frutos en su estado natural.

114*. Dios está obrando en favor de su pueblo. No desea que esté sin recursos. Lo está haciendo volver al régimen alimenticio originalmente dado al hombre. Este régimen debe consistir en alimentos hechos con las materias primas que él proveyó, que son principalmente las frutas, los cereales y las oleaginosas, aunque también se usarán diversos tubérculos.

115*. Se me ha mostrado reiteradamente que Dios está trayendo a su pueblo de vuelta a su plan original, esto es, el de no subsistir a base de carne de animales muertos. El. quiere que enseñemos a la gente un método mejor.

Si se descarta la carne, si el gusto no es educado en esa dirección, y si se estimula el apetito por las frutas y los cereales, pronto ocurrirá lo que Dios quiso que fuera en el principio. Su pueblo no usará nada de carne.

[Israel traído de vuelta al régimen original - 644]
[El propósito divino al restringir el régimen de Israel - 641, 643, 644]

PARTE II - EL RÉGIMEN SENCILLO

Una ayuda para lograr una percepción rápida

116*. Si hubo alguna vez un tiempo en que la alimentación debía ser de la clase más sencilla, es ahora.

97

117*. Dios quiere que los hombres cultiven la fuerza del carácter. Los que son meramente contemporizadores no son aquellos que recibirán una rica recompensa día tras día. El quiere que los que trabajan en su causa sean hombres de aguda inteligencia y rápida percepción. Deben ser temperantes en el comer; los manjares suculentos no deben encontrar lugar en sus mesas; y cuando al cerebro se lo carga constantemente y hay falta de ejercicio físico, deben comer con frugalidad, aun tratándose de alimentos sencillos. La claridad de mente y la firmeza de propósito de Daniel, su fortaleza de intelecto para adquirir conocimientos, se debían en extenso grado a la sencillez de su régimen, en relación con su vida de oración.

[Un régimen sencillo escogido por Daniel - 33, 34, 241, 242]

118*. Mis queridos amigos, en vez de seguir una conducta que previene la enfermedad, estáis mimando la enfermedad y cediendo a su poder. Debéis evitar el uso de drogas, y observar cuidadosamente las leyes de la salud. Si tenéis alguna consideración por vuestra vida, debéis comer alimentos sencillos, preparados de la manera más simple, y hacer más ejercicio físico. Cada miembro de la familia necesita los beneficios de la reforma pro salud. Pero el uso de drogas debe ser abandonado para siempre; porque al paso que no cura ninguna enfermedad, debilita el sistema, haciéndolo más susceptible a la misma.

Ahorrando mucho sufrimiento

119*. Ud. necesita llevar a la práctica la reforma pro salud en su vida; negarse a sí mismo en el comer y beber para la gloria de Dios. Absténgase de los deseos carnales que batallan contra el alma. Necesita practicar la temperancia 98 en todas las cosas. He aquí una cruz que Ud. ha rehuido. El conformarse a un régimen sencillo, que lo preserve en la mejor condición de salud, es la tarea que le corresponde. Si hubiera vivido de acuerdo con la luz que el cielo permitió que brillara en su sendero, mucho sufrimiento podría haberse ahorrado para su familia. Su propia conducta ha acarreado seguros resultados. Mientras continúe actuando de esta suerte, Dios no vendrá a su familia para bendecirlo en forma especial, y obrar un milagro a fin de ahorrar sufrimientos a su familia. Un régimen sencillo, desprovisto de especias, de carnes y grasas de todo género, resultará una bendición para Ud., y le ahorrará a su esposa una gran cantidad de sufrimiento, pesar y abatimiento...

ALICIENTES PARA LLEVAR UNA VIDA SENCILLA

A fin de prestarle a Dios servicio perfecto, debe Ud. tener conceptos claros de sus requerimientos. Debe Ud., usar los alimentos más sencillos, preparados en la forma más simple, a fin de que los nervios delicados del cerebro no sean debilitados, embotados o paralizados, de tal suerte que le resulte a Ud. imposible discernir las cosas sagradas, y valorar la expiación, la sangre expiatoria de Cristo, como un bien incalculable. "¿No sabéis que los que corren en el estadio, todos a la verdad corren, pero uno solo se lleva el premio? Corred de tal manera que lo obtengáis. Todo aquel que lucha, de todo se abstiene; ellos a la verdad para recibir una corona corruptible, pero nosotros, una incorruptible. Así que, yo de esta manera corro, no como a la ventura; de esta manera peleo, no como quien golpea el aire, sino que golpeo mi cuerpo, y lo pongo en servidumbre, no sea que habiendo sido heraldo para otros, yo mismo venga a ser eliminado" (1 Cor. 9:24-27).

Si los hombres, sin tener un objetivo más alto que el de una corona perecedera como recompensa de su ambición, se sometían a la temperancia en todas las cosas, ¡cuanto más deben estar dispuestos a practicar la negación de sí mismos aquellos que profesan estar buscando no sólo una corona de gloria inmortal, sino una vida que ha de durar tanto como el trono de Dios, y riquezas eternas, honores imperecederos y un permanente peso de gloria! ¿No debieran los estímulos presentados ante los que corren la carrera cristiana, inducirles a practicar la negación de sí mismos y la temperancia en todas las cosas a fin de que puedan mantener sujetas sus propensiones animales, herir el cuerpo, y controlar el apetito y las pasiones carnales? Entonces podrán ser participantes de la naturaleza divina, habiendo escapado a la corrupción que está en el mundo por medio de la concupiscencia.

La recompensa de la perseverancia

120*. Las personas acostumbradas a un régimen fuerte y muy estimulante tienen el gusto pervertido y no pueden apreciar de buenas a primeras un alimento sencillo. Se necesita tiempo para normalizar el gusto y para que el estómago se reponga del abuso. Pero los que perseveren en el uso de alimentos sanos, los encontrarán sabrosos al cabo de algún tiempo. Podrán apreciar su sabor delicado y los comerán con deleite, prefiriéndolos a las golosinas malsanas. Y el estómago, en condición de salud, es decir, ni febril ni recargado, desempeñará fácilmente su tarea.

Avancemos

121*. Una reforma en el comer implicaría ahorrar gastos y trabajos. Las necesidades de una familia pueden ser fácilmente suplidas, es decir satisfechas, con un régimen sencillo y sano. Los alimentos fuertes o suculentos quebrantan los órganos sanos del cuerpo y de la mente.

122*. Todos nosotros hemos de considerar que no ha de haber extravagancia en ningún respecto. Debemos estar satisfechos con un alimento puro, sencillo, preparado de una manera simple. Este debe ser el régimen de los encumbrados y de los humildes. Deben evitarse las sustancias adulteradas. Nos estamos preparando para la vida futura e inmortal en el reinar de los cielos. Esperamos hacer nuestra labor de acuerdo con las instrucciones y con el poder del grande y poderoso Sanador. Todos deben poner de su parte sacrificio propio.

123*. Muchos me han preguntado: ¿Cuál es el mejor proceder que puedo seguir para preservar mi salud? Mi respuesta es la siguiente: Dejad de transgredir las leyes de vuestro ser; dejad de gratificar un apetito depravado; comed alimentos sencillos, vestíos en forma saludable, lo cual exigirá modesta sencillez; trabajad en forma sana, y no estaréis enfermos.

- Régimen alimenticio para las reuniones campestres

124*. No debe llevarse a las reuniones campestres nada fuera de los artículos más saludables, cocinados de una manera sencilla, libres de toda especia y grasa.

Estoy convencida de que nadie necesita enfermarse en su preparación para las reuniones campestres, si observa las leyes de la salud en su forma de cocinar. Si no hacen tortas o pasteles, sino cocinan pan integral o de graham sencillo, y dependen para su alimentación de la fruta, conservada o seca, no necesitan enfermarse al prepararse para las reuniones, y no necesitan estar enfermos mientras asisten a las mismas. Nadie debe pasar todo el tiempo de las reuniones 101 sin alguna comida caliente. Siempre hay estufas para cocinar en el campamento, donde esto puede hacerse.

No debe haber hermanos y hermanas que lo pasen enfermos en el campamento. Si se visten debidamente en las horas frías de la mañana y de la noche, y son cuidadosos como para variar su indumentaria de acuerdo con el cambio del tiempo, de manera que puedan preservar la debida circulación, y observan estrictamente la regularidad en las horas de dormir y en el consumo de alimentos sencillos, no ingiriendo nada entre las comidas, no necesitan estar enfermos. Pueden estar bien durante las reuniones, con sus mentes claras y capaces de apreciar la verdad, y pueden regresar a sus hogares refrigerados en cuerpo y en espíritu. Los que han estado empeñados en un trabajo duro día tras día, ahora dejan de hacer ejercicio; por lo tanto no deben comer la misma cantidad de alimento. Si lo hacen, sus estómagos estarán sobrecargados.

Deseamos tener las facultades del cerebro especialmente vigorosas en estas reuniones, y en la más saludable condición posible para escuchar la verdad, apreciarla, y retenerla, a fin de que todos puedan ponerla en práctica después de volver del congreso. Si el estómago está cargado con excesivo alimento, aunque sea sencillo, la fuerza del cerebro es llamada a auxiliar a los órganos digestivos. Hay una sensación de embotamiento del cerebro. Es casi imposible mantener los ojos abiertos. Las mismas verdades que debieran escucharse, entenderse y practicarse, resultan enteramente perdidas debido a la indisposición, o porque el cerebro está casi paralizado como consecuencia de la cantidad de alimento ingerido. Quiero aconsejar a todos a que tomen alguna clase de alimento caliente, por lo menos cada mañana. Podéis hacer esto sin mucho trabajo. Podéis preparar cereales integrales, cocidos con agua en forma de gacha. Si la harina integral está demasiado áspera, cernidla, y mientras la gacha o ce 102 real cocido está caliente, añadid leche. Esto proporcionará un plato de lo más sabroso y saludable para el campamento. Y si vuestro pan está seco, cortadlo en trocitos y ponedlo en vuestra gacha, y resultará agradable. Yo no apruebo el consumo de mucho alimento frío, debido a que entonces debe restarse vitalidad al sistema para calentar el alimento hasta que éste llegue a ser de la misma temperatura que el estómago antes que la obra de la digestión pueda realizarse. Otro plato muy sencillo y sin embargo muy sano, es el frijol hervido, o cocinado. Diluid una porción de frijoles en agua, añadid leche o crema, y haced un caldo; el pan puede usarse así como se emplea en las gachas integrales.

[La venta de bombones, caramelos, helados, etc., en el campamento - 529, 530]
[Trabajo de cocina innecesario para los congresos campestres - 57]

- La comida para el picnic

125*. Uñanse varias familias que vivan en una ciudad o pueblo, y dejen las ocupaciones que los han sobrecargado física y mentalmente. Hagan una excursión al campo, a la orilla

de un hermoso lago, o a un lindo bosque, donde la escena natural sea bella. Deben llevar consigo alimento sencillo e higiénico, las mejores clases de frutas y cereales, y tender la mesa bajo la sombra de algún árbol o bajo la bóveda del cielo. El viaje, el ejercicio y el escenario avivarán el apetito, y pueden gozar de una comida que los reyes envidiarían.
[Evítense los excesos al cocinar - 793]
[Consejo para obreros sedentarios - 225]
[Sencillez en el menú del sábado - 56]
126*. Esfuércense fervientemente los que abogan por la reforma pro salud para hacer de ésta todo lo que ellos pretenden 103 que es. Descarten todo lo que sea perjudicial para la salud. Usen alimentos sencillos y sanos. La fruta es excelente, y ahorra mucho trabajo de cocinar. Descarten los pasteles, las tortas, los postres, y otros platos preparados para tentar el apetito. Coman menos clases de alimento en una misma comida y consúmanlos con agradecimiento.

Sencillez al hospedar a otros

127*. Cristo dio en su propia vida una lección de hospitalidad. Cuando estaba rodeado por la muchedumbre hambrienta al lado del mar, no la mandó sin refección a sus hogares. Dijo a sus discípulos: "Dadles vosotros de comer" (Mat. 14: 16). Y por un acto de poder creador proporcionó bastante alimento para suplir sus necesidades. Sin embargo, ¡cuán sencillo fue el alimento provisto! No había lujo. El que tenía todos los recursos del cielo a su disposición podría haber presentado a la gente una comida suculenta. Pero proveyó solamente lo que bastaba para su necesidad, lo que era el alimento diario de los pescadores a orillas del mar.

Si los hombres fueran hoy sencillos en sus costumbres y vivieran en armonía con las leyes de la naturaleza, habría abundante provisión para todas las necesidades de la familia humana. Habría menos necesidades imaginarias y más oportunidad de trabajar de acuerdo con los métodos de Dios. Cristo no trató de atraer a los hombres a sí por la satisfacción del amor al lujo. El menú sencillo que proveyó era una garantía no sólo de su poder sino de su amor, de su tierno cuidado por ellos en las necesidades de la vida.

128*. Los hombres y las mujeres que profesan ser seguidores de Cristo, son a menudo esclavos de la moda, y de 104 un apetito glotón. En la preparación de reuniones a la moda, se invierten tiempo y energía -que debieran dedicarse a propósitos más elevados y nobles- para cocinar una variedad de platos insalubres. Debido a esta moda, muchos que son pobres y que dependen de su trabajo diario, están dispuestos a incurrir en gastos a fin de preparar diferentes clases de ricas tortas, conservas, pasteles, y una variedad de alimentos a la moda para los visitantes. Lo único que hacen estos platos es perjudicar a los que los consumen. Al mismo tiempo, quienes los preparan necesitan la suma así gastada para comprar ropa para ellos mismos y para los niños. Este tiempo empleado para preparar alimentos destinados a gratificar el gusto a expensas del estómago debe dedicarse a la instrucción moral y religiosa de los hijos.

El hacer visitas a la moda es convertido en ocasión para la glotonería. Se participa de alimentos y bebidas perjudiciales en tal medida que sobrecarga grandemente los órganos de la digestión. Para procesar esos alimentos se exige la acción innecesaria de las fuerzas vitales, lo cual produce agotamiento, y perturba grandemente la circulación de la sangre, y como resultado, la carencia de energía vital se hace sentir en todo el sistema. Las bendiciones que podrían resultar de una visita social, se pierden a menudo por el hecho de que la persona que hospeda, en lugar de beneficiarse con nuestra conversación, trabaja arduamente en la cocina, preparando una variedad de platos para deleitar a los invitados. Los cristianos nunca deben permitir que su influencia fomente una conducta semejante consumiendo alimentos complicados preparados de esta manera. Comprendan ellos que el objeto que tenéis al visitarlos no es complacer el apetito, sino el hacer que vuestra asociación mutua y el intercambio de pensamientos y sentimientos resulte una bendición para todos. La conversación debe ser de un carácter tan elevado y ennoblecedor que después pueda recordarse con sentimientos del más alto placer. 105

129*. Los que atienden a visitas, deben tener alimentos sanos y nutritivos, a base de frutas, cereales y vegetales, preparados de una manera sencilla y apetitosa. Esa forma de cocinar exigirá nada más que un poco de trabajo o gasto extra, y el consumir esos alimentos en cantidades moderadas, no perjudicará a nadie. Si los mundanos eligen sacrificar tiempo, dinero y salud para gratificar el apetito, déjese que ellos lo hagan, Y paguen la penalidad de la violación de las leyes de la salud; pero los cristianos deben tomar una posición definida con respecto a estas cosas, y ejercer su influencia en la debida dirección. Pueden hacer mucho para reformar estas costumbres que están de moda, y que destruyen la salud y el alma.

[El ejemplo de los cristianos en la mesa como ayuda para los débiles en el dominio propio - 354]
[Las fiestas complicadas son una carga y un perjuicio-214]
[El efecto de una complicada atención de huéspedes sobre los propios hijos y la familia - 348]
[El pecado de un menú escaso para la familia y excesivo para las visitas - 284]
[Un régimen sencillo es el mejor para los niños - 349, 356, 357, 360, 365]
[Sencillez en la preparación de alimentos sanos - 399, 400, 401, 402, 403, 404, 405, 407, 410]

Listos para el huésped inesperado

130.* Algunas madres de familia escatiman la comida en la mesa para poder obsequiar opíparamente a sus visitas. Esto es desacertado. Al agasajar huéspedes se debiera proceder con más sencillez Atiéndase primero a las necesidades de la familia.

Una economía doméstica imprudente y las costumbres 106 artificiales hacen muchas veces imposible que se ejerza la hospitalidad donde sería necesaria y beneficiosa. La provisión regular de alimento para nuestra mesa debe ser tal que se pueda convidar al huésped inesperado sin recargar a la señora de la casa con preparativos extraordinarios.

[Práctica de E. G. de White: ningún trabajo extra de cocina para visitas - Apéndice 1: 8]
[Alimentos sencillos servidos en el hogar de los White - Apéndice I:1, 13, 14, 15]
[El menú ha de variarse de una comida a otra y ha de prepararse con esmero - 320]

Pensad menos en el alimento temporal

131*. Debemos estar constantemente meditando en la palabra, comiéndola, digiriéndola, y asimilándola al practicarla, de manera que sea llevada a la corriente de la vida. El que se alimenta de Cristo diariamente enseñará a otros por su ejemplo a pensar menos en lo que come y a sentir mucho mayor ansiedad por el alimento que da a su alma.

El verdadero ayuno que debe recomendarse a todos es la abstinencia de todo alimento estimulante, y el uso adecuado de los alimentos sanos y sencillos. que Dios ha provisto en abundancia. Los hombres necesitan pensar menos en lo que comerán y beberán, en el alimento temporal, y mucho más con respecto al alimento celestial, que dará tono y vitalidad a toda la experiencia religiosa.

La influencia reformadora de una vida sencilla

132*. Si nos vistiéramos de una manera sencilla y modesta sin seguir la moda; si nuestra mesa fuera provista siempre de alimentos sencillos y saludables, evitando todo 107 manjar lujoso y suculento, toda extravagancia; si nuestras casas fueran edificadas con la debida sencillez y amuebladas de la misma manera, esto mostraría el poder santificador de la verdad, y tendría una influencia destacada sobre los no creyentes. Pero mientras nos conformamos al mundo en estas cosas, tratando, aparentemente de superar a veces a los mundanos en arreglos extravagantes, la predicación de la verdad tendrá poco o ningún efecto. ¿Quién creerá la solemne verdad para este tiempo, cuando los que ya profesan creerla contradicen su fe con sus obras? No es Dios el que nos ha cerrado las ventanas del cielo, sino nuestra propia conformidad a las costumbres y prácticas del mundo.

133*. Merced a un milagro del poder divino dio Cristo de comer a la muchedumbre; y sin embargo, ¡cuán modesto era el manjar provisto! Sólo unos peces y unos panes que constituían el alimento diario de los pescadores de Galilea.

Cristo hubiera podido darle al pueblo una suntuosa comida; pero un manjar preparado únicamente para halago del paladar no les hubiera servido de enseñanza para su bien. Mediante este milagro, Cristo deseaba dar una lección de sobriedad. Si los hombres fueran hoy de hábitos sencillos, y si viviesen en armonía con las leyes de la naturaleza, como Adán y Eva en un principio, habría abundantes provisiones para satisfacer las necesidades de la familia humana. Pero el egoísmo y la gratificación de los apetitos trajeron el pecado y la miseria, a causa del exceso por una parte, y de la necesidad por otra.

134*. Si los que profesan ser cristianos usasen menos de su fortuna para adornar su cuerpo y hermosear sus propias casas, y en sus mesas hubiese menos lujos extravagantes y 108 malsanos, podrían colocar sumas mucho mayores en la tesorería del Señor. Imitarían así a su Redentor, quien dejó el cielo, sus riquezas y su gloria, y por amor de nosotros se hizo pobre, a fin de que pudiésemos tener las riquezas eternas.

PARTE III - UN RÉGIMEN ALIMENTICIO ADECUADO

No es un asunto que ha de tratarse con indiferencia

135*. Debido a que es erróneo comer tan sólo para gratificar el gusto pervertido, no debe sacarse la conclusión de que hemos de ser indiferentes con respecto a nuestra alimentación. Es un asunto de la mayor importancia. Nadie debe adoptar un régimen empobrecido. Muchos están debilitados por la enfermedad, y necesitan alimentos nutritivos y bien preparados. Los reformadores de la salud, por encima de todos los demás, deben tener cuidado de evitar los extremos. El cuerpo debe tener suficiente nutrición. El Dios que concede el sueño a sus amados los ha provisto también de alimentos adecuados para sostener el sistema físico en una condición saludable.

136*. Para tener buena salud, debemos tener buena sangre, pues la sangre es la corriente de la vida. Repara los desgastes y nutre el cuerpo. Provista de los elementos convenientes y purificada y vitalizada por el contacto con el aire puro, da vida y vigor a todas las partes del organismo. Cuanto más perfecta sea la circulación, mejor cumplida quedará aquella función.

[La relación del régimen adecuado con la sanidad mental - 314] 109

[La relación de una alimentación adecuada con una experiencia espiritual sólida - 324, párr. 4]

La generosa provisión de Dios

137*. Dios le ha provisto al hombre abundantes medios para satisfacer un apetito no pervertido. Ha extendido delante de él los productos de la tierra: una variedad abundante de alimentos que son deliciosos al paladar y nutritivos para el sistema. Nuestro benévolo Padre celestial nos dice que podemos comer libremente de ellos. Las frutas, los cereales y las legumbres, preparados de una manera sencilla, libre de especias y grasas en todas sus formas, constituyen, junto con la leche o la crema, el régimen más saludable. Imparten nutrición al cuerpo, y otorgan un poder de resistencia y un vigor de intelecto que no son producidos por un régimen estimulante.

138*. En los cereales, las frutas, las verduras y legumbres y los frutos oleaginosos o nueces han de encontrarse todos los elementos alimenticios que necesitamos. Si acudimos al Señor con sencillez de mente, él nos enseñará cómo preparar alimentos sanos, libres de la corrupción de la carne usada como alimento.

Un régimen pobre desacredita la reforma pro salud

139*. Algunos de nuestros hermanos se abstienen concienzudamente de comer alimentos impropios, y al mismo tiempo, por descuido, dejan de comer los alimentos necesarios para el debido sostén del cuerpo. Nunca presentemos un testimonio negativo contra la reforma pro salud por no usar alimentos sanos y apetitosos en lugar de los artículos perjudiciales que hemos descartado. Debe emplearse mucho tacto y discreción en la separación de alimentos nutritivos que ocupan el lugar de los que han constituido el régimen de muchas familias. Este esfuerzo requiere fe en Dios, fervor de propósito, y la voluntad de ayudarse mutuamente. Un régimen que carezca de los debidos alimentos nutritivos atrae reproche a la causa de la reforma pro salud. Somos mortales, y debemos suplirnos de alimentos que le proporcionen el debido sostén al cuerpo.

[Un régimen empobrecido no es recomendable - 315, 317, 318, 388]
[Un régimen empobrecido como resultado de puntos de vista extremos - 316]
[El cuidarse de un régimen empobrecido cuando se descarta la carne - 320, 816]
[La experiencia espiritual no se profundiza con una alimentación pobre - 323]
[Ejemplo de miembros de una familia que perecen por falta de alimento sencillo y nutritivo - 329]

140*. Examinad vuestros hábitos relativos a la alimentación. Razonad de causa a efecto, pero no presentéis falso testimonio contra la reforma pro salud siguiendo ignorantemente una conducta que milite contra ella. No descuidéis el cuerpo ni abuséis de él, descalificándolo de esta manera para rendir a Dios el servicio que se le debe. Sé por seguro que algunos de los obreros más útiles de nuestra causa han muerto debido a un descuido tal. El cuidar el cuerpo proveyéndole alimentos sabrosos y fortalecedores, es uno de los primeros deberes de las amas de casa. Es mucho mejor tener ropa y muebles menos costosos, que escatimar la provisión de artículos necesarios para la mesa.111

Debe ajustarse el régimen a las necesidades individuales

141*. En el consumo de los alimentos, debemos ejercer buen sentido. Cuando descubrimos que cierto alimento no nos asienta bien, no necesitamos escribir cartas para averiguar la causa de la molestia. Cambiemos el régimen; usemos menos de ciertos alimentos; proveamos otras preparaciones. Pronto conoceremos el efecto que tienen sobre nosotros determinadas combinaciones. Como seres humanos inteligentes, estudiemos individualmente los principios, y hagamos uso de nuestra experiencia y juicio para decidir cuáles son los mejores alimentos para nosotros.

[No todos pueden subsistir con el mismo régimen -322]

142*. Dios nos ha dado una amplia variedad de alimentos sanos, y cada cual debe escoger el que más convenga a sus necesidades, conforme a la experiencia y a la sana razón. La abundancia de frutas frescas, frutas oleaginosas y cereales que nos proporciona la naturaleza es grande, y año tras año se acrecienta la facilidad de comunicaciones que permite el intercambio de productos de un país con otro. Como resultado, muchos alimentos que hace pocos años se consideraban lujos están hoy al alcance de todos para el consumo diario. Esto sucede principalmente con las frutas desecadas y las puestas en conserva.

[No hemos de limitar la alimentación en anticipación del tiempo de angustia - 323]
[Variedad y esmero en la preparación - 320]
[Régimen adecuado en nuestros sanatorios - 426, 427, 428, 429, 430]
[En el hogar de los White no había una alimentación pobre - Apéndice 1: 8, 17] 112

PARTE IV - EL RÉGIMEN EN DIVERSOS PAÍSES

Adecuado a la estación y al clima

143*. Los alimentos utilizados deben corresponder al clima. Algunos alimentos adecuados para un país no serían en absoluto propios para otro lugar.

144*. Pero no todos los alimentos sanos de por sí convienen igualmente a nuestras necesidades en cualquier circunstancia. Nuestro alimento debe escogerse con mucho cuidado. Nuestro régimen alimenticio debe adaptarse a la estación del año, al clima en que vivimos y a nuestra ocupación. Algunos alimentos que convienen perfectamente a una estación del año o en cierto clima, no convienen en otros. También sucede que ciertos alimentos son los más apropiados para diferentes ocupaciones. Con frecuencia el alimento que un operario manual o bracero puede consumir con provecho no conviene a quien se entrega a una ocupación sedentaria o a un trabajo mental intenso. Dios nos ha dado una amplia variedad de alimentos sanos, y cada cual debe escoger el que más convenga a sus necesidades, conforme a la experiencia y a la sana razón.

Hay alimentos nutritivos en todos los países

145*. Hagamos un progreso inteligente en la simplificación de nuestro régimen alimenticio. En la providencia de Dios, todo país produce artículos de alimentación que contienen la nutrición necesaria para edificar el organismo. Estos pueden presentarse en forma de platos saludables y apetitosos. 113

146*. Si procedemos con prudencia, podremos conseguir en casi cualquier país la clase de alimentos que más favorece a la salud. Las variadas preparaciones de arroz, trigo, maíz y avena, como también las judías, porotos o frijoles, guisantes y lentejas se exportan hoy a todas partes. Estos alimentos, junto con las frutas indígenas o importadas, y con la variedad de verduras propias de cada país, facilitarán la elección y la composición de comidas, sin necesidad de carnes... Donde las frutas desecadas, como uvas pasas, ciruelas, manzanas, peras, melocotones y albaricoques o damascos, puedan obtenerse a precios moderados, se verá que pueden emplearse como alimentos de consumo corriente mucho más de lo que se acostumbra, y con los mejores resultados para la salud y el vigor de todas las clases de personas activas.

Una sugestión para los trópicos
147*. En los climas cálidos debe darse al obrero, cualquiera sea su ramo de trabajo, menos labor que en un clima más fortificante. El Señor recuerda que somos solamente polvo... Cuanto menos azúcar se introduce en la preparación de los alimentos; menos dificultad se experimentará por lo cálido del clima.

Se necesita tacto al enseñar la reforma pro salud
148*. A fin de realizar nuestra obra de una manera directa y sencilla debemos reconocer las condiciones a las cuales está sujeta la familia humana. Dios ha hecho provisión para los que viven en diferentes países del mundo. Los 114 que quieren ser colaboradores con Dios deben considerar cuidadosamente cómo enseñan la reforma pro salud en la gran viña de Dios. Deben avanzar con cuidado al especificar qué alimentos no deben usarse. El mensajero humano debe unirse al Ayudador divino al presentar el mensaje de misericordia , a las multitudes que Dios quiere salvar.
[Para el contexto véase 324]
[Cuidado especial que se necesita en países nuevos y en distritos pobres con respecto a la carne, la leche y los huevos -324]
149*. No prescribimos un régimen definido, pero decimos que en los países donde abundan las frutas,. los cereales y las nueces, la carne no es el alimento adecuado para el pueblo de Dios.
150*. El Señor desea que los que ven en los países donde se pueden obtener frutas frescas durante gran parte del año, reconozcan la bendición que tienen en ellas. Cuanto más dependamos de las frutas frescas tal como se las saca del árbol, tanto mayor será la bendición.
[Para el contexto véase 397]

Seguridad de ayuda divina
151*. El Señor enseñará a muchos en todas partes del mundo a combinar las frutas, los cereales y las verduras en alimentos que sostengan la vida y no comuniquen enfermedad. Personas que nunca han visto las recetas para hacer los alimentos sanos* que ya están en venta, trabajarán con inteligencia, experimentarán con los productos alimenticios 115 de la tierra, y recibirán información acerca del uso de estos productos. El Señor les mostrará lo que deben hacer. El que da habilidad y comprensión a su pueblo en una parte del mundo, se la comunicará también a su pueblo en otras partes del mundo. Es su designio que los tesoros alimenticios de cada país sean preparados de tal manera que puedan usarse en los países para los cuales son apropiados. Como Dios dio maná del cielo para sostener a los hijos de Israel, dará a su pueblo en diferentes lugares habilidad y sabiduría para usar los productos de esos países en la preparación de alimentos que reemplacen la carne.
152*. El Señor quiere que en todo lugar se estimule a hombres y mujeres a desarrollar sus talentos en la preparación de alimentos sanos con los productos naturales de su propia región. Si miran a Dios y ejercen su habilidad e ingenio bajo la dirección de su Espíritu, aprenderán a transformar los productos naturales en alimentos sanos. Así podrán enseñar a los pobres a proveerse de alimentos que reemplacen la carne. A su vez los que reciban esta ayuda podrán instruir a otros. Una obra tal se ha de hacer todavía con celo y vigor consagrados. Si se hubiese hecho antes, habría hoy muchas más personas en la verdad, y muchos más instructores. Aprendamos cuál es nuestro deber, y luego hagámoslo. No

debemos ser incapaces ni depender de otros para que hagan la obra que Dios nos ha confiado.

[Véase también 401, 407]

SECCIÓN V Fisiología de la Digestión

La recompensa de respetar las leyes de la naturaleza.

153*. El respeto manifestado al debido trato del estómago será recompensado con claridad de pensamiento y fortaleza mental. Vuestros órganos digestivos no se gastarán prematuramente para testificar contra vosotros. Hemos de manifestar que apreciamos la inteligencia que nos fue dada por Dios comiendo, estudiando y trabajando sabiamente. Nos cabe el sagrado deber de mantener el cuerpo en tal estado que tengamos un aliento agradable y limpio. Hemos de apreciar la instrucción que Dios ha dado sobre la reforma pro salud, reflejando en las palabras y en la práctica la clara luz que tenemos sobre este tema.

Efectos físicos de comer en exceso

154*. ¿Qué influencia tiene el comer en exceso sobre el estómago? Se debilita, los órganos digestivos pierden vigor, y sobreviene la enfermedad con toda su secuela de males. Si una persona estuviera ya enferma, de esta manera aumenta las dificultades que le sobrevienen, y disminuye su vitalidad cada día que pasa. Exige de sus facultades vitales una acción innecesaria para hacerse cargo de la comida que ha puesto en su estómago.

155*. A menudo esta intemperancia se manifiesta en el acto, en forma de dolor de cabeza, indigestión y cólicos. Se ha puesto una carga en el estómago de la cual éste no 120 se puede hacer cargo, y sobreviene una sensación de opresión. La cabeza está confundida, el estómago está en rebelión. Pero estos resultados no siempre siguen al comer en exceso. En algunos casos el estómago está paralizado. No se siente ninguna sensación dolorosa, pero los órganos de la digestión pierden su fuerza vital. El fundamento de la maquinaria humana resulta gradualmente minado, y la vida se hace muy desagradable.

156*. Os aconsejo que sigáis un régimen abstemio. Estad seguros de que como centinelas cristianos razonables, guardáis la puerta de vuestro estómago, no permitiendo que pase por vuestros labios nada que sea enemigo de vuestra salud y de vuestra vida. Dios os tiene por responsables de obedecer la instrucción que os ha dado en la reforma pro salud. La corriente sanguínea que se precipita a la cabeza debe ser vencida. Hay vasos sanguíneos grandes en los miembros cuyo propósito es distribuir la corriente vivificante a todas partes del cuerpo. El fuego que encendéis en vuestro estómago está haciendo que vuestro cerebro sea como un horno calentado. Comed mucho menos, y consumid alimentos sencillos, que no requieran una preparación pesada. Vuestras pasiones animales deben morir, y no deben ser mimadas y alimentadas. La congestión de la sangre en el cerebro está fortaleciendo los instintos animales y debilitando las facultades espirituales. . .

Lo que necesitáis es menos alimento temporal y mucho más alimento espiritual, más del pan de vida. Cuanto más sencillo sea vuestro régimen, mejor será para vosotros.

Traba la maquinaria

157*. Hermano mío, tiene Ud. mucho que aprender. Ud. complace su apetito consumiendo más alimento de lo que 121 su sistema puede convertir en buena sangre. Es un pecado ser intemperante en la cantidad de alimento consumido, aun cuando la calidad sea inobjetable. Muchos creen que si no comen carne y no se sirven de los alimentos más concentrados pueden consumir de los alimentos sencillos hasta que no les sea posible comer más. Esto es un error. Muchos profesos reformadores en pro de la salud no son otra cosa que glotones.

Colocan sobre los órganos digestivos una carga tan grande que la vitalidad del sistema se agota en el esfuerzo por deshacerse de ella. También tiene un efecto depresivo sobre el intelecto; pues se necesita el poder nervioso del cerebro para ayudar al estómago en su trabajo. El comer en exceso, aun de las clases más sencillas de alimentos, embota los delicados nervios del cerebro, y debilita su vitalidad. El comer en exceso tiene un efecto peor sobre el organismo que trabajar en exceso. Las energías del alma se abaten con mayor eficacia por el comer intemperante que por el trabajo intemperante.

Los órganos digestivos nunca deben ser cargados con una cantidad o calidad de alimentos cuya incorporación en el sistema abrume el organismo. Todo lo que se lleva al estómago por encima de lo que el sistema humano puede usar para convertirlo en buena sangre, traba la maquinaria; porque no puede traducirse ni en carne ni en sangre, y su presencia sobrecarga al hígado, y produce una condición mórbida en el organismo. El estómago está abrumado en sus esfuerzos para deshacerse de ello, y entonces hay una sensación de languidez, que se interpreta como hambre. Sin darles a los órganos digestivos el tiempo para descansar de su duro trabajo, a fin de reunir nuevas energías, se lleva otra cantidad inmoderada de alimento al estómago, para poner en marcha otra vez la cansada maquinaria. El organismo recibe menos nutrición de una cantidad demasiado grande de alimento, aun de la debida calidad, que de una cantidad moderada tomada a intervalos regulares. 122

La digestión es ayudada por el ejercicio moderado

Hermano mío, su cerebro está entorpecido. Un hombre que disponga de la cantidad de alimento que Ud. toma, debe ser un trabajador manual. El ejercicio es importante para la digestión, y para gozar de una condición saludable del cuerpo y la mente. Ud. necesita ejercicio físico. Ud. se mueve y actúa como si fuera de madera, como si no tuviera elasticidad. El ejercicio sano y activo es lo que Ud. necesita. Esto vigorizará la mente. Ud. ni debe estudiar ni debe hacer ejercicio violento inmediatamente después de una comida completa; esto sería una violación de las leyes del organismo. Inmediatamente después de comer existe una poderosa demanda de energía nerviosa. La fuerza del cerebro es requerida para un ejercicio activo a fin de ayudar al estómago. Por lo tanto, cuando la mente o el cuerpo se hallan pesadamente cargados después de comer, el proceso de la digestión resulta entorpecido. La vitalidad del sistema, que se necesita para llevar el trabajo en una dirección, es distraída para actuar en otra.

158*. El ejercicio ayuda a los dispépticos porque da a los órganos digestivos un tono saludable. El empeñarse en estudio profundo o en ejercicio violento inmediatamente después de comer, perturba el proceso digestivo; porque la vitalidad del organismo, que se necesita para realizar el trabajo de la digestión, es distraída a otras partes. Pero una corta caminata después de una comida, con la cabeza erguida y los hombros echados atrás, realizando así un ejercicio moderado, resulta de gran beneficio. La mente es distraída de uno mismo y llevada a las bellezas de la naturaleza. Cuanto menos atención se preste al estómago, tanto mejor. Si tenéis constante temor de que vuestro alimento os dañe, con toda seguridad lo hará. Olvidaos de vuestras molestias; pensad en algo alegre. 123

[El comer en exceso produce abundante afluencia de sangre al cerebro - 276]
[El ejercicio es especialmente necesario para los de temperamento perezoso - 225]
[Sueño perturbado resultado de cenas tardías 270]
[La causa de la sensación de languidez - 213, 218, 245, 269, 270, 561, 705, 707]
[La complacencia debilita los órganos digestivos y disminuye el poder de asimilar - 202]

[El estómago necesita tranquilo descanso - 267]
La ayuda del aire puro
159*. La influencia del aire puro y fresco hace que la sangre circule en forma saludable por el organismo. Refresca el cuerpo, y tiende a fortalecerlo y a hacerlo saludable, mientras que al mismo tiempo su influencia se siente en forma definida en la mente, pues imparte cierto grado de compostura y serenidad. Excita el apetito, y hace que la digestión sea más perfecta, induciendo un sueño sano y dulce.

160*. Hay que conceder a los pulmones la mayor libertad posible. Su capacidad se desarrolla mediante el libre funcionamiento; pero disminuye si se los tiene apretados y comprimidos. De ahí los malos efectos de la costumbre tan común, principalmente en las ocupaciones sedentarias, de encorvarse al trabajar. En esta posición es imposible respirar hondamente. La respiración superficial se vuelve pronto un hábito, y los pulmones pierden la facultad de dilatarse. Se produce un efecto semejante al apretarse el corsé. . .
Así se recibe una cantidad insuficiente de oxígeno. La sangre se mueve perezosamente. Los productos tóxicos del desgaste, que deberían ser eliminados por la respiración, quedan dentro del cuerpo y corrompen la sangre. No sólo los 124 pulmones, sino el estómago, el hígado y el cerebro quedan afectados. La piel se pone cetrina, la digestión se retarda, se deprime el corazón, se anubla el cerebro, los pensamientos se vuelven confusos, se entenebrece el espíritu, y el organismo entero queda deprimido e inactivo y particularmente expuesto a la enfermedad.

La molestia de una dieta liquida
161*. Si su salud física no se hubiera incapacitado, Ud. hubiera sido una mujer eminentemente útil. Ud. ha estado enferma por mucho tiempo, y esto ha afectado su imaginación, de manera que sus pensamientos han estado concentrados en Ud. misma, y la imaginación ha afectado el cuerpo. Sus hábitos no han sido buenos en muchos respectos. Su alimentación no ha sido la más adecuada en cantidad o calidad. Ud. ha comido demasiado, y alimentos de una calidad pobre, que no podían ser convertidos en buena sangre. Ud. ha educado al estómago en esta clase de régimen. Según su juicio, esto era lo mejor, porque Ud. se dio cuenta de que sus trastornos de esta manera resultaban menores. Pero ésta no fue una experiencia correcta. Su estómago no estaba recibiendo el vigor que debería recibir de sus alimentos. Tomados éstos en estado liquido, no podían darle a su organismo vigor o tono saludable. Cuando Ud. cambie este hábito, y consuma más sólidos que líquidos, su estómago sentirá molestias. Sin embargo, no debe ceder; debe educar su estómago para que soporte un régimen más sólido.

162*. Les dije que la preparación de sus alimentos era errónea, y que viviendo principalmente a base de sopas, café y pan no era una reforma saludable; que tanto líquido tomado en el estómago no era benéfico; que todos los que vivían a base de una dieta semejante sobrecargaban los riñones, 125 y que tanta sustancia líquida debilitaba al estómago.

Estaba completamente convencida de que en el Establecimiento muchos sufrían de indigestión a causa de esta clase de alimento. Los órganos digestivos eran debilitados y la sangre empobrecida. Su desayuno consistía en café y pan con compota de ciruelas. Y esto no era saludable. El estómago, después del descanso y del sueño, estaba mejor capacitado para hacerse cargo de una comida importante, que cuando estaba fatigado con trabajo.

Luego la comida del mediodía era generalmente sopa, y a veces carne. El estómago es

Pequeño, pero el apetito insatisfecho, se complace en una gran cantidad de este alimento líquido; así resulta cargado.

[La fruta calmará la irritación que produce tanta sed en las comidas - 475]

Los alimentos deben ser calientes, pero no demasiado

163*. Quiero aconsejar a todos a que pongan algo caliente en el estómago, por lo menos cada mañana. Podéis hacer esto sin mucho trabajo.

164*. No se necesitan las bebidas muy calientes, excepto como medicina. El estómago resulta grandemente perjudicado por una gran cantidad de alimento y bebida muy calientes. De esta manera la garganta y los órganos digestivos -y por medio de ellos los otros órganos del cuerpo- resultan debilitados.

La fuerza vital debilitada por los alimentos fríos

165*. Los manjares no deben ingerirse muy calientes ni muy fríos. Si la comida está fría, la fuerza vital del estómago 126 se distrae en parte para calentarlos antes que pueda digerirlos. Por el mismo motivo las bebidas frías son perjudiciales, al par que el consumo de bebidas calientes resulta debilitante.

[Se disminuye la vitalidad del estómago cuando éste debe calentar mucho alimento frío - 124]

166*. Muchos cometen un error al beber agua fría con sus comidas. Los alimentos no deben ser lavados en el estómago. Tomada con las comidas, el agua disminuye el flujo de la saliva; y cuanto más fría, tanto mayor es el perjuicio para el estómago. El agua o la limonada heladas, tomadas en las comidas, detendrán la digestión hasta que el organismo haya impartido suficiente calor al estómago de manera que pueda reasumir su tarea. Masticad con lentitud, permitiendo que la saliva se mezcle con los alimentos.

Cuanto más líquido se lleve al estómago con las comidas, tanto más difícil será la digestión de los alimentos; pues el líquido deberá ser primeramente absorbido.

[El beber agua con las comidas - 731]

Una advertencia a las personas ocupadas

167*. Se me ha instruido a que dijera a los obreros de nuestro sanatorio y a los maestros y estudiantes de nuestras escuelas y colegios que es necesario que seamos precavidos en lo que atañe a nuestro apetito. Hay peligro de descuidarse a este respecto, y de dejar que nuestras preocupaciones y responsabilidades individuales nos absorban hasta tal punto que no nos tomemos el tiempo para comer como debiéramos. Mi mensaje es el siguiente: tomaos tiempo para comer, y no acumuléis en el estómago una gran variedad de alimentos en una sola comida. El comer apresuradamente de diversas clases de alimentos en una misma comida es un serio error. 127

Comed lentamente, masticando en forma completa

168*. A fin de lograr una digestión saludable, el alimento debe comerse lentamente. Los que desean evitar la dispepsia, y los que comprenden su obligación de conservar todas sus facultades en una condición tal que los capacite para rendir el mejor servicio a Dios, harán bien en recordar esto. Si el tiempo de que disponéis para comer es limitado, no engulláis vuestros alimentos, sino comed menos y masticad lentamente. El beneficio que proviene del alimento no depende tanto de la cantidad comida como de su completa digestión; y la satisfacción del gusto no depende tanto de la cantidad de alimentos ingeridos como del tiempo que estos permanecen en la boca. Los que están en estado de excitación o ansiedad, o están apurados, harían bien en no comer hasta no encontrar descanso o alivio; porque las facultades vitales, ya severamente sobrecargadas, no pueden suplir los fluidos digestivos necesarios.

169*. Conviene comer despacio y masticar perfectamente, para que la saliva se mezcle debidamente con el alimento y los jugos digestivos entren en acción.

Una lección que debe ser repetida

170*. Si hemos de trabajar para la restauración de la salud, es necesario refrenar el apetito, comer lentamente, y sólo de una variedad limitada en una misma comida. Esta instrucción necesita repetirse con frecuencia. No está de acuerdo con los principios de la reforma pro salud el tener tantos platos diferentes en la misma comida. 128

171*. Debe ejercerse gran cuidado al efectuarse el cambio de un régimen con carne a un régimen vegetariano, para proveer la mesa con artículos alimenticios sabiamente preparados, y bien cocinados. El comer tantas gachas (alimentos semilíquidos) es un error. Los alimentos secos que exigen masticación son preferibles con ventaja. Los productos alimenticios sanos* son una bendición a este respecto. El buen pan negro y los bolillos negros preparados de una manera sencilla pero con un esfuerzo laborioso, serán benéficos para la salud. El pan nunca debiera ser agrio ni en el más leve grado. Debe hornearse hasta que esté completamente cocido. De esta manera se evitará toda pastosidad y pegajosidad. Para los que las pueden emplear, las buenas verduras, preparadas de una manera saludable, son mejores que las gachas o las polentas suaves. El comer frutas con pan, completamente cocido, que tenga ya dos o tres días, será más saludable que comer pan fresco. Esto, con una masticación lenta y acabada, proporcionará todo lo que nuestro organismo necesita.

172*. Para hacer bolillos o panecillos, úsese agua blanda y leche, o un poco de crema; hágase una pasta firme, y amásesela como para galletitas. Cuézaselos colocándolos sobre la parrilla del horno. Estos son dulces y deliciosos. Requieren masticación completa, la cual será de beneficio tanto para los dientes como para el estómago. Producen buena sangre, e imparten fuerza.

Evitad la indebida ansiedad

173*. Es imposible prescribir por peso la cantidad de alimento que debe consumirse. No es aconsejable seguir 129 este procedimiento, pues al hacerlo la mente se concentra en sí misma. El comer y beber resulta algo muy gravoso. . . Hay muchos que han sentido un gran peso de responsabilidad en cuanto a la cantidad y calidad de los alimentos mejor adaptados para nutrir el organismo. Algunos, especialmente los dispépticos, se han afligido tanto con respecto a su menú que no han tomado alimentos suficientes para nutrir el organismo. Han hecho un gran daño a la casa donde viven y tememos que se hayan arruinado a sí mismos para toda la vida.

174*. Hay algunos que siempre recelan de que la comida, por muy sencilla y sana que sea, les haga daño. Permítaseme decirles: No penséis que la comida os va a hacer daño; no penséis siquiera en la comida. Comed conforme os lo dicte vuestro sano juicio; y cuando hayáis pedido al Señor que bendiga la comida para fortalecimiento de vuestro cuerpo, creed que os oye, y tranquilizaos.

[Extremos al prescribir en forma precisa el número y la cantidad de alimentos - 317]

175*. Otro mal grave es el de comer a deshoras, como por ejemplo después de un ejercicio violento y excesivo, o cuando se siente uno extenuado o acalorado. Inmediatamente después de haber comido, el organismo gasta un gran caudal de energía nerviosa; y cuando la mente o el cuerpo están muy recargados inmediatamente antes o después de la comida, la digestión queda entorpecida. Cuando se siente uno agitado, inquieto o apurado, es mejor no comer antes de haber obtenido descanso o sosiego.

Hay una estrecha relación entre el cerebro y el estómago, y cuando éste enferma se sustrae fuerza nerviosa del cerebro para auxiliar a los órganos digestivos debilitados. Si 130esto sucede con demasiada frecuencia, se congestiona el cerebro. Cuando la actividad cerebral es continua y escasea el ejercicio físico, aun la comida sencilla debe tomarse con moderación. Al sentarse a la mesa, deséchense los cuidados, las preocupaciones y todo apuro, para comer despacio y alegremente, con el corazón lleno de agradecimiento a Dios por todos sus beneficios.

La combinación de los alimentos

176*. El conocimiento relativo a la debida combinación de los alimentos es de gran valor, y ha de ser recibido como sabiduría de Dios.

177*. No tengáis una gran variedad en la misma comida. Tres o cuatro platos son suficientes. En la próxima comida podéis tener un cambio. La cocinera debe aguzar su ingenio para variar los platos que prepara para la mesa, y el estómago no debe ser obligado a tomar la misma clase de alimentos comida tras comida.

178*. No debe haber muchas clases de alimentos en una comida, pero cada comida no debe estar compuesta invariablemente de las mismas clases de alimentos. El alimento debe prepararse con sencillez, aunque en forma esmerada para que incite al apetito.

179*. Sería mucho mejor comer dos o tres diferentes clases de alimento en una comida que cargar el estómago con muchas variedades.

180*. Muchos enferman por ser complacientes con su apetito... Tantas variedades son introducidas en el estómago 131 que se produce la fermentación. Esta condición determina una enfermedad aguda, y frecuentemente sigue la muerte.

181*. La variedad de alimentos en la misma comida causa desagrado, y destruye el bien que podría producir cada artículo al organismo si se tomara solo. Esta práctica causa constante sufrimiento, y a menudo la muerte.

182*. Si su trabajo es sedentario, haga ejercicio todos los días, y en cada comida consuma sólo tres o cuatro clases de alimentos sencillos, tomando de éstos sólo la cantidad que satisfaga las demandas del hambre.

[Más sugerencias para obreros sedentarios - 225]

183*. Las combinaciones impropias de alimentos crean perturbaciones; se inicia la fermentación; la sangre queda contaminada y el cerebro se confunde.

El hábito de comer en exceso, o de comer demasiadas clases de alimentos en una comida, causa con frecuencia dispepsia. Se ocasiona así un grave daño a los delicados órganos digestivos. El estómago protesta en vano y suplica al cerebro que razone de causa a efecto. La excesiva cantidad de alimento ingerido o la combinación impropia, hacen su obra perjudicial. En vano dan su advertencia las prevenciones desagradables. El sufrimiento es la consecuencia. La enfermedad reemplaza a la salud.

Guerra en el estómago

184*. Otra causa, tanto de mala salud como de ineficiencia en el trabajo, es la indigestión. Es imposible que el cerebro haga el mejor trabajo de que es capaz cuando se 132 abusa de las facultades digestivas. Muchos comen apresuradamente de varias clases de alimentos, lo cual determina una guerra en el estómago, y así se confunde el cerebro.

185*. No es conveniente tomar una gran variedad de alimentos en una comida. Cuando las frutas y el pan, junto con una variedad de otros alimentos que no combinan, son almacenados en el estómago en una misma comida, ¿qué podemos esperar sino una perturbación?

186*. Muchos comen muy apresuradamente. Otros consumen en una misma comida alimentos que no combinan. Si los hombres y las mujeres recordaran sólo cuánto afligen ellos sus almas cuando afligen sus estómagos, y cuán profundamente es deshonrado Cristo cuando se abusa del estómago, serían valientes y se negarían a sí mismos, dándole al estómago la oportunidad de recobrar su actuación saludable. Al sentarnos a la mesa podemos hacer obra médico-misionera comiendo y bebiendo para la gloria de Dios.

Estómagos pacíficos y temperamentos pacíficos

187*. Debemos cuidar los órganos de la digestión, y no forzarlos con una gran variedad de alimentos. El que se llena de muchas clases de alimentos en una misma comida está haciéndose daño. Es más importante que comamos lo que nos sienta bien que probar cada uno de los platos colocados delante de nosotros. No existe ninguna puerta en nuestro estómago a través de la cual podamos mirar su interior para ver lo que pasa; de manera que debemos usar nuestra mente, y razonar de causa a efecto. Si Ud. se siente sobreexcitado, y todo parece andar mal, tal vez sea debido 133 a que está sufriendo las consecuencias de comer una gran variedad de alimentos.

Los órganos digestivos tienen una parte importante que realizar en nuestra felicidad en la vida. Dios nos ha dado inteligencia, para que aprendamos lo que debemos usar como alimentos. ¿No estudiaremos, como hombres y mujeres sensatos, si las cosas que comemos combinarán, o si producirán dificultad? Las personas que tienen acidez estomacal tienen a menudo un temperamento agrio. Parece que todas las cosas están en contra de ellas, y están inclinadas, a ser malhumoradas e irritables. Si queremos tener paz entre nosotros, debemos dar mayor consideración al pensamiento de tener un estómago pacífico.

[Efectos perjudiciales de una variedad demasiado grande de alimentos y de combinaciones malas - 141, 225, 226, 227, 264, 387, 546, 551,722]

[Combinación de muchos alimentos en nuestros restaurantes -415]

[Cuidado en la combinación de alimentos para los enfermos - 441, 467]

[E. G. de White y el cuidado que ejercía en la combinación de alimentos - Apéndice 1:19, 23, 25]

Frutas y verduras

188*. No debe haber gran variedad de manjares en una sola comida, pues esto fomenta el exceso en el comer y causa indigestión.

No conviene ingerir frutas y verduras en la misma comida, pues a las personas de digestión débil esta combinación les produce muchas veces desórdenes gástricos e incapacidad para el esfuerzo mental. Es mejor consumir la fruta en una comida y las verduras en otra.

Las comidas deben ser variadas. Los mismos manjares, preparados del mismo modo, no deben figurar en la mesa, 134 comida tras comida y día tras día. Las comidas se ingieren con mayor gusto y aprovechan mucho más cuando los manjares son variados.

Postres suculentos y verduras

189*. Los budines, los flanes, las tortas dulces y las verduras, todos servidos en la misma comida, causarán perturbación en el estómago.

190*. Ud. necesita tener en su casa la mejor clase de ayuda que pueda lograr para el trabajo de preparar sus alimentos. En una visión recibida durante la noche, parecía que el pastor ----------- se había enfermado, y un médico experimentado le dijo a Ud.: "He tomado nota de su régimen alimenticio. Ud. come una gran variedad en una sola comida. Las frutas y las verduras tomadas en una misma comida producen acidez de estómago; de esto resulta impureza en la sangre, y la mente no está clara porque la digestión es imperfecta". Ud. debe entender que todo órgano del cuerpo ha de ser tratado con respeto. En materia de régimen, debe razonar de causa a efecto.

Azúcar y leche

191*. Se suele emplear demasiado azúcar en las comidas. Las tortas, los budines, las pastas, las jaleas, los dulces son causas activas de indigestión. Particularmente dañinos son los flanes cuyos ingredientes principales son la leche, los huevos y el azúcar. Debe evitarse el consumo copioso de la leche con azúcar.

192*. Algunos usan leche y una gran cantidad de azúcar en forma de gachas, pensando que están poniendo en práctica 135 la reforma pro salud. Pero el azúcar y la leche combinados tienen la tendencia a causar fermentación en el estómago y son así perjudiciales.
[Véase leche y azúcar - 533, 534, 535, 536]

Las mezclas suculentas y complicadas

193*. Cuanto menos condimentos y postres se coloquen sobre la mesa, tanto mejor será para todos los que participan de la comida. Todos los alimentos complicados y que tienen mezclas son dañinos para la salud de los seres humanos. Los animales nunca comerían una mezcla tal como la que a menudo se coloca en el estómago humano...
La concentración y suculencia así como las mezclas complicadas de alimentos son destructoras de la salud.
[Los alimentos concentrados y la variedad de platos no son lo mejor para los congresos campestres - 74]
[Combinación de carne con especias, tortas y pasteles concentrados - 673]
[Véase Sección XIX, "Postres"] 139

SECCIÓN VI Los Hábitos de Alimentación Inconvenientes Como Causa de enfermedad

Una herencia de generación

194*. El hombre salió de la mano de su Creador perfecto en su estructura y hermoso en su forma. El hecho de que durante seis mil años haya soportado el peso siempre creciente de la enfermedad y el crimen, es una prueba concluyente del poder de resistencia del cual fue dotado. Y aun cuando los antediluvianos generalmente se entregaron al pecado en forma irrefrenada, pasaron más de dos mil años antes que la violación de las leyes naturales produjera consecuencias sensibles. Si Adán no hubiera poseído originalmente un poder físico mayor que el que los hombres tienen ahora, la raza se habría extinguido.
A través de sucesivas generaciones desde la caída, la tendencia ha sido siempre hacia abajo. La enfermedad se ha transmitido de padres a hijos, generación tras generación. Aun los infantes en la cuna sufren de afliciones causadas por los pecados de sus padres.
Moisés, el primer historiador, presenta un relato bien definido de la vida social e individual de los primeros días de "la historia del mundo, pero no encontrarnos ningún caso en que un infante hubiera nacido ciego, mudo, lisiado o imbécil. No se registra un sólo caso de muerte natural en la infancia, en la niñez o al comienzo de la edad adulta. Las noticias necrológicas del libro de Génesis están concebidas de esta manera: "Y fueron todos los días que vivió

140 Adán novecientos treinta años; y murió". "Y fueron todos los días de Set novecientos doce años; y murió". Acerca de otros, el registro sagrado establece: "Murió en buena vejez, anciano y lleno de años". Era tan raro que un hijo muriera antes que su padre, que un hecho tal era considerado digno de ser registrado: "Murió Harán antes que su padre Taré". Los patriarcas desde Adán hasta Noé, con pocas excepciones, vivieron casi mil años. Desde entonces el promedio de la vida ha estado decreciendo.
En el tiempo de la primera venida de Cristo, la raza humana había degenerado tanto, que no solamente ancianos, sino también personas de edad media y jóvenes eran llevados desde todas las ciudades al Salvador, para ser sanados de sus enfermedades. Muchos trabajaban bajo una increíble carga de miseria.
La violación de las leyes físicas, con su consecuente sufrimiento y su muerte prematura, ha prevalecido por tanto tiempo, que estos resultados se consideran como la suerte común de la humanidad; pero Dios no creó a la raza en una condición tan débil. Este estado de cosas no es obra de la Providencia, sino del hombre. Es el producto de hábitos erróneos: es la consecuencia de violar las leyes que Dios ha formulado para gobernar la existencia del hombre. Una transgresión continua de las leyes naturales es una transgresión continua de la ley de Dios. Si los hombres hubieran sido siempre obedientes a la ley de los Diez Mandamientos, practicando en su vida los principios de aquellos preceptos, la maldición de la enfermedad que ahora inunda al mundo no existiría.
"¿O ignoras que nuestro cuerpo es templo del Espíritu Santo, el cual está en vosotros, el cual tenéis de Dios, y que no sois vuestros? Porque habéis sido comprados por precio; glorificad, pues, a Dios en vuestro cuerpo y en vuestro espíritu los cuales son de Dios" (1 Cor: 6:19, 20). Cuando los hombres siguen una conducta que consume innecesaria 141 mente su vitalidad o entenebrece su intelecto, pecan contra Dios; no lo glorifican en su cuerpo y en su espíritu, que son de Dios.
Sin embargo, a pesar del insulto que el hombre ha inferido a Dios, el amor divino todavía se extiende a la humanidad; y el permite que brille la luz, habilitando a los hombres a ver que, a fin de vivir una perfecta, deben obedecer las leyes naturales que gobiernan su ser. ¡Cuán importante es, pues, que el hombre ande en esta luz, ejercitando todas sus facultades, tanto las del cuerpo como las de la mente, para las gloria de Dios!
Nos encontramos en un mundo que está opuesto a la justicia, o sea a la pureza de carácter, y especialmente opuesto al crecimiento en la gracia. Dondequiera que miremos, vemos contaminación y corrupción, deformidad y pecado. ¡Cuán opuesto es todo esto a la obra que debe realizarse en nosotros precisamente antes de recibir el don de la inmortalidad! Los elegidos de Dios deben aparecer puros en medio de las corrupciones que pululan entre ellos en estos últimos días. Sus cuerpos deben ser hechos santos, sus espíritus puros. Si esta obra ha de realizarse, debe ser abordada de inmediato, con fervor y en forma inteligente. El Espíritu de Dios debe tener perfecto dominio, para influir toda acción...
Los hombres han mancillado el templo del alma, y Dios les exige que despierten y que luchen con toda su fuerza para reconquistar la virilidad que Dios les concedió. Nada sino la gracia de Dios puede convencer y convertir el corazón; solamente de él pueden los esclavos de la costumbre recibir poder para quebrantar las cadenas que los atan. Es imposible que un hombre presente su cuerpo como sacrificio vivo, santo aceptable a Dio, mientras continúa complaciendo hábitos que lo privan del vigor físico, mental y moral. de nuevo el apóstol dice:"No os conforméis a este siglo, sino transformaos por medio de la renovación de 142

vuestro entendimiento, para que comprobéis cuál sea la buena voluntad de Dios, agradable y perfecta" (Rom. 12:2).

Ignorancia voluntaria de las leyes de la vida

195*. La extraña ausencia de principios que caracteriza a esta generación, y que se revela en su descuido de las leyes de la vida y la salud, es pasmosa. Prevalece la ignorancia sobre este tema, en tanto que la luz brilla a nuestro alrededor. La principal ansiedad de la mayoría es: ¿Qué comeré? ¿qué beberé? ¿con qué me vestiré? A pesar de todo lo que se ha dicho con respecto a cómo debemos tratar nuestro cuerpo, el apetito es la gran ley que generalmente rige a los hombres y las mujeres.

Las facultades morales están de debilidades, porque los seres humanos no viven en obediencia a las leyes de la salud, ni hacen de este gran tema un deber personal. Los padres legan a sus hijos sus propios hábitos pervertidos, y enfermedades repugnantes corrompen la sangre y enervan el cerebro. La mayor parte de los hombres y mujeres permanecen en la ignorancia de las leyes que rigen su ser, complacen el apetito y la pasión a expensas del intelecto y las normas morales, y parecen dispuestos a seguir ignorando los resultados de su violación de las leyes naturales. Complacen el apetito pervertido el uso de venenos lentos, que corrompen la sangre y minan las fuerzas nerviosas y en consecuencia les acarrean enfermedad y muerte. Sus amigos adjudican los resultados de esta conducta a la dispensación de la Providencia. En esto insultan al cielo. Ellos se rebelaron contra las leyes de la naturaleza, y sufrieron el castigo que trae aparejado el abusar de sus leyes. El sufrimiento y la mortalidad prevalecen hoy por doquiera, especialmente entre los niños. ¡Cuán grande es el contraste entre esta generación y la que vivió durante los primeros dos mil años! 143

Los resultados sociales del apetito incontrolado

196*. La naturaleza expresará su protesta contra toda transgresión de las leyes de la vida. Ella soporta los abusos por todo el tiempo que puede; pero finalmente viene la retribución, y ésta cae sobre las facultades mentales así como sobre las físicas. Esa retribución no termina con el transgresor; los efectos de la complacencia de éste se ven en sus descendientes, y así el mal pasa de una generación a otra.

La juventud de hoy en día constituye un índice seguro del futuro de la sociedad; y tal como lo vemos hoy, ¿qué podemos esperar de ese futuro? La mayoría es adicta al placer y adversa al trabajo. Las personas carecen de valor moral para negarse a sí mismas y responder a las exigencias del deber. Tienen sólo poco dominio propio, y se excitan y enojan por el menor motivo. Muchísimos individuos de toda edad y condición de la vida carecen de principios de conciencia; y con sus hábitos de ociosidad y despilfarro se arrojan al vicio y están corrompiendo a la sociedad, tanto que nuestro mundo está llegando a ser una segunda Sodoma. Sí los apetitos y las pasiones estuvieran bajo el gobierno de la razón y la religión, la sociedad presentaría un aspecto completamente distinto. Dios nunca se propuso que existiera en el mundo la actual condición lastimosa; ésta ha sido producida por crasas violaciones de las leyes de la naturaleza.

Leyes violadas: Naturales y espirituales

197*. A muchos de los afligidos que eran sanados, Cristo dijo: "No peques más, porque no te venga alguna cosa peor" (Juan 5: 14). Así enseñó que la enfermedad es resultado de la violación de las leyes de Dios, tanto naturales como espirituales. El mucho sufrimiento que impera en 144 este mundo no existiría si los hombres viviesen en armonía con el plan del creador.

Cristo había sido guía y maestro del antiguo Israel, y le enseñó que la salud es la recompensa de la obediencia a las leyes de Dios. El gran Médico que sanó a los enfermos en Palestina había hablado a su pueblo desde la columna de nube, diciéndole lo que debía hacer y lo que Dios haría por ellos. "Si oyeres atentamente la voz de Jehová tu Dios -dijo-, e hicieres lo recto delante de sus ojos, y dieres oído a sus mandamientos, y guardares todos sus estatutos, ninguna enfermedad de las que envié a los Egipcios te enviaré a ti; porque yo soy Jehová tu Sanador" (Exo. 15: 26). Cristo dio a Israel instrucciones definidas acerca de sus hábitos de vida y le aseguró: "Quitará Jehová de ti toda enfermedad" (Deut. 7: 15). Cuando el pueblo cumplió estas condiciones, se le cumplió la promesa. "No hubo en sus tribus enfermo" (Sal. 105:37).

Estas lecciones son para nosotros. Hay condiciones que deben observar todos los que quieran conservar la salud. Todos deben aprender cuáles son esas condiciones. Al Señor no le agrada que se ignoren sus leyes, naturales o espirituales. Hemos de colaborar con Dios para devolver la salud al cuerpo tanto como al alma.

Sufrimiento acarreado por uno mismo

198*. La familia humana ha traído sobre sí misma enfermedades de diverso género por sus propios hábitos erróneos. Sus miembros no han estudiado cómo vivir en forma saludable, y la transgresión que han cometido de las leyes de su ser ha producido un estado de cosas deplorable. La gente rara vez ha adjudicado el sufrimiento a la verdadera causa: su propia conducta errónea. Las personas se han complacido en un comer intemperante, y han hecho un dios de su apetito. En todos sus hábitos han manifestado temeridad 145 con respecto a la salud y la vida; y cuando, como resultado, ha venido sobre ellos la enfermedad, han creído que Dios era el autor de la misma, en tanto que su propia conducta equivocada les ha acarreado sus seguros resultados.

199.* La enfermedad no sobreviene nunca sin causa. Descuidando las leyes de la salud se le prepara el camino y se la invita a venir. Muchos sufren las consecuencias de las transgresiones de sus padres. Si bien no son responsables de lo que hicieron éstos, es, sin embargo, su deber averiguar lo que son o no son las violaciones de las leyes de la salud. Deberían evitar los hábitos malos de sus padres, y por medio de una vida correcta ponerse en mejores condiciones.

Los más, sin embargo, sufren las consecuencias de su mal comportamiento. En su modo de comer, beber, vestir y trabajar, no hacen caso de los principios que rigen la salud. Su transgresión de las leyes de la naturaleza produce resultados infalibles, y cuando la enfermedad les sobreviene, muchos no la achacan a la verdadera causa, sino que murmuran contra Dios. Pero Dios no es responsable de los padecimientos consiguientes al desprecio de la ley natural...

La intemperancia en el comer es a menudo causa de enfermedad, y lo que más necesita la naturaleza es ser aliviada de la carga inoportuna que se le impuso.

[Los padres siembran semillas de enfermedad y muerte - 635]

[La penalidad inevitable - 11, 29, 30, 221, 227, 228, 250, 251,294]

La enfermedad sigue a la complacencia del apetito

200*. Muchas personas se acarrean la enfermedad por sus excesos. No han vivido conforme a la ley natural o a 146 los principios de estricta pureza. Otros han despreciado las leyes de la salud en su modo de comer y beber, de vestir o de trabajar.

201*. La mente no se gasta ni se quebranta tan a menudo por el trabajo diligente y el estudio arduo, como por comer alimentos impropios a horas inadecuadas, y por el descuido y la falta de atención a las leyes de la salud. . . El estudio diligente no es la causa principal del quebrantamiento de las facultades mentales. La principal causa es un régimen alimenticio impropio, comidas irregulares, y falta de ejercicio físico. Las horas irregulares para comer y dormir minan las fuerzas del cerebro.

202*. Muchos están sufriendo, y muchos van a la tumba, debido a la complacencia del apetito. Comen lo que satisface su apetito pervertido, debilitando de esta suerte los órganos digestivos y perjudicando su facultad de asimilar los alimentos que han de sostener la vida. Esto trae enfermedad aguda, y demasiado a menudo sigue la muerte. El delicado organismo resulta gastado por las prácticas suicidas de los que deben saber mejor lo que hacer. Las iglesias deben aferrarse lealmente a la luz que Dios ha dado. Cada miembro debe trabajar inteligentemente para eliminar de su conducta todo hábito pervertido.

[Enfermedades provenientes de un régimen pobre, difíciles de curar - 315]
[Efecto de comer en forma indebida sobre el temperamento y la atmósfera del hogar - 234]
[Efectos de una reforma equivocada - 316]

Preparando el camino para la ebriedad

203*. Muchas veces la intemperancia empieza en el hogar. Debido al uso de alimentos muy sazonados y malsanos, 147 los órganos de la digestión se debilitan, y se despierta un deseo de consumir alimento aún más estimulante. Así se incita al apetito a exigir de continuo algo más fuerte. El ansia de estimulantes se vuelve cada vez más frecuente y difícil de resistir. El organismo va llenándose de venenos, y cuanto más se debilita, tanto mayor es el deseo que siente de estas cosas. Un paso dado en mala dirección prepara el camino a otro paso peor. Muchos que no quisieran hacerse culpables de poner sobre la mesa vino o bebidas embriagantes no reparan en recargarla con alimentos que despiertan tal sed de bebidas fuertes, que se hace casi imposible resistir a la tentación. Los malos hábitos en el comer y beber quebrantan la salud y preparan el camino para la costumbre de emborracharse.

Hígado enfermo debido a un régimen erróneo

204*. El sábado pasado, mientras estaba hablando, vuestros pálidos rostros se destacaron claramente delante de mí, tal como me habían sido mostrados. Vi la condición de vuestra salud, y los males que habéis sufrido durante tanto tiempo. Se me mostró que no habéis vivido en forma saludable. Vuestros apetitos han sido perjudiciales para la salud, y habéis gratificado el gusto a expensas del estómago. Habéis introducido en vuestro estómago artículos que es imposible convertir en buena sangre. Esto ha colocado una carga pesada sobre el hígado, debido a que los órganos digestivos se hallaban perturbados. Ambos tenéis hígados enfermos. La reforma pro salud sería de beneficio para vosotros dos, si la siguierais estrictamente. No lo habéis hecho. Vuestros apetitos son mórbidos, y debido a que no os gusta un régimen sencillo, compuesto de harina de trigo sin cernir, verduras y frutas preparadas sin especias o grasas, estáis transgrediendo constantemente las leyes que Dios ha 148 establecido en vuestro organismo. Mientras hacéis esto, debéis sufrir la penalidad; porque a cada transgresión se le adjudica una penalidad. Sin embargo, constantemente os admiráis de vuestra salud precaria. Estad seguros de que Dios no obrará un milagro para salvaros de los resultados de vuestra propia conducta...

LOS MANJARES SUCULENTOS Y LA FIEBRE

No existe tratamiento que pueda aliviarnos de vuestras actuales dificultades mientras coméis y bebéis de la manera en que lo hacéis. Podéis hacer en vuestro favor lo que los más experimentados médicos nunca podrán. Regulad vuestro régimen. A fin de gratificar el gusto, frecuentemente colocáis una carga pesada sobre vuestros órganos digestivos recibiendo en el estómago alimentos que no son los más saludables, y a veces en cantidades inmoderadas. Esto cansa el estómago, y lo inhabilita para la recepción de alimentos, aun de los más saludables. Mantenéis vuestros estómagos constantemente debilitados, debido a vuestros hábitos erróneos en el comer. Vuestros alimentos son demasiado suculentos. No están preparados en una forma sencilla y natural, sino que son completamente inadecuados para el estómago cuando los habéis preparado para agradar vuestro gusto. La naturaleza resulta cargada, y trata de resistir vuestros esfuerzos para incapacitarla. Escalofríos y fiebres son el resultado de esas tentativas para deshacerse de la carga que le habéis puesto encima. Debéis sufrir la penalidad de las leyes de la naturaleza violadas. Dios ha establecido leyes en vuestro sistema que no podéis violar sin sufrir el castigo correspondiente. Habéis consultado el gusto sin preocuparos de la salud. Habéis hecho algunos cambios, pero habéis tomado solamente algunos pasos en la reforma del régimen. Dios exige de vosotros temperancia en todas las cosas. "Si, pues, coméis o bebéis, o hacéis otra cosa, hacedlo todo para la gloria de Dios" (1 Cor. 10:31). 149

CULPANDO A LA PROVIDENCIA

De todas las familias con las que estoy relacionada, ninguna necesita los beneficios de la reforma pro salud más que vosotros. Gemís bajo el peso de dolores y postraciones que no podéis explicar, y tratáis de someteros a esa condición de tan buena gana como podéis, pensando que la aflicción es, vuestra suerte, y que la Providencia lo ha ordenado así. Si pudierais abrir los ojos y pudierais ver los pasos que habéis tomado en vuestra vida para llegar precisamente a vuestra actual condición de salud empobrecida, os admiraríais de vuestra ceguera al no ver el verdadero estado del caso que tenéis delante. Habéis desarrollado apetitos antinaturales, y no sacáis de vuestros alimentos ni la mitad del gusto que tendríais si no hubierais usado vuestro apetito en forma equivocada. Habéis pervertido la naturaleza, y habéis estado sufriendo las consecuencias, y esto ha sido muy penoso.

EL PRECIO DE "UNA BUENA COMIDA"

La naturaleza soporta los abusos por tanto tiempo como puede sin resistirse; pero de pronto despierta y realiza un gran esfuerzo para liberarse de los estorbos y del mal tratamiento que ha sufrido. Entonces vienen los dolores de cabeza, los escalofríos, las fiebres, la nerviosidad, la parálisis, y otros males demasiado numerosos para ser mencionados. Un proceder equivocado en el comer o en el beber destruye la salud y con ella la dulzura de la vida. ¡Oh, cuántas veces habéis comprado lo que llamasteis una buena comida a expensas de un organismo afiebrado, pérdida del apetito, y perdida del sueño! ¡La incapacidad de disfrutar de los alimentos, una noche de insomnio, horas de sufrimiento: todo por una comida en que el gusto fue gratificado!

Millares han complacido sus apetitos pervertidos, han consumido una buena comida, como ellos dicen, y como resultado, se han acarreado una fiebre, o alguna otra enfermedad aguda, y algunos hasta la muerte. Eso fue placer 150 comprado a un costo inmenso. Sin embargo muchos lo han hecho, y estos asesinos de sí mismos han sido elogiados por sus amigos y por el ministro, y llevados directamente al cielo a su muerte. ¡Qué pensamiento! ¡Glotones en el, cielo! No, no; los tales nunca entrarán por las puertas de perla de la ciudad de oro de Dios. Los tales nunca serán exaltados a la diestra de Jesús, el precioso Salvador, el Hombre doliente del Calvario, cuya vida fue una vida de constante abnegación y sacrificio. Hay un lugar señalado para todos los tales entre los indignos, los que no tienen parte alguna en la vida mejor, en la herencia inmortal.

Efecto del comer impropio sobre el ánimo.
205*. Muchos echan a perder su ánimo o disposición comiendo en forma impropia. Debemos ser tan cuidadosos para aprender las lecciones de la reforma pro salud como lo somos para tener nuestros estudios perfectamente preparados; porque los hábitos que adoptamos en este sentido ayudan a formar nuestro carácter para la vida futura. Es posible que uno eche a perder su experiencia espiritual por un mal uso del estómago.

Llamamiento a adoptar la reforma
206*. Cuando se han contraído hábitos dietéticos erróneos debe procederse sin tardanza a una reforma. Cuando el abuso del estómago ha resultado en dispepsia deben hacerse esfuerzos cuidadosos para conservar el resto de la fuerza vital, evitando todo recargo inútil. Puede ser que el estómago nunca recupere la salud completa después de un largo abuso; pero un régimen dietético conveniente evitará un mayor aumento de la debilidad, y muchos se repondrán más o menos del todo. No es fácil prescribir reglas 151 para todos los casos; pero prestando atención a los buenos Principios dietéticos se realizarán grandes reformas, y la persona que cocine no tendrá que esforzarse tanto para halagar el apetito.
La moderación en el comer se recompensa con vigor mental y moral, y también ayuda a refrenar las pasiones.
207*. Deben escogerse los alimentos que mejor proporcionen los elementos necesarios para la reconstitución del cuerpo. En esta elección, el apetito no es una guía segura. Los malos hábitos en el comer lo han pervertido. Muchas Veces pide alimento que altera la salud y causa debilidad en vez de producir fuerza. Tampoco podemos dejarnos guiar por las costumbres de la sociedad. Las enfermedades y dolencias que prevalecen por doquiera provienen en buena parte de errores comunes respecto al régimen alimenticio.
208*. Sólo cuando demostremos ser inteligentes tocante a los principios de una vida sana, podremos discernir los males que resultan de un régimen alimenticio impropio. Aquellos que, habiéndose impuesto de sus errores, tengan el valor de modificar sus costumbres, encontrarán que la reforma exige luchas y mucha perseverancia. Pero una vez que hayan adquirido gustos sanos, verán que el consumo de la carne, en el que antes no veían mal alguno, preparaba lenta pero seguramente la dispepsia y otras enfermedades.
209*. Dios exige que su pueblo progrese constantemente. Debemos aprender que la satisfacción de nuestros apetitos el mayor obstáculo que se oponga a nuestro progreso intelectual y a la santificación del alma. No obstante todo lo que profesamos en lo que concierne a la reforma pro salud, algunos de entre nosotros se alimentan mal. El halago de 152 los apetitos es la causa principal de la debilidad física y mental, del agotamiento y de las muertes prematuras. Toda persona que busca la pureza de la mente debe recordar que en Cristo hay un poder capaz de dominar los apetitos.
[El comer en exceso, una causa de enfermedad: Véase Sección VII, "El comer en exceso" y Sección VIII, "Dominio del apetito"]

[La relación del régimen a base de carne con la enfermedad- 668, 677, 689, 690, 691, 692, 713, 722]
[Enfermedad producida por el té y el café- 734, 736, 737, 741]"

SECCIÓN VII EL COMER EN EXCESO

Un pecado común pero grave

210*. El sobrecargar el estómago es un pecado común, y cuando se usa demasiado alimento, el sistema entero resulta agobiado. La vida y la vitalidad, en vez de mejorar, decrecen. Es así como Satanás planea que hagan las cosas. El hombre utiliza sus fuerzas vitales en trabajo innecesario para disponer de una excesiva carga de alimento.

Al tomar mucho alimento, no solamente malgastamos impróvidamente las bendiciones de Dios, provistas para las necesidades de la naturaleza, sino que causamos un gran daño a todo el organismo. Mancillamos el templo de Dios. Este resulta debilitado e incapacitado; y la naturaleza no puede realizar bien su trabajo y en forma sabia, de acuerdo con la manera en que Dios hizo provisión. Debido a la complacencia egoísta de su apetito, el hombre ha oprimido el poder de la naturaleza obligándola a hacer un trabajo que nunca se debiera exigir de ella.

Si todos los hombres estuvieran familiarizados con la viviente maquinaria humana, no serían culpables de hacer esto, a menos que, por supuesto, amaran la complacencia propia tanto que continuaran su proceder suicida y tuvieran una muerte prematura, o vivieran por años como una carga para sí mismos y para sus amigos.

Embarazando la maquinaria humana.

211*. Es posible comer inmoderadamente, aun sirviéndose de alimentos sanos. Por el hecho de que alguien haya des 156 cartado el uso de los artículos alimenticios perjudiciales, no significa que puedan comer tanto como le pazca. El comer en exceso, no importa cuál sea la calidad de los alimentos, traba la maquinaria viviente, y así la obstaculiza en su obra.

212*. La intemperancia en el comer, aun tratándose de alimentos saludables, tendrá un efecto perjudicial sobre el sistema, y en botara las facultades mentales y morales.

213*. Casi todos los miembros de la familia humana comen mas que lo que su organismo necesita. Este exceso se corrompe y se convierte en una masa pútrida... Si se coloca en el estómago más alimento que el que necesita la maquinaria humana -aunque sea de naturaleza sencilla-, este excedente se convierte en una carga. El organismo hace esfuerzos desesperados para deshacerse de él, y este trabajo extra produce una sensación de fatiga. Algunos que están continuamente comiendo llaman a esta sensación de cansancio y depresión hambre, pero ella es causada por la sobrecarga de los órganos digestivos.

[El efecto de comer en exceso, aunque sea alimento sencillo y saludable - 33, 157]

214*. El deseo de hacer ostentación para agasajar a las visitas crea inútiles congojas y cargas. A fin de preparar gran variedad para la mesa, la dueña de la casa trabaja demasiado y debido a los muchos platos preparados los huéspedes comen demasiado; y la enfermedad y los padecimientos provenientes del trabajo excesivo por un lado y el comer demasiado por el otro, son el resultado. Estos festines elaborados son una carga y un perjuicio. 157

215*. Las comilonas hechas con glotonería, y los alimentos llevados al estómago a horas inadecuadas, dejan una influencia sobre cada fibra del organismo; y la mente resulta seriamente afectada por lo que comemos y bebemos.

216*. La estricta aplicación a un trabajo pesado es perjudicial para la constitución de los jóvenes que se hallan edad de crecimiento; pero mientras centenares han quebrantado su constitución por exceso de trabajo solamente, la inactividad, el comer en exceso, y la ociosidad considerada de buen tono han sembrado las semillas de enfermedad en el organismo de millares que se apresuran a una ruina rápida y segura.

La glotonería como ofensa capital

217*. Algunos no ejercen control sobre sus apetitos, sino que complacen el gusto a expensas de la salud. Como resultado, el cerebro se nubla, sus pensamientos son perezosos, y dejan de realizar lo que podrían si fueran abstemios o se negaran a sí mismos. Estas personas le niegan a Dios la fuerza física y mental que podrían desarrollar para su servicio si observaran la temperancia en todas las cosas.

Pablo era un reformador respecto de la salud. Dijo: "Sino que golpeo mi cuerpo, y lo pongo en servidumbre, no sea que habiendo sido heraldo para otros, yo mismo venga a ser eliminado" (1 Cor. 9: 27). Sentía que descansaba sobre él la responsabilidad de preservar todas sus facultades en su fuerza, a fin de poder usarlas para la gloria de Dios. Si Pablo se hallaba en peligro de intemperancia, nosotros estamos en un peligro mayor, porque no sentimos al comprendemos como él la necesidad de glorificar a Dios. 158 en nuestro cuerpo y en nuestro espíritu, que son suyos. El comer en exceso es el pecado de esta era.

La Palabra de Dios coloca el pecado de la glotonería en el mismo catálogo que la ebriedad. Tan ofensivo era este pecado a la vista de Dios que el Señor dio instrucciones a Moisés para que el niño que no se refrenara en materia de apetito, sino que engullera cualquier cosa que su gusto le exigiera, fuera llevado por sus padres delante de los gobernantes de Israel para ser apedreado. La condición del glotón era considerada como desesperada, pues él no era de ninguna utilidad para los demás, y constituía una maldición para sí mismo. No se podía depender de él para nada. Su influencia siempre contaminaría a los demás, y el mundo sería mejor sin un individuo semejante; pues sus terribles defectos serían perpetuados. Nadie que tenga un sentido de su responsabilidad para con Dios permitirá que las propensiones animales controlen su razón. Los que lo hacen no son cristianos, no importa de quién se trate, y por exaltada que sea su profesión. La orden de Cristo es: "Sed, pues, vosotros perfectos, como vuestro Padre que está en los cielos es perfecto" (Mat. 5: 48). Aquí él nos muestra que debemos ser tan perfectos en nuestra esfera como Dios lo es en la suya.

Un proceder que incita a la glotonería

218*. Muchos de los que han descartado de su alimentación las carnes y demás manjares perjudiciales, piensan que, por ser sus alimentos sencillos y sanos, pueden ceder al apetito sin moderación alguna, y comen con exceso y a veces se entregan a la glotonería. Es un error. Los órganos digestivos no deben recargarse con una cantidad o calidad de alimento cuya asimilación abrume al organismo.

La costumbre ha dispuesto que los manjares se sirvan a la mesa en distintos platos. Como el comensal no sabe 159 siempre que el plato sigue, es posible que satisfaga su apetito con una cantidad de un alimento que no es el que mejor que le convendría. Cuando llega el último plato se arriesga a excederse sirviéndose del postre tentador que, en tal caso, le resulta perjudicial. Si todos los manjares de la comida figuran en la mesa desde un principio, cada cual puede elegir a su gusto.

A veces el resultado del exceso en el comer se deja sentir en el acto. En otros caso no se nota dolor alguno; pero los órganos digestivos pierden su poder vital y la fuerza física resulta minada en su fundamento.

El exceso de comida recarga el organismo, y crea condiciones morbosas y febriles. Hace afluir al estómago una cantidad excesiva de sangre, lo que muy luego enfría las extremidades. Impone también un pesado recargo a los órganos digestivos, y cuando éstos han cumplido su tarea, se experimenta decaimiento languidez. Los que se exceden así continuamente en el comer llaman hambre a esta sensación; pero en realidad no es más que el debilitamiento de órganos digestivos. A veces se experimenta embotamiento del, cerebro, con aversión para todo trabajo mental o físico.
Estos síntomas desagradables se dejan sentir porque la naturaleza hizo su obra con un gasto inútil de fuerza vital y quedó completamente exhausta: El estómago clama: "Dame descanso". Pero muchos lo interpretan como una nueva demanda de alimento; y en vez de dar descanso al estomago le imponen más carga. En consecuencia es frecuente que los órganos digestivos estén gastados cuando debieran seguir funcionando bien
[Los órganos pueden perder su fuerza vital aun cuando no sienta ningún dolor- 155]
[Los obreros Dios han de practicar la temperancia en el comer- 117]
[E. G. de White no habría podido pedir la bendición de Dios sobre su trabajo si ella hubiese comido en exceso- Apéndice 1:7] 160
— La causa de la debilidad física y mental
219*. Como pueblo, con toda nuestra profesión de la reforma pro salud, comemos demasiado. La complacencia del apetito es la mayor causa de debilidad física y mental, y comparte en gran medida la culpa de la debilidad que es evidente por doquiera.
220*. Muchos que han adoptado la reforma pro salud han abandonado todo lo que es perjudicial; ¿pero por el hecho de que hayan abandonado estas cosas, se sigue que pueden comer tanto como les plazca? Se sientan a la mesa, y en vez de considerar cuánto debieran comer, se entregan al apetito y comen con gran exceso. Y el estómago tiene todo lo que puede hacer, o todo lo que debe hacer, durante todo el día, para deshacerse de la carga que se le ha impuesto. Todo el alimento, puesto en el estómago, del cual el organismo no puede derivar beneficio, es una carga para la naturaleza en su trabajo. Traba la maquinaria viviente. El organismo es entorpecido, y no puede llevar a cabo con éxito su obra. Los órganos vitales son innecesariamente sobrecargados, y la energía nerviosa del cerebro es llamada al estómago para ayudar a los órganos digestivos a realizar su. tarea de deshacerse de una cantidad de alimento que no produce ningún beneficio para el cuerpo. . .
¿Y qué influencia tiene la sobrealimentación sobre el estómago? Se debilita, los órganos digestivos pierden su fuerza, y el resultado es la enfermedad de los mismos con toda su estela de males. Si las personas ya estuvieran enfermas, de esta manera acrecientan sus dificultades, y disminuyen su vitalidad cada día que viven. Exigen de sus poderes vitales una acción innecesaria para hacerse cargo161 del alimento que colocan en sus estómagos. ¡Qué condición terrible!
Sabemos algo de la dispepsia por experiencia. La hemos tenido en nuestra familia y creemos que es una enfermedad que ha de ser muy temida. Cuando una persona llega hacer un dispéptico completo, sufre mucho, mental y físicamente; sus amigos deben también sufrir, al menos que tengan la misma falta de sensibilidad que los brutos.
¿Diréis sin embargo: "A Ud. no le incumbe averiguar lo que yo como o lo que hago"?
¿Sufre alguna de las personas que rodean a los dispépticos? Sencillamente actuad de tal manera que se sientan irritados de alguna forma. ¡Cuán natural les resulta entonces ser displicentes! Se siente mal, y les parece que sus hijos son muy malos. No les hablar con

calma, ni tampoco pueden, con gracia especial, actuar con calma en sus familias. Todo lo que los rodea resulta afectado por la enfermedad que sufren; todos, deben sufrir las consecuencias de su enfermedad. Echan una sombra negra. ¿Decís, entonces, que vuestros hábitos de, comer y beber no afectan a los demás? Ciertamente que lo hacen. Y debéis ser muy cuidadosos para preservaras en la mejor condición de salud posible, de manera que podáis rendir a Dios un servicio perfecto, y desempeñar vuestro deber en la sociedad y hacia vuestra familia.

Pero aun los reformadores en pro de la salud pueden errar en la cantidad de alimentos. Pueden comer en forma inmoderada de una clase saludable de alimentos.

221*.El señor me ha mostrado que, por regla general, colocamos demasiados alimentos en el estomago. Muchos se hacen molestos al comer en exceso, y la enfermedad es a menudo el resultado. El Señor no les envió este castigo. Ellos mismos se lo atrajeron; y Dios desea que s den cuenta de que el dolor es el resultado de la transgresión. 162

Muchos comen demasiado rápidamente. Otros comen en una misma comida alimentos que no combinan. Si los hombres y mujeres sólo recordaran cuan grandemente afligen su alma cuando afligen su estómago, y cuán profunda. mente Cristo es deshonrado cuando se abusa del estómago, serían valientes en negarse a sí mismos, dando al estómago oportunidad de recuperar su acción saludable. Mientras estamos sentados a la mesa podemos hacer obra misionera médica comiendo y bebiendo para la gloria de Dios.

Modorra durante el culto

222*. Cuando comemos en forma inmoderada pecamos contra nuestros propios cuerpos. El sábado, en la casa de Dios, los glotones se sentarán y dormirán bajo las verdades ardientes de la Palabra de Dios. Ni pueden mantener los ojos abiertos, ni pueden comprender los solemnes discursos dados. ¿Cree Ud. que los tales glorifican a Dios en su cuerpo y en su espíritu, que son de Dios? No; lo deshonran. Y en cuanto al dispéptico, lo que lo ha convertido en dispéptico, es el seguir esta conducta. En vez de observar regularidad, ha dejado el apetito lo domine, y ha comido entre horas. Tal vez, si sus hábitos son sedentarios, no ha tenido el aire vitalizador del cielo para ayudarlo en su obra de digestión; puede no haber tenido suficiente ejercicio para su salud.

223*.No debemos proveer para el sábado una cantidad de alimento mas abundante ni variada que para los demás días. Por el contrario el alimento debe ser más sencillo, y debe comerse menos para que la mente se encuentre despejada y vigorosas para entender las cosas espirituales. A estómago cargado, cerebro pesado. Pueden oírse las mas hermosas palabras sin apreciarlas, por estar confusa la mente 163 a causa de una alimentación impropia. Al comer con exceso en el día de reposo, muchos contribuyen más de lo que se figuran a incapacitarse para aprovechar los recursos de edificación espiritual que ofrece ese día.

[Sueño en los servicios sabáticos - 93]
[El régimen abstemio imparte vigor mental y moral- 85,117,206]
[Los efectos del comer en exceso sobre la espiritualidad- 56,57,59,251]
[Efectos de comer en exceso sobre la mente - 74]
[El comer en exceso en los congresos campestres - 57,124]
[Prácticas suicidas - 202]
[Los postres como tentación a comer en exceso - 538, 547, 550]
[Una fuente de pruebas para las iglesias - 65]

[La glotonería como pecado prevaleciente de esta era -35]
[El comer en exceso conduce a la disipación - 244]
[Manteniendo una limpia conciencia 263]
[La intemperancia y el comer en exceso estimulados por las madres - 351, 354]

― Una causa de olvidos

224*. El señor me ha dado instrucciones para Ud. sobre el tema de la temperancia en todas las cosas. Ud. es intemperante en su comer. Frecuentemente pone en su estómago dos veces la cantidad de alimentos que su organismo necesita. Este alimento se corrompe; su aliento resulta ofensivo. Sus dificultades catarrales son agravadas; su estómago esta sobre cargado; y la vida y la energía son desviadas del cerebro para hacer trabajar el molino que tritura el material que Ud. ha puesto en su estómago. En esto, Ud. ha manifestado poca misericordia hacia sí mismo.164.

Ud. es un glotón cuando se sienta a la mesa. Esta es una gran causa de sus olvidos y falta de memoria. Ud. dice cosas que yo sé que Ud. ha dicho, y entonces cambia completamente, y afirma que ha dicho algo del todo distinto. Yo me enteré de esto, pero lo pasé por alto considerando que era un seguro resultado de la sobrealimentación. No valía la pena hablar de ello. No curaría el mal.

― Consejos a los obreros sedentarios y a los ministros.

225*. El exceso en el comer es particularmente perjudicial para los de temperamento lerdo. Los tales deben comer con frugalidad y hacer mucho ejercicio físico. Hay hombre y mujeres de excelentes aptitudes naturales que por no dominar su apetito no realizan la mitad de aquellos de que son capaces.

En esto pecan muchos escritores y oradores. Después de comer mucho, se entregan en su ocupaciones sedentarias, leyendo, estudiando o escribiendo, sin dar tiempo para hacer ejercicio físico. En consecuencia, el libre flujo de los pensamientos y las palabras queda contenido. No pueden escribir ni hablar con la fuerza e intensidad necesarias para llegar al corazón de la gente, y sus esfuerzos se embotan y esterilizan.

Quienes llevan importantes responsabilidades, y sobre todo los que velan por intereses espirituales, deben ser hombres de aguda percepción e intensos sentimientos. Más que nadie necesitan ser sobrios en el comer. Nunca debiera haber en sus mesas manjares costosos y suculentos.

Los que desempeñan cargos de confianza deben hacer diariamente resoluciones de gran trascendencia. A menudo deben pensar con rapidez, y esto sólo pueden hacerlo con éxito los que practican la escritura templanza. La mente se fortalece bajo la influencia del correcto tratamiento dado a 165 las facultades físicas e intelectuales. Si el esfuerzo no es demasiado grande, cada nueva tarea añade nuevo vigor. No obstante, muchas veces el trabajo de los que tienen planes de acción importantes que estudiar y decisiones no menos importantes que tomar, queda siniestramente afectado por un régimen alimenticio impropio. El desarreglo del estómago perturba la mente. A menudo causa irritabilidad, aspereza o injusticia. Más de un plan de acción que hubiera podido ser beneficioso para el mundo se ha desechado; más de una medida injusta, opresiva y aun cruel ha sido llevada a cabo a consecuencia de un estado morboso proveniente de hábitos dietéticos erróneos.

Los de ocupación sedentaria, principalmente mental, que tengan suficiente valor moral y dominio propio, podrán probar el satisfacerse con dos o tres platos y no comer más de lo estrictamente necesario para saciar el hambre. Hagan ejercicio activo cada día, y verán cómo se benefician.

Los hombres robustos empeñados en trabajo físico activo no tienen tanto motivo de fijarse en la cantidad y calidad del alimento como las personas de hábitos sedentarios; pero aun ellos gozarán de mejor salud si ejercen dominio, propio en el comer y en el beber.

Hay quienes quisieran que se les fijara una regla exacta para su alimentación. Comen con exceso y les pesa después, y cavilan sobre lo que comen y beben. Esto no debiera ser así. Nadie puede sentar reglas estrictas para los demás. Cada cual debe dominarse a sí mismo y, fundado en la razón, obrar por principios sanos.

[Las cenas tardías son particularmente dañinas - 270]

La indigestión y las reuniones de junta

226*. Sentados ante mesas abundantemente cargadas, ciertos hombres comen a menudo mucho de lo que puede digerir fácilmente. El estómago recargado no puede 166 hacer debidamente su trabajo. El resultado es una sensación desagradable de embotamiento del cerebro, y el espíritu no actúa prestamente. Las combinaciones impropias de alimentos crean disturbios; se inicia la fermentación; la sangre queda contaminada y el cerebro se confunde.

El hábito de comer en exceso, o de comer demasiadas clases de alimentos en una comida, causa con frecuencia dispepsia. Se ocasiona así un grave daño a los delicados órganos digestivos. El estómago protesta en vano y suplica al cerebro que razone de causa a efecto. La excesiva cantidad de alimento ingerido, o la combinación impropia, hace su obra perjudicial. En vano dan su advertencia las prevenciones desagradables. El sufrimiento es la consecuencia. La enfermedad reemplaza a la salud.

Puede ser que algunos pregunten: ¿Qué tiene que ver esto con las reuniones de junta? Muchísimo. Los efectos de comer en forma errónea penetran en las reuniones de concilio y de junta. El cerebro queda afectado por la condición del estómago. Un estómago desordenado produce un estado mental desordenado e incierto. Un estómago enfermo produce una condición enfermiza del cerebro, y con frecuencia lo induce a uno a sostener con terquedad opiniones erróneas. La supuesta sabiduría de una persona tal es la insensatez para Dios.

Presento esto como la causa de la situación creada en muchas reuniones de concilio y de junta en las cuales ciertas cuestiones que requerían estudio cuidadoso recibieron poca consideración, y se tomaron apresuradamente decisiones de la mayor importancia. Con frecuencia, cuando debiera haber habido unanimidad en la afirmativa, ciertas negativas resueltas cambiaron por completo la atmósfera que reinaba en una reunión. Estos resultados se me han presentado vez tras vez.

Expongo estos asuntos ahora, porque se me ha indicado que diga a mis hermanos en el ministerio: por la intemperancia 167 en el comer os incapacitáis para ver claramente la diferencia entre el fuego sagrado y el común. Y por esta intemperancia reveláis también vuestro desprecio hacia las advertencias que el Señor os ha dado. La palabra que os dirige es: " ¿Quién hay entre vosotros que teme a Jehová, y oye la voz de su siervos? El que anda en tinieblas y carece de luz, confíe en el nombre de Jehová, y apóyese en su Dios" (Isa. 50:10) ... ¿No nos acercaremos al Señor, para que nos salve de toda intemperancia en el comer y el beber, de toda pasión profana y concupiscente, de toda perversidad? ¿No nos humillaremos delante de Dios y desecharemos todo lo que corrompe la carne y el espíritu, para que en su temor podamos perfeccionar la santidad del carácter?

— No son ninguna recomendación de la reforma pro salud

227*. Nuestros predicadores no son lo suficientemente cuidadosos con respecto a sus hábitos en el comer. Participan de una gran cantidad de alimentos, y de una gran variedad de alimentos, y de una gran variedad de una misma comida. Algunos son reformadores sólo de nombre. No tienen reglas para regir su menú, sino que se complacen en comer frutas o nueces entre comidas, y así imponen cargas demasiado pesadas a sus órganos digestivos. Algunos toman tres comidas por día, cuando dos contribuirían más a la salud física y espiritual. Si las leyes que Dios ha establecido para que gobiernen el sistema físico resultan violadas, la penalidad sigue con toda certidumbre.

Debido a la imprudencia en el comer, los sentidos de algunos parecen estar semiparalizados; ellos son lentos y tienen sueño. Estos ministros de rostro pálido que sufren como consecuencia de una complacencia egoísta de su apetito, no son ninguna recomendación de la reforma pro salud. Cuando están sufriendo por exceso de trabajo, sería mucho 168 mejor que prescindieran ocasionalmente de alguna comida, y así dieran a la naturaleza la oportunidad de resarcirse. Nuestros obreros podrían hacer progresar la reforma pro salud más por su ejemplo que predicándola. Cuando amigos bien intencionados realizan preparativos culinarios complicados para ellos, resultan poderosamente tentados a descuidar los principios; pero al rehusar los platos exquisitos, los condimentos concentrados, el té y el café, pueden manifestarse como reformadores prácticos. Algunos están sufriendo ahora como consecuencia de violar las leyes de la vida, y así imponen un estigma sobre la causa de la reforma pro salud.

La complacencia excesiva en el comer o el beber, en el dormir o el mirar, es un pecado. La acción armoniosa y saludable de todas las facultades del cuerpo y de la mente resulta en la felicidad; y cuanto más elevadas y refinadas las facultades, tanto más pura resultará la felicidad.

— Cavan sus tumbas con sus dientes

228*. La razón por la cual mucho de nuestros ministros se quejan de enfermedad es que dejan de hacer suficiente ejercicio, y se complacen en comer en exceso. No se dan cuenta de que tal conducta pone en peligro la más vigorosa de las constituciones. Los que, como Ud., son de temperamento lento, deben comer con mucha parsimonia, y no rehuir la carga física. Muchos de nuestros pastores están cavando sus tumbas con sus dientes. El sistema, al asumir la carga colocada sobre los órganos digestivos, sufre, y el cerebro pierde mucha energía. El transgresor debe pagar en su propio cuerpo la penalidad por cada ofensa cometida contra las leyes de la salud.

● SECCIÓN VIII El Dominio del Apetito

— La falta de dominio propio es el primer pecado

229*. Adán y Eva en el Edén eran de noble estatura, y perfectos en simetría y belleza. Eran sin pecado, y tenían perfecta salud. ¡Qué contraste con la raza humana actual! La belleza ha desaparecido. La perfecta salud es desconocida. Doquiera que miremos vemos enfermedad, deformidad e imbecilidad. He averiguado las causas de esta sorprendente degeneración, y se me señaló el Edén. La hermosa Eva fue seducida por la serpiente a comer de la fruta del único árbol del cual Dios les había prohibido comer, o aun tocar, para no morir.

Eva tenía todo lo que podía hacerla feliz. Estaba rodeada de frutas de toda variedad. Sin embargo el fruto del árbol prohibido apareció más deseable a sus ojos que el fruto de todos los otros árboles del huerto de los cuales podía comer libremente. Fue intemperante en sus deseos. Comió, y por su influencia, su esposo también comió, y una maldición descansó sobre ambos. La tierra también fue maldecida a causa del pecado de ellos. Y desde la caída, ha existido la intemperancia en casi todas sus formas. El apetito ha dominado la razón. La familia humana ha seguido una conducta de desobediencia, y como Eva, ha sido engañada por Satanás para descuidar las prohibiciones que Dios ha establecido, haciéndose la ilusión de que las consecuencias no serían tan terribles como se había creído. La familia humana a violado las leyes de la salud, y ha ido a los excesos en casi todo. La enfermedad ha estado aumentado 172 firmemente. La causa ha sido seguida por el efecto.

Los días de Noé y los nuestros

230*. Jesús, sentado en el monte de los Olivos, dio instrucciones a sus discípulos concernientes a las señales que precederían a su venida: "Mas como en los días de Noé, así será la venida del Hijo del hombre. Porque como en los días antes del diluvio estaban comiendo y bebiendo, casándose y dando en casamiento, hasta el día en que Noé entró en el arca, y no entendieron hasta que vino el diluvio y se los llevó a todos, así será también la venida del Hijo del hombre" (Mat. 24:37-39). Los mismos pecados que trajeron los juicios sobre el mundo de los días de Noé, existen en nuestro tiempo. Los hombres y las mujeres llevan hoy su comer y beber tan lejos que degenera en glotonería y embriaguez. Este pecado prevaleciente, la complacencia de un apetito pervertido, inflamó las pasiones de los hombres en los días de Noé, y produjo una corrupción generalizada. La violencia y el pecado alcanzaron hasta el cielo. Esta corrupción moral fue finalmente eliminada de la tierra por medio del diluvio. Los mismos pecados de glotonería y embriaguez entenebrecieron las sensibilidades morales de los habitantes de Sodoma, de manera que el crimen parecía ser la delicia de hombres y mujeres en aquella ciudad malvada. Jesús amonesta así al mundo: "Asimismo como sucedió en los días de Lot; comían, bebían, compraban, vendían, plantaban, edificaban; mas el día en que Lot salió de Sodoma, llovió del cielo fuego y azufre, y los destruyó a todos. Así será el día en que el Hijo del hombre se manifieste" (Luc. 17:28-30).

Cristo nos ha dejado aquí una muy importante lección El quiere presentarnos el peligro en que estamos de hacer de nuestro comer y beber lo principal. El presenta el 173 resultado de una complacencia no restringida del apetito. Las facultades morales se debilitan, de manera que el pecado ya no parece pecaminoso. El crimen es considerado con liviandad, y la pasión controla la mente, hasta que los buenos principios e impulsos son desarraigados, y Dios es blasfemado. Todo esto es el resultado de comer y beber en exceso. Esta es la misma condición que Cristo declara que existirá en ocasión de su segunda venida.

El Salvador nos presenta algo más elevado por lo cual luchar que meramente lo que hemos de comer y beber, y lo que necesitamos para cubrirnos. El comer, el beber y el vestirse son llevados a tales excesos que se convierten en crímenes. Se encuentran entre las señales destacadas de los últimos días, y constituyen una señal de la próxima venida de Cristo. El tiempo, el dinero y la energía que pertenecen al Señor, pero que él nos ha confiado, son malgastados en superfluidades en materia de vestidos y lujos para el apetito pervertido, las cuales disminuyen la santidad y acarrean sufrimiento y decadencia. Es imposible presentar nuestros cuerpos como sacrificio vivo a Dios cuando continuamente llenamos de corrupción y enfermedad debido a nuestra complacencia pecaminosa.

231*. Una de las mas fuertes tentaciones al que el hombre tiene que hacer frente es la del apetito. En el comienzo el Señor hizo al hombre recto. Fue creado con una mente del todo equilibrada, y el tamaño y la fuerza de todos sus órganos estaban plena y armoniosamente desarrollados. Pero debido a las seducciones del artero enemiga, la prohibición de Dios fue desatendida, y las leyes de la naturaleza exigieron su completo castigo...

Desde la primera vez que el género humano se rindió al apetito, la complacencia propia ha seguido aumentando, hasta el punto de que la salud ha sido sacrificada sobre el 174 altar del apetito. Los habitantes del mundo antediluviano eran intemperantes en el comer y beber. Querían tener carne, aunque Dios en ese tiempo no le había dado al hombre permiso para consumir alimentos animales. Comieron y bebieron hasta que la complacencia de su apetito depravado no conoció límites, y entonces se corrompieron tanto que Dios no los pudo soportar más. Su copa de iniquidad se llenó, y el Señor limpió a la tierra de esta contaminación moral por tiempo del diluvio.

SODOMA Y GOMORRA

Cuando los hombres se multiplicaron sobre la tierra después del diluvio, de nuevo olvidaron a Dios, y corrompieron sus caminos delante de él. La intemperancia en toda forma aumentó, hasta que casi todo el mundo se había entregado a ella. Ciudades enteras han sido eliminadas de la faz de la tierra por los crímenes degradantes y las repugnantes iniquidades que las convertían en una mancha en el hermoso campo de las obras creadas por Dios. La gratificación del apetito antinatural condujo a los pecados que causaron la destrucción de Sodoma Y Gomorra. Dios adjudica la caída de Babilonia a su glotonería y embriaguez. La complacencia del apetito y la pasión eran el fundamento de todos sus pecados.

Esaú vencido por el apetito

232*. Esaú codició un plato favorito, y sacrifico su primogenitura para complacer el apetito. Después que su apetito concupiscente hubo sido gratificado, vio su locura, pero no halló oportunidad de arrepentirse, aunque trató de hacerlo cuidadosamente y con lágrimas. Hay muchísimas personas que son iguales que Esaú. El representa una clase que tiene una bendición especial y valiosa a su alcance - herencia inmortal, una vida tan perdurable como la 175 vida de Dios, el Creador del universo, felicidad inconmensurable, y un eterno peso de gloria - pero que basta ahora han complicado su apetito, sus pasiones y sus inclinaciones, de tal manera que su poder de discernir y apreciar el valor de las cosas eternas está debilitado.

Esaú sintió un fuerte deseo especial de un alimento definido, y por tanto tiempo había complacido el yo que no sintió la necesidad de abstenerse del plato tentador y codiciado. Siguió pensando en él sin hacer ningún esfuerzo especial para reprimir su deseo, hasta que el poder del apetito venció toda otra consideración, y lo dominó, de manera que imaginó que sufriría gran inconveniente, y aun la muerte, si no podía tener aquel plato particular. Cuanto mas pensaba en el asunto, más se fortalecía su deseo, hasta que su primogenitura, que era tan sagrada, perdió su valor y su carácter sagrado.

La codicia de Israel por la carne

233*. Cuando el Dios de Israel saco a sus hijos de Egipto, los mantuvo en gran medida privados de la carne, pero les dio pan del cielo, y agua de la dura roca. Mas no se manifestaron satisfechos con esto. Detestaron el alimento que se les había dado, y desearon verse de vuelta en Egipto, donde podían sentarse ante las ollas de carne. Preferían soportar la esclavitud, y aun la muerte, antes que verse privados de la carne. Dios les concedió su deseo, dándoles carne, y dejando que comieran hasta que su glotonería produjo una plaga, de la cual muchos murieron.

TODOS ESTOS SON EJEMPLOS
Ejemplo tras ejemplo podría citarse para mostrar los efectos de entregarse al apetito. Les pareció un asunto de poca monta a nuestros primeros padres transgredir el mandamiento de Dios en ese solo hecho: comer de un árbol 176 que era tan hermoso a la vista y tan agradable al gusto; pero esto quebrantó su lealtad a Dios, y abrió las puertas a una ola de culpabilidad y miseria que ha inundado el mundo.

EL MUNDO DE HOY
El crimen y la enfermedad han aumentado con cada generación. La intemperancia en el comer y beber, y la satisfacción de las pasiones más bajas, han establecido las facultades más nobles del hombre. La razón, en lugar de ser lo que domina, ha llegado a convertirse en el esclavo del apetito en un grado alarmante. La gente ha complacido un deseo progresivo por los alimentos suculentos, hasta el punto de que ha llegado a estar de moda el atiborrar el estomago de toda clase posible de esos alimentos. Especialmente en reuniones de placer, el apetito es complacido sin restricciones. Se sirven cenas suculentas y tardías, que consisten en carnes muy sazonadas, con salsas concentradas, tortas, pasteles, helados, té, café, etc. No es de admirar que con régimen semejante, la gente tenga una complexión pálida, y sufra de incontables agonías a causa de la dispepsia.

234*. Me fue presentado el actual estado de corrupción del mundo. El espectáculo era terrible. Me he admirado de como los habitantes de la tierra no fueron destruidos, como la gente de Sodoma y Gomorra. He visto que hay razón suficiente para el actual estado de degeneración y mortalidad en el mundo. La pasión ciega controla la razón, y en muchos casos toda consideración elevada se sacrifica a la lujuria.

El primer gran rival fue la intemperancia en el comer y beber. Los hombres y las mujeres se han hecho esclavos del apetito. Son intemperantes en el trabajo. Trabajan exagerada y arduamente para preparar para sus mesas alimentos que perjudican grandemente al organismo ya recargado. 177 Las mujeres gastan una gran parte de su tiempo frente a una cocina prendida, preparando alimentos muy sazonados con especias para complacer el gusto. Y como consecuencia de esto, los niños son descuidados y no reciben instrucción moral y religiosa. La madre sobrecargada descuida el cultivo de un temperamento dulce, que es como el brillo del sol en la casa. Consideraciones eternas llegan a ser secundarias. Todo el tiempo ha de ser empleado en la preparación de estas cosas para el apetito que arruina la salud, agría el temperamento y entenebrece las facultades de razonamiento.

235*. Encontramos personas intemperantes por doquiera. Las hallamos en los trenes, en los barcos, y por todas partes. Y debemos preguntarnos qué estamos haciendo para rescatar a las almas del lazo del tentador. Satanás se halla constantemente alerta para colocar por completo bajo su dominio a la raza humana. La forma más poderosa en que él hace presa del hombre es el apetito, que trata de estimular de toda manera posible. Todos los excitantes antinaturales son perjudiciales, y cultivan el deseo por el alcohol. ¿Cómo podemos iluminar a la gente, y evitar los terribles males que resultan del uso de estas cosas? ¿Hemos hecho todo lo que podemos en este sentido?

— Adorando en el santuario el apetito pervertido
236*. Dios ha concedido grande luz a este pueblo, aun que no estamos fuera del alcance de la tentación. ¿Quiénes de entre nosotros están solicitando ayuda a los dioses de Ecrón? Miramos este cuadro, que no ha sido trazado por la imaginación. ¿En cuántos, aun de entre los adventistas, pueden verse sus principales características? Un inválido - aparentemente muy concienzudo, pero fanático y lleno 178 de suficiencia propia confiesa libremente su desprecio por las leyes de la vida y la salud, que la misericordia divina nos ha inducido a aceptar como pueblo. Sus alimentos deben ser preparados de una manera que satisfaga sus anhelos mórbidos. Más bien que sentarse a una mesa donde se provea alimento sano, patrocina los restaurantes donde puede satisfacer su apetito sin restricción. Locuaz defensor de la temperancia, desprecia sus principios fundamentales. Quiere alivio, pero se niega a obtenerlo al precio de la abnegación. Este hombre está adorando ante el altar del apetito pervertido. Es un idólatra. Las facultades que, santificadas y ennoblecidas, podrían ser empleadas para honrar a Dios, son debilitadas y hechas de poca utilidad. Un genio irritable, una mente confusa y nervios desquiciados, se cuentan entre los resultados de ese desprecio de las leyes naturales. Este hombre no es digno de confianza ni eficiente.

— La victoria de Cristo en nuestro favor
237*. En el desierto de la tentación Cristo hizo frente alas grandes tentaciones fundamentales que habían de asaltar al hombre. Allí se encontró solo con el enemigo sutil y astuto, y lo venció. La primera gran tentación actuó sobre el apetito; la segunda, sobre la presunción; la tercera, sobre el amor al mundo. Satanás ha vencido a millones tentándolos a la complacencia del apetito. Por medio de la gratificación del gusto, el sistema nervioso se excita y el poder del cerebro se debilita, haciendo imposible pensar con calma y en forma racional. La mente se desequilibra. Sus facultades más altas y más nobles son pervertidas para servir a la lujuria animal, y los intereses sagrados y eternos son desatendidos. Cuando se obtiene este objetivo, Satanás puede venir con sus otras dos principales tentaciones y hallar acceso libre. Sus múltiples tentaciones surgen de estos tres grandes puntos principales.179

238*. De todas las lecciones que se desprenden de la primera gran tentación de nuestro Señor, ninguna es más importante que la relacionada con el dominio de los apetitos y pasiones. En todas las edades, las tentaciones atrayentes para la naturaleza física han sido las más eficaces para corromper y degradar a la humanidad. Mediante la intemperancia, Satanás obra para destruir las facultades mentales y morales que Dios dio al hombre como un don inapreciable. Así viene a ser imposible para los hombres apreciar las cosas de valor eterno. Mediante la complacencia de los sentidos, Satanás trata de borrar del alma todo vestigio de la semejanza divina.

La sensualidad irrefrenada y la enfermedad y degradación consiguientes, que existían en tiempos del primer advenimiento de Cristo, existirán, con intensidad agravada, antes de su segunda venida. Cristo declara que la condición del mundo será como en los días anteriores al diluvio, y como en tiempos de Sodoma y Gomorra. Todo intento de los pensamientos del corazón será de continuo el mal. Estamos viviendo en la víspera misma de ese tiempo pavoroso, y la lección del ayuno del Salvador debe grabarse en nuestro corazón.

Únicamente por la indecible angustia que soportó Cristo podemos estimar el mal que representa el complacer sin freno los apetitos. Su ejemplo demuestra que nuestra única esperanza de vida eterna consiste en sujetar los apetitos y pasiones a la voluntad de Dios.

MIRAD AL SALVADOR

En nuestra propia fortaleza, nos es imposible negarnos a los clamores de nuestra naturaleza caída. Por su medio, Satanás nos presentará tentaciones. Cristo sabía que el enemigo se acercaría a todo ser humano para aprovecharse de las debilidades hereditarias y entrampar, mediante sus falsas insinuaciones, a todos aquellos que no confían en Dios. Y recorriendo el terreno que el hombre debe recorrer, nuestro 180 Señor ha preparado el camino para que venzamos. No es su voluntad que seamos puestos en desventaja en el conflicto con Satanás. No quiere que nos intimiden ni desalienten los asaltos de la serpiente. "Tened buen ánimo -dice-; yo he vencido al mundo" (Juan 16:33, VM).

Considere al Salvador en el desierto de la tentación todo aquel que lucha contra el poder del apetito. Véalo en su agonía sobre la cruz cuando exclamó: "Sed tengo" (Juan 19:28, VM). El padeció todo lo que nos puede tocar sufrir. Su victoria es nuestra.

Jesús confió en la sabiduría y fuerza de su Padre celestial. Declara: "Jehová el Señor me ayudará; por tanto no he sido abochornado... ; y sé que no seré avergonzado... He aquí que Jehová me ayudará" (Isa. 50:7-9, VM). Llamando la atención a su propio ejemplo, él nos dice: "¿Quién hay de entre vosotros que teme a Jehová..., que anda en tinieblas y no tiene luz? ¡Confíe en el nombre de Jehová, y apóyese en su Dios!" (Isa. 50:10).

"Viene el príncipe de este mundo -dice Jesús-; mas no tiene nada de mí" (Juan 14:30, VM). No había en él nada que respondiera a los sofismas de Satanás. El no consintió en pecar. Ni siquiera por un pensamiento cedió a la tentación. Así también podemos hacer nosotros. La humanidad de Cristo estaba unida con la divinidad. Fue hecho idóneo para el conflicto mediante la permanencia del Espíritu Santo en él. Y él vino para hacernos participantes de la naturaleza divina. Mientras estemos unidos con él por la fe, el pecado no tendrá dominio sobre nosotros. Dios extiende su mano para alcanzar la mano de nuestra fe y dirigirla a asirse de la divinidad de Cristo, a fin de que nuestro carácter pueda alcanzar la perfección.

239* .Satanás viene al hombre como vino a Cristo, con su muy poderosa tentación a complacer el apetito. Bien 181 conoce su poder para vencer al hombre en este punto. Venció a Adán y Eva en el Edén en el terreno del apetito, y ellos perdieron su hogar bendito. Lo que acumulara miseria y crimen ha llenado nuestro mundo después de la caída de Adán. Ciudades enteras han sido borradas de la faz de la tierra por los crímenes degradantes y la iniquidad odiosa que las han convertido en una mancha en el universo. La complacencia del apetito fue el fundamento de todos esos pecados.

240*. Cristo comenzó la obra de redención en el preciso lugar donde comenzó la ruina. Su primera prueba tuvo que ver precisamente con el punto en que Adán falló. Fue por medio de las tentaciones dirigidas contra el apetito como Satanás había vencido a una gran proporción de la raza humana, y su éxito le había hecho sentir que el dominio de este planeta caído estaba en sus manos. Pero en Cristo él encontró a alguien que era capaz de resistirlo, y abandonó el campo de batalla como un enemigo vencido. Jesús dice: "No tiene nada en mí". Su victoria es una seguridad de que nosotros también podemos salir victoriosos en nuestros conflictos con el enemigo. Pero no es el propósito de nuestro Padre celestial salvarnos sin un esfuerzo de nuestra parte para cooperar con Cristo. Debemos desempeñar nuestra parte, y el poder divino, uniéndose con el esfuerzo humano, producirá la victoria.

[Por nuestra causa Cristo ejerció un dominio propio más fuerte que el hambre o la muerte - 295]

[Cristo fortalecido para resistir por medio de su ayuno; su victoria y ánimo para todos - 296]
[Cuando fue más fieramente tentado, Cristo no comió nada -70]
[La fuerza de la tentación para complacer el apetito medida por la angustia de Cristo durante su ayuno - 298] 182

El ejemplo de la victoria de Daniel

241*. Las tentaciones a complacer el apetito representan un poder capaz de ser vencido sólo con la ayuda que Dios puede impartir. Pero con cada tentación tenemos la promesa de Dios de que habrá una vía de escape. ¿Por qué, entonces, tantos son vencidos? Es porque no ponen su confianza en Dios. No se valen de los medios provistos para su seguridad. Las excusas ofrecidas para la complacencia del apetito pervertido no tienen, por lo tanto, peso alguno ante Dios.

Daniel evaluaba su capacidad humana, pero no confió en ella. Su confianza estaba puesta en la fuerza que Dios ha prometido a todos los que acuden a él con humilde dependencia, descansando plenamente en su poder.

Propuso en su corazón de no contaminarse con la porción de la carne del rey, ni con el vino de su beber; porque sabía que un régimen semejante no fortalecería sus facultades ni aumentaría su capacidad mental. No quería usar vino, ni ningún otro estimulante antinatural; no quería hacer nada que oscureciera su mente; y Dios le dio "Conocimiento e inteligencia en todas las letras y ciencias", y también "entendimiento en toda visión y sueños" (Dan. 1:17)...

Los padres de Daniel lo habían educado en su niñez en hábitos de estricta temperancia. Le habían enseñado que debía conformarse a las leyes de la naturaleza en todos sus hábitos; que su comer y beber tenían una influencia directa sobre su naturaleza física, mental y moral, y que era tenido por responsable, delante de Dios, por sus capacidades; pues él las consideraba todas como dones de Dios, y no debía empequeñecerlas o destruirlas por ningún proceder suyo. Como resultado de esta enseñanza, la ley de Dios fue exaltada en su mente, y reverenciada en su corazón. Durante 183 los primeros años de su cautividad, Daniel estaba pasando por una gran prueba que habría de familiarizarlo con la pompa, la hipocresía y el paganismo de la corte. ¡Por cierto que era una extraña escuela para prepararlo para una vida de sobriedad, trabajo y fidelidad! Y sin embargo vivió sin ser corrompido por la atmósfera del mal de la cual estaba rodeado.

La experiencia de Daniel y de sus jóvenes compañeros ilustra los beneficios que pueden resultar de un régimen abstemio, y muestra lo que Dios hará en beneficio de los que cooperan con el en la purificación y elevación de las almas. Ellos fueron un honor para Dios, y una luz brillante en la corte de Babilonia.

En esta historia oímos la voz de Dios que se dirige a nosotros individualmente y nos pide que reunamos todos los rayos de luz con respecto a este tema de la temperancia cristiana, para colocarnos en la debida relación con las leyes de la salud.

242*. ¿Qué hubiera acontecido si Daniel y sus compañeros hubieran transigido con aquellos funcionarios paganos, y hubieran cedido ante la presión del momento, comiendo y bebiendo como era costumbre para los babilonios? Ese solo caso de apartamento de los principios habría debilitado su sentido de lo justo y su aborrecimiento de lo malo. La complacencia del apetito habría comportado el sacrificio del vigor físico, la claridad intelectual y el poder

espiritual. Un paso equivocado probablemente habría conducido a otros, de manera que, cortada su relación con el cielo, habrían sido apartados por la tentación.
[La claridad mental de Daniel debida a un régimen sencillo y a una vida de oración - 117]
[Más acerca de Daniel - 33, 34, 117] 184

Nuestro deber cristiano

243*. Cuando nos demos cuenta de los requerimientos de Dios, veremos que él nos pide que seamos temperantes en todas las cosas. El propósito de nuestra creación es glorificar a Dios en nuestro cuerpo y en nuestro espíritu que son de el. ¿Como podremos hacerlo cuando complacemos el apetito en perjuicio de las facultades físicas y morales? Dios exige que presentemos nuestro cuerpo como sacrificio vivo. Entonces se nos impone el deber de preservar este cuerpo en la mejor condición de salud, a fin de poder cumplir con sus requisitos. "Si, pues, coméis o bebéis, o hacéis otra cosa , hacedlo todo para la gloria de Dios." (1 Cor. 10:31).

244*. El apóstol Pablo escribe: "¿No sabéis que los que corren en el estadio, todos a la verdad corren, pero uno solo se lleva el premio? Corred de tal manera que lo obtengáis. Todo aquel que lucha, de todo se abstiene; para recibir una corona corruptible, pero nosotros, una incorruptible. Así que, yo de esta manera corro, no como a la aventura; de esta manera peleo, no como quien golpea el aire, sino que golpeo mi cuerpo, y lo pongo en servidumbre, no sea que habiendo sido heraldo para otros yo mismo venga a ser eliminado" (1Cor. 9:24-27).

Hay muchos en el mundo que complacen hábitos perniciosos. El apetito es la ley que los gobierna. Y debido a sus hábitos erróneos, el sentido moral es oscurecido y el poder de discernir cosas sagradas es destruido en gran medida. Pero es necesario que los cristianos sean estrictamente temperantes. Deben colocar la norma alta. La temperancia en el comer, beber y vestir es esencial. Los principios deben tener la primacía en lugar del apetito o la fantasía. Los que comen demasiado o que ingieren alimentos de 185 una clase objetable. son fácilmente inducidos a la disipación , y alas otras "codicias necias y dañosas, que hunden a los hombres en destrucción y perdición" (1 Tim. 6:9). Los "colaboradores de Dios" deben usar todo ápice de su influencia para estimular la siembra de los verdaderos principios de la temperancia.

Significa ser leal a Dios. El tiene derechos sobre todos nosotros los que están empeñados en su servicio. El desea que la mente y el cuerpo sean preservados en la mejor condición de salud, y que toda facultad y atributo se hallen bajo el dominio divino, y que sean tan vigorosos como los hábitos de cuidado y estricta temperancia pueden hacerlos. Estamos bajo una obligación ante Dios: la de hacer una consagración, sin reservas de nosotros mismos a él, en cuerpo y alma, con todas las facultades apreciadas como dones que él nos confiará, para ser empleados en su servicio.

Todas nuestras energías y capacidades han de ser constantemente y fortalecidas mejoradas durante este período de prueba. Solamente los que aprecien estos principios, y han sido educados a cuidar sus cuerpos inteligentemente y el temor de Dios, deben ser elegidos para asumir responsabilidades en esta obra. Los que han estado por mucho tiempo en la verdad. y sin embargo no pueden distinguir entre los principios puros de justicia, y los principios del mal , cuya comprensión con respecto a la justicia, la misericordia y el amor de Dios están entenebrecidos, deben ser relevados de sus responsabilidades. Toda iglesia necesita un testimonio claro y preciso, que dé a la trompeta un sonido certero.

Si podemos despertar la sensibilidad moral de nuestros hermanos sobre el tema de la temperancia, se ganará una gran victoria. Ha de enseñarse y practicarse la temperancia en todas las cosas de esta vida. La temperancia en el comer, en el beber, en el dormir, en el vestir, es uno de los grandes principios de la vida religiosa. La verdad colocada 186 en el santuario del alma guiará en el tratamiento del cuerpo. Nada que concierna a la salud del agente humano ha de considerarse con indiferencia. Nuestro bienestar eterno depende del uso que hagamos durante esta vida de nuestro tiempo, nuestra energía e influencia.

— Esclavos del apetito

245*. Hay una clase que profesa creer la verdad, que no usa tabaco, rapé, té o café, y que sin embargo es culpable de gratificar el apetito de una manera diferente. Anhelan con vehemencia carnes muy sazonadas, con salsas concentradas, y su apetito se ha pervertido tanto que no pueden satisfacerse siquiera con carne, a menos que se les prepare de una manera muy perjudicial. El estómago resulta afiebrado, los órganos digestivos son recargados, y sin embargo el estómago trabaja duramente para deshacerse de la carga que se le impuso por la fuerza. Después que el estómago ha realizado su tarea está exhausto, lo cual causa languidez. Aquí muchos son engañados, y piensan que es la falta de alimentos lo que produce tal sensación, y sin dar al estómago tiempo para descansar, toman más alimentos, que por el momento quitan la languidez. Y cuanto más se complazca el apetito, mayores serán sus clamores para ser gratificado. Estas languideces son generalmente el resultado de comer carne, y comerla con frecuencia, y en gran cantidad...

Debido a que está de moda, y de acuerdo con el apetito mórbido, se atiborra el estómago de tortas, budines y pasteles concentrados, y de toda cosa dañina. La mesa debe estar cargada con una variedad de alimentos, o de otra manera el apetito depravado no resulta satisfecho. Por la mañana, estos esclavos del apetito a menudo tienen un aliento impuro, y una lengua saburrosa. No disfrutan de salud, y se preguntan por qué tienen dolor de cabeza y diferentes malestares. 187 Muchos comen tres veces por día, y de nuevo antes de ir a la cama. En poco tiempo los órganos digestivos resultan gastados, porque no han tenido tiempo de descansar. Estas personas se convierten en miserables dispépticos, y se admiran de cómo han llegado a esa condición. La causa ha traído sus seguros resultados. No debe tomarse una segunda comida hasta que el estómago haya tenido tiempo de descansar del trabajo de digerir la comida previa. Si de todas maneras se consume otra comida en el día, ésta debe ser liviana, y varias horas antes de ir la cama.

Muchos están tan dedicados a la intemperancia que no cambiarán su proceder de complacer la glotonería bajo ninguna consideración. Antes sacrificarían la salud y morirían prematuramente, que restringir su apetito intemperante. Y hay muchos que son ignorantes de la relación que su comer y beber tiene con la salud. Si los tales fueran iluminados, podrían tener valor moral para renunciar a su apetito, y comer en forma más espaciada, y sólo la clase de alimentos que son saludables; así, mediante su propia conducta, se ahorrarían una gran cantidad de sufrimientos.

EDUCAD EL APETITO

Las personas que han acostumbrado su apetito a comer libremente carnes, salsas muy sazonadas y diversas clases de tortas y conservas concentradas, no pueden saborear inmediatamente un menú sano y nutritivo. Su gusto está tan pervertido que no tienen apetito por un menú sano de frutas, pan sencillo y verduras. No necesitan esperar que de primera intención les gustará un alimento tan diferente de aquel que se han complacido en comer. Si al comienzo no pueden disfrutar de alimentos sencillos, deben ayunar hasta que lo puedan hacer. El ayuno resultará para ellos de mayor beneficio que la medicina, pues el estomago del cual se ha abusado encontrará el descanso que por mucho tiempo ha necesitado, y el hambre verdadera puede ser satisfecha con un régimen sencillo. Se requerirá tiempo para que el gusto 188 se recupere de los abusos que ha recibido, y para obtener de nuevo su tono natural. Pero la perseverancia en una conducta de negación propia en materia de comida y bebida pronto hará sabroso un régimen sencillo y sano, y pronto éste será consumido con mayor satisfacción de lo que un sibarita goza de sus bocados exquisitos.

El estómago no está afiebrado con la carne, ni está abrumado, sino que se halla en una condición saludable, y puede realizar con rapidez su tarea. No debe haber demora en la reforma. Deben hacerse esfuerzos para preservar cuidadosamente las fuerzas restantes de las energías vitales, deshaciéndose de toda carga abrumadora. El estómago no podrá nunca recuperar plenamente su salud, pero la debida clase de alimento evitará mayor debilidad, y muchos se recuperarán más o menos, a menos que hayan ido demasiado lejos en la glotonería suicida.

Los que se permiten llegar a ser esclavos de un apetito glotón, a menudo van todavía más allá, y se rebajan a sí mismos complaciendo sus corruptas pasiones, que han sido excitadas por la intemperancia en el comer y beber. Dan rienda suelta a sus pasiones degradantes, hasta que la salud y el intelecto sufren grandemente. La facultad de razonar es destruida en gran medida por los hábitos.

El efecto de la complacencia física, mental y moral

246*. Muchos estudiantes son deplorablemente ignorantes del hecho que el régimen alimenticio ejerce una poderosa influencia sobre la salud. Algunos nunca han realizado un esfuerzo determinado para gobernar su apetito, o para obtener las debidas reglas con respecto al régimen. Comen demasiado, en las horas regulares, y algunos comen entre horas cuando quiera que se presente la tentación. Si los que profesan ser cristianos desean resolver la pregunta que 189 tanta perplejidad les causa, de por qué sus mentes son lentas, por qué sus aspiraciones religiosas son tan débiles, no necesitan, en muchos casos, ir más lejos que la mesa; aquí hay una causa suficiente, aunque no hubiere ninguna otra.

Muchos se separan a sí mismos de Dios por la complacencia de su apetito. El que toma nota de la caída de un gorrión, el que ha contado los cabellos de nuestra cabeza, toma nota del pecado de los que complacen un apetito pervertido a expensas del debilitamiento de las facultades físicas, entorpeciendo el intelecto y amortiguando las percepciones morales.

Un día futuro de remordimiento

247*. Muchos están incapacitados para trabajar tanto mental como físicamente porque comen con exceso y satisfacen las pasiones concupiscentes. Las propensiones animales son fortalecidas, mientras que la naturaleza moral y espiritual queda debilitada. Cuando estemos en derredor del gran trono blanco, ¿qué informe presentará la vida de muchos? Entonces verán lo que podrían haber hecho si no hubiesen degradado las facultades que Dios les dio. Entonces comprenderán a qué altura de grandeza intelectual podrían haber alcanzado, si hubiesen dado a Dios toda la fuerza física y mental que les había confiado. En la agonía de su remordimiento, anhelarán poder volver a vivir de nuevo su vida.

[Efectos sobre la mente y el cuerpo del comer en exceso- 219, 220]

El apetito antinatural debe ser restringido

248*. La Providencia ha estado guiando al pueblo de Dios para sacarlo de los hábitos extravagantes del mundo, de la 190 complacencia del apetito y de la pasión, a fin de que asuma una posición firme sobre la plataforma de la negación del yo, y de la temperancia en todas las cosas. El pueblo a quien Dios está guiando será un pueblo peculiar. No será como el mundo. Si los hijos de Dios siguen las directivas divinas, realizarán los propósitos del Señor, y rendirán su voluntad a la voluntad de él. Cristo habitará en su corazón. El templo de Dios será santo. Vuestro cuerpo, dice el apóstol, es el templo del Espíritu Santo. Dios no exige que sus hijos se nieguen a sí mismos para perjuicio de su fortaleza física. El les pide que obedezcan las leyes naturales, a fin de preservar su salud física. La senda de la naturaleza es el camino que él nos señala, y es un camino suficientemente ancho para todo cristiano. Con pródiga mano Dios nos ha provisto de una rica y variada abundancia para nuestro sustento y para nuestro gozo. Pero a fin de disfrutar del apetito natural, que preservará la salud y prolongará la vida, él restringe el apetito. El dice: ¡Cuidado, restricción, negación, apetito antinatural! Si creamos un apetito pervertido, violamos las leyes de nuestro ser, y asumimos la responsabilidad de abusar de nuestros cuerpos y de acarrearnos enfermedad.

249*. Los que han recibido instrucciones acerca de los peligros del consumo de carne, té, café y alimentos demasiado condimentados o malsanos, y quieran hacer un pacto con Dios por sacrificio, no continuarán satisfaciendo sus apetitos con alimentos que saben son malsanos. Dios pide que los apetitos sean purificados y que se renuncie a las cosas que no son buenas. Esta obra debe ser hecha antes que su pueblo pueda estar delante de él como un pueblo perfecto.

250*. Dios no ha cambiado, ni se propone cambiar nuestro organismo físico, a fin de que podamos violar una sola 191 ley sin sentir los efectos de esta violación. Pero muchos cierran voluntariamente sus ojos a la luz... Al complacer sus inclinaciones y apetitos, violan las leyes de la vida y la salud; y si obedecen a la conciencia, deben estar controlados por los principios en su comer y vestir, en vez de ser guiados por la inclinación, la moda y el apetito.

La utilidad de los obreros de Dios depende de que dominen su apetito

251*. Presente Ud. ante el pueblo la necesidad de resistir la tentación de complacer el apetito. Es aquí donde muchos fallan. Explique cuán estrechamente relacionados están la mente y el cuerpo, y muestre la necesidad de guardar a ambos en la mejor condición posible...

Todos los que complacen el apetito, malgastan las energías físicas, y debilitan el poder moral, tarde o temprano sentirán la retribución que sigue a la transgresión de la ley física. Cristo dio su vida para comprar la redención del pecador. El Redentor del mundo sabía que la complacencia del apetito estaba acarreando debilidad física y amorteciendo las facultades perceptivas, de tal manera que las cosas sagradas y eternas no pudieran ser discernidas. El sabía que la complacencia propia estaba pervirtiendo las facultades morales, y que la gran necesidad del hombre era la conversión: una conversión del corazón, de la mente y del alma, conversión de una vida de complacencia propia a una vida de negación del yo y de abnegación. Quiera el Señor ayudarlo a Ud. como su siervo a apelar a los ministros y a despertar a las iglesias dormidas. Que el trabajo que Ud. hace como médico y ministro esté en armonía con los principios. Es con este propósito con el cual nuestros sanatorios están establecidos, para predicar la verdadera temperancia...

Como pueblo, necesitamos una reforma, y especialmente 192 la necesitan los ministros y maestros de la Palabra. He sido instruida para decir a nuestros ministros y a los presidentes de nuestras asociaciones: Vuestra utilidad como obreros para Dios en la obra de rescatar a las almas que perecen, depende mucho de vuestro éxito en dominar el apetito. Dominad el deseo de gratificar el apetito, y si lo hacéis, vuestras pasiones serán fácilmente dominadas. Entonces vuestras facultades mentales y morales serán más fuertes. "Y ellos le han vencido... por medio de la sangre del Cordero y de la palabra del testimonio de ellos".

Un ruego a los colaboradores

252*. El Señor os ha escogido para hacer su obra, y si trabajáis con cuidado, con prudencia, y ponéis vuestros hábitos en el comer en perfecta sujeción al conocimiento que tenéis y a la razón, tendréis horas mucho más placenteras y agradables que si actuáis imprudentemente. Aplicad los frenos, resistid vuestro apetito, colocándolo bajo estricto control, y entonces abandonaos en las manos de Dios. Prolongad vuestra vida por una cuidadosa vigilancia de vosotros mismos.

La conducta abstemia aumenta el vigor

253*. Los hombres que se dedican a dar el último mensaje de amonestación al mundo, un mensaje que ha de decidir el destino de las almas, deben hacer en su propia vida una aplicación práctica de las verdades que predican a los demás. Deben ser para la gente ejemplos en su manera de comer y beber y en su casta conversación y comportamiento. En todas partes del mundo, la glotonería, la complacencia de las pasiones viles y los pecados graves son ocultados bajo el manto de la santidad por muchos que profesan representar a Cristo. Hay hombres de excelente capacidad natural, cuya labor no alcanza a la mitad de lo que podría ser si 193 ellos fuesen templados en todas las cosas. La satisfacción del apetito y la pasión embota la mente, disminuye la fuerza física y debilita el poder moral. Sus pensamientos no son claros. No pronuncian sus palabras con poder; éstas no son vivificadas por el Espíritu de Dios para alcanzar los corazones de los oyentes.

Así como nuestros primeros padres perdieron el Edén por complacer el apetito, nuestra única esperanza de reconquistar el Edén consiste en dominar firmemente el apetito y la pasión. La abstinencia en el régimen alimenticio y el dominio de todas las pasiones conservarán el intelecto y darán un vigor mental y moral que capacitará a los hombres para poner todas sus propensiones bajo el dominio de las facultades superiores, para discernir entre lo bueno y lo malo, lo sagrado y lo profano. Todos los que tienen un verdadero sentido del sacrificio hecho por Cristo al abandonar su hogar del cielo para venir a este mundo a fin de mostrar al hombre, por su propia vida, cómo resistir la tentación, se negarán alegremente a sí mismos y resolverán participar de los sufrimientos de Cristo.

El temor de Jehová es el principio de la sabiduría. Los que venzan como Cristo venció, necesitarán precaverse constantemente contra las tentaciones de Satanás. El apetito y las pasiones deben ser sometidos al dominio de la conciencia iluminada, para que el intelecto no sufra perjuicio, y las facultades de percepción se mantengan claras a fin de que las obras y trampas de Satanás no sean interpretadas como providencia de Dios. Muchos desean la recompensa y la victoria finales que han de ser concedidas a los vencedores, pero no están dispuestos a soportar los trabajos, las privaciones y la abnegación como lo hizo su Redentor. Únicamente por la obediencia y el esfuerzo continuo seremos vencedores como Cristo lo fue.

El poder dominante del apetito causará la ruina de millares de personas, que si hubiesen vencido en ese punto, 194 habrían tenido fuerza moral para obtener la victoria sobre todas las demás tentaciones de Satanás. Pero los que son esclavos del apetito no alcanzarán a perfeccionar el carácter cristiano. La continua transgresión del hombre durante seis mil años ha producido enfermedad, dolor y muerte. Y a medida que nos acerquemos al fin, la tentación de complacer el apetito será más poderosa y más difícil de vencer.
[La senda de la abnegación en el comer es la senda de la salud - 473]

La relación de los hábitos con la santificación

254*. Es imposible que cualquiera disfrute de la bendición de la santificación mientras sea egoísta y glotón. Los que tal hacen gimen bajo una carga de enfermedades debido los malos hábitos en el comer y beber, que hacen violencia a las leyes de la vida y la salud. Muchos están debilitando sus órganos digestivos al complacer un apetito pervertido. El poder que tiene la constitución humana de resistir los abusos que se cometen con ella es admirable; pero los hábitos erróneos persistentes que consisten en comer y beber en exceso debilitarán toda función del cuerpo. Que estas personas débiles consideren lo que podrían haber sido si hubieran vivido en forma temperante, y promovido la salud en lugar del abuso. En la gratificación del apetito y la pasión pervertidos, aun los profesos cristianos incapacitan a la naturaleza en su obra, y aminoran el poder físico, mental y moral. Algunos que lo están haciendo, pretenden estar santificados para Dios; pero tal pretensión no tiene fundamento... "El hijo honra al padre, y el siervo a su señor. Si, pues, soy yo padre, ¿dónde está mi honra? y si soy señor, ¿dónde está mi temor? dice Jehová de los ejércitos a vosotros, oh sacerdotes, que menospreciáis mi nombre. Y decís: ¿En 195 qué hemos menospreciado tu nombre? En que ofrecéis sobre mi altar pan inmundo. Y dijisteis: ¿En qué te hemos deshonrado? En que pensáis que la mesa de Jehová es despreciable. Y cuando ofrecéis el animal ciego para el sacrificio, ¿no es malo? Asimismo cuando ofrecéis el cojo o el enfermo, ¿no es malo? Preséntalo, pues a tu príncipe; ¿acaso se agradará de ti, o le serás acepto? dice Jehová de los ejércitos... Habéis además dicho: ¡Oh, qué fastidio es esto! y me despreciáis, dice Jehová de los ejércitos; y trajisteis lo hurtado, o cojo, o enfermo, y presentasteis ofrenda. ¿Aceptaré yo eso de vuestra mano? dice Jehová" (Mal. 1:6-8,13) Demos cuidadosa atención a estas advertencias y reproches. Aunque fueron dirigidos al antiguo Israel, no son menos aplicables al pueblo de Dios hoy. Y debemos considerar las palabras del apóstol en que él ruega a sus hermanos, por la misericordia de Dios, que presenten sus cuerpos, "en sacrificio vivo, santo, agradable a Dios". Esta es la verdadera santificación. No es meramente una teoría, una emoción, o una forma de palabras, sino un principio vivo y activo que entra en la vida cotidiana. Requiere que nuestros hábitos en el comer, beber y vestir, sean tales que aseguren la preservación de la salud física, mental y moral, de manera que podamos presentar al Señor nuestros cuerpos, no como una ofrenda corrompida por los malos hábitos, sino como "un sacrificio vivo, santo, agradable a Dios". Nadie que profese piedad considere con indiferencia la salud del cuerpo, y se halague a sí mismo con el pensamiento de que la intemperancia no es un pecado, y que no afectará su espiritualidad. Existe una estrecha simpatía entre la naturaleza física y la moral.

Se requiere una decisión del carácter.

255*. El negarse a satisfacer el apetito exige decisión del carácter. Por falta de esta decisión multitudes son arruina 196 das. Débiles, flexibles, fácilmente desviables, muchos hombres y mujeres fallan completamente en el plan de llegar a ser lo que Dios desea que sean. Los que carecen de decisión de carácter no pueden hacer un éxito de la tarea diaria de vencer. El mundo está lleno de personas embrutecidas, intemperantes, de una mente debilitada, ¡y cuán difícil es para ellos llegar a ser verdaderos cristianos!

¿Qué dice el gran Médico misionero? "Si alguno quiere venir en pos de mí, niéguese a sí mismo, y tome su cruz, y sígame". Es la obra de Satanás la de tentar a los hombres a tentar a sus semejantes. Este hace lo posible para inducir a los hombres a colaborar con él en su obra de destrucción. El lucha para inducirles a entregarse tan completamente a la complacencia del apetito y a las diversiones y locuras excitantes por las cuales clama naturalmente la naturaleza humana, pero que la Palabra de Dios decididamente prohibe, que puedan ser clasificados como sus ayudadores: trabajan con él para destruir la imagen de Dios en el hombre.

Mediante las poderosas tentaciones de los principados y potestades, muchos son entrampados. Esclavizados por el capricho del apetito, son embrutecidos y degradados... "¿0 ignoráis que vuestro cuerpo es templo del Espíritu Santo, el cual está en vosotros, el cual tenéis de Dios, y que no sois vuestros? Porque habéis sido comprados por precio; glorificad, pues, a Dios en vuestro cuerpo y en vuestro espíritu, los cuales son de Dios" (1 Cor. 6: 19, 20).

Los que comprenden constantemente que ésta es su relación con Dios, no pondrán en el estómago alimentos que agraden el apetito, pero que perjudiquen los órganos digestivos. No echarán a perder la propiedad de Dios complaciéndose en hábitos impropios en el comer, beber y vestir. Tendrán gran cuidado de la maquinaria humana, porque se dan cuenta de que deben hacerlo a fin de trabajar en sociedad con Dios. El quiere que sean sanos, felices y útiles. 197 Pero a fin de que ellos puedan serlo, deben colocar su voluntad del lado de la voluntad divina.

256*. Por todas partes ha de hacerse frente a tentaciones excitantes a seguir la concupiscencia de la carne, la concupiscencia de los ojos y la soberbia de la vida. El ejercitarse en los principios firmes, y en el estricto control de los apetitos y las pasiones, en el nombre de Jesús el Conquistador, será lo único que los conducirá por la vida en forma segura.

La tentativa fútil de una reforma gradual

257*. Algunos dicen, cuando se hace un esfuerzo para iluminarlos sobre este punto [el uso del alcohol y del tabaco]: "Lo dejaré poco a poco". Pero Satanás se ríe de todas estas decisiones. El dice: Están seguros en mi poder. No tengo temor de ellos en ese terreno. Pero él sabe que no tiene poder sobre el hombre que, cuando los pecadores lo tientan, tiene el valor moral de decir NO en forma terminante y positiva. Tal persona ha rechazado la compañía del diablo, y mientras se aferra a Jesús está seguro. Está donde los ángeles del cielo pueden relacionarse con él, dándole poder para vencer.

El ruego de Pedro

258*. El apóstol Pedro entendía la relación que hay entre la mente y el cuerpo, y levantó su voz para amonestar a los hermanos: "Amados, yo os ruego como a extranjeros y peregrinos, que os abstengáis de los deseos carnales que batallan contra el alma" (1 Ped. 2:11). Muchos consideran que este texto es una advertencia contra la licencia solamente; pero tiene un significado más amplio. Prohibe toda gratificación 198 perjudicial del apetito o la pasión. Todo apetito pervertido llega a ser una concupiscencia que combate contra nosotros. El apetito nos fue dado con un buen propósito, no para ser ministro de muerte al ser pervertido, y en esta forma degenerar hasta llegar a producir las "concupiscencias que batallan contra el alma"...

La fuerza de la tentación a complacer el apetito puede ser comprendida sólo cuando se recuerda la inexpresable angustia de nuestro Redentor durante su largo ayuno en el desierto. El sabía que la complacencia del apetito pervertido amortecería tanto las percepciones del hombre, que éste no podría discernir las cosas sagradas. Adán cayó por la satisfacción del apetito; Cristo venció por la negación del apetito. Y nuestra única esperanza de recuperar el Edén es por medio de un firme dominio propio. Si el apetito pervertido tenía un poder tan grande sobre la humanidad que, a fin de quebrantar su dominio, el divino Hijo de Dios hubo de soportar un ayuno de casi seis semanas en favor del hombre, ¡qué obra está delante del cristiano! Sin embargo, por grande que sea la lucha, éste puede vencer. Con la ayuda del pode divino que soportó las más fieras tentaciones que Satanás pudo inventar, él también puede ser completamente victorioso en su guerra contra el mal, y finalmente podrá llevar la corona de victoria en el reino de Dios.

Por el poder de la voluntad y la gracia de Dios

259*. Por medio del apetito, Satanás gobierna la mente y el ser entero. Millares que podrían haber vivido, han ido a la tumba como náufragos físicos, mentales y morales, porque sacrificaron todas sus facultades en la complacencia del apetito. La necesidad de que los hombres de esta generación llamen en su auxilio el poder de la voluntad, fortalecido por la gracia de Dios, a fin de soportar las tentaciones 199 de Satanás, y resistir hasta la menor complacencia del apetito pervertido, es mucho mayor de lo que era hace varias generaciones. Pero la actual generación tiene menos poder de dominio propio que los que vivieron entonces.

260*. Pocos tienen la fibra moral para resistir la tentación, especialmente del apetito, y para practicar la negación de sí mismos. A algunos les resulta una tentación demasiado fuerte para ser resistida el ver a otros tomar la tercera comida; e imaginan que están con hambre, cuando la sensación no es un llamado del estómago de que se le dé más alimento, sino un deseo de la mente que no ha sido fortificada con los principios firmes, y disciplinada para negarse a sí mima. Los muros del dominio propio y de la restricción de sí mismo no deben en ningún caso ser debilitados y desmoronados. Pablo, el apóstol de los gentiles, dice: "Sino que golpeo mi cuerpo, y lo pongo en servidumbre, no sea que habiendo sido heraldo para otros, yo mismo venga a ser eliminado" (1 Cor. 9:27).

Los que no vencen en las cosas pequeñas, no tendrán poder moral para soportar las grandes tentaciones.

261*. Fijaos con cuidado en vuestra alimentación. Estudiad las causas y sus efectos. Cultivad el dominio propio. Someted vuestros apetitos a la razón. No maltratéis vuestro estómago recargándolo de alimento; pero no os privéis tampoco de la comida sana y sabrosa que necesitáis para conservar la salud.

262*. En nuestro trato con los incrédulos, no permitamos que nos desvíen de los principios correctos. Al sentarnos a sus mesas, comamos con templanza, y únicamente alimentos que no confundan nuestra mente. Evitemos la intemperancia. 200 No podemos debilitar nuestras facultades mentales o físicas, e incapacitarnos para discernir las cosas espirituales. Mantengamos nuestra mente en tal condición que Dios pueda inculcarle las preciosas verdades de su Palabra.

Una cuestión de valor moral

263*. Algunos de vosotros os expresáis como si os agradara que alguien os dijese cuánto se debe comer. No debe ser así. Tenemos que actuar desde un punto de vista moral y religioso. Debemos ser templados en todas las cosas, porque se nos ofrece una corona incorruptible, un tesoro celestial. Y ahora quiero decir a mis hermanos y hermanas: Preferiría tener valor moral, asumir una posición definida y gobernarme a mí misma. No quisiera imponer esta carga a otra persona. Coméis demasiado y luego lo lamentáis, y seguís pensando en lo que coméis y bebéis. Comed lo que os beneficia, y levantaos de la mesa sintiéndoos libres ante el cielo, sin remordimiento de conciencia. No creo que se deban evitar todas las tentaciones a los niños ni a los adultos. Nos espera una lucha, y debemos mantenernos en situación de resistir las tentaciones de Satanás; pero necesitamos saber que poseemos en nosotros poder para ello.

264*. Se me ha dado un mensaje para transmitiros: Comed a horas regulares. Debido a los hábitos erróneos en el comer estáis preparándoos para sufrimientos futuros. No es siempre seguro aceptar invitaciones a comidas, aunque éstas provengan de vuestros hermanos y amigos, que desean prodigaros muchas clases de alimentos. Sabéis que podéis comer dos o tres clases de alimentos en una comida sin perjuicio para vuestros órganos digestivos. Cuando sois invitados a una comida, rehuid las muchas variedades de alimentos que ponen ante vosotros los que os han invitado. 201 Esto es lo que debéis hacer si queréis ser fieles centinelas. Cuando se coloca ante vosotros alimentos que, una vez consumidos, impondrán a los órganos digestivos horas de duro trabajo, no podemos, si consumimos estos alimentos, culpar del resultado a los que los colocan ante nosotros. Dios espera que decidamos nosotros mismos consumir solamente los alimentos que no causarán sufrimiento a los órganos digestivos.

[El cuerpo ha de ser siervo de la mente - 35]
[Educación temprana del apetito - 346, 353]
[El apetito ha de ser negado con interés y con celo - 65]
[La oración por sanamiento por parte de los intemperantes - 29]
[Efectos de la complacencia sobre la influencia y la utilidad - 72]

La victoria en Cristo

265*. Cristo peleó la batalla en el terreno del apetito, y salió victorioso; y nosotros también podemos vencer por medio de la fuerza derivada de él. ¿Quiénes entrarán por las puertas en la ciudad? No los que declaran que no pueden quebrantar la fuerza del apetito. Cristo resistió el poder de aquel que quisiera retenernos en la esclavitud; aunque debilitado por su largo período de ayuno de cuarenta días, resistió la tentación, y demostró por medio de este acto que nuestros casos no son desesperados. Yo sé que no podemos obtener la victoria solos; y ¡cuán agradecidos debiéramos estar de que tenemos un Salvador viviente, quien está listo y dispuesto a ayudarnos!

266*. Una vida pura y noble, de victoria sobre nuestros apetitos y pasiones, es posible para todo el que une su débil y vacilante voluntad a la omnipotente e invariable voluntad de Dios. 205

SECCIÓN IX La Regularidad en las Comidas

PARTE I - NÚMERO DE COMIDAS

El estómago necesita descanso

267*. El estómago requiere atención cuidadosa. No debe mantenerse en funcionamiento continuo. Désele a este órgano tan maltratado y el cual tanto se ha abusado algo de paz y descanso. Una vez que el estómago ha hecho el trabajo de una comida, no se le imponga más labor antes que haya tenido oportunidad de descansar y antes que la naturaleza haya provisto suficiente jugo gástrico para poder absorber más comida. Debieran transcurrir por lo menos cinco horas entre dos comidas, y debiéramos recordar que si se quiere realizar una prueba, se comprobará que dos comidas más saludables que tres.

Ingiérase un desayuno sustancioso

268* Es costumbre y disposición de la sociedad que se ingiera un desayuno liviano. Pero ésta no es la mejor manera de tratar el estómago. A la hora del desayuno, el estómago se encuentra en mejor condición para recibir una mayor cantidad de alimento que en la segunda o tercera comida del día. Es erróneo el hábito de comer livianamente para el desayuno y más abundante al almuerzo. Hágase del desayuno la comida más sustancial del día. 206

Cenas tardías

269* . A las personas de hábitos sedentarios les resultan particularmente perjudiciales las cenas tardías, y el desarreglo que les ocasionan es muchas veces principio de alguna enfermedad que acaba en muerte.

En numerosos casos, la sensación de debilidad que despierta el deseo de comer proviene del excesivo recargo de los órganos digestivos durante el día. Estos, después de haber digerido una comida, necesitan descanso. Entre las comidas deben mediar cuando menos cinco o seis horas, y la mayoría de las personas que quieran hacer la prueba verán que dos comidas al día dan mejor resultado que tres.

270*. Muchos tienen el hábito perjudicial de comer justamente antes de dormir. Tal vez han tenido tres comidas regulares; sin embargo, ingieren una cuarta comida porque experimentan una sensación de languidez. La complacencia de esta práctica equivocada la ha convertido en un hábito, y piensan que no podrán dormir si no comen antes. En muchos casos, esa languidez se debe a que los órganos digestivos ya han sido recargados severamente durante el día con la digestión de alimento perjudicial ingerido con demasiada frecuencia y en cantidad excesiva. Los órganos digestivos que han sido recargados de esta manera, se fatigan y necesitan un período de completo descanso para recobrar sus energías exhaustas. Nunca debería ingerirse una segunda comida hasta tanto el estómago haya tenido tiempo de descansar del trabajo de digerir la comida anterior. Si es necesario tomar una tercera comida, ésta debería ser liviana y debería tomarse varias horas antes de acostarse. Pero en el caso de muchas personas, el pobre y cansado estómago puede quejarse en vano de cansancio. Se introduce en él una nueva cantidad de alimento que pone en 207movimiento los órganos digestivos para volver a realizar el mismo ciclo de trabajo durante las horas de sueño. El sueño de tales personas por lo general es perturbado por pesadillas, y en la mañana despiertan cansadas. Sienten una sensación de languidez e inapetencia. En todo el organismo se experimenta una falta de energía. En poco tiempo los órganos digestivos están agotados porque no han tenido tiempo para descansar. Estas personas se convierten en dispépticos desdichados, y se preguntan por qué se encuentran en tal condición. La causa ha producido infaliblemente el resultado. Si esta práctica se mantiene durante mucho tiempo, la salud quedará seriamente perjudicada. La sangre se torna impura, la tez se pone pálida y con frecuencia aparecen erupciones. Tales personas suelen quejarse de dolores frecuentes y de malestar en la región estomacal; y mientras trabajan, el estómago se cansa tanto que ellas se retiran del trabajo para ponerse a descansar. Pero parecería que son incapaces de explicar esta condición, porque aparte de esto, parecen gozar de buena salud.

LA CAUSA Y EL REMEDIO DE LA SENSACIÓN DE DECAIMIENTO

Los que pasen de tres a dos comidas al día, al comienzo experimentarán una sensación de languidez, especialmente a la hora en que acostumbraban ingerir su tercera comida. Pero si perseveran durante un corto tiempo, esa languidez desaparecerá.

Cuando nos retiramos a descansar, el estómago ya debería haber realizado todo su trabajo, porque él también necesita tener descanso como cualquiera otra parte del cuerpo. El trabajo de digestión no debería efectuarse durante ningún lapso de las horas de sueño. Después que el estómago recargado ha realizado su tarea, queda exhausto, lo que provoca una sensación de languidez. Muchos se engañan en esto pensando que es la falta de comida la que produce esa sensación, e ingieren más alimento, sin permitir que el estómago 208 descanse; y con esto la languidez desaparece momentáneamente. Y cuanto más se complace el apetito, tanto más insiste en ser gratificado. Esta sensación de languidez por lo general es el resultado del consumo de carne y de comer frecuentemente y en demasía. El estómago se fatiga porque se lo mantiene trabajando en forma constante para despachar un alimento que no es muy saludable. Los órganos digestivos se debilitan porque no tienen reposo, y esto hace que se experimente una sensación de decaimiento y un deseo de comer con frecuencia. El remedio para tales personas consiste en que coman con menor frecuencia y en menos abundancia, que se conformen con alimentos sencillos y que coman dos veces, o a lo más, tres veces al día. El estómago debe tener períodos regulares de trabajo y descanso; por esto el comer irregularmente y entre las horas de comida constituye una violación muy perniciosa de las leyes de la salud. El estómago puede recobrar su salud gradualmente si se practican hábitos regulares y si se ingiere alimento apropiado.

271*. El estómago puede ser acostumbrado a desear comer hasta ocho veces por día, y se sentirá débil si no se le proporciona la cantidad que requiere. Pero esto no es un argumento en favor de alimentarse con tanta frecuencia.

[Aliento desagradable y lengua saburrosa al despertarse 245]

→ El plan de las comidas

272*. En muchos casos, es mejor comer dos veces al día que tres. La cena, a una hora temprana, interrumpe la digestión de la comida anterior. A una hora tardía, no tiene tiempo para ser digerida antes de la hora de acostarse. En esa forma, el estómago no tiene el descanso debido, se perturba el sueño, el cerebro y los nervios se cansan, se pierde 209 el apetito por el desayuno, y todo el organismo no recibe nuevo vigor, ni está preparado para desempeñar los deberes del día.

[Plan de dos comidas para los niños - 343, 344]

273*. La costumbre de comer sólo dos veces al día es reconocida generalmente como beneficiosa para la salud. Sin embargo, en algunas circunstancias habrá personas que requieran una tercera comida que debe ser ligera y de muy fácil digestión. Unas galletas o pan tostado al horno con fruta o café de cereales, son lo más conveniente para la cena.

274*. La mayoría de la gente disfrutará de mejor salud, si sigue el régimen de dos comidas por día en lugar de tres; otros, dentro de sus circunstancias, pueden exigir comida a la hora de la cena; pero esta comida debe ser muy liviana. Nadie debe ser criterio para todos, ni pretender que cada uno obre como él.

No prive nunca al estómago de lo que su salud exige, y nunca abuse de él ni imponga sobre él una carga que no debe llevar. Cultive el dominio propio. Refrene el apetito, manteniéndolo bajo el control de la razón. No considere necesario cargar su mesa con alimentos malsanos cuando tiene visitas. Tenga en cuenta la salud de su familia, la influencia que ejerce sobre sus hijos y los hábitos y gustos de sus visitas.

275*. Para algunos es una tentación irresistible el ver a otros comer la tercera comida, y se imaginan que están hambrientos, cuando en realidad no se trata de una sensación que invite a comer, sino de un deseo de la mente que no 210 ha sido fortificada con principios firmes, y disciplinada en el sacrificio propio.

[Para el contexto, véase 260]

― Como remedio de la irritabilidad

276*. La conducta del Hno. H. no ha sido lo que debiera. Sus gustos y desagrados son muy fuertes y no ha mantenido sus sentimientos bajo el control de la razón. Hno. H., su salud queda grandemente perjudicada por comer en exceso y a deshora. Esto causa una derivación de la sangre al cerebro. Su mente se confunde y no ejerce dominio propio. Ud. parecería ser un hombre desequilibrado. Hace decisiones enérgicas y se irrita con facilidad, y ve las cosas con una visión exagerada y distorsionada. La abundancia de ejercicio al aire libre y un régimen abstemio son esenciales para su salud. No debiera comer más que dos comidas por día. Si le parece necesario comer algo por la noche, beba un vaso de agua fría, y por la mañana se sentirá mucho mejor por no haber ingerido cosa alguna.

― No se obligue a nadie a descartar la tercera comida

277*. Con respecto al régimen alimenticio, es un asunto que debe ser tratado con mucha sabiduría a fin de que no haya imposiciones autoritarias. Debe demostrarse que es mucho mejor para la salud ingerir dos comidas en vez de tres. Pero esto no debe ser impuesto a la fuerza. No debe obligarse a nadie que esté relacionado con el sanatorio a adoptar el sistema de las dos comidas. La persuasión es más eficaz que la fuerza...

Los días se van haciendo cortos y habrá buenas oportunidades de presentar este asunto. A medida que los días se 211 van acortando, sírvase la comida un poco más tarde, y no se sentirá la necesidad de una tercera comida.

278*. Con respecto a la tercera comida, no se haga obligatorio el tomar solamente dos comidas. A algunos les sienta mejor ingerir tres comidas livianas y cuando se los limita a dos se sienten severamente afectados por el cambio.

[Perjuicio probable al descartar la tercera comida en los sanatorios - 424]

― No ha de ser una prueba

279*. Yo como sólo dos comidas por día. Pero no creo que el número de comidas debe servir de prueba. Si hay quienes se sienten mejor de salud cuando comen tres comidas, es su privilegio hacerlo. Por mi parte como solamente dos comidas al día. He practicado este sistema de dos comidas diarias durante treinta y cinco años.

― Resultados objetabas al insistir en el plan de dos comidas en los colegios

280*. Muchos tienen la idea de que se está exagerando la cuestión del régimen. Cuando los estudiantes combinan el recargo físico con el mental con tanta amplitud como se hace en esta escuela (Avondale, Australia), la objeción por la tercera comida queda eliminada en gran parte. Por lo tanto nadie necesita sentirse oprimido. Los que concienzudamente comen sólo dos comidas no necesitan hacer ningún cambio...

El hecho de que algunos, maestros y alumnos, tienen el privilegio de comer en sus dormitorios, no contribuye a crear una influencia sana. Debe obrarse armoniosamente en la dirección de las comidas. Si los que ingieren sólo dos comidas 212 tienen la idea de que deben comer lo suficiente en la segunda comida como para compensar la tercera, dañarán sus órganos digestivos. Permítase a los estudiantes que ingieran una tercera comida, preparada sin verduras ni legumbres, pero con alimentos sencillos y sanos, como fruta y pan.

[Para los ministros, dos comidas son mejores para la salud física y espiritual - 227]
[E. G. de White adoptó el plan de dos comidas - Apéndice 1:4, 5, 20, 22, 23]
[La mesa de la Sra. White se servía dos veces por día 279]

PARTE II - ÉL COMER ENTRE HORAS
La importancia de la regularidad

281*. Después que se ha ingerido la comida regular debe dejarse que el estómago descanse cinco horas. Ni una partícula de comida debe ser introducida en el estómago hasta la siguiente comida. En este intervalo el estómago efectuará su trabajo y estará entonces en condición de recibir más alimento.

En ningún caso deben las comidas ser irregulares. Si el almuerzo se ingiere una o dos horas antes que de costumbre, el estómago no está preparado para la nueva carga, pues todavía no ha despachado la comida anterior, y el organismo no dispone de energía para una nueva tarea. Así los órganos quedan recargados.

Tampoco deben demorarse las comidas por una o dos horas, a fin de acomodarse a las circunstancias, o para que pueda realizarse una cantidad de trabajo. El estómago exige el alimento a la hora de costumbre. Si la familia se atrasa, disminuye la vitalidad del organismo, y finalmente baja tanto que el apetito desaparece por completo. Si se ingiere entonces una cantidad de comida, se imposibilita para asimilarla y el alimento no puede convertirse en buena sangre. 213

Si todos comiesen a horas regulares y no ingirieran nada entre horas, estarían bien dispuestos para la próxima comida, y hallarían placer al ingerirla, lo cual compensaría sus esfuerzos.

282*. La regularidad en las comidas es de vital importancia. Debe haber una hora señalada para cada comida, y entonces cada cual debe comer lo que su organismo requiere, y no ingerir más alimento hasta la comida siguiente. Son muchos los que comen a intervalos desiguales y entre comidas, cuando el organismo no necesita comida, porque no tienen suficiente fuerza de voluntad para resistir a sus inclinaciones. Los hay que cuando van de viaje se pasan el tiempo comiendo bocadillos de cuanto comestible les cae a mano. Esto es muy perjudicial. Si los que viajan comiesen con regularidad y sólo alimentos sencillos y nutritivos, no se sentirían tan cansados, ni padecerían tantas enfermedades.

283*. Hay que observar cuidadosamente la regularidad en las comidas. Al niño no se le debe dar de comer entre comidas, ni pasteles, ni nueces, ni frutas, ni manjar de ninguna clase. La irregularidad en las comidas destruye el tono sano de los órganos de la digestión, en perjuicio de la salud y del buen humor. Y cuando los niños se sientan a la mesa, no toman con gusto el alimento sano; su apetito clama por manjares nocivos.

284*. En esta familia no ha habido la administración correcta en lo referente al régimen, sino que hubo irregularidad. Debiera haberse fijado una hora apropiada para cada comida y el alimento debiera haberse preparado en forma sencilla, y exento de grasa; pero debieran haberse hecho esfuerzos para que éste sea nutritivo, sano y atrayente. En esta familia, como en muchas otras, se ha hecho un despliegue 214 de alimentos para las visitas; se han preparado muchos platos que con frecuencia son demasiado sustanciosos, y los comensales son tentados a comer en exceso. Pero cuando las visitas se iban, se producía una gran reacción, y había una disminución de alimentos servidos en la mesa. La comida escaseaba y carecía de los elementos nutritivos. Se le restaba importancia, porque era "como para los de la casa". Las comidas eran con frecuencia elegidas a la ligera, y no se observaba una hora fija para comer. Cada miembro de la familia resultaba perjudicado por una administración tal. Es un pecado de parte de nuestras hermanas el hecho de que por una parte se preparen tan esmeradamente para las visitas y por otra perjudiquen a su propia familia al privaría del alimento sustancioso.

285*. Me asombra saber que después de toda la luz que habéis recibido, muchos de vosotros coméis entre horas. Entre las horas de comida, no dejéis entrar en la boca ni siquiera un bocado. Comed lo que necesitáis, pero comedlo en una sola comida y esperad hasta la próxima.

286*. Muchos rehuyen la luz y el conocimiento y sacrifican sus principios por el paladar. Ingieren alimento cuando el organismo no lo necesita y a intervalos irregulares, porque carecen de valor para resistir su inclinación. Como consecuencia, el estómago maltratado se rebela y hay sufrimiento. La regularidad en la comida es muy importante para la salud del cuerpo y la serenidad mental. Nunca debe un bocado cruzar los labios entre las comidas.

287*. En cuanto al dispéptico, ha llegado a esta condición porque en vez de observar la regularidad ha permitido que el apetito rija su voluntad y ceda a la tentación de comer entre horas.215

288*. Generalmente no se enseña a los niños la importancia de cuándo, cómo y qué deben comer. Se les permite satisfacer sus gustos a voluntad, comer a toda hora, a servirse de fruta cuando les da la gana, y esto, acompañado de pasteles y tortas, pan, mantequilla y fiambres que consumen constantemente, los vuelve golosos y dispépticos. Los órganos digestivos, como molino que se hace trabajar sin cesar, se debilitan, se exige la fuerza vital del cerebro, para que auxilie al estómago en su recargo de trabajo, y así las facultades mentales se debilitan. El estímulo anormal y el desgaste de las fuerzas vitales los vuelve nerviosos, impacientes por la restricción, dominados por su voluntad e irritables.

[Importancia del régimen regular para los niños - 343, 344, 345, 346, 348]

289*. Muchos padres, a fin de evitar la tarea de educar pacientemente a sus hijos en hábitos de abnegación, enseñándoles cómo aprovechar las bendiciones de Dios, les permiten que coman y beban a su antojo. El apetito y la indulgencia egoísta, a menos que sean restringidos positivamente, crecen con el crecimiento y se fortalecen con la fuerza.

[Para el contexto véase 347]

290*. Es una costumbre común entre la gente del mundo comer tres veces por día, además de ingerir alimentos a intervalos irregulares entre las comidas; y la última comida es generalmente la más pesada y se la ingiere a menudo antes de acostarse. Esto es invertir el orden natural, pues una comida copiosa no debe nunca ser ingerida tan tarde. Si estas personas cambiasen sus hábitos y comiesen sólo dos veces por día, sin ingerir nada entre las comidas, ni siquiera una manzana, una nuez, ni fruta alguna, el resultado se vería en forma de un buen apetito y de un notable mejoramiento de la salud.

291*. Cuando viajan, algunos están casi constantemente comiendo bocaditos si es que tienen algo a su alcance. Esta es una costumbre sumamente perniciosa. Los animales, que no están dotados de razón y no saben nada acerca del recargo mental, pueden valerse de esta costumbre sin que les perjudique; pero éstos no constituyen una norma para los seres racionales, que poseen facultades mentales que debieran usar para Dios y la humanidad.

292*. Los festines de glotones y los alimentos ingeridos en momentos inoportunos, dejan una influencia sobre cada fibra del organismo.

293*. Muchos comen a todas horas sin tener en cuenta las leyes de la salud. Como resultado de esto, el intelecto se anubla. ¿Cómo pueden los hombres ser honrados con una iluminación divina cuando son tan precipitados en sus hábitos, tan desatentos a la luz que Dios les ha dado? Hermanos, ¿no es tiempo de convertiros en estos puntos importantes?

294*. Tres comidas por día y nada entre ellas, ni siquiera una manzana, debe ser el límite absoluto. Los que van más lejos violan las leyes de la naturaleza y sufrirán la penalidad.

[Ministros que descuidan la norma - 227]
[Comiendo entre horas en los congresos - 124]
[Los niños no deberían comer golosinas, frutas, nueces ni cosa alguna entre las comidas - 344]
[Permitiendo que los niños coman a cualquier hora - 348,355,361]
[Resultados en los estudiantes - 246]

SECCIÓN X El Ayuno

La victoria de Cristo al negarse al apetito

295*. Para Cristo, como para la santa pareja del Edén, el apetito fue la base de la primera gran tentación. Precisamente donde empezó la ruina, debe empezar la obra de nuestra redención. Así como por haber complacido el apetito Adán cayó, por sobreponerse al apetito Cristo debía vencer. "Y después de haber ayunado cuarenta días y cuarenta noches, tuvo hambre. Y vino a él el tentador, y le dijo: Si eres Hijo de Dios, di que estas piedras se conviertan en pan. El respondió y dijo: Escrito está: No sólo de pan vivirá el hombre, sino de toda palabra que sale de la boca de Dios" (Mat. 4:2-4).

Desde el tiempo de Adán hasta el de Cristo, el desenfreno había aumentado el poder de los apetitos y las pasiones, hasta que éstos ejercieron un dominio casi ilimitado. En esta forma los hombres se habían degradado y degenerado, y por sí mismos no podían vencer. Cristo venció en favor del hombre, soportando la prueba más severa. Por nuestra causa, ejerció un dominio propio más fuerte que el hambre o la misma muerte. Y esta primera victoria entrañaba otros resultados que intervienen en todos nuestros conflictos con las potestades de las tinieblas.

Cuando Jesús entró en el desierto, fue rodeado por la gloria del Padre. Absorto en la comunión con Dios, se sintió elevado por encima de las debilidades humanas. Pero la gloria se apartó de él, y quedó solo para luchar con la tentación. Esta le apremiaba en todo momento. Su naturaleza humana rehuía el conflicto que le aguardaba. Durante cuarenta días ayunó y oró. Débil y demacrado por el hambre, macilento y agotado por la agonía mental, "desfigurado era su aspecto más que el de cualquier hombre, y su forma más que la de los hijos de Adán " (Isa. 52:14, VM). Entonces vio Satanás su oportunidad. Penso que podía vencer a Cristo.

296*. Cristo entró en la prueba en el terreno del apetito, y durante casi seis semanas resistió la tentación en favor del hombre. El largo ayuno en el desierto iba a ser una lección para el hombre caído para todos los tiempos. Cristo no fue vencido por las fuertes tentaciones del enemigo, y esto da aliento a toda alma que lucha contra la tentación. Cristo hizo posible que cada miembro de la familia humana resista a la tentación. Todos los que quieran vivir piadosamente pueden vencer como Cristo venció, por la sangre del Cordero y la palabra de su testimonio. El largo ayuno del Salvador le fortaleció para soportar la prueba. El dio al hombre la prueba de que comenzaría su obra venciendo donde había comenzado la ruina: en el problema del apetito.

297*.Cuando Cristo se veía más fieramente asediado por la tentación, no comía. Se entregaba a Dios y gracias a su ferviente oración y perfecta sumisión a la voluntad de su Padre salía vencedor. Sobre todos los demás cristianos profesos, debieran los que profesan la verdad para estos últimos días imitar a su gran Ejemplo en lo que a la oración se refiere. [Para el contexto véase 70]

298*. El Redentor del mundo sabía que, la complacencia del apetito produciría debilidad física y embotaría de tal manera los órganos de la percepción, que no discernirían 221 las cosas sagradas y eternas. Cristo sabía que el mundo estaba entregado a la glotonería y que esta sensualidad pervertiría las facultades morales. Si la costumbre de complacer el apetito dominaba de tal manera a la especie humana que, a fin de romper su poder, el divino Hijo de Dios tuvo que ayunar casi seis semanas en favor del hombre, ¡qué obra confronta al cristiano para poder vencer como Cristo venció! El poder de la tentación a complacer el apetito pervertido puede medirse únicamente por la angustia indecible de Cristo en aquel largo ayuno en el desierto.

Como preparación para el estudio de las Escrituras

299*. Hay en las Escrituras algunas cosas que son difíciles de comprender, y que, según el lenguaje de Pedro, los ignorantes e inestables tuercen para su propia perdición. Tal vez no podamos en esta vida explicar el significado de todo pasaje de la Escritura; pero no hay puntos de verdad práctica que hayan de quedar envueltos en el misterio.

Cuando llegue el momento en que, según la providencia de Dios, el mundo deba ser probado respecto de la verdad para este tiempo, su Espíritu inducirá a las mentes a escudriñar las Escrituras, aun con ayuno y oración, hasta que descubran eslabón tras eslabón, y los unan en una cadena perfecta. Todo hecho que se relacione directamente con la salvación de las almas quedará tan claro que nadie necesitará errar ni andar en las tinieblas.

300*. Ciertos puntos difíciles de la verdad presente han sido aprehendidos por los fervientes esfuerzos de unos pocos que se consagraban a la obra. El ayuno y la oración ferviente a Dios han movido al Señor a abrir sus tesoros de verdad a su entendimiento. 222

301*. Los que desean sinceramente la verdad no vacilarán en exponer sus puntos de vista a la investigación y la crítica, y no se molestarán si alguien contradice sus opiniones e ideas. Este era el espíritu que reinaba entre nosotros hace cuarenta años. Nos reuníamos con el alma agobiada, orando para que fuésemos uno en fe y en doctrina; porque sabíamos que Cristo no se divide. Investigábamos un punto cada vez. La solemnidad caracterizaba estas reuniones de investigación. Las Escrituras eran abiertas con una actitud de reverencia. Con frecuencia ayunábamos, a fin de comprender mejor la verdad.

Cuando se necesita la ayuda divina

302*. Para ciertas cosas, el ayuno y la oración son recomendados y apropiados. En la mano de Dios son un medio de limpiar el corazón y de fomentar la buena disposición. Obtenemos respuesta a nuestras oraciones porque humillamos nuestras almas delante de Dios.

303*. Dios ha dispuesto que los que asumen responsabilidades se reúnan a menudo para consultar unos con otros y orar fervientemente pidiendo la sabiduría que sólo él puede impartir. Unidos, presentad a Dios vuestras dificultades. Hablad menos; mucho tiempo precioso se pierde en conversaciones que no producen luz. Que los hermanos se unan en ayuno y oración para obtener la sabiduría que Dios ha prometido otorgar liberalmente.

304*. Siempre que sea necesario, para el progreso de la causa de la verdad y la gloria de Dios, hacer frente a un 223 oponente, ¡con cuánto cuidado y humildad deben [los defensores de la verdad] entrar en el conflicto! Con escrutinio del corazón, con ferviente oración y frecuente ayuno, debieran rogar a Dios que les ayude especialmente para dar una victoria gloriosa a su preciosa y salvadora verdad, a fin de exponer el error en su verdadera deformidad, y que sus defensores queden completamente derrotados.

[El ayuno del Salvador es una lección para los que vivimos en una época espantosa - 238]

El ayuno verdadero

305*. El ayuno verdadero, que debiera recomendarse a todos, es abstinencia de todo alimento estimulante, y el debido consumo de alimentos sencillos que Dios ha provisto en abundancia. Los hombres debieran pensar menos acerca de lo que beberán y comerán del alimento temporal y dar más importancia al alimento del cielo que los tonificará y vitalizará en toda su experiencia religiosa.

306*. De ahora en adelante hasta el fin del tiempo, los hijos de Dios debieran ser más fervientes y más despiertos, y no confiar en su propia sabiduría, sino en la sabiduría de su Caudillo. Ellos debieran dedicar días especiales al ayuno y la oración. No es necesario que se abstengan de alimento, pero debieran comer con moderación alimentos sencillos.

307*. Todos los ayunos del mundo no asumirán el lugar de la sencilla confianza en la Palabra de Dios. "Pedid -dice- y recibiréis"... No se os pide que ayunéis cuarenta días. El Señor ayunó por vosotros en esta forma en el desierto de la tentación. No habría virtud en un ayuno tal; pero hay virtud en la sangre de Cristo. 224

308*. El espíritu del ayuno y la oración verdaderos es el espíritu que entrega la mente, el corazón y la voluntad a Dios.

Como remedio para la enfermedad

309*. La intemperancia en el comer es a menudo causa de enfermedad, y lo que más necesita la naturaleza es ser aliviada de la carga inoportuna que se le impuso. En muchos casos de enfermedad, el mejor remedio para el paciente es un corto ayuno, que omita una o dos comidas, para que descansen los órganos rendidos por el trabajo de la digestión. Muchas veces el seguir durante algunos días una dieta de frutas ha proporcionado gran alivio a personas que trabajaban intelectualmente; y un corto período de completa abstinencia, seguido de un régimen alimenticio sencillo y moderado, ha restablecido al enfermo por el solo esfuerzo de la naturaleza. Un régimen de abstinencia por uno o dos meses convencerá a muchos pacientes de que la sobriedad favorece la salud.

310*. Algunas personas recibirían más beneficio de abstenerse de alimentos durante un día o dos por semana que de cualquier tratamiento o consejo médico. El ayunar un día por semana les sería de beneficio incalculable.

311*. El comer con demasiada frecuencia y en cantidades demasiado grandes, recarga los órganos digestivos y afiebra el organismo. La sangre se vuelve impura, y como resultado de esto ocurren varias clases de enfermedades...

Los enfermos, en tales casos, pueden hacer para sí lo que otros no pueden hacer con la misma eficacia. Debieran comenzar por aliviar su naturaleza de la carga que han 225 puesto sobre ella. Debieran eliminar la causa. Ayunen un corto tiempo y den al estómago una oportunidad de descansar. Alivien la condición febril del organismo mediante una cuidadosa y sabia aplicación de agua. Estos esfuerzos ayudarán a la naturaleza en su lucha para librar de impurezas el organismo.

312*. Las personas que han complicado su apetito, comiendo carne en abundancia, y salsas muy sazonadas acompañadas de pasteles y conservas excitantes, no pueden inmediatamente apreciar un régimen sencillo, sano y nutritivo. Su gusto está tan pervertido que no les apetece una dieta sana compuesta de frutas, pan sencillo y verduras. No pueden pretender que hallarán agrado al principio en una alimentación tan diferente de aquélla, a cuyo gusto estaban acostumbrados. Si al principio no les agradan los alimentos sencillos debieran ayunar hasta que logren su objeto. Ese ayuno les resultará de mayor beneficio que la medicina, porque el estómago maltratado encontrará que el descanso que le era tan necesario y un hambre verdadera pueden ser satisfechos con un régimen sencillo. Se necesitará tiempo para que el gusto se recupere de los abusos que ha sufrido y recobre su tono natural. Pero el perseverar en una abnegación completa en cuanto al comer y beber no tardará en demostrar que el alimento sencillo y saludable es más apreciado y se comerá con más satisfacción que los alimentos rebuscados.

Guardaos de la abstinencia debilitante

313*. En los casos de fiebre elevada, la abstinencia de comida por un corto tiempo reducirá la fiebre y hará más eficaz el empleo del agua. Pero el médico en servicio necesita comprender la condición verdadera del paciente, y no 226 permitirá que sea privado de alimento por mucho tiempo, debilitando así su organismo. Durante el estado de fiebre intensa, los alimentos pueden irritarlo y excitar la sangre; pero tan pronto como la fuerza de la fiebre ha disminuido se deben dar alimentos en forma cuidadosa y juiciosa. Si se lo priva demasiado tiempo de alimento, el estómago que clama por él creará fiebre, la que será aliviada cuando se le proporcione alimento de calidad apropiada. Así se le da a la naturaleza algo que hacer. Si hay un gran deseo de alimento, aun durante la fiebre, el satisfacer aquel deseo con una cantidad moderada de alimento sencillo sería menos peligroso que negarle al paciente el alimento. Cuando éste no pueda pensar en otra cosa, la naturaleza no será recargada con una pequeña porción de alimento sencillo.

Consejos a un pastor anciano

314*. Se me ha informado que Ud. se acostumbró a comer tan sólo una vez por día durante cierto plazo; pero yo sé que esto es malo en su caso, porque se me ha mostrado que Ud. necesitaba una dieta nutritiva, y que estaba en peligro por ser demasiado abstinente. Su fuerza no permite una disciplina tan severa...

Me parece que Ud. ha errado al ayunar dos días. Dios no se lo exige. Le ruego que tenga cautela y coma en abundancia alimentos sanos dos veces por día. Lo cierto es que Ud.

perderá fuerza y podría ocurrir que su mente se desequilibre si no cambia su régimen tan severo. 227

SECCIÓN XI Los Extremos en el Régimen Alimenticio

Valor de una conducta consecuente

315*. Muchas de las opiniones sustentadas por los adventistas del séptimo día difieren ampliamente de las sostenidas por el mundo en general. Los que presentan una verdad impopular debieran, por sobre todos los demás, tratar de ser consecuentes en su propia vida. No deben tratar de ver cuan diferentes pueden ser de los demás, sino cuánto pueden acercarse a aquellos sobre quienes quieren influir para que puedan ayudarles a subir al puesto que ellos mismos apetecen. Una actitud tal recomendará las verdades que ellos sostienen.

Los que están defendiendo una reforma en el régimen debieran, por las medidas que toman para su propia mesa, presentar las ventajas de la higiene en su luz más favorable. Debieran ejemplificar sus principios de manera que los hagan apreciar por los intelectos sinceros. Existe una clase numerosa que rechazará cualquier movimiento de reforma, por razonable que sea, si es que impone restricciones al apetito. Consultan el gusto, en vez de la razón y las leyes de la salud. Esta clase se opondrá a todos los que dejan la senda trillada del hábito y prefieren defender la reforma, y los tildará de radicales si ellos insisten en llevar tal conducta consecuente. Pero nadie debe permitir que la oposición ni el ridículo lo desvíen de la obra de reforma, ni que se la hagan considerar con ligereza. El que está dominado por el espíritu que animaba a Daniel, no será estrecho ni orgulloso, sino que será firme y decidido en favor de lo recto. En todo su trato, ya sea con los hermanos 230 o con otros, no se desviará de los buenos principios, mientras que al mismo tiempo no dejará de manifestar paciencia noble y cristiana. Cuando los que defienden la reforma pro salud la llevan a un punto extremo, no se puede criticar a la gente si está desconforme. Muy a menudo así es como se desacredita nuestra fe religiosa, y en muchos casos a los que presenciaron tales manifestaciones de inconsecuencia en adelante no puede inducírselos a pensar en que haya algo bueno en la reforma. Estos extremistas hacen más daño en pocos meses de lo que pueden deshacer en toda una vida. Están empeñados en una obra que a Satanás le agrada ver continuar.

Me han sido presentadas dos clases: la primera, constituida por los que no están viviendo de acuerdo con la luz que Dios les ha dado; en segundo lugar, los que son demasiado rígidos para llevar adelante sus ideas unilaterales de reforma, para imponerlas a los demás. Cuando asumen una posición, se aferran a ella y se llevan casi todo por delante.

La primera clase adoptó la reforma porque así lo hicieron otros. No obtuvieron una clara comprensión de sus principios. Muchos de los que profesan la verdad la han recibido porque alguna otra persona la recibió, y por más que quieran no pueden dar razón alguna de su fe. Esta es la razón por la cual son tan inestables. En vez de pesar sus motivos a la luz de la eternidad, en vez de obtener un conocimiento práctico de los principios en que se basan todas sus acciones, en vez de cavar hasta el fondo y edificar para sí sobre un fundamento correcto, andan en la luz emitida por una antorcha ajena, que con seguridad se apagará.

La otra clase se equivoca acerca de la reforma. Adoptan una dieta demasiado escasa. Subsisten con alimentos de mala calidad, preparados sin tener en cuenta la nutrición del organismo. Es importante que los alimentos sean preparados con cuidado, de manera que el apetito que no ha sido pervertido, lo puede apreciar. 231

Debido a que, basados en nuestros principios, descartamos el consumo de productos que irritan el estómago y destruyen la salud, nunca se debe inculcar la idea de que tiene poca importancia lo que comemos. No recomiendo una dieta empobrecida. Muchas personas que necesitan los beneficios de la vida saludable, y que, dirigidas por su conciencia, adoptan lo que consideran que son los principios que la rigen, son engañadas al creer que una alimentación escasa, preparada con descuido y que consiste principalmente en gachas y panecillos de harina, pesados y mal cocidos, es lo que se quiere llamar una dicta reformada. Algunos añaden leche y una gran cantidad de azúcar a sus gachas, pensando que están cumpliendo con la reforma pro salud. Pero el azúcar y la leche combinados tienden a causar fermentación en el estómago, y por lo tanto son perjudiciales. El uso copioso del azúcar en cualquier forma tiende a recargar el organismo y con frecuencia es una causa de enfermedad. Algunos piensan que deben consumir tan sólo alimentos en cierta cantidad y de una calidad determinada, de modo que se limitan a dos o tres clases de productos alimenticios. Pero al comer una cantidad demasiado pequeña, que no sea de la mejor calidad, no reciben suficiente nutrición...

Las ideas estrechas y el recalcar los puntos insignificantes, han infligido grave daño a la causa de la higiene. Puede ser que se procure tanto la economía en la preparación de los alimentos que, en vez de un régimen sano, se tenga un régimen empobrecido. ¿Cuál es el resultado? -La pobreza de la sangre. He visto varios casos de enfermedad muy difíciles de curar, que se debían a una dieta empobrecida. Las personas así afligidas no estaban obligadas a adoptar por pobreza un menú mezquino, sino que lo hacían para seguir sus propias ideas erróneas acerca de lo que constituye la reforma pro salud. Día por día, comida tras comida, los mismos artículos de alimentación eran preparados sin variación, 232 hasta que como resultado se producían la dispepsia y la debilidad general.

Ideas erróneas acerca de la reforma

316*. No todos los que aseveran creer en la reforma alimenticia son realmente reformadores. Para muchos la reforma consiste meramente en descartar ciertos manjares malsanos. No entienden bien los principios fundamentales de la salud, y sus mesas, aun cargadas de golosinas nocivas, distan mucho de ser ejemplos de templanza y moderación cristianas.

Otra categoría de personas, en su deseo de dar buen ejemplo, cae en el extremo opuesto. Algunos no pueden proporcionarse los manjares más apetecibles, y en vez de hacer uso de las cosas que mejor podrían suplir la falta de aquéllos, se imponen una alimentación deficiente. Lo que comen no les suministra los elementos necesarios para obtener buena sangre. Su salud se resiente, su utilidad se menoscaba, y con su ejemplo desprestigian la reforma alimenticia, en vez de favorecerla.

Otros piensan que por el hecho de que la salud exige una alimentación sencilla no es necesario preocuparse por la elección o preparación de los alimentos. Algunos se sujetan a un régimen alimenticio escaso, que no ofrece una variedad suficiente para suplir lo que necesita el organismo, y sufren las consecuencias.

LA IMPOSICIÓN DE PUNTOS DE VISTA PERSONALES

Los que sólo tienen un conocimiento incompleto de los principios de la reforma son muchas veces los más intransigentes, no sólo al practicar sus opiniones, sino que insisten en imponerlas a sus familias y vecinos. El efecto de sus malentendidas reformas, tal como se lo nota en su propia mala salud, y los esfuerzos que hacen para obligar a los demás a aceptar sus puntos de vista, dan a muchos una idea 232 falsa de lo que es la reforma alimenticia, los inducen a desecharla por completo.

Los que entienden debidamente las leyes de la salud y que se dejan dirigir por los buenos principios evitan los extremos, y no incurren en la licencia ni en la restricción. Escogen su alimento no meramente para agradar al paladar, sino para reconstituir el cuerpo. Procuran conservar todas sus facultades en la mejor condición posible para prestar el mayor servicio a Dios y a los hombres. Saben someter su apetito a la razón y la conciencia, y son recompensados con la salud del cuerpo y de la mente. Aunque no imponen sus opiniones a los demás ni los ofenden, su ejemplo es un testimonio en favor de los principios correctos. Estas personas ejercen una extensa influencia para el bien.

En la reforma alimenticia hay verdadero sentido común. El asunto debe ser estudiado con amplitud y profundidad, y nadie debe criticar a los demás porque sus prácticas no armonicen del todo con las propias. Es imposible prescribir una regla invariable para regular los hábitos de cada cual, y nadie debe erigirse en juez de los demás. No todos puedan comer lo mismo. Ciertos alimentos que son apetitosos y saludables para una persona, bien pueden ser desabridos y aun nocivos para otra. Algunos no pueden tomar leche, mientras que a otros les asienta bien. Algunos no pueden digerir guisantes ni judías;* otros los encuentran saludables. Para algunos las preparaciones de cereales poco refinados son un buen alimento, mientras que otros no los pueden comer.

Evítese un régimen empobrecido

317*. Pero ¿qué diremos del régimen empobrecido? He hablado de cuán importante es que la cantidad y la calidad de los alimentos estén estrictamente de acuerdo con las leyes 234 de la salud. Pero no quisiera recomendar un régimen alimenticio empobrecido. Se me ha mostrado que muchos adoptan una opinión errónea acerca de la reforma pro salud y siguen un régimen demasiado pobre. Se sustentan con alimentos baratos y de mala calidad, preparados sin cuidado ni consideración de la nutrición del organismo. Es importante que el alimento sea preparado con cuidado y que agrade al apetito no pervertido. Debido a que por principio descartamos el uso de carne, manteca (mantequilla), pasteles de carne, especias, tocino y cosas que irritan el estómago y destruyen la salud, nunca debiera inculcarse la idea de que poco importa lo que comemos.

Hay quienes van a los extremos. Según ellos, deben comer cierta cantidad precisa y exactamente determinada, y limitarse a dos o tres cosas. Permiten que tanto a ellos como a sus familias se les sirvan pocos alimentos. Al comer cantidades reducidas de alimento, que no son de la mejor calidad, no ingieren lo que puede nutrir adecuadamente el organismo. El alimento de mala calidad no puede convertirse en sangre buena. Un alimento poco nutritivo empobrecerá la sangre.

318*. El hecho de que es malo comer simplemente para satisfacer el gusto pervertido, no quiere decir que debiéramos ser indiferentes acerca de nuestros alimentos. Es un asunto de suma importancia. Nadie debiera adoptar un régimen empobrecido. Muchos están débiles por causa de la enfermedad, y necesitan fortificarse con alimentos bien preparados. Los partidarios de la reforma pro salud, sobre todos los demás, debieran evitar cuidadosamente los extremos. El cuerpo debe recibir suficiente alimento.

319*.

Estimado Hno.------------:
En lo pasado Ud. practicó la reforma pro salud demasiado 235 rigurosamente para su propio bien. Una vez, estando Ud. muy enfermo, el Señor me dio un mensaje para salvarle la vida. Ud. ha sido demasiado severo al restringir su régimen a ciertos alimentos. Mientras yo oraba por Ud. se me comunicaron algunas palabras que tenían por fin enderezar su camino. La indicación era que Ud. debía concederse una alimentación más generosa. No se recomendaba el uso de la carne. Se daban indicaciones acerca de los alimentos que se debían ingerir. Ud. las siguió, mejoró y aún está con nosotros.
Con frecuencia recuerdo las instrucciones que le fueron dadas. He recibido tantos mensajes preciosos para sostener a los enfermos y afligidos. Por esto doy gracias al Señor y le alabo.

Hay que variar los menús
320*. Os aconsejamos que cambiéis vuestros hábitos de vida; pero al mismo tiempo os recomendamos que lo hagáis con entendimiento. Conozco familias que han cambiado de un régimen a base de carne a otro deficiente. Su alimento está tan mal preparado que repugna al estómago; y estas personas me han dicho que la reforma pro salud no les asienta, pues están perdiendo su fuerza física. Esta es una razón por la cual algunos no han tenido éxito en sus esfuerzos para simplificar su alimentación. Siguen un régimen pobre. Preparan sus alimentos sin esmero ni variación. No debe haber muchas clases de alimentos en una comida, pero cada comida no debe estar compuesta invariablemente de las mismas clases de alimentos. El alimento debe prepararse con sencillez, aunque en forma esmerada para que incite al apetito. Debéis eliminar la grasa de vuestra alimentación. Contamina cualquier alimento que preparéis. Comed mayormente fruta y verduras. 236
321*. Muchos han interpretado mal la reforma pro salud, y han recibido ideas deformadas acerca de lo que constituye la manera correcta de vivir. Algunos piensan sinceramente que una dieta apropiada está constituida principalmente por sopas. Un régimen que consista mayormente de gachas [cocimientos blandos o semilíquidos] no aseguraría la salud de los órganos digestivos, porque son poco consistentes.

La consideración de las necesidades individuales
322*. Ud. erró, y pensó que era el orgullo lo que incitaba a su esposa a rodearse de más comodidades. Ud. la ha tratado con egoísmo y mezquindad. Ella necesita una alimentación más abundante, una provisión más generosa sobre su mesa; y en su casa necesita todas las comodidades que Ud. le pueda proporcionar, para facilitarle su trabajo en todo lo posible. Pero Ud. ha considerado las cosas desde un punto de vista erróneo. Ud. llegó a pensar que cualquier cosa que podía comerse bastaba si podía vivir y retener su fuerza. Ud. ha insistido en imponer una dieta inadecuada a su débil esposa. Pero ella no puede producir buena sangre y buenas carnes con un régimen que le asienta a Ud. Algunas personas no pueden subsistir con el mismo alimento que a otras les hace bien, aun cuando está preparado en la misma forma.
Ud. está en peligro de volverse extremista. Su organismo podría transformar una dieta muy tosca y pobre en sangre buena. Sus órganos elaboradores de sangre están en muy buen estado. Pero su esposa requiere una dieta más refinada. Ud. le ha dado el mismo alimento que su organismo puede convertir en buena sangre, pero el organismo de ella no ha podido asimilarlo. Le falta vitalidad, y necesita una dieta más abundante y sustanciosa. Debiera tener 237 una buena provisión de fruta y no estar sujeta a las mismas cosas día tras día. Su

vitalidad es muy escasa. Ella está enferma y las necesidades de su organismo son muy diferentes de las de una persona sana.

No se debe adelantar el tiempo de angustia

323*. Vi que Ud. tiene nociones erróneas acerca de maltratar su cuerpo privándose de alimentos nutritivos. Estas cosas inducen a algunos miembros de la iglesia a pensar que con seguridad Dios lo acompaña a Ud., porque de lo contrario no se negaría ni sacrificaría en esta forma. Pero vi que ninguna de estas cosas pueden hacerlo más santo. Los paganos hacen todo esto pero no reciben recompensa. Un espíritu quebrantado y contrito delante de Dios tiene mucho valor a su vista. Vi que sus opiniones concernientes a estas cosas están equivocadas, y que Ud. está observando a la iglesia, y vigilándola, notando cosas pequeñas, cuando debiera enfocar su atención sobre los intereses de su alma. Dios no le ha impuesto la carga de su iglesia. Ud. cree que la iglesia está en la retaguardia, por el hecho de que no ve las cosas como Ud., y porque no sigue la misma rigidez que Ud. piensa que debe seguir. Vi que Ud. está equivocado acerca de su deber y el deber ajeno. Hay quienes han ido a extremos acerca de la alimentación. Han elegido un curso rígido y vivido tan sencillamente que su salud ha sufrido, la enfermedad se ha apoderado del organismo y el templo de Dios se ha debilitado...

Vi que Dios no requiere de nadie que asuma una actitud de economía tan rígida al punto de debilitar y perjudicar el templo de Dios. Hay obligaciones y requisitos en su Palabra que humillan a la iglesia y hacen que sus miembros aflijan sus almas, y no hay necesidad de hacer cruces y con- 238 feccionar deberes a fin de angustiar el cuerpo y provocar humildad. Todo esto está fuera de las instrucciones de Dios.

Delante de nosotros está el tiempo de angustia; y cuando éste llegue, la severa necesidad exigirá del pueblo de Dios que se niegue a sí mismo y que coma apenas para sostener la vida; pero Dios nos preparará para ese tiempo. En aquella hora espantosa nuestra necesidad será la oportunidad de Dios para impartir su poder fortalecedor y para sostener a su pueblo...

Los que trabajan con las manos deben alimentarse para poder cumplir con el trabajo, y también los que trabajan con palabra y doctrina deben fortalecerse por la alimentación; porque Satanás y sus ángeles están haciéndoles la guerra con el fin de destruir su vitalidad. Deben buscar descanso para su cuerpo y su mente y evitar el desgaste siempre que puedan, y deben ingerir alimentos nutritivos para mantener su fuerza; porque estarán obligados a ejercitar toda la fuerza que tengan. Vi que no glorifica a Dios en lo mínimo el que sus hijos atraigan sobre sí el tiempo de angustia. Espera al pueblo de Dios un tiempo de angustia y él los preparará para este conflicto terrible.

Cuando la reforma pro salud se deforma

324*. Tengo algo que decir con referencia a los extremos acerca de la reforma pro salud. La reforma pro salud llega a ser una deformidad, que destruye la salud, cuando se la lleva a los extremos. Ud. no tendrá éxito en los sanatorios, donde se trata a los enfermos, si prescribe para los pacientes el mismo régimen que Ud. recetó para sí mismo y su esposa. Le aseguro que sus ideas acerca de las dietas para los enfermos no son aconsejables. El cambio es demasiado grande. Aunque yo descartaría la carne como perjudicial, algo menos objetable puede emplearse, y esto se encuentra en los huevos. No omitamos de la mesa la leche ni prohibamos 239 su uso al cocinar el alimento. La leche usada debe obtenerse de vacas sanas y debe ser esterilizada.

Los que aceptan opiniones extremistas en la reforma pro salud corren el peligro de preparar platos insípidos. Esto ha sucedido una y otra vez. Los alimentos se han vuelto tan desabridos que el estómago los rechaza. Debiera haber variedad en los alimentos ofrecidos a los enfermos. No debe darse vez tras vez la misma comida. . .

Le he hablado de esta manera porque he recibido luz que me ha indicado que Ud. está perjudicando su cuerpo con un régimen deficiente. Debo comunicarle que no será conveniente que Ud. instruya a los estudiantes como lo ha hecho en la cuestión del régimen, porque sus ideas en el sentido de descartar ciertas cosas no prestarán la ayuda necesaria.

Hno. y Hna.------------: Tengo plena confianza en Uds. y deseo sobre todo que tengan salud física, a fin de que tengan salud espiritual. Es la falta de alimento adecuado lo que les ha ocasionado tanto sufrimiento. Uds. no han ingerido los alimentos adecuados para alimentar su frágil fuerza física. No deben privarse de alimentos sanos.

En cierta ocasión el Dr.---------- trató de enseñar a nuestra familia a cocinar de acuerdo con la reforma pro salud, según él la entendía, omitiendo la sal y todo condimento. Bien, resolví probar pero perdí tanta fuerza que debí cambiar; de modo que adopte otro sistema con gran éxito. Le cuento esto porque sé que Ud. está en un peligro positivo. Se debe preparar el alimento de modo que sea nutritivo. No se debe eliminar lo que el organismo necesita.

El Señor invita a los Hnos.--------- a que hagan una reforma, y que tomen períodos de descanso. No es justo que Ud. asuma cargas como lo ha hecho en lo pasado. A menos que sea Ud. cuidadoso, sacrificará esa vida que a los ojos de Dios es tan preciosa. "Porque habéis sido comprados por precio; glorificad, pues, a Dios en vuestro cuerpo y en vuestro espíritu, los cuales son de Dios" (1 Cor. 6:20). 240

No seáis extremistas acerca de la reforma pro salud. Algunos de nuestros hermanos son muy descuidados en lo referente a la reforma pro salud. Pero por el hecho de que hay quienes están muy rezagados, Ud. no debe, a fin de servir de ejemplo para ellos, ser extremista. No debe privarse de aquella clase de alimento que produce buena sangre. Su devoción a los buenos principios le induce a someterse a un régimen que le hace pasar por una experiencia que contraría la reforma pro salud. Este es el peligro que Ud. corre. Cuando Ud. ve que se está debilitando físicamente, es esencial que Ud. haga cambios, y esto en seguida. Ponga en su régimen algo que le falta. Es su deber hacerlo. Obtenga huevos de aves sanas. Consúmalos cocinados o crudos. Mézclelos con el mejor jugo de uva sin fermentar que pueda obtener. Esto suplirá lo que es necesario para su organismo. Ni por un instante piense Ud. que este proceder no sería correcto...

Apreciamos su experiencia como médico, y sin embargo digo que la leche y los huevos deben incluirse en su menú. Por el momento no podemos privarnos de estas cosas y no debe seguirse una doctrina contraria.

Ud. corre el peligro de seguir una doctrina fanática en cuanto a la reforma pro salud, y de prescribir para Ud. un régimen que no le sostendrá...

Espero que Ud. tendrá en cuenta las palabras que le he dirigido. Se me ha indicado que Ud. no podrá ejercer una influencia sana en la reforma pro salud a menos que en algunas cosas Ud. se muestre más liberal hacia Ud. mismo y los demás. Vendrá el momento cuando no se podrá usar la leche con tanta abundancia como se la emplea ahora; pero actualmente no es el momento para suprimirla. Y los huevos contienen propiedades curativas que contrarrestan venenos. Es cierto que se han dado advertencias en contra de uso de estos artículos del régimen a las familias cuyos hijos estaban sumidos en el vicio solitario. Sin embargo 241 no debemos considerar como negación de los buenos principios el emplear huevos de gallinas bien cuidadas y adecuadamente alimentadas.

Dios invita a aquellos por quienes Cristo murió a que cuiden de su cuerpo, y que den un buen ejemplo a otros. Hermano mío, Ud. no está llamado a establecer una norma para el pueblo de Dios, en lo referente al régimen; porque éste perderá la confianza en las enseñanzas exageradas al extremo. El Señor desea que su pueblo sea ecuánime en todo punto de la reforma pro salud, y no debemos ir a los extremos...

La razón por la cual la salud del Dr.--------------está afectada es que él ha estado despilfarrando su reserva bancaria de la salud, y no la reemplazó con alimentos sanos, nutritivos y sabrosos. Mi hermano, dedique Ud. toda su vida a Aquel que fue crucificado en su lugar, pero no sea esclavizado por un régimen escaso; porque así representa falsamente la reforma pro salud.

Mientras que trabajamos contra la glotonería y la intemperancia, debemos recordar los medios y recursos de la verdad evangélica, que se recomiendan de por sí al juicio sano. A fin de hacer nuestro trabajo de acuerdo con lo recto y sencillo, debemos reconocer las condiciones a las cuales está sujeta la familia humana. Dios ha hecho provisión para aquellos que viven en los diferentes países del mundo. Los que desean ser colaboradores con Dios deben considerar cuidadosamente cómo enseñan en la gran viña del Señor la reforma pro salud. Deben obrar con cuidado al especificar exactamente qué alimentos deben o no comerse. El mensajero humano debe unirse con el Auxiliador divino al presentar el mensaje de misericordia a la multitud que Dios quiere salvar.

Hemos de relacionarnos con las masas. Si se les enseña la reforma pro salud en una manera extremista, se producirá mucho daño. Les pedimos que dejen de comer carne 242 y de beber té o café. Este pedido es correcto, pero algunos dicen que la leche también debiera descartarse. Este es un asunto que requiere ser tratado con cuidado. Hay familias pobres cuyo régimen consiste en pan y leche y a veces un poco de fruta si la pueden obtener. Debiera eliminarse todo alimento a base de carne, pero las hortalizas deben prepararse en forma sabrosa, añadiendo un poco de leche o crema, o su equivalente. Los pobres dicen, cuando se les presenta la reforma pro salud: "¿Qué comeremos? No podemos comprar nueces porque su precio es excesivo". Mientras predico el Evangelio a los pobres, se me ha instruido a decirles que coman lo que es más nutritivo. No puedo decirles: No debéis comer huevos, ni leche ni crema no debéis usar mantequilla en la preparación de los alimentos. El Evangelio debe ser predicado a los pobres, y aun no ha llegado el tiempo de prescribir el régimen más estricto.

Vendrá el tiempo cuando tendremos que renunciar a ciertos alimentos que ahora usamos, como ser la leche, la crema y los huevos; pero mi consejo es que Ud. no atraiga sobre sí prematuramente un tiempo de angustia, y en esa forma se acarree la muerte. Espere a que el Señor prepare el camino delante de Ud.

Las reformas exigentes hasta el límite pueden convenir a cierta clase, que puede obtener todo lo que necesita para reemplazar las cosas descartadas; pero esta clase constituye una minoría muy pequeña de la gente que considera que estas pruebas son innecesarias. Hay quienes procuran abstenerse de lo que ha sido declarado perjudicial. No suministran al organismo el alimento apropiado y como resultado se debilitan y no pueden trabajar. De esta manera la reforma pro salud es despreciada. La obra que hemos procurado edificar sólidamente es perturbada por cosas extrañas que Dios no exige. Las energías de la iglesia son perjudicadas.

Pero Dios intervendrá para evitar los resultados de aquellas 243 ideas demasiado estrictas. El Evangelio tiene que poner en armonía a la humanidad pecadora. Ha de llevar a los ricos y a los pobres a los pies de Jesús...

Pero quiero decir que cuando llegue el tiempo en que ya no deba usarse leche, crema, mantequilla y huevos, Dios nos lo revelará. No se debiera recomendar ninguna actitud extremista en la reforma pro salud. La cuestión del consumo de leche, crema y huevos traerá su propia solución. Actualmente no tenemos preocupación al respecto. Sea vuestra moderación conocida por todos los hombres.

325*. Anoche estaba hablando en mi sueño con el Dr.-------------. Le dije: Ud. debe ejercer todavía cuidado para no ir i los extremos en materia de régimen. No debe ir a los extremos, ya sea en su propio caso o en la comida provista para los ayudantes y los pacientes del sanatorio. Los pacientes pagan buen precio por la atención que reciben y debieran obtener un menú liberal. Es posible que algunos vengan al sanatorio en una condición que exige un firme control del apetito, así como también un menú más sencillo. Pero a medida que mejora su salud hay que proporcionarles abundantes alimentos nutritivos.

[Los sanatorios deben evitar los extremos en el régimen -427-429]

El alimento debe ser apetitoso

326*. Los partidarios de la reforma pro salud, deben, sobre todos los demás, evitar cuidadosamente los extremos. El cuerpo debe tener suficiente nutrición. No podemos vivir del aire solamente; ni tampoco podemos conservar la salud a menos que tengamos alimentos nutritivos. La comida debe prepararse convenientemente, para que resulte sabrosa. 244

327*. Un régimen deficiente arroja descrédito sobre la reforma pro salud. Somos mortales, y debemos proveer a nuestro cuerpo una alimentación fortificante.

Algunos de nuestros miembros se abstienen concienzudamente de alimentos que no son higiénicos, pero no suministran a su organismo los elementos que necesita para sustentarse. Los que llevan al extremo la reforma pro salud corren el riesgo de preparar alimentos insípidos y que no satisfagan, Los alimentos deben ser preparados de modo que sean apetitosos y nutritivos. No debe despojárselos de lo que nuestro organismo necesita. Yo hago uso de un poco de sal y siempre lo he hecho, porque la sal, lejos de ser nociva, es indispensable para la sangre. Las legumbres debieran hacerse más agradables aderezándolas con un poco de leche o crema, o su equivalente.

Si bien se han dado advertencias con relación a los peligros de enfermedad que derivan de la mantequilla y al mal que ocasiona el uso copioso de huevos por parte de las criaturas, no debe considerarse como violación de nuestros principios el consumo de huevos provenientes de gallinas bien cuidadas y convenientemente alimentadas. Los huevos contienen ciertos principios que obran eficazmente contra determinados venenos.

Algunos, al abstenerse de leche, huevos y mantequilla, no proveyeron a su cuerpo una alimentación adecuada y como consecuencia se han debilitado e incapacitado para el trabajo. De esta manera, la reforma pro salud ha sido desacreditada. La obra que nos hemos esforzado por levantar sólidamente se confunde con las extravagancias que Dios no ha ordenado, y las energías de la iglesia se ven estorbadas. Pero Dios intervendrá para

contrarrestar los resultados de ideas tan extremistas. El propósito del Evangelio es reconciliar a la raza pecaminosa. Debe llevar a pobres y ricos a los pies de Jesús. 245
Llegará el tiempo cuando tal vez tengamos que dejar algunos de los alimentos que usamos ahora, como la leche, la crema y los huevos; pero no necesitamos crearnos dificultades por restricciones prematuras y exageradas. Esperemos que las circunstancias lo exijan y que el Señor prepare el camino.
Los que quieran proclamar con éxito los principios de la reforma pro salud deben tomar la Palabra de Dios como su guía y consejera. Sólo procediendo así podrán ocupar una posición ventajosa. No contrarrestemos la reforma pro salud al no reemplazar por manjares sanos y agradables los alimentos nocivos que hemos abandonado. En manera alguna debe fomentarse el uso de estimulantes. Comamos solamente alimentos sencillos y sanos, y demos gracias a Dios constantemente por los principios de la reforma pro salud. Seamos fieles e íntegros en todas las cosas y alcanzaremos preciosas victorias.

Influencia perjudicial de los extremistas

328*. Y ya que os aconsejamos que no comáis en exceso, aun de los mejores alimentos, queremos dirigir unas palabras de cautela a los extremistas para que no presenten una norma falsa ni procuren luego que todos se conformen con ella.

329*. Me fue mostrado que tanto el Hno. B como el Hno. C han deshonrado la causa de Dios. Han traído sobre ella una mancha que nunca será borrada completamente. Me fue mostrada la familia de nuestro amado Hno. D. Si este hermano hubiese recibido ayuda apropiada en el momento oportuno, cada miembro de esa familia estaría con vida hoy. Es extraño que las leyes del país no han sido puestas en vigor en este caso de malos tratos. Esa familia perecía por 246 falta de alimento, del alimento más sencillo. Se morían de hambre en una tierra de abundancia. Un novicio estaba experimentando con ellos. El joven no murió por causa de enfermedad sino de hambre. El alimento le habría fortalecido el organismo, y mantenido la maquinaria en movimiento...

Es tiempo de que algo se haga para evitar que los novicios se apoderen del campo y aboguen por la reforma pro salud. Se pueden ahorrar sus obras y sus palabras; porque hacen más daño que lo que los hombres más sabios y más inteligentes, con la mejor influencia que puedan ejercer, son capaces de contrarrestar. Es imposible para los mejores defensores de la reforma pro salud aliviar completamente de prejuicio la mente del público que lo ha recibido de aquellos extremistas equivocados, y poner sobre una base correcta el gran tema de la reforma pro salud en la comunidad donde estas personas han actuado. En gran medida la puerta está también cerrada, para que los incrédulos puedan ser alcanzados por la verdad presente del sábado y la venida de nuestro Salvador. Las verdades más preciosas son rechazadas por la gente como una causa que no merece ser oída. Estas personas son mencionadas como representantes de la reforma pro salud y generalmente como observadores del sábado. Una gran responsabilidad descansa sobre aquellos que han demostrado ser piedras de tropiezo para los incrédulos.

Opiniones y pruebas personales

330*. Ha llegado el tiempo cuando la reforma pro salud será recibida en su importancia por muchos situados en puestos elevados y en lugares humildes. Pero no debemos permitir que nada estorbe el mensaje que debemos proclamar: el mensaje del tercer ángel, relacionado con los mensajes del primero y segundo ángel. No debemos permitir 247 que cosas de poca monta nos rodeen en un círculo pequeño, donde no podamos obtener acceso a la gente en general.

La iglesia y el mundo necesitan toda la influencia, todos los talentos que Dios nos ha dado. Todo lo que poseemos debe ser empleado para su uso, Al presentar el Evangelio, no haga intervenir sus propias opiniones. Tenemos un mensaje mundial, y el Señor quiere que sus siervos guarden en forma sagrada las creencias que les ha otorgado. Dios ha dado a cada uno su responsabilidad. Por lo tanto no permitamos que se proclame un mensaje falso. No permitamos que se filtren problemas incompatibles con la importante luz de la reforma pro salud. La inconsecuencia de uno pesa sobre todo el cuerpo de creyentes; Por lo tanto cuando uno cae en los extremos, la causa de Dios sufre gran daño.

Debe temerse la tendencia a llevar las cosas al extremo. Esto siempre me obliga a hablar para evitar que las cosas no sean comprendidas, de modo que el mundo no tenga motivo para pensar que los adventistas del séptimo día son un grupo de extremistas. Cuando procuramos sacar a la gente del fuego de un lado, entonces las mismas palabras que deben ser pronunciadas para corregir el daño se las usa para justificar la indulgencia del otro lado. Que el Señor nos guarde de las pruebas humanas y de los extremos.

Nadie presente opiniones extremas acerca de lo que comeremos y beberemos. El Señor nos ha dado luz. Que nuestro pueblo acepte esta luz y ande en ella. Hay necesidad de un gran aumento en el conocimiento de Dios y de Jesucristo. Este conocimiento es vida eterna. Un aumento de la piedad, de la bondad, de la humildad y una espiritualidad religiosa pondría a nuestros hermanos en una posición que les permitiría aprender del gran Maestro.

Llegará el tiempo cuando será peligroso consumir leche. Pero si las vacas son sanas y la leche es bien cocida, no hay necesidad de anticipar ese tiempo difícil. Nadie debe sentirse impulsado a indicar detalladamente a nuestros hermanos 248 qué es lo que deben presentar en sus mesas. Los que asumen una posición extremista verán finalmente que los resultados no fueron lo que esperaban. El Señor nos guiará con su propia mano derecha, si se lo permitimos. El amor y la pureza, tales son los frutos dados por un árbol bueno. Todo aquel que ama es nacido de Dios y conoce a Dios.

Se me instruyó para que diga a los miembros de la Asociación ---------- que habían insistido tanto sobre el asunto de la reforma pro salud, recalcando sus ideas y sus opiniones sobre otros, que el mensaje de ellos no era dado por Dios. Les dije que si estaban dispuestos a suavizar y subyugar sus tendencias cultivadas, en las que hay una gran proporción de terquedad, verían que necesitaban ser convertidos. "Si nos amamos unos a otros, Dios permanece en nosotros, y su amor se ha perfeccionado en nosotros... Dios es amor; y el que permanece en amor, permanece en Dios, y Dios en él" (1 Juan 4:12, 16)...

El conocimiento humano debe combinarse con la sabiduría divina y la misericordia de Dios. Ocultémonos en Cristo. Trabajemos con afán para alcanzar la elevada armonía que Dios ha establecido para nosotros: transformación moral por el Evangelio. Dios nos invita a avanzar por el camino recto, no sea que los cojos sean desviados del camino. Entonces Cristo estará satisfecho.

Errar en favor del pueblo es preferible al extremo opuesto

331*. El Hno. y la Hna.--------- llevaron el asunto de la complacencia en la comida hasta el extremo, y el instituto [sanatorio] se desmoralizó. Ahora el enemigo quiere empujarlo a Ud. al extremo opuesto, si puede hacerlo, para que tenga un régimen deficiente. Ejerzamos cuidado para mantenernos en equilibrio y con ideas sensatas. Procuremos la sabiduría del cielo y avancemos con inteligencia. Si 249 Ud. adopta posiciones demasiado radicales, se verá obligado a retroceder, y entonces por muy concienzudo que haya sido, habrá perdido en su propio juicio, y nuestros hermanos así como los incrédulos perderán su confianza en Ud. Tenga cuidado de no ir más ligero de lo que le permite la luz de Dios. No siga ideas humanas, pero avance inteligentemente en el temor de Dios.

Si Ud. yerra, no lo haga alejándose del pueblo tanto como sea posible, porque entonces Ud. cortará el hilo de su influencia y no podrá beneficiarlo. Lo mejor es errar en favor del pueblo y no en contra de él, porque entonces hay esperanza de que el pueblo le seguirá, pero no hay necesidad de errar sea de un lado o del otro.

No necesita arrojarse al agua, o al fuego, sino que tome el camino del medio evitando todos los extremos. No dé la impresión de ser un administrador unilateral y desequilibrado. No se conforme con un régimen escaso y pobre. No permita que nadie le imponga un menú deficiente. Haga preparar sus alimentos en forma saludable y apetitosa; hágalos preparar en forma agradable, de modo que represente correctamente la reforma pro salud.

La gran apostasía acerca de la reforma pro salud se debe a que mentes imprudentes han manejado el asunto y lo han llevado a tales extremos que ha desagradado a la gente en vez de convertirla. He estado en donde estas ideas radicales se proclamaban. Las verduras se cocinaban sólo con agua, y lo mismo sucedía con las otras cosas. Esta manera de cocinar es una deformación de los principios de salud, y hay espíritus formados de tal manera que son capaces de aceptar cualquier cosa que lleve indicios de una dieta rigurosa o de cualquier clase de reforma.

Hermanos míos, quisiera veros templados en todas las cosas, pero tened cuidado de no exagerar la nota y conducir nuestra institución por un canal tan estrecho que llegue a quedar detenida. No debéis participar de las ideas de 250 cualquier persona, sino conservad la calma, confiando en el Señor.

Deben evitarse ambos extremos

332*. Sé que muchos de nuestros hermanos están en la práctica opuestos a la reforma pro salud. Yo no recomiendo los extremos. Pero mientras he estado hojeando mis manuscritos, he visto los testimonios decididos que se presentaban y las amonestaciones que llegan a nuestro pueblo contra el peligro de imitar las costumbres y las prácticas del mundo en cuanto a la complacencia de sí mismo, la gratificación del apetito, y el orgullo en la vestimenta. Mi corazón está enfermo y triste por las cosas que suceden. Existe la idea de que algunos de nuestros hermanos han recalcado demasiado estas cosas. Pero por el hecho de que algunos han actuado indiscretamente al insistir en sus sentimientos con respecto a la reforma pro salud, ¿se atreve alguno a privar de la verdad a los que estudian este asunto? La gente del mundo está generalmente alejada en el extremo opuesto de la complacencia e intemperancia en el comer y el beber; y como resultado abunda la lujuria.

Hay muchos ahora bajo la sombra de la muerte que se habían preparado para hacer una obra en favor del Maestro, pero que no han sentido la responsabilidad sagrada de observar las leyes de la salud. Las leyes del organismo físico son a la verdad las leyes de Dios; pero este hecho parece haber sido olvidado. Algunos se han limitado a un régimen que no puede mantenerlos en buena salud. No han provisto alimentos nutritivos para reemplazar las sustancias perjudiciales; y no han considerado que para preparar satisfactoriamente los alimentos hay que ejercer ingeniosidad. El organismo tiene que ser debidamente nutrido a fin de poder realizar su obra. Es contrario a la reforma pro salud, después de haber suprimido una cantidad de platos nocivos, 251 pasarse al extremo opuesto, reduciendo la cantidad y la calidad del alimento a un bajo nivel. En vez de resultar en una reforma viene a ser una deformación.

[Importancia de enseñar a preparar alimento apetitoso: véase la Sección XXV, Parte III: "Escuelas de cocina"]

SECCIÓN XII El Régimen Durante el Embarazo
255

Influencias prenatales

333*. Muchos padres creen que el efecto de las influencias prenatales es cosa de poca monta; pero el cielo no las considera así. El mensaje enviado por un ángel de Dios y reiterado en forma solemnísima merece que le prestemos la mayor atención.

Al hablar a la madre hebrea, Dios se dirige a todas las madres de todos los tiempos. "Guardará -dijo el ángel- todo lo que le mandé" (Juec. 13:14). El bienestar del niño dependerá de los hábitos de la madre. Ella tiene, pues, que someter sus apetitos y sus pasiones al dominio de los buenos principios. Hay algo que ella debe rehuir, algo contra lo cual debe luchar si quiere cumplir el propósito que Dios tiene para con ella al darle un hijo. Si antes del nacimiento de éste, la madre procura complacerse a sí misma, si es egoísta, impaciente e imperiosa, estos rasgos de carácter se reflejarán en el temperamento del niño. Así se explica que muchos hijos hayan recibido por herencia tendencias al mal que son casi irresistibles.

Pero si la madre se atiene invariablemente a principios rectos, si es templada y abnegada, bondadosa, apacible y altruista, puede transmitir a su hijo estos mismos preciosos rasgos de carácter. Muy terminante fue la prohibición impuesta a la madre de Sansón respecto al vino. Cada gota de bebida alcohólica que la madre toma para halagar al paladar compromete la salud física, intelectual y moral de su hijo, y es un pecado positivo contra su Creador. 256 Muchos insisten en que debe satisfacerse todo antojo de la madre; sostienen que si desea un alimento cualquiera, por nocivo que sea, este deseo debe ser ampliamente satisfecho. Esto es falso y entraña peligro. Las necesidades físicas de la madre no deben descuidarse en manera alguna. Dos vidas dependen de ella, y sus deseos deben ser cariñosamente atendidos, y sus necesidades satisfechas con liberalidad. Pero en este período más que nunca debe evitar, en su alimentación y en cualquier otro asunto, todo lo que pudiera menoscabar la fuerza física o intelectual. Por mandato de Dios mismo, la madre está bajo la más solemne obligación de ejercer dominio propio.

334*. Cuando el Señor quiso establecer a Sansón como libertador de su pueblo, recomendó a la madre ciertos hábitos de vida correctos antes que naciera su hijo. Y la misma prohibición iba a ser impuesta al niño desde su cuna; porque había de ser consagrado a Dios como nazareo desde su nacimiento.

El ángel de Dios apareció a la esposa de Manoa, y le informó que iba a nacerle un hijo; y en vista de esto le dio indicaciones importantes: "Ahora, pues, no bebas vino, ni sidra, ni comas cosa inmunda" (Juec. 13:4).

Dios tenía una obra importante para el niño prometido a Manoa, y con el fin de obtener para él las cualidades necesarias para esta obra, los hábitos de la madre y del niño iban a ser muy cuidadosamente regidos. "No beberá vino ni sidra" fue la instrucción dada por el ángel a la esposa de Manoa, "y no comerá cosa inmunda; guardará todo lo que le mandé" (Juec.

13:14). El niño será afectado para bien o para mal por los hábitos de la madre. Ella misma tiene que ser dominada por los buenos principios, y debe observar las leyes de la temperancia y el dominio propio, si quiere asegurar el bienestar de su hijo. 257

"Se guardará"

335*. Las palabras dirigidas a la esposa de Manoa contienen una verdad que las madres de hoy harán bien en estudiar. Al hablar a esta madre, el Señor habló a todas las madres ansiosas y afligidas de aquel tiempo, y a todas las madres de las generaciones sucesivas. Sí, cada madre puede comprender su deber. Puede saber que el carácter de sus hijos dependerá más de sus hábitos anteriores a su nacimiento y de sus esfuerzos personales después del nacimiento, que de las ventajas o desventajas exteriores.

"Se guardará" (Jucc. 13:13), dijo el ángel. Estése lista para resistir la tentación. Sus apetitos y pasiones deben ser dominados por los buenos principios. De toda madre se debe poder decir "Se guardará". Hay algo que ella debe rehuir, algo contra lo cual tiene que obrar, si quiere cumplir el propósito que Dios tenía al darle un hijo...

La madre que es una maestra adecuada para sus hijos debe, antes que nazcan, formar hábitos de abnegación y dominio propio; porque les transmite sus propias cualidades; sus rasgos de carácter fuertes o débiles. El enemigo de las almas entiende estas cosas mejor que muchos de los padres. El acosará a la madre con sus tentaciones, sabiendo que si ella no le resiste, él puede por su intermedio afectar al niño. La única esperanza de la madre está en Dios. Puede acudir a él en busca de gracia y fortaleza. Ella no buscará ayuda en vano. El le permitirá transmitir a su descendencia cualidades que le ayudarán a obtener éxito en la vida y ganar la vida eterna.

No debe darse rienda suelta al apetito

336*. Es un error generalmente cometido el de no hacer diferencia en la vida de una mujer antes del nacimiento de su hijo. En este período importante el trabajo de la madre 258 debe ser aliviado. Grandes cambios están por producirse en su organismo. Exige una mayor cantidad de sangre, y por lo tanto un aumento de los alimentos más nutritivos para ser convertidos en sangre. A menos que tenga una abundante provisión de alimentos nutritivos, no puede conservar su fuerza física y priva a su hijo de su vitalidad. Su vestimenta también exige atención. Debe ejercerse cuidado de que su cuerpo no sienta frío. No debe atraer necesariamente la sangre a la superficie del cuerpo para suplir la falta de suficiente abrigo. Si la madre está privada de una abundante cantidad de alimento nutritivo y sano, la cantidad y la calidad de su sangre serán insuficientes. Su circulación será deficiente y su hijo adolecerá de los mismos males. El hijo será incapaz de asimilar los alimentos que podría transformar en buena sangre que nutra el organismo. La prosperidad de la madre y del hijo depende en gran parte de la ropa abrigada, así como de una provisión de alimentos nutritivos. Debe evitarse que la madre pase frío, porque esto atenta contra su vitalidad.

Pero, por otro lado, la idea de que las mujeres, debido a su condición especial, deben dar rienda suelta a su apetito, es un error basado en la costumbre, pero no en el sentido común. El apetito de las mujeres en tal condición puede ser muy variable, caprichoso y difícil de complacer; y la costumbre exige que se le dé cualquier cosa que desee, sin consultar la razón para saber si tal alimento le suministrará la fuerza que necesita para su propio organismo y para el crecimiento de su hijo. El alimento debe ser nutritivo, pero no de una calidad excitante. La costumbre dice que si se desean manjares de carne, encurtidos y especias, se los debe conceder; se debe consultar únicamente al apetito. Esto constituye un

gran error, que hace mucho daño. Ese daño no puede ser calculado. Si alguna vez se necesita un régimen sencillo y un cuidado especial de la calidad del alimento ingerido, es en esta época importante. 259
Las mujeres regidas Por los buenos Principios, que han sido bien instruidas, no se apartarán de la sencillez del régimen en este momento ni en cualquier otro. Considerarán que otra vida depende de la suya, y serán cuidadosas en todos sus hábitos, especialmente alimenticios. No deben comer lo que no es nutritivo y es excitante, simplemente porque tenga buen gusto. Hay demasiados consejeros dispuestos a persuadirlas para que hagan cosas que la razón debiera prohibirles.
Los niños que nacen enfermos lo deben al hecho de que sus padres no frenaron sus apetitos. El organismo no exigía la variedad de alimentos que atraían la atención. Un error que las mujeres cristianas debieran rechazar es la creencia de que cualquier cosa que se les ocurre debe ir al estómago. No debe permitirse que la imaginación rija los deseos del organismo. Los que permiten el imperio de los gustos, sufrirán las consecuencias al transgredir las leyes de su ser. Y esto no es el fin de todo; sus hijos inocentes también serán afectados.
Los órganos productores de sangre no pueden convertir las especias, los pasteles de carne, los encurtidos y las carnes enfermas en sangre pura. Y si se lleva al estómago tanto alimento que los órganos de la digestión se recargan de trabajo para deshacerse de ellos y para librar al organismo de las sustancias irritantes, la madre comete una injusticia contra sí misma y coloca en su hijo las bases de la enfermedad. Si ella decide comer como le agrade y a su capricho, sin tener en cuenta las consecuencias, llevará la penalidad, pero no sola. Su niño inocente deberá sufrir por causa de su indiscreción.

Efectos del recargo de trabajo un régimen empobrecido

337*. En muchos casos se deja que la madre, antes del 260 nacimiento de sus hijos, trabaje desde la mañana hasta la noche, afiebrando su sangre... Debería haberse tenido una, tierna consideración con su salud... La madre, antes del nacimiento de sus hijos, con frecuencia tiene que trabajar más allá del límite de sus fuerzas. Pocas veces se disminuyen sus cargas y sus cuidados, y ese período que debería ser para ella, más que ningún otro, un tiempo de descanso, es en cambio un tiempo donde predominan la fatiga, la tristeza y la melancolía. Debido al exceso de trabajo priva a su hijo del alimento que la naturaleza ha provisto para él, y al afiebrar su sangre le proporciona una sangre de mala calidad. En esta forma priva de vitalidad a su vástago y lo despoja de su fuerza física y mental.

338*. Me fue mostrada la conducta de B en el seno de su familia. Ha sido severo y dominante. Adoptó la reforma pro salud como se la presentó el Hno. C, y como él, adquirió conceptos exagerados al respecto; y por carecer de equilibrio mental, ha cometido terribles equivocaciones, cuyos resultados el tiempo no podrá borrar. Ayudado por detalles obtenidos de libros, comenzó a poner en practica la teoría que él había oído del Hno. C, y como él, insistió en llevar á todos a la misma norma que él había establecido, impuso a su propia familia aquellas reglas rígidas, pero no dominó sus tendencias animales. Ni siquiera él mismo pudo alcanzar el blanco, y mantener su cuerpo en sujeción. Si hubiese tenido un conocimiento correcto del sistema de la reforma pro salud, habría sabido que su esposa no estaba en condición de dar a luz hijos sanos. Sus propias pasiones irrefrenadas le hicieron obrar sin razonar de la causa al efecto.

Antes que nacieran sus hijos, no trataba á su esposa como debe tratarse a una mujer en su condición. . . El no le proveía la calidad ni la cantidad de alimento que ella necesitaba para nutrir dos vidas en vez de una. Otra vida dependía de 261 ella, y su organismo no recibía el alimento nutritivo y sano que necesitaba para sostener su fuerza. Había deficiencia en la cantidad y en la calidad. Su organismo exigía cambios, una variedad y calidad más sustanciosas. Sus hijos habían nacido con los órganos de la digestión débiles y su sangre era pobre. Del alimento que la madre estaba obligada a recibir no podía proveer una buena calidad de sangre y como consecuencia daba a luz niños enclenques. 265

SECCIÓN XIII El Régimen Durante la Infancia

Consejos basados en la instrucción divina

339*. La súplica del padre y la madre debiera ser que "nos enseñe lo que hayamos de hacer con el niño que ha de nacer" (Juec. 13:8). Hemos presentado al lector lo que Dios ha dicho concerniente a la conducta de la madre antes del nacimiento de sus hijos. Pero esto no es todo. El ángel Gabriel fue enviado de los atrios celestiales para dar instrucción en cuanto al cuidado de los niños después de su nacimiento, a fin de que los padres comprendiesen plenamente su deber.

Más o menos en tiempo del primer advenimiento de Cristo, el ángel Gabriel visitó a Zacarías con un mensaje similar al que había sido dado a Manoa. Al anciano sacerdote se le dijo que su esposa tendría un hijo, que se llamaría Juan. "Y -dijo el ángel- tendrás gozo y alegría, y muchos se regocijarán de su nacimiento; porque será grande delante de Dios. No beberá vino ni sidra, y será lleno del Espíritu Santo" (Juan 1:15). Este niño de la promesa habría de criarse con los hábitos de temperancia más estrictos. Se le iba a confiar una obra importante de reforma que consistiría en preparar el camino para Cristo.

Existía entre el pueblo la intemperancia en todas sus formas. El hábito de beber y comer con lujuria minaba la fuerza física, y degradaba la moral de tal manera que los crímenes más repugnantes que se cometían no parecían pecaminosos. La voz de Juan iba a llegar desde el desierto en 266 son de represión por los hábitos pecaminosos de la gente, y sus propios hábitos de abstinencia iban a ser un reproche por los excesos de su tiempo.

EL VERDADERO COMIENZO DE LA REFORMA

Los esfuerzos de nuestros obreros que enseñan la temperancia no tienen bastante alcance para desterrar la maldición de la intemperancia. Una vez formados los hábitos es difícil vencerlos. La reforma debe empezar con la madre antes del nacimiento de sus hijos; y si se siguieran fielmente las instrucciones de Dios, no existiría la intemperancia.

Debiera ser el esfuerzo constante de cada madre conformar sus hábitos con la voluntad de Dios, a fin de cooperar con él en proteger a sus hijos de los vicios destructores de la salud y la vida que existen en la actualidad. Sin dilación pónganse las madres en la debida relación con su Creador, para que por su gracia ayudadora levanten alrededor de sus hijos un baluarte contra la disipación y la intemperancia., Si las madres siguiesen esa conducta, verían a sus hijos actuar como el joven Daniel, y alcanzar una alta norma de moralidad e inteligencia, siendo una bendición para la sociedad y un honor para su Creador.

El niño

340*. El mejor alimento para el niño es el que suministra la naturaleza. No debe privársele de él sin necesidad. Es muy cruel que la madre, por causa de las conveniencias y los placeres sociales, procure libertarse del desempeño de su ministerio materno de amamantar a su pequeñuelo.

La madre que consiente que otra mujer nutra a su hijo debe considerar cuáles puedan ser los resultados. La nodriza comunica hasta cierto punto su propio temperamento y genio al niño a quien amamanta. 267

341*. A fin de guardar Paso con la moda, la naturaleza ha sido maltratada, en vez de ser consultada. A veces las madres dependen de una persona mercenaria, o es necesario sustituir el pecho materno por la mamadera. Y uno de los deberes más dedicados y agradables que la madre puede cumplir para su hijito necesitado, quien amalgama la vida materna con la suya, y quien despierta los sentimientos más tiernos en el corazón de la mujer, es sacrificado en el altar de las locuras fratricidas de la moda.

Hay madres que sacrifican sus deberes maternos de amamantar a sus hijos simplemente porque les causa demasiada molestia estar limitadas por sus vástagos, que son el fruto de su propio cuerpo. El salón de baile y las escenas de placer excitante han ejercido una influencia paralizadora de las sensibilidades del alma. Esto ha sido más atrayente para la madre amante de las modas que sus deberes maternales hacia sus niños. Puede ser que confíe sus hijos al cuidado de una persona asalariada, para que ejecute los deberes que le corresponden a ella solamente. Sus falsos hábitos hacen que los deberes necesarios y cuyo cumplimiento debiera serle un placer, le resulten desagradables, porque el cuidado de sus niños estorba las exigencias de la vida social. Una persona extraña cumple los deberes de la madre, y da de su pecho el alimento para sostenerle la vida.

Y esto no es todo. Ella también imparte su mal genio al niño lactante. La vida da del niño está vinculada con la de ella. Si la persona asalariada es de un carácter tosco, apasionado e irrazonable; si no es cuidadosa en lo moral, es muy probable que el niño sea igual o muy parecido. La misma calidad de sangre que corre por las venas de la nodriza correrá también por las venas del niño. Las madres que arrancan a sus hijos de sus brazos maternos, y rehusan cumplir sus deberes maternales, por serles una carga que difícilmente pueden cumplir, porque dedican su tiempo a 268 la moda, son indignas del nombre de madre. Ellas degradan el noble instinto y los atributos sagrados de la mujer, y prefieren ser mariposas de los placeres mundanos, teniendo menos sentido de su responsabilidad hacia su posteridad que las bestias. Muchas, madres reemplazan el pecho por la mamadera. Esto es necesario porque no tienen alimento para sus hijos. Pero en nueve casos de cada diez los métodos de vestir y de comer que adquirieron en su juventud las han incapacitado para cumplir los deberes que la naturaleza les ha asignado...

Siempre me ha parecido un asunto de frialdad despiadada el hecho de que las madres que pueden amamantar a sus niños los entreguen al biberón. En este caso es sumamente necesario obtener la leche de una vaca sana y cuidar de que la mamadera y la leche estén en perfecto estado higiénico. Este detalle es frecuentemente descuidado y como resultado el niño sufre sin necesidad. Se pueden presentar casos de afección intestinal y estomacal, y el pobre niño enferma, aun cuando era sano al nacer.

342*. El período durante el cual los niños reciben su alimentación de la madre es decisivo. Muchas madres, mientras amamantaban a sus hijos, se han visto obligadas a trabajar en exceso y a afiebrar su sangre en la cocina; y esto ha afectado seriamente al lactante, no sólo mediante un alimento afiebrado del pecho materno; también su sangre ha sido envenenada por el régimen alimenticio perjudicial de la madre que ha afiebrado todo su organismo y por lo tanto ha afectado el alimento que recibe el niño. El niño también será afectado por el estado mental de la madre. Si ella se siente infeliz, si se altera fácilmente, si es irritable y si tiene arranques de ira, el alimento que el niño recibe de su madre estará inflamado, y con frecuencia producirá cólicos y espasmos, y en algunos casos provocará convulsiones y accesos. 269

También el carácter del niño es afectado en mayor o menor grado por la naturaleza del alimento que recibe de la madre. Cuán importante es entonces que la madre, mientras alimenta al hijo, mantenga un estado de felicidad mental y controle perfectamente su espíritu. Al hacer esto no perjudicará el alimento del niño, y el trato calmado y sereno que la madre dará a su hijo contribuirá en gran, medida a modelar su mente. Si el hijo es nervioso y se altera fácilmente, los modales cuidadosos y calmos de la madre ejercerán una influencia sedante y correctora, y la salud del niño podrá mejorar notablemente.

Regularidad en las comidas

343*. La primera educación que los hijos deberían recibir de su madre en la infancia es la relativa a su salud física. Deberían recibir solamente alimentos sencillos, de la calidad adecuada para conservar su salud en la mejor condición, y deberían tomarlos únicamente a horas regulares, no más de tres veces por día; y aun dos comidas serían mejor que tres. Si se disciplina debidamente a los hijos, pronto aprenderán que no conseguirán nada llorando o irritándose. Una madre juiciosa obrará para educar a sus hijos, no sólo en lo que atañe a su comodidad presente sino también a su bien futuro. Y para lograrlo les enseñará la importante lección del dominio del apetito y de la abnegación, con el fin de que puedan comer, beber y vestirse teniendo en cuenta los mejores intereses de la salud.

344*. No se debiera permitir que los niños coman dulces, frutas, nueces u otros alimentos entre las comidas. Dos comidas por día son mejores para ellos que tres. Si los padres dan el buen ejemplo, y obran de acuerdo con los buenos principios, los niños no tardarán en actuar correctamente. La irregularidad en la alimentación destruye el tono 270 sano de los órganos de la digestión, y cuando vuestros hijos se acercan a la mesa, no apetecen el alimento sano; sus apetitos anhelan lo que no es bueno para ellos. Muchas veces los niños han sufrido por fiebres graves atraídas por una alimentación impropia, siendo los padres los culpables. Es el deber de los padres asegurar que los niños formen hábitos conducentes a la salud, y así ahorrarse mucha angustia.

345*. Se alimenta a los niños con demasiada frecuencia, lo cual produce fiebre y sufrimientos de varias clases. El estómago no debe ser mantenido constantemente trabajando, sino que debe tener períodos de descanso. Sin éstos los niños se vuelven nerviosos, irritables y están a menudo enfermos.

[Hay que enseñar a los niños cuándo y cómo deben comer - 288]
[Educación temprana de Daniel - 241]
[Véase la Sección IX, "Regularidad en el comer"]

Educación temprana del apetito

346*. Difícil sería exagerar la importancia que tiene el hacer adquirir a los niños buenos hábitos dietéticos. Necesitan aprender que comen para vivir y no viven para comer. Esta educación debe empezar cuando la criatura está todavía en brazos de su madre. Hay que darle alimento tan sólo a intervalos regulares, y con menos frecuencia conforme va creciendo. No hay que darles dulces ni comida de adultos, pues no la puede digerir. El cuidado y la regularidad en la alimentación de las criaturas no sólo fomentarán la salud, y así las harán sosegadas y de genio apacible, sino que echarán los cimientos de hábitos que las beneficiarán en los años subsiguientes.

Cuando los niños salen de la infancia todavía hay que 271 educar con el mayor cuidado sus gustos y apetitos. Muchas veces se les permite comer lo que quieren y cuando quieren, sin tener en cuenta su salud. El trabajo y el dinero tantas veces malgastados en golosinas perjudiciales para la salud inducen al joven a pensar que el supremo objeto de la vida, y lo que reporta mayor felicidad, es poder satisfacer los apetitos. El resultado de tal educación es que el niño se vuelve glotón; después le sobrevienen las enfermedades, que son seguidas generalmente por la administración de drogas venenosas.

Los padres deben educar los apetitos de sus hijos, y no permitir que hagan uso de alimentos nocivos para la salud. Pero en el esfuerzo por regular la alimentación, debemos cuidar de no cometer el error de exigir a los niños que coman cosas desagradables, ni más de lo necesario. Los niños tienen derechos y preferencias que, cuando son razonables, deben respetarse.

Las madres que satisfacen los deseos de sus hijos a costa de la salud y del genio alegre, siembran males que no dejarán de brotar y llevar fruto. El empeño por satisfacer los apetitos se intensifica en los niños a medida que crecen, y queda sacrificado el vigor mental y físico. Las madres que obran así cosechan con amargura lo que han sembrado. Ven a sus hijos criarse incapacitados en su mente y carácter para desempeñar noble y provechoso papel en la sociedad o en la familia. Las facultades espirituales, intelectuales y físicas se menoscaban por la influencia del alimento malsano. La conciencia se embota, y se debilita la disposición a recibir buenas impresiones.

Mientras se les enseña a los niños a dominar su apetito y a comer teniendo en cuenta los intereses de la salud, hágaseles ver que sólo se privan de lo que les sería perjudicial; que renuncian a ello por algo mejor. Hágase la mesa amena y atractiva, al surtirla con las cosas buenas que Dios ha dispensado con tanta generosidad. Sea la hora de comer una 272 hora de contento y alegría. Al gozar de los dones de Dios, correspondámosle con agradecida alabanza.

347*. Muchos padres, para evitar la tarea de educar pacientemente a sus hijos en hábitos de abnegación, y enseñarles a usar correctamente las bendiciones de Dios, les permiten comer y beber cuando les agrada. El apetito y la satisfacción propia, a menos que sean restringidos positivamente, crecen con el crecimiento y se fortalecen con la fuerza. Al iniciarse estos niños en la vida, y tomar su lugar en la sociedad, carecen de poder para resistir la tentación. La impureza moral y la grosera iniquidad abundan por doquiera. La tentación a satisfacer el apetito y los caprichos no ha disminuido con el transcurso de los años, y los jóvenes por lo general se rigen por los impulsos, y son esclavos del apetito. En la glotonería, en el fumador y en el bebedor, vemos los resultados de una educación deficiente.

La satisfacción propia y la impiedad

348*. Los niños mal alimentados son con frecuencia débiles, pálidos, deficientes en su desarrollo, y resultan nerviosos, excitables e irritables. Por amor al apetito se sacrifica todo lo noble, y predominan las pasiones animales. La vida de muchos niños de cinco, diez y quince años de edad parece estar marcada por la depravación. Conocen casi todos los vicios. En gran medida los padres son los culpables de tal estado de cosas y a su cuenta se les acreditarán los pecados de sus hijos, pues fue la conducta impropia de los padres la que indirectamente indujo a los hijos a cometer esos pecados. Tientan a sus hijos a satisfacer su apetito poniendo sobre la mesa carnes y otros alimentos condimentados, que tienen la tendencia a fomentar las pasiones animales. Por su ejemplo enseñan a sus hijos la intemperancia en el comer. Se les ha permitido comer casi en cualquier momento del día, lo cual mantiene siempre ocupado el sistema digestivo. Las madres han tenido poco tiempo para educar a sus hijos. Su tiempo valioso lo dedicaban a preparar comidas malsanas que luego colocaban sobre la mesa.

Muchos padres y madres han ocasionado la ruina de sus hijos mientras procuraban regular su vida de acuerdo con la moda. Si esperan visitas, quieren que éstas se sienten delante de una mesa bien provista como la que encontrarían entre el círculo de sus amistades. Se dedica mucho tiempo y dinero a este objeto. Por guardar las apariencias, se preparan alimentos pesados para satisfacer el apetito, y aun cristianos de nombre hacen tanto despliegue que atraen en derredor suyo una clase de personas cuyo objeto principal al visitarlas es comer las golosinas. Los cristianos debieran reformarse al respecto. Aunque deben atender cortésmente a sus visitas, no deben dejarse esclavizar por la moda y el apetito.

Estudiemos la sencillez

349*. La preparación del alimento debiera ser tan sencilla que no absorba todo el tiempo de la madre. Es cierto que debe tenerse cuidado de presentar en la mesa alimento sano y atractivo. No penséis que cualquier cosa que pueda reunirse descuidadamente como alimento es bastante buena para los niños. Debéis dedicar menos tiempo a la preparación de alimentos malsanos, para agradar al paladar pervertido, y más tiempo a la educación y preparación de los niños. Dedicad la energía que ahora usáis en planes innecesarios referentes a la comida, la bebida y el vestido, a mantener sus personas aseadas y su ropa limpia.

350*. Las carnes muy condimentadas seguidas de pasteles pesados, están desgastando los órganos digestivos de los niños. Si se los acostumbrase a los alimentos sencillos y sanos, su apetito no exigiría comidas complicadas y mixtas... La carne dada como alimento a los niños resulta contraproducente... Enseñar a los niños a subsistir con una dieta a base de carne, resulta nocivo. Es mucho más fácil crear un apetito falso que corregirlo y reformarlo cuando se ha vuelto, una segunda naturaleza.

La intemperancia fomentada

351*. Muchas madres que se quejan de la intemperancia que existe por todas partes, no buscan bastante hondo para descubrir la causa. Preparan diariamente una variedad de platos con alimentos muy condimentados que tientan el apetito y estimulan a comer demasiado. Las mesas de los americanos están servidas de tal manera que contribuyen a formar alcohólicos. El apetito es el principio gobernante de una gran mayoría. Cualquiera que fomenta el apetito comiendo demasiado a menudo alimento de mala calidad, está debilitando su fuerza para resistir las exigencias del apetito y la pasión en otro sentido, en la medida en que ha fortalecido la propensión hacia los hábitos erróneos en la alimentación. Las madres necesitan reconocer su deber, para con Dios y con el mundo, de presentar a la sociedad hijos con caracteres bien desarrollados. Los hombres y las mujeres que se presenten en el escenario de acción con principios firmes estarán preparados para presentarse limpios en medio de la contaminación moral de esta era corrupta...

La mesa de muchas mujeres que profesan ser cristianas es servida diariamente con una variedad de platos que irritan el estómago y afiebran el organismo. La carne constituye el alimento principal servido en la mesa de algunas familias, y como consecuencia su sangre está llena de humores cancerosos y escrofulosos. Sus cuerpos se componen de lo que

comen. Pero cuando se presentan el sufrimiento y la enfermedad, se los considera como una aflicción de la Providencia. 275
Repetimos, la intemperancia empieza en nuestras mesas. Se complace al apetito hasta que su complacencia se vuelve una segunda naturaleza. Por el uso del café y el té se fomenta el deseo por el tabaco, y esto despierta el gusto por las bebidas alcohólicas.
352*. Emprendan los padres una cruzada antialcohólica en sus propios hogares, mediante los principios que enseñen a sus hijos para que éstos los sigan desde la infancia, y podrán entonces esperar éxito.
353*. Los padres deben considerar como su primer objetivo el tratar con inteligencia a los hijos, para que puedan obtener para ellos mentes sanas en cuerpos sanos. Los principios de la temperancia deben llevarse a cabo en todos sus detalles de la vida familiar. Se debe inculcar en los niños el sacrificio propio, e imponérselo, hasta donde se puede, desde la infancia.
[Alimentos irritantes que ocasionan una sed que el agua no calmará - 558]
354*.Muchos padres educan los gustos de sus hijos y forman su apetito. Les permiten comer carne y beber té y café. Los alimentos a base de carne y altamente sazonados, y el té ; café cuyo consumo algunas madres fomentan en sus hijos, los preparan para desear estimulantes más fuertes, como el tabaco. El uso de éste despierta el deseo de ingerir bebidas alcohólicas; y el consumo de tabaco y bebidas reduce invariablemente la energía nerviosa.
Si las sensibilidades morales de los cristianos se aguzaran en el tema de la temperancia en todas las cosas, podrían, por su ejemplo, y principiando en sus mesas, ayudar a los que tienen poco dominio propio, a los que son casi incapaces de resistir a las instancias de su apetito. Si pudiésemos 276 comprender que los hábitos que adquirimos en esta vida afectarán nuestros intereses eternos, y que nuestro destino eterno depende de que nos habituemos a ser temperantes, lucharíamos para ser estrictamente temperantes en el comer y beber.
Por nuestro ejemplo y esfuerzo personales, podemos ser instrumentos para salvar a muchas almas de la degradación de la intemperancia, el crimen y la muerte. Nuestras hermanas pueden hacer mucho en la obra de la salvación de los demás, al poner sobre sus mesas únicamente alimentos sanos y nutritivos. Pueden dedicar su precioso tiempo a educar los gustos y apetitos de sus hijos, a hacerles adquirir hábitos de temperancia en todas las cosas, y a estimular la abnegación y la benevolencia para beneficio de los demás.
No obstante el ejemplo que Cristo nos dio en el desierto de la tentación al negarse a complacer el apetito y al vencer su poder, son muchas las madres cristianas que, por su ejemplo y por la educación que dan a sus hijos, los están preparando para que lleguen a ser glotones y bebedores. Con frecuencia se permite a los niños que coman lo que prefieren y cuando quieren, sin tener en cuenta su salud. Son muchos los niños a quienes se educa desde su infancia para que lleguen a ser glotones. Por la complacencia del apetito, padecen de dispepsia desde su tierna infancia. La sensualidad y la intemperancia en el comer se desarrollan y fortalecen con el aumento de vigor. El poder mental y físico es sacrificado por la indulgencia de los padres. Adquieren gusto por ciertos manjares de los cuales no reciben beneficio, sino perjuicio, y como el organismo se recarga, la constitución se debilita.
[El fundamento de la intemperancia - 203]
Enseñadles a aborrecer los estimulantes

355*. Enseñad a vuestros hijos a aborrecer los estimulantes. Son muchos los que ignorantemente fomentan en ellos 277 el apetito por estas cosas. He visto en Europa a nodrizas poner un vaso de vino o cerveza en los labios de los pequeños inocentes cultivando así en ellos el gusto por los estimulantes. A medida que crecen, aprenden a depender más y más de estas cosas, hasta que poco a poco quedan vencidos, y son arrastrados a la deriva y finalmente ocupan la sepultura de un borracho.

Pero no es ésta la única manera en que el apetito es pervertido y transformado en una trampa. Muchas veces el alimento es de tal índole que excita un deseo por las bebidas alcohólicas. Se presentan delante de los niños platos elaborados: alimentos condimentados, salsas sabrosas, tortas y pasteles. Estas comidas demasiado condimentadas irritan el estómago y crean un deseo de estimulantes cada vez mas fuertes. No sólo se tienta al apetito con alimento inadecuado del cual se permite que los niños consuman en abundancia, sino que se los deja que coman entre horas, y para cuando alcanzan los doce o catorce años de edad son dispépticos confirmados.

Posiblemente habréis visto el grabado que representa el estómago de un aficionado a las bebidas fuertes. Una condición similar se produce bajo la influencia de las especias fuertes. Con el estómago en una condición tal, hay un deseo vehemente de aplacar el apetito, de algo más y más fuerte. El próximo paso será encontrar a los hijos en la calle aprendiendo a fumar.

Alimentos especialmente perjudiciales para los niños

356*. Es imposible para los que dan rienda suelta al apetito que obtengan la perfección cristiana. Las sensibilidades morales de sus hijos no pueden ser despertadas fácilmente, a menos que tengan cuidado en la elección de su alimento. Muchas madres tienden la mesa de tal manera que es una 278 trampa para la familia. La carne, la mantequilla, el queso, los pasteles suculentos, el alimento condimentado son consumidos tanto por los mayores como por los jóvenes. Estas cosas cumplen su obra al trastornar el estómago, excitando los nervios y debilitando el intelecto. Los órganos que elaboran la sangre no la pueden convertir en buena sangre. Se hace difícil la digestión del alimento cocinado con grasa. El efecto del queso es pernicioso. La harina refinada no ofrece al organismo la nutrición que se obtiene del pan integral. Su uso común no favorecerá al organismo ni lo mantendrá en la mejor condición. Al principio las especias irritan las membranas delicadas del estómago, pero finalmente destruyen su sensibilidad. La sangre se afiebra, se despiertan las propensiones animales, y a la vez se debilitan las facultades morales e intelectuales, y el individuo se vuelve siervo de las pasiones más bajas. La madre debe estudiar para presentar en la mesa una dieta sencilla y a la vez nutritiva.

La supresión de las tendencias al mal

357*. ¿Se darán cuenta las madres de esta época de lo sagrado de su misión, no para tratar de estar a la par con sus vecinos ricos, sino para tratar de superarlos en el fiel cumplimiento de instruir a sus hijos para una vida mejor? Si a los niños y a los jóvenes se les enseñaran hábitos de abnegación y dominio propio, si se les enseñase a comer para vivir y no a vivir para comer, habría menos enfermedad y menos corrupción. Habría menos necesidad de realizar cruzadas en favor de la temperancia, que al fin significan poca cosa, si en la juventud, que modela a la sociedad, se implantaran los principios de la temperancia. Tendrían entonces fuerza moral e integridad para resistir, con el poder de Jesús, la corrupción de los últimos días... Los padres pueden haber transmitido a sus hijos tendencias al apetito y las pasiones, lo cual hará más difícil la obra de educar y preparar 279 a esos niños para que sean verdaderamente temperantes y tengan hábitos puros y virtuosos. Si se les ha transmitido por medio de los padres, como legado, el deseo de alimentos malsanos, estimulantes y narcóticos, ¡qué solemne responsabilidad descansa sobre tales padres de contrarrestar las malas tendencias que han legado a sus hijos! ¡Con cuánta diligencia y sinceridad debieran los padres hacer su deber, con fe y esperanza, hacia sus hijos desventurados!

Los padres debieran considerar como su primera obligación la comprensión de las leyes de la vida y de la salud, para que nada sea hecho por ellos, en la preparación de los alimentos, o mediante cualquier hábito, que desarrolle malas tendencias en sus niños. Cuán cuidadosas deben mostrarse las madres al preparar sus mesas con alimentos sencillos y sanos, a fin de que los órganos de la digestión no sean debilitados, las fuerzas nerviosas del organismo desequilibradas, y contrarrestadas las enseñanzas que debieran recibir, por el alimento ofrecido. Este alimento fortalece o debilita los órganos del estómago y tiene mucho que ver en el control de la salud física y moral de los niños, que son propiedad de Dios comprados con su sangre. Se ha encomendado a los padres una comisión sagrada, la de guardar la constitución física y moral de sus hijos, para que el sistema nervioso quede bien equilibrado y no esté en peligro su alma. Los que miman el apetito de sus hijos, y no controlan sus pasiones, verán la terrible equivocación que han cometido, en la formación de esclavos adictos al tabaco y al alcohol, cuyos sentidos están entumecidos y de cuyos labios salen mentiras y profanidades.

— La cruel bondad de la complacencia

358*. Se me mostró que una de las causas principales de la situación deplorable que impera en la actualidad es que los padres no sienten su obligación de criar a sus hijos de 280 acuerdo con la ley natural. Las madres aman a sus hijos con un amor idólatra y miman su apetito sabiendo que éste dañará su salud y como resultado les traerá enfermedad y desdicha. Esa bondad cruel en gran parte se manifiesta en esta generación. Los deseos de los niños son satisfechos a costa de la salud y de una feliz disposición, porque es más fácil para la madre satisfacerlos momentáneamente que negarles lo que piden.

Así las madres están sembrando la semilla que crecerá y dará fruto. A los niños no se les enseña a negarse los gustos ni a restringir sus deseos. Se vuelven egoístas, exigentes, desobedientes, desagradecidos e impíos. Las madres que hacen esto cosecharán con amargura el fruto de la semilla que han sembrado. Han pecado contra el cielo y contra sus hijos, y Dios las tendrá por responsables.

359*. Cuando padres e hijos se encuentren en el juicio final, ¡qué escena presenciarán! Miles de niños que han sido esclavos de su apetito y de vicios degradantes, cuyas vidas son naufragios morales, se encararán frente a frente con los padres que los hicieron lo que son. ¿Quiénes, sino los padres, deben llevar esta responsabilidad? ¿Es el Señor el culpable de la corrupción de estos jóvenes? ¡No! ¿Quién, por lo tanto, ha hecho esta obra espantosa? ¿No fueron los pecados de los padres transmitidos a los niños en apetitos pervertidos? y no fue terminada la obra por aquellos que descuidaron la enseñanza según el modelo que Dios ha dado? Tan seguramente como que existen, estos padres tendrán. que pasar en revista delante de Dios.

— Observaciones de viaje

360*. Mientras viajaba, oí a padres hacer la observación de que el apetito de sus hijos era sumamente delicado y a 281 menos que se les diera carne y pasteles, no podían comer. Cuando llegó la hora del almuerzo, observé la calidad de comida que se les servía: pan de trigo, tajadas de jamón cubiertas de pimienta negra, encurtidos, torta y mermeladas. La tez pálida y demacrada de estos niños indicaba claramente que el estómago sufría por estos abusos. Dos de estos niños notaron que una familia vecina ingería queso con la comida y perdieron el apetito por lo que se les ofrecía, hasta que su madre complaciente pidió un pedazo de queso para darlo a sus hijos, pues temía que sus queridos niños no terminaran la comida. La madre hizo esta observación: "A mis hijos les gusta tanto esto o aquello, que les permito obtener lo que quieran; porque el organismo pide el alimento que necesita".

Esto podría ser correcto sí el apetito nunca hubiese sido pervertido. Hay un apetito natural y un apetito depravado. Los padres que han enseñado a sus hijos a ingerir alimento malsano y estimulante toda su vida, hasta que el gusto se ha pervertido, de modo que ansían comer arcilla, lápices de pizarra, café quemado, residuos de té, canela, clavos de olor y especias, no pueden pretender que las exigencias del apetito son lo que el organismo requiere. El apetito ha sido educado torcidamente hasta que se ha depravado. Los delicados órganos del estómago han sido estimulados y quemados hasta que han perdido su delicada sensibilidad. El alimento sencillo y saludable les resulta insípido. El estómago sometido a abusos no puede cumplir el trabajo que se requiere, a menos que lo inciten a ello sustancias más fuertes. Si a estos niños se les hubiese enseñado desde su infancia a ingerir solamente los alimentos sanos, preparados de la manera más sencilla, conservando sus propiedades naturales en todo lo posible, evitando las carnes, grasas y todas las especias, el gusto y el apetito no serían menoscabados. En su estado natural. ellos podrían indicar, en un grado 282 importante, la comida mejor adaptada a las necesidades del organismo.

Mientras los padres y los hijos consumían sus manjares delicados, mi esposo y yo misma ingerimos nuestra sencilla merienda a la hora acostumbrada, a la 1 PM, la que consistía en pan de trigo sin mantequilla y una abundante cantidad de fruta. Comimos nuestra merienda con gusto y con corazones agradecidos porque no estábamos obligados a llevar con nosotros todo un cargamento de provisiones para satisfacer un apetito caprichoso. Comimos abundantemente y no sentimos hambre hasta la mañana siguiente. El vendedor de naranjas, nueces, maíz tostado y caramelos hizo muy poco negocio con nosotros.

La calidad de alimento ingerida por los padres y los hijos no se convertía en buena sangre y temperamentos agradables. Los niños eran pálidos. Algunos tenían llagas feas en la cara y las manos. Otros, con llagas en los ojos, estaban casi ciegos, lo cual echaba a perder la belleza de la cara. Había otros que no presentaban llagas en la piel, pero sufrían de tos, catarro y otras dificultades de la garganta y los pulmones, Vi a un niño de tres años de edad que sufría de diarrea. Tenía fiebre alta, pero parecía creer que todo lo que necesitaba era comida. Pedía, cada pocos minutos, que se le diera torta, pollo y encurtidos. La madre respondía como una esclava obediente a cada pedido del niño; y cuando la comida pedida no llegaba tan rápidamente como se la esperaba, y los gritos y llamadas se volvían desagradablemente urgentes, la madre contestaba: "Sí, sí, querido, te lo vamos a dar". Después que la comida llegaba a sus manos la arrojaba al suelo con enojo, porque tardó en llegar. Una niñita comía de su porción de jamón hervido, pepinos en vinagre con pan y mantequilla, cuando descubrió el plato del cual yo comía. Allí había algo que ella no tenía, y se negó a comer. La niña de seis años de edad dijo que quería un plato. Pensé que lo que ella deseaba era la linda manzana colorada que 283 yo estaba comiendo; y a pesar de que teníamos una porción limitada, sentí tanta lástima por los padres, que le di una linda manzana. Me la arrebató de la mano y con desdén la arrojó al piso del vagón. Pensé: Si esta niña puede salir con la suya, avergonzará ciertamente a su madre.

Esta manifestación de enojo era el resultado de la indulgencia de la madre. La calidad de alimento que proveía a su hija ejercía un desgaste continuo sobre los órganos de la digestión. La sangre era impura y la niña, enfermiza, era irritable. La calidad del alimento que se le daba cada día era de una naturaleza tal que excitaba las pasiones bajas y deprimía la parte moral e intelectual. Los padres estaban formando el carácter de su hija. La estaban desarrollando egoísta y carente de amor. No reprimían sus deseos ni controlaban sus pasiones. ¿Qué se puede esperar de una criatura tal, si es que llega a la edad adulta? Muchos no comprenden la relación que hay entre la mente y el cuerpo. Si el organismo está trastornado por los alimentos impropios, el cerebro y los nervios son afectados y las pasiones se excitan con facilidad.

Una niña de unos diez años de edad estaba afectada de escalofríos y fiebre, y no quería comer. La madre le rogaba: "Come un poco de este bizcochuelo. Aquí tienes una linda presa de pollo. ¿No quieres probar estas mermeladas?" Finalmente la niña comió lo equivalente a lo que habría comido una persona sana. Los alimentos que se le impuso con insistencia no convenían a un estómago sano, y de ninguna manera debieran ingerirse estando enfermo. Más o menos dos horas más tarde, la madre estaba refrescando la cabeza de la niña preguntándose por qué la niña tenía una fiebre tan elevada. Había añadido combustible al fuego y se sorprendía de que el fuego ardiese. Si se hubiese permitido que la naturaleza siguiera su curso en la niña, y su estómago tomase el descanso que tanto necesitaba, sus sufrimientos habrían sido mucho menores. Estas madres no 284 estaban preparadas para criar hijos. La mayor causa del sufrimiento humano se debe a la ignorancia con respecto a cómo cuidar de nuestro cuerpo.

Muchos se preguntan: ¿Qué comeré y cómo viviré, para disfrutar del momento actual? Los deberes y los principios son puestos a un lado en favor de los placeres. Si queremos tener salud debemos vivir para obtenerla. Si queremos desarrollar un carácter cristiano perfecto, debemos vivir para obtenerlo. En gran medida los padres son responsables de la salud física y moral de sus hijos. Debieran instruir a sus hijos e instarlos a que sigan las leyes de la salud para su propio bien, y para ahorrarse la desgracia y el sufrimiento. ¡Cuán extraño es que las madres permitan a sus niños que sufran la ruina de su salud física, mental y moral! ¿Cómo se entiende tal ternura? Estas madres inutilizan a sus hijos para que tengan felicidad en esta vida, y hacen muy insegura la perspectiva para una vida futura.

La causa de la irritabilidad y la nerviosidad

361*. La regularidad debiera ser la regla en todos los hábitos de los niños. Las madres cometen un grave error al permitir a sus hijos que coman entre horas. El estómago se perturba por esta costumbre, y se echan los cimientos para futuros sufrimientos. Su inquietud puede haber sido motivada por alimentos malsanos que no fueron digeridos; pero la madre considera que no puede perder tiempo para razonar sobre el asunto, y corregir su proceder pernicioso. Ni tampoco puede detenerse para calmar sus congojas impacientes. Ella les da a los enfermitos un trozo de torta u otras golosinas para calmarlos, pero esto simplemente aumenta el mal. Algunas madres, en su afán de trabajar, son dominadas por el

apresuramiento nervioso, volviéndose más irritables que los niños, y tratan, por medio de represiones y 285 hasta golpes, de atemorizar a los niños para que se estén quietos.
Con frecuencia las madres se quejan de la condición delicada de sus hijos, y consultan al médico, cuando, si sólo quisieran usar un poco de sentido común verían que las dificultades son causadas por equivocaciones cometidas en el régimen alimenticio.
Estamos viviendo en una época de glotonería, y los hábitos que los niños están adquiriendo, aun en el caso de muchos adventistas del séptimo día, están en oposición directa con las leyes de la naturaleza. Me encontré sentada cierta vez a la mesa con varios niños de menos de doce años de edad. Se les sirvió una abundante porción de carne, y de pronto una niña delicada y nerviosa pidió pepinos en vinagre. Un frasco de salsa que contenía mostaza y fuertes especias le fue dado del cual se sirvió abundantemente. La niña era conocida por su temperamento nervioso e irritable y estos condimentos picantes se prestaban para producir este estado de cosas. El hijo mayor creía que no podía comer una sola comida si no había carne y se manifestaba muy disgustado, y llegaba hasta la falta de respeto si no se le servía. La madre lo había mimado en sus gustos hasta el punto de haber llegado a ser una esclava de sus caprichos. No le habían enseñado a trabajar y pasaba su tiempo leyendo cosas inútiles o peores que inútiles. Se quejaba casi constantemente de dolor de cabeza y no le agradaban los alimentos sencillos.
Los padres deben mantener ocupados a sus hijos. La peor fuente del mal es la indolencia. El trabajo físico que trae cansancio saludable a los músculos, despertará el apetito por el alimento sencillo y sano, y el joven que está debidamente empleado no se levantará de la mesa protestando porque no hay delante de él un plato con carne y otras golosinas para tentar su apetito.
Jesús, el Hijo de Dios, al trabajar con sus manos como carpintero, dejó un ejemplo para toda la juventud. Que 286 aquellos que tienen a menos asumir los deberes comunes de la vida recuerden que Jesús se sujetó a sus padres, y contribuyó con su parte al sostenimiento de la familia. Pocos lujos se veían en la mesa de José y María, porque se contaban entre los pobres y humildes.

La relación del régimen con el desarrollo moral

362*. El poder de Satanás sobre la juventud de esta época es terrible. A menos que las mentes de nuestros hijos estén firmemente equilibradas por los principios religiosos, su moralidad será corrompida por el ejemplo vicioso con el cual, entran en contacto. El peligro mayor de los jóvenes estriba en la falta de sujeción. Los padres indulgentes no enseñan a sus hijos el dominio de sí mismos. El alimento que colocan delante de ellos es de tal calidad que irrita el estómago. La excitación producida se comunica al cerebro y como resultado las pasiones se despiertan. Nunca se repetirá suficientemente que cualquier cosa que el estómago ingiere no sólo afecta el cuerpo sino también la mente. Los alimentos toscos y estimulantes afiebran la sangre, excitan el sistema nervioso y con demasiada frecuencia embotan la sensibilidad moral, de modo que la razón y la conciencia son vencidas por los impulsos sensuales. Es difícil y a veces imposible para una persona intemperante en la comida, mantenerse paciente y serena. De ahí la importancia especial de permitir a los niños, cuyos caracteres no están todavía formados, que ingieran solamente alimento sano y sencillo. Fue con amor como nuestro Padre celestial mandó la luz de la reforma pro salud para guardarnos contra el mal que proviene de un apetito desenfrenado.

"Si, pues, coméis o bebéis, o hacéis otra cosa, hacedlo todo para la gloria de Dios" (1 Cor. 10:31). ¿Es esto lo que hacen los padres cuando preparan la comida para la mesa y llaman a la familia para compartirla? ¿Ponen delante de sus hijos los alimentos que ellos saben que les proporcionarán la mejor calidad de sangre, que mantendrán el organismo sin fiebre y lo pondrán en la mejor relación con la salud y la vida, o, sin tener en cuenta el futuro bienestar de sus niños, les proporcionan alimento malsano, estimulante e irritable?

363*. Pero aun los reformadores de la salud pueden equivocarse en cuanto a la cantidad de alimento. Pueden comer desmedidamente de un alimento bueno. Algunos en esta casa se equivocan en la calidad. Nunca se han decidido acerca de la reforma pro salud. Han elegido comer y beber lo que les agrada y cuando les agrada. Su organismo se está perjudicando al seguir este método. No sólo esto, sino que están perjudicando a sus familias al colocar sobre la mesa alimentos excitantes, que fortalecerán las pasiones animales de sus hijos, y los harán indiferentes a las cosas celestiales. Los padres están así fortaleciendo las pasiones animales y disminuyendo las fuerzas espirituales de sus hijos. ¡Qué penalidad costosa tendrán que pagar al final! ¡Y se sorprenden de que sus hijos sean tan débiles moralmente!

La corrupción entre los niños

364*- Vivimos en una era corrupta. Es un tiempo en que Satanás parece tener el control absoluto sobre las mentes que no están completamente consagradas a Dios. Por lo tanto hay una gran responsabilidad que descansa sobre los padres y guardianes que tienen niños que criar. Los padres han tomado sobre sí la responsabilidad de traer al mundo estos hijos; y ahora ¿en qué consiste su deber? ¿Consiste en dejarlos que se críen como quieren y a su voluntad? Permitidme deciros, una responsabilidad grande descansa sobre estos padres...

He dicho que algunos de Uds. son egoístas. No habéis comprendido lo que yo quería decir. Os habéis preocupado por los manjares de mejor sabor. El gusto y el placer han tenido la preferencia, en vez de la gloria de Dios y el deseo de progresar en la vida divina, y alcanzar la santidad en el temor de Dios. Habéis consultado vuestros propios placeres, vuestro propio apetito; y mientras lo hacíais, Satanás ha ganado terreno con respecto a Vosotros, y como sucede generalmente, ha frustrado vuestros esfuerzos cada vez.

Algunos de vosotros habéis llevado a vuestros hijos al médico para saber qué les pasaba. Os podría haber dicho en dos minutos cuál era la dificultad. Vuestros hijos están corrompidos. Satanás ha obtenido el control de ellos. El se os ha adelantado, mientras que vosotros que sois como Dios para ellos, para cuidarlos, estabais descuidados, estupefactos y durmiendo. Dios os ha ordenado que los criéis y los enseñéis en el temor del Señor. Pero Satanás ha ganado la delantera y los ha rodeado de ligaduras. Y sin embargo seguís durmiendo. Que el Señor se compadezca de vosotros y vuestros hijos, porque cada uno de vosotros necesita la compasión de él.

LAS COSAS PODRÍAN HABER SIDO DIFERENTES

Si os hubieseis puesto de parte de la reforma pro salud; si hubieseis añadido a vuestra fe virtud, a la virtud conocimiento, y al conocimiento temperancia, las cosas podrían haber sido diferentes. Pero habéis sido parcialmente despertados por la iniquidad y la corrupción que existe en vuestras casas...

Debierais estar enseñando a vuestros hijos. Debierais estar enseñándoles cómo evitar los vicios y la corrupción de esta época. En lugar de esto, muchos hacen ensayos para descubrir algo bueno para comer. Colocáis sobre vuestras mesas mantequilla, huevos y carne, y vuestros hijos participan de esto. Se los alimenta precisamente con lo que excitará 289 las pasiones animales, y entonces venís a la reunión y pedís a Dios que bendiga y salve a vuestros hijos. ¿Hasta qué altura llegan vuestras oraciones? Tenéis una obra que hacer primero. Cuando hayáis hecho para vuestros hijos todo lo que el Señor os ha encargado, entonces podéis confiadamente solicitar la ayuda que Dios ha prometido daros.

Debierais estudiar la templanza en todo. Debéis estudiarla con relación a lo que coméis y lo que bebéis. Y sin embargo decís: "A nadie le importa lo que como o lo que bebo o lo que sirvo sobre mi mesa". Es algo que importa a alguien, a menos que encerréis a vuestros hijos, o vayáis al desierto donde no molestaréis a nadie, y donde vuestros niños rebeldes y viciosos no corromperán la sociedad con la cual tratan.

Enseñad a los niños cómo hacer frente a la tentación

365*. Vigilad vuestro apetito; enseñad a vuestros hijos por el ejemplo y por precepto a adoptar una alimentación sencilla. Enseñadles a que sean laboriosos, no simplemente atareados, sino ocupados en trabajo útil. Procurad despertar su sensibilidad moral. Enseñadles que Dios tiene ciertos derechos sobre ellos, desde los primeros días de su niñez. Decidles que hay corrupciones morales a las cuales hay que hacer frente por todos lados; que necesitan ir a Jesús y entregarse a él de cuerpo y alma, y que en él obtendrán fuerza para resistir toda tentación. Hacedles recordar que no fueron creados simplemente para satisfacerse a sí mismos, sino que son los agentes del Señor para propósitos nobles. Enseñadles, cuando son tentados en los caminos de la indulgencia egoísta, cuando Satanás procura apartar a Dios de su vista, a que miren a Jesús, rogándole: "Sálvame, Señor, para que no sea vencido". Los ángeles se les acercarán en contestación a su oración, y los conducirán por caminos seguros. 290

Cristo rogó por sus discípulos, no que fuesen quitados del mundo, sino que fuesen guardados del mal, a fin de que no cayesen en las tentaciones que afrontan por todos lados. Esta es una plegaria que debiera elevar cada padre y cada madre. Pero, ¿deben rogar a Dios en favor de sus hijos, y luego dejarlos que hagan lo que quieran? ¿Deben mimar el apetito hasta que llega a dominarlos, y luego pretender dominar a los hijos? No; la temperancia y el dominio propio debieran ser enseñados desde la cuna. Debe descansar sobre la madre mayormente la responsabilidad de esta obra. El vínculo terrenal más tierno es el que existe entre la madre y su hijo. El niño es más fácilmente impresionado por la vida y el ejemplo de la madre que por la del padre, por este vínculo de unión más fuerte y tierno. Sin embargo, la responsabilidad de la madre es pesada y debe recibir la ayuda constante del padre.

366*. Os conviene, madres, que empleéis las horas preciosas que Dios os concede en formar el carácter de vuestros hijos, enseñándoles a adherirse estrictamente a los principios de la temperancia en el comer y el beber...

Satanás se da cuenta de que no tiene tanto poder sobre la mente cuando se mantiene el apetito dominado como cuando se lo satisface; y él está constantemente obrando para impulsar a los hombres al apetito. Bajo la influencia de alimentos malsanos, la conciencia se vuelve insensible, la mente se oscurece, y su susceptibilidad a las impresiones se menoscaba. Pero la culpa del transgresor no disminuye porque la conciencia ha sido violada hasta que se ha vuelto insensible.

367*. Padres y madres, orad y velad. Guardaos mucho de la intemperancia en cualquiera de sus formas. Enseñad a vuestros hijos los principios de una verdadera reforma pro 291 salud. Enseñadles lo que deben evitar para conservar la salud. La ira de Dios ha comenzado ya a caer sobre los rebeldes. ¡Cuántos crímenes, cuántos pecados y prácticas inicuas se manifiestan por todas partes! Como denominación, debemos preservar con cuidado a nuestros hijos de toda compañía depravada.

[El hogar en el campo y su relación con el régimen y la moral - 711]

SECCIÓN XIV Método de Cocinar Saludable

295

El cocinar deficiente es un pecado

368*. Es un pecado poner alimento pobremente preparado sobre la mesa, porque el comer concierne al bienestar de todo el organismo. El Señor desea que su pueblo aprecie la necesidad de cocinar los alimentos de tal manera que no agríen el estómago, y en consecuencia agríen el temperamento. Recordemos que hay religión práctica en un buen pan.

EL CONOCIMIENTO DEL ARTE DE COCINAR VALE DIEZ TALENTOS

No se considere la tarea de cocinar como una forma de esclavitud. ¿Qué acontecería con los que habitan en este mundo si todos los que están ocupados en la tarea de cocinar abandonaran su trabajo con la débil excusa de que no es suficientemente digno? El cocinar puede considerarse menos deseable que algunos otros ramos de trabajo, pero en realidad es una ciencia con un valor superior al de todas las otras ciencias. Así considera Dios la preparación de alimentos saludables. El tiene en alta estima a las personas que realizan un servicio fiel en la preparación de alimentos saludables y ricos al paladar. Quien entienda el arte de la correcta preparación de los alimentos, y use este conocimiento, es digno de un mayor encomio que los que se ocupan en cualquier otro ramo de trabajo. Debe considerarse que este talento equivale a diez talentos; porque su debido uso tiene mucho que ver con la salud del organismo humano. Debido a que está tan inseparablemente relacionado con la vida y la salud, es el más valioso de todos los dones. 296

El respeto que merece quien cocina

369*. Yo aprecio a mi costurera y a mi copista; pero mi cocinera, que sabe preparar el alimento que sostiene la vida y nutre el cerebro, los huesos y los músculos, ocupa el puesto más importante entre los ayudantes de mi familia.

370*. Algunas personas que aprenden a ser costureras, linotipistas, lectoras de pruebas, tenedores de libros o maestros de escuela, se consideran demasiado aristocráticas para asociarse con la persona que cocina.

Estas ideas han invadido casi todas las clases de la sociedad. Se le hace sentir a la cocinera que su ocupaciones tal que la coloca bajo en la escala de la vida social, y que no debe esperar asociarse con la familia en términos iguales. ¿Os sorprendéis entonces de que señoritas inteligentes busquen otro empleo? ¿Os maravilláis de que haya tan pocas cocineras educadas? La única maravilla es que, a pesar de esto, haya tantas que quieran someterse a tal tratamiento.

La cocinera llena una función importante en los ámbitos de la familia. Es la que prepara los alimentos que han de ir al estómago, para formar el cerebro, los huesos y los músculos. La salud de todos los miembros de la familia depende mayormente de su habilidad e inteligencia. Los deberes de la casa nunca recibirán la atención que demandan antes que quienes los realicen con fidelidad reciban el debido respeto.

371*. Hay muchísimas señoritas que se han casado y tienen familia, que poseen sólo escaso conocimiento práctico de los deberes que corresponden a la esposa y madre. Pueden leer y tocar un instrumento musical; pero no saben 297cocinar. No pueden hacer buen pan, lo cual es muy esencial para la salud de la familia... El cocinar bien, el presentar alimentos saludables sobre la mesa de una manera atractiva, requiere inteligencia y experiencia. Quien prepara los alimentos que han de ser colocados en nuestro estómago, para ser convertidos en sangre a fin de nutrir el organismo, ocupa un lugar muy importante y una posición muy elevada. El puesto de una dactilógrafa, de una modista o de una profesora de música no puede igualar en importancia al de la cocinera.

- Es el deber de toda mujer llegar a ser una cocinera capaz

372*. Con frecuencia nuestras hermanas no saben cocinar. A las tales quiero decirles: Yo iría a la mejor cocinera que se pudiera hallar en el país, y permanecería a su lado si fuese necesario durante semanas, hasta llegar a dominar el arte de preparar los alimentos, y ser una cocinera inteligente y hábil. Obraría así aunque tuviese cuarenta años de edad. Es vuestro deber saber cocinar, y lo es también el enseñar a vuestras hijas a cocinar. Cuando les enseñáis el arte culinario, edificáis en derredor de ellas una barrera que las guardará de la insensatez y el vicio que de otra manera podrían tentarlas.

373*. Para aprender cómo cocinar, las mujeres deben estudiar, y luego traducir pacientemente a la práctica lo que aprenden. Hay personas que sufren porque no se toman el trabajo de hacer esto. Digo a las tales: Es tiempo que despertéis vuestras dormidas energías, y obtengáis la información necesaria. No penséis que es tiempo perdido el que se dedica a obtener un conocimiento y una experiencia cuidadosos en la preparación de alimentos sanos y sabrosos. 298 No importa cuánta experiencia hayáis tenido en cocinar, si todavía tenéis la responsabilidad de atender la familia, es vuestro deber aprender a cuidar de ella de la debida manera.

- Aprendan a cocinar los hombres y las mujeres

374*. Muchos que adoptan la reforma pro salud se quejan de que no les conviene. Pero después de sentarme en sus mesas llego a la conclusión de que la falta no está en la reforma pro salud, sino en los alimentos pobremente preparados. Hago un llamado a los hombres y las mujeres a quienes Dios ha dado inteligencia: Aprended a cocinar. No hago ningún error cuando hablo a los "hombres", porque ellos, tanto como las mujeres, necesitan comprender la preparación sencilla y saludable de alimentos. A menudo sus trabajos los obligan a ir a donde no pueden obtener alimentos saludables. Pueden necesitar permanecer días y aun semanas como huéspedes de familias que son completamente ignorantes a este respecto. Entonces, si ellos tienen el conocimiento, pueden usarlo para un buen propósito.

- Hay que estudiar las revistas de salud

375*. Los que no saben cocinar de acuerdo con los principios de la higiene deben aprender a combinar artículos alimenticios sanos y nutritivos de tal manera que hagan platos apetitosos. Suscríbanse a nuestras revistas de salud los que desean obtener este tipo de conocimiento. Hallarán información adecuada en ellas...

Sin ejercer de continuo ingenio, nadie puede destacarse en el arte de cocinar en forma saludable, pero los que tienen el corazón abierto a las impresiones y las sugerencias que proceden del gran Maestro aprenderán muchas cosas, y podrán 299 también enseñar a los demás; porque él les dará habilidad y entendimiento.

- Estimúlese el desarrollo del talento individual

376*. El Señor quiere que en todo lugar se estimule a hombres y mujeres a desarrollar sus talentos en la preparación de alimentos sanos con los productos naturales de su propia región. Si miran a Dios y ejercen su habilidad e ingenio bajo la dirección de su Espíritu, aprenderán a transformar los productos naturales en alimentos sanos. Así podrán enseñar a los pobres a proveerse de alimentos que reemplacen la carne. A su vez los que reciban esta ayuda podrán instruir a otros. Una obra tal se ha de hacer todavía con celo y vigor consagrados. Si se hubiese hecho antes, habría hoy muchas más personas en la verdad, y muchos más instructores. Aprendamos cuál es nuestro deber, y luego hagámoslo. No debemos ser incapaces ni depender de otros para que hagan la obra que Dios nos ha confiado.

Un llamado a establecer escuelas de cocina

377*. En relación con nuestros sanatorios y escuelas, debe haber escuelas para enseñar el arte de cocinar, donde se dé instrucción sobre la debida preparación de los alimentos. En todas nuestras escuelas debe haber personas capacitadas para educar a los estudiantes, tanto jóvenes como señoritas, en el arte de cocinar. Particularmente las mujeres deben aprender a cocinar.

378*. Puede prestarse un buen servicio enseñando a la gente cómo preparar alimentos sanos. Este ramo de trabajo es tan esencial como cualquier otro que pueda emprenderse. Deben establecerse más escuelas de cocina, y alguien debe 300 trabajar de casa en casa, dando instrucción en el arte de cocinar alimentos sanos.

[Véase "Escuelas de Cocina", Sección XXV, Parte III.]

La reforma pro salud y la buena cocina

379*. La razón por la cual muchos se han desanimado al poner en práctica la reforma pro salud es que no han aprendido cómo cocinar de tal manera que los alimentos adecuados, preparados con sencillez, reemplacen el régimen al cual han estado acostumbrados. Se disgustan con los platos pobremente preparados, y lo próximo que se oye es que dicen que han probado la reforma pro salud, y no pueden vivir de esa manera. Muchos tratan de poner en práctica informaciones escasas con respecto a la reforma pro salud, y hacen un trabajo tan malo que perjudica la digestión, y desanima con respecto a todo lo que tiene que ver con la tentativa. Profesáis ser reformadores en materia de salud, y por esta precisa razón debéis convertiros en buenos cocineros. Los que pueden aprovechar las ventajas de escuelas de cocina debidamente dirigidas e higiénicas, hallarán que esto les resulta de gran beneficio, tanto para sí mismos como al enseñar a los demás.

El cambio de un régimen a base de carne

380*. Os aconsejamos que cambiéis vuestros hábitos de vida; pero al mismo tiempo os recomendamos que lo hagáis con entendimiento. Conozco familias que han cambiado de un régimen a base de carne a otro deficiente. Su alimento está tan mal preparado que repugna al estómago; y estas personas me han dicho que la reforma pro salud no les asienta, pues están perdiendo su fuerza física. Esta es una razón por la cual algunos no han tenido éxito en sus esfuerzos para simplificar su alimentación. Siguen un régimen 301 pobre. Preparan sus alimentos sin esmero ni variación. No debe haber muchas clases de alimentos en una comida, pero cada comida no debe estar compuesta invariablemente de las mismas clases de alimentos. El alimento debe prepararse con sencillez, aunque en forma esmerada para que incite al apetito. Debéis eliminar la grasa de vuestra alimentación. Contamina cualquier alimento que preparéis. Comed mayormente frutas y verduras.

381*. La debida preparación de los alimentos es uno de los trabajos más importantes. Especialmente donde la carne no constituye el principal artículo de la alimentación, la buena preparación de los alimentos es un requisito esencial. Algo debe prepararse para ocupar el lugar de la carne, y estos sustitutos deben estar bien preparados, de tal manera que no se desee la carne.

382*. Un deber positivo de los médicos es educar, educar, educar, por la pluma y la palabra, a todos los que tienen la responsabilidad de preparar alimentos para la mesa.

383*. Necesitamos personas que se eduquen a sí mismas en el arte de cocinar en forma saludable. Muchos de los que saben cocinar carne y verduras en diferentes formas, no entienden, sin embargo, cómo preparar platos sencillos y apetitosos.

[Platos insípidos - 324, 327]
[Demostraciones en los congresos - 763]
[En 1884 se señaló la necesidad de reemplazar la carne - 720]
[La preparación hábil de los productos naturales es una ayuda para la reforma pro salud - 710]
[Se requiere tacto y discernimiento para enseñar a cocinar sin carne -816] 302

La forma pobre de cocinar es una causa de enfermedad

384*. Por falta de conocimiento y habilidad con respecto al arte de cocinar, más de una esposa y madre diariamente coloca delante de su familia alimentos pobremente preparados, que en forma continua y segura están perjudicando los órganos digestivos y produciendo sangre de mala calidad; el resultado es frecuentes ataques de enfermedad inflamatoria, y a veces la muerte...

Podemos tener una variedad de alimentos buenos y sanos, cocinados en una forma saludable, y de manera tal que resulten apetitosos para todos. Es de vital importancia para todos saber cómo cocinar. La cocina pobre produce enfermedad y mal genio; el organismo se trastorna, y no pueden discernirse las cosas celestiales. Hay más religión de lo que pensamos en una buena forma de cocinar. A veces cuando yo he estado fuera de casa, he llegado a enterarme de que el pan que está sobre la mesa, así como la mayor parte de los otros alimentos, me perjudicaban; pero estaba obligada a comer un poco para sostener la vida. Es un pecado a la vista del cielo tener esa clase de alimentos.

Epitafios apropiados

385*. El alimento escaso y mal cocido vicia la sangre, pues debilita los órganos que la producen. Desarregla el organismo y causa enfermedades acompañadas de nerviosidad y mal humor. Cuéntanse hoy día por miles y decenas de millares las víctimas de la cocina defectuosa. Sobre muchas tumbas podrían escribirse epitafios como éstos: "Muerto por culpa de la mala cocina". "Muerto de resultas de un estómago estragado por el abuso". 303

ALMAS PERDIDAS POR LA MALA MANERA DE COCINAR

Es un deber sagrado para las personas que cocinan aprender a preparar comidas sanas. Muchas almas se pierden como resultado de los alimentos mal preparados. Se necesita pensar mucho y tener mucho cuidado para hacer buen pan; pero en un pan bien hecho hay más religión de lo que muchos se figuran. Son muy pocas las cocineras realmente buenas. Las jóvenes piensan que cocinar y hacer otras tareas de la casa es trabajo servil; y por lo tanto, muchas que se casan y deben atender a una familia tienen muy poca idea de los deberes que incumben a la esposa y madre.

NO ES UNA CIENCIA INFERIOR

La ciencia culinaria no es una ciencia despreciable, sino una de las más importantes de la vida práctica. Es una ciencia que toda mujer debería aprender, y que debería ser enseñada en forma provechosa a las clases pobres. Preparar manjares apetitosos, al par que sencillos y nutritivos, requiere habilidad pero puede hacerse. Las cocineras deberían saber preparar manjares sencillos en forma saludable, y de tal manera que resulten sabrosos precisamente por su sencillez.

Toda mujer que está a la cabeza de una familia pero no entiende el arte de la sana cocina, debería resolverse a aprender algo de tanta importancia para el bienestar de los suyos. En muchas ciudades hay escuelas de cocina higiénica que ofrecen oportunidad para instruirse en la materia. La que no dispone de este recurso debería ponerse por algún tiempo bajo la dirección de alguna buena cocinera y perseverar en su esfuerzo por desarrollarse hasta hacerse maestra en el arte culinario.

[El cocinar es un arte valiosísimo porque se relaciona estrechamente con la vida - 817] 304

Estúdiese la economía

386*. En todo ramo del arte de cocinar debe considerarse esta pregunta: "¿Cómo se preparará el alimento de la manera más natural y económica?" Y debe haber cuidadoso estudio para que la comida que sobra en la mesa no se desperdicie. Estudiad cómo lograrlo, para que de alguna manera estos restos no se pierdan. Esta habilidad, economía y discernimiento son una fortuna. En los días más calurosos de la estación, preparad menos alimentos. Usad más sustancia seca. Hay muchas familias pobres que, aunque tienen apenas lo suficiente para comer, pueden a menudo ser iluminadas en cuanto a por qué están pobres; hay tantas jotas y tildes desperdiciadas.

Vidas sacrificadas por comer a la moda

387*. Para muchas personas, el objeto absorbente de la vida -lo que justifica cualquier cantidad de trabajo- es aparecer a la última moda. La educación, la salud y la comodidad son sacrificadas en el altar de la moda. Aun en los arreglos que se hacen en la mesa, la moda y la ostentación ejercen su funesta influencia. La preparación saludable de alimento llega a ser un asunto secundario. El servir gran variedad de platos absorbe tiempo, dinero y trabajo agobiador, sin realizar ningún bien. Puede estar a la moda tener media docena de platos en una comida, pero la costumbre es ruinosa para la salud. Es una moda que los hombres y las mujeres sensatos deben condenar, tanto por precepto como por ejemplo. Tened un poco de consideración por la vida de vuestra cocinera. "¿No es la vida más que el alimento, y el cuerpo más que el vestido?"

En estos días, los deberes domésticos exigen casi todo el tiempo del ama de casa. Cuánto mejor sería para la salud de la familia, si los alimentos preparados para la mesa fueran 305 más sencillos. Miles de vidas son sacrificadas cada año en este altar: vidas que podrían haber sido prolongadas si no hubiera sido por esta rutina interminable de deberes fabricados. Más de una madre que baja a la tumba, si sus hábitos hubieran sido sencillos, habría vivido para ser una bendición en su hogar, en la iglesia y en el mundo.

[La costumbre de servir muchos platos es perjudicial - 218]

La selección y preparación de los alimentos es importante

388*. La gran cantidad de trabajo hecho para cocinar no es necesaria de manera alguna. Ni debiera haber un régimen muy pobre en calidad o cantidad.

389*. Es importante que el alimento sea preparado con cuidado y que agrado al apetito no pervertido. Debido a que por principio descartamos el uso de carne, manteca (mantequilla), pasteles de carne, especias, tocino y cosas que irritan el estómago y destruyen la salud, nunca debiera inculcarse la idea de que poco importa lo que comemos.

390*. Error grave es comer tan sólo para agradar al paladar; pero la calidad de los comestibles o el modo de prepararlos no es indiferente. Si el alimento no se come con gusto, no nutrirá tan bien al organismo. La comida debe escogerse cuidadosamente y prepararse con inteligencia y habilidad.

El desayuno estereotipado

391*. Yo pagaría un precio más alto por una cocinera que por cualquiera otra parte de mi trabajo... Si tal persona no tiene aptitud y habilidad para cocinar, veréis, como 306 nosotros hemos visto en nuestra experiencia, el desayuno estereotipado, que consiste en gachas... pan de panadería y alguna clase de compota, y esto es todo con la excepción de un poco de leche. Ahora bien, los que comen de esta manera durante meses, sabiendo lo que aparecerá delante de ellos en cada comida, llegan a temer la hora que debería ser interesante para ellos, como el momento más temible del día. Supongo que no podréis entender esto hasta que no lo hayáis experimentado. Pero este asunto me tiene verdaderamente perpleja. Si yo tuviera que participar en los preparativos al llegar a este lugar, diría: Dadme una cocinera experimentada, que tenga alguna facultad inventiva, para preparar platos sencillos de manera saludable, y que no disgusten el apetito.

Estudiad y practicad

392*. Muchos no creen que esto [el cocinar] sea un deber, y por lo tanto no tratan de preparar debidamente los alimentos. Esto puede realizarse de una manera sencilla, saludable y fácil, sin el uso de grasa de cerdo, mantequilla o carne. La habilidad tiene que unirse con la sencillez. Para hacerlo, las mujeres deben leer, y luego tratar de poner en práctica con paciencia lo que han leído. Muchos están sufriendo porque ellas no se toman el trabajo de hacerlo. Digo a las tales: Es tiempo de que despiertes sus dormidas energías y lean. Aprendan a cocinar con sencillez, y sin embargo de manera tal que los alimentos sean muy sabrosos y saludables.

Debido a que es erróneo cocinar solamente para agradar al gusto, o para conformar al apetito, nadie debe albergar la idea de que un régimen empobrecido es adecuado. Muchos están debilitados a consecuencia de la enfermedad, y necesitan un régimen nutritivo, rico y compuesto de alimentos bien cocinados... 307

UNA RAMA IMPORTANTE DE LA EDUCACIÓN

Constituye un deber religioso para los que cocinan aprender a preparar alimento saludable de diferentes maneras, de tal suerte que sea consumido con placer. Las madres deben enseñar a sus hijas cómo cocinar. ¿Qué rama de la educación de una joven puede ser tan importante como ésta? El comer tiene que ver con la vida. El alimento insuficiente, empobrecido y mal cocinado está constantemente corrompiendo la corriente sanguínea, al debilitar los órganos productores de sangre. Es muy esencial que el arte culinario sea considerado una de las ramas más importantes de la educación. Hay solamente pocas buenas cocineras. Las jóvenes consideran que es descender a un trabajo servil el ser cocinera. Este no es el caso. Ellas no tienen el debido concepto sobre el tema ni lo ven desde el punto de vista apropiado. El conocimiento de cómo preparar alimento saludable, especialmente pan, no es una ciencia inferior...

Las madres descuidan esta rama en la educación de sus hijas. Ellas asumen la carga de cuidados y trabajos, y están agotándose, mientras la hija queda libre para conversar, para hacer crochet, o para buscar su propio placer. Este es un amor equivocado. Una bondad errada. La madre está infiriéndole a su hija un daño que frecuentemente dura por toda la vida. A la edad en que ésta debiera ser capaz de soportar algunas de las cargas de la vida, no está capacitada para hacerlo. Las tales no asumirán quehaceres y responsabilidades. Procederán en forma descuidada, rehuyendo responsabilidades, mientras la madre se halla agobiada bajo su carga de tareas, como un carruaje bajo las gavillas. La hija no quiere faltar a la bondad. Pero es descuidada y no presta atención, o de otra manera notaría la mirada cansada y percibiría la expresión de sufrimiento en el rostro de la madre, y trataría de hacer su parte, para soportar lo más pesado de la carga, y aliviar a la madre, quien debe verse libre de preocupaciones, o de otra manera, se verá 308 postrada en un lecho de sufrimiento, y tal vez de muerte.

¿Por qué serán las madres tan ciegas y negligentes en la educación de sus hijas? He estado afligida, al visitar diferentes familias, al ver que la madre llevaba las cargas pesadas, mientras que la hija, quien manifestaba alegría, y tenía buen grado de salud y vigor, no sentía ninguna preocupación ni responsabilidad. Cuando hay grandes reuniones, y las familias tienen muchas visitas, he visto a la madre llevar el peso de la carga, ocupándose de todos los detalles, en tanto que las hijas permanecían sentadas conversando con sus amigos, en un intercambio social. Estas cosas me han parecido tan erróneas que a duras penas he conseguido abstenerme de hablar a las jóvenes descuidadas, indicándoles que vayan a trabajar. Aliviad a vuestra madre cansada. Llevadla para que se siente en el porche, e insistid que descanse y disfrute de la asociación con sus amigos.

Pero las hijas no son las únicas personas a quienes hay que culpar. También la madre es culpable. Ella no ha enseñado pacientemente a sus hijas a cocinar. Ella sabe que a las hijas les falta conocimiento en el arte culinario, y por lo tanto no puede obtener alivio en el trabajo. Ella misma debe atender todo lo que requiere cuidado, pensamiento y atención. Las jóvenes deben ser cabalmente instruidas en la cocina. Cualesquiera sean las circunstancias que sobrevengan en su vida, esto constituye un conocimiento que pueden poner en práctica. Esta es una rama de la educación que tiene la más directa influencia sobre la vida humana, especialmente en las vidas de aquellos que nos son más queridos.

Más de una esposa y madre que no ha tenido la debida educación, y que carece de la habilidad en el arte culinario, presenta todos los días a su familia un menú pobremente preparado, el cual está destruyendo en forma permanente y segura los órganos digestivos, produciendo una calidad pobre de sangre, y con frecuencia originando ataques agudos 309 de enfermedad inflamatoria, y causando muerte prematura...

ANIMAD A LOS QUE APRENDEN

Es un deber religioso que toda señorita y mujer cristiana aprenda sin dilación a hacer un pan bueno, dulce y liviano de harina de trigo sin cernir. Las madres deben llevar a sus hijas a la cocina consigo cuando son muy jóvenes, y enseñarles el arte de cocinar. La madre no puede esperar que sus hijas comprendan los misterios de los trabajos de la casa sin educación. Debe instruirlas con paciencia, y con amor, y debe hacer que el trabajo sea lo más agradable posible por medio de un rostro alegre y animadoras palabras de aprobación. Si fracasan una vez, dos o tres, no las censuréis. El desánimo ya está haciendo su trabajo, y tentándolas a decir: "No vale la pena; no lo puedo hacer". Este no es el tiempo de censurar. La voluntad está debilitándose. Necesita el acicate que significan las palabras animadoras, jubilosas, llenas de esperanza, tales como: "No te preocupes por los errores que cometiste. Estás solamente aprendiendo, y puedes esperar hacer errores. Pruébalo de nuevo. Pon tu mente en lo que estás haciendo. Sé muy cuidadosa, y seguramente tendrás éxito".

Muchas madres no se dan cuenta de la importancia de este ramo del conocimiento, y en vez de tomarse el trabajo y el cuidado de instruir a sus hijas y sobrellevar sus errores y fracasos mientras aprenden, prefieren hacerlo todo ellas mismas. Y cuando sus hijas cometen un error en sus esfuerzos, las mandan afuera mientras les dicen: "No vale la pena, tú no puedes hacer esto o lo otro. Me pones perpleja y me molestas más de lo que me ayudas".

Así los primeros esfuerzos de quienes aprenden son refrenados, y el primer fracaso enfría de tal suerte su interés y su ardor por aprender, que temen hacer otra prueba; de manera que ellas propondrán coser, tejer, limpiar la casa, cualquier cosa menos cocinar. En esto la madre habrá cometido 310 un grave error. Ella debió haberlas instruido pacientemente, para que las hijas, por medio de la práctica, obtuvieran una experiencia que evitara la torpeza y remediara los movimientos desmañados propios de los obreros inexpertos.

— Son más esenciales las lecciones sobre arte culinario que sobre música

393*. Algunos son llamados a hacer lo que se considera como deberes humildes: podría ser el cocinar. Pero la ciencia culinaria no es un asunto de poca importancia. La preparación habilidosa de los alimentos es una de las artes más esenciales, que está por encima de la enseñanza de la música o de la costura. Con esto no quiero decir que debamos descartar la enseñanza de la música o la confección de vestidos, pues son esenciales. Pero aún más importante es el arte de preparar alimentos en forma saludable y apetitosa. Este arte debe ser considerado como el más valioso de todos, porque se halla tan estrechamente relacionado con la vida. Debe recibir más atención, pues para producir buena sangre, el sistema necesita buen alimento. El fundamento de aquello que conserva a la gente con salud es la obra misionera-médica del buen arte culinario.

A menudo se convierte a la reforma pro salud en la "deformación" de la salud, debido a la preparación de alimentos sin un sabor agradable. La falta de conocimiento con respecto al arte culinario saludable debe ser remediada antes que la reforma pro salud pueda ser un éxito.

Las buenas cocineras son pocas. Muchas, muchas madres necesitan tomar lecciones en el arte de cocinar, para que puedan presentar ante la familia platos bien preparados y prolijamente servidos.

Antes que las niñas tomen lecciones de órgano o de piano deben recibir lecciones de cocina. La obra de enseñar 311 a cocinar no necesita excluir la música, pero aprender música es de menos importancia que aprender cómo preparar alimento sano y apetitoso.

394*. Sus hijas pueden amar la música, y esto puede estar bien; puede aumentar la felicidad de la familia; pero el conocimiento de la música sin el conocimiento del arte de cocinar no vale mucho. Cuando sus hijas tengan sus propias familias, el conocimiento de la música y del arte de coser no proveerá una comida bien cocinada, preparada con delicadeza, de manera que no se avergüencen de colocarla delante de los más estimados amigos. Madres, la vuestra es una tarea sagrada. Dios os ayude a asumirla teniendo en vista su gloria, y a trabajar con fervor, con paciencia y con amor para el bien presente y futuro de vuestros hijos, con el sincero propósito de contribuir a la gloria de Dios.

[Comidas irregulares cuando la familia está sola 284]

— Enseñad los misterios del arte culinario

395*. No dejéis de enseñar a vuestras hijas a cocinar. Al hacerlo, les impartís principios que deben tener en su educación religiosa. Al dar a vuestros hijos lecciones de fisiología, y enseñarles a cocinar con sencillez y sin embargo con habilidad, estáis echando el

fundamento de los ramos más útiles de la educación. Se necesita habilidad para hacer un pan bueno y liviano. Hay religión en la buena cocina, y yo pongo en duda la religión de las personas que son demasiado ignorantes y demasiado descuidadas para aprender a cocinar...
La cocina Pobre está agotando las energías vitales de millares de personas. Es Peligroso para la salud y la vida poner en algunas mesas el pan pesado y agrio, así como los demás alimentos preparados en forma similar. Madres, en lugar de tratar de dar a vuestras hijas una educación musical 312 instruidlas en estas ramas útiles que tienen la más estrecha vinculación con la vida y la salud. Enseñadles todos los misterios de la cocina. Mostradles que ésta es una parte de su educación, esencial para ellas si quieren llegar a ser cristianas. A menos que los alimentos estén preparados de una manera saludable y apetitosa, no pueden convertirse en buena sangre, a fin de reconstruir los tejidos en desgaste.

[Intento de reemplazar la buena comida por el azúcar -527]
[Influencia de la mesa sobre la temperancia - 351, 354]
[Se necesita una investigación cuando la digestión es pesada - 445]
[Menos trabajo de cocina y más alimentos naturales 166, 546] 315

SECCIÓN XV Los Alimentos Sanos y los restaurantes Higiénicos

Del Proveedor celestial

396*. Del relato de los milagros del Señor al proveer vino en la fiesta de boda y al alimentar a la multitud, podemos aprender una lección de la más elevada importancia. El trabajo de vender alimento saludable es uno de los instrumentos del Señor para suplir una necesidad. El Proveedor celestial de todos los alimentos no dejará a su pueblo en la ignorancia con respecto a la preparación de los mejores alimentos para todos los tiempos y ocasiones.

Como el maná

397*. Durante la noche pasada, me fueron reveladas muchas cosas. La fabricación y venta de productos alimenticios sanos debe ser objeto de consideración cuidadosa y mucha oración.

Hay en muchos lugares personas a quienes el Señor comunicará ciertamente conocimiento acerca de cómo preparar alimentos sanos y apetitosos, si él ve que están dispuestas a usar con justicia este conocimiento. Los animales están enfermando cada vez más, y no transcurrirá mucho tiempo antes de que los alimentos de origen animal sean descartados por muchos además de los adventistas del séptimo día. Se han de preparar alimentos sanos, capaces de sostener la vida, a fin de que hombres y mujeres no necesiten comer carne.

El Señor enseñará a muchos en todas partes del mundo a combinar las frutas, los cereales y las verduras en alimentos 316 que sostengan la vida y no comuniquen enfermedad.

Personas que nunca han visto las recetas para hacer los alimentos sanos que ya están en venta, trabajarán con inteligencia, experimentarán con los productos alimenticios de la tierra, y recibirán información acerca del uso de estos productos. El Señor les mostrará lo que deben hacer.

El que da habilidad y comprensión a su pueblo en parte del mundo, se la comunicará también a su pueblo otras partes del mundo. Es su designio que los tesoros alimenticios de cada país sean preparados de tal manera que puedan usarse en los países para los cuales son apropiados. Como Dios dio maná del cielo para sostener a los hijos de Israel, dará a su pueblo en diferentes lugares habilidad y sabiduría para usar los productos de esos países en la preparación de alimentos que reemplacen la carne.

398*. El mismo Dios que dio a los hijos de Israel maná del cielo vive y reina. El dará capacidad y entendimiento en la preparación de alimentos saludables. El guiará a sus hijos en la preparación de alimentos sanos. El desea que ellos vean lo que pueden hacer en la preparación de tales alimentos, no sólo para sus propias familias, lo cual constituye su primera responsabilidad, sino para ayudar a los pobres. Ellos han de demostrar una liberalidad semejante a Cristo, y han de darse cuenta de que son representantes de Dios, y de que todo lo que tienen les ha sido concedido por él.

Conocimiento divinamente impartido

399*. El Señor quiere que el conocimiento de la reforma en el régimen alimenticio sea impartido a su pueblo. Es parte esencial de la educación que ha de darse en nuestras escuelas. A medida que la verdad se presente en nuevos lugares, deben darse lecciones en el arte culinario higiénico. 317 Enséñese a la gente cómo puede vivir sin el uso de carne. Enséñesele a llevar una vida sencilla.

El Señor ha estado trabajando, y lo está todavía, para inducir a los hombres a preparar, a partir de las frutas y los granos, alimentos más sencillos y menos caros que muchos de los que ahora pueden obtenerse. Muchos no pueden comprar estos alimentos preparados tan caros, y sin embargo no tienen que vivir necesariamente a base de un régimen empobrecido. El mismo Dios que alimentó a los millares en el desierto con pan del cielo dará a su pueblo hoy en día un conocimiento de cómo proporcionar alimento en una forma sencilla.

400*. Cuando el mensaje alcanza a las personas que no han oído la verdad para este tiempo, ellas ven que deben realizar una gran reforma en su régimen alimenticio. Se dan cuenta de que deben abandonar la carne, porque crea un apetito por el licor, y llena el organismo de enfermedad. Al consumir carne, las facultades físicas, mentales y morales se debilitan. El hombre se edifica de lo que come. Las pasiones animales predominan como resultado de comer carne, de usar tabaco, y de beber alcohol. El Señor dará a su pueblo sabiduría para preparar, a partir de lo que la tierra produce, alimentos que ocuparán el lugar de la carne. Las combinaciones sencillas de nueces, granos y frutas, preparadas con gusto y habilidad, serán recomendables para los no creyentes. Pero habitualmente se usan demasiadas nueces en las combinaciones ahora preparadas.

Sencillo, fácil de preparar, saludable

401*. Debo dar ahora a mis hermanos la instrucción que el Señor me ha dado con respecto al tema de los alimentos sanos.* Hay muchos que consideran los alimentos sanos como una invención del hombre, pero éstos tienen su origen en 318 Dios, como una bendición para su pueblo. La obra de los alimentos sanos es propiedad de Dios, y no debe convertirse en un medio de especulación financiera para obtener ganancia personal. La luz que Dios ha dado y que continuará dando sobre el asunto de los alimentos ha de ser para el pueblo hoy lo que el maná era para los hijos de Israel. El maná caía del cielo, y al pueblo se le pedía que lo recogiera, y lo preparara para el consumo. Así en los diferentes países del mundo, los hijos de Dios recibirán luz para que preparen alimentos saludables adecuados a cada país.

Los miembros de todas las iglesias han de cultivar el tacto y el ingenio que Dios les dé. El Señor tiene habilidad y entendimiento para los que usen sus capacidades en la tarea de aprender a combinar los productos de la tierra para preparar alimentos sencillos, saludables y fáciles de manufacturar, que ocupen el lugar de la carne, de tal manera que la gente no tenga excusa para comer carne.

Los que reciben conocimiento acerca de cómo preparar tales alimentos deben usarlo con abnegación. Han de ayudar a sus hermanos pobres. Así como son consumidores, también han de ser productores.

Dios se propone que en muchos lugares se fabriquen alimentos sanos. Los que aceptan la verdad han de aprender a preparar estos alimentos sencillos. No es el plan de Dios que los pobres sufran por falta de las cosas necesarias para la vida. El Señor pide a su pueblo en diferentes países que ore a él por sabiduría, y que luego emplee debidamente la sabiduría que él le da. No hemos de quedar inactivos dominados por la desesperación y el desánimo. Hemos de hacer lo mejor que podamos para iluminar a otros.

Más sencillos y más económicos

402*. Los alimentos sanos que salen de nuestras fábricas pueden mejorarse en muchos respectos. El Señor enseñará 319 a sus siervos cómo hacer preparaciones que sean más sencillas y menos costosas. Hay muchos a quienes él instruirá en este ramo de conocimiento si siguen su consejo, y si andan en armonía con sus hermanos.

403*. Comerciad con alimentos que sean mucho más baratos y que, preparados en una forma nutritiva, satisfagan todo propósito... Tratad de producir preparaciones menos costosas a base de granos y frutas. Todas estas cosas Dios nos las da libremente para suplir nuestras necesidades. La salud no está asegurada por el uso de preparaciones costosas. Podemos tener tan buena salud aunque usemos preparaciones sencillas de frutas, cereales y legumbres.

404*. Es prudente que preparemos alimentos sencillos, baratos y sanos. Muchos de nuestros hermanos son pobres, y los alimentos sanos deben proveerse a precios que se los hagan accesibles. El Señor quiere que los pobres de cualquier país puedan obtener alimentos sanos y baratos. En muchos lugares se han de establecer industrias para fabricar esos alimentos. Lo que es una bendición para la obra en un lugar lo será en otros donde es mucho más difícil obtener dinero.

Dios está obrando en favor de su pueblo. No desea que esté sin recursos. Lo está haciendo volver al régimen alimenticio originalmente dado al hombre. Este régimen debe consistir en alimentos hechos con las materias primas que él proveyó, que son principalmente las frutas, los cereales y las oleaginosas, aunque también se usarán diversos tubérculos.

A medida que aumente el hambre, los alimentos serán simplificados

405*. El asunto de la alimentación no ha alcanzado aún la perfección. Hay todavía mucho que aprender en esta 320 línea. El Señor quiere que las mentes de sus hijos en todo el mundo se hallen en tal condición que puedan recibir las impresiones que él les de con respecto a la combinación de ciertos artículos en la producción de alimentos, que son necesarios, pero que todavía no se producen.

A medida que aumente el hambre, la necesidad y la aflicción en el mundo, la producción de alimentos saludables será grandemente simplificada. Los que están empeñados en este trabajo deben aprender constantemente del gran Maestro, que ama a su pueblo, y que siempre tiene en cuenta su bien.

[Los alimentos saludables deben reemplazar la carne, la leche y la mantequilla- 583]

La lección de Cristo sobre la economía

406*. Hay mucho en juego en esta obra. Debe experimentarse con los productos sanos de la tierra en un esfuerzo por preparar alimentos saludables y económicos.

El trabajar con alimentos ha de ser un tema de ferviente oración. Pida el pueblo a Dios sabiduría para preparar alimentos sanos. El que alimentó a los cinco mil con cinco panes y dos pececillos, suplirá las necesidades de sus hijos hoy. Después que Cristo hubo realizado este maravilloso milagro, dio una lección de economía. Después que el hambre de la multitud había sido satisfecha, él dijo: "Recoged los pedazos que sobraron, para que no se pierda nada". "Recogieron, pues, y llenaron doce cestas de pedazos" (Juan 6:12, 13).

— Alimentos obtenidos de productos locales en diferentes países

407*. El Señor dará inteligencia a muchas personas en diferentes lugares con respecto a la preparación de alimentos sanos. El puede poner mesa en el desierto. Nuestras iglesias que están tratando de practicar los principios de la reforma 321 pro salud deben preparar alimentos sanos. Pero tan seguramente como ellas deben hacerlo, algunos dirán que éstas están excediendo sus derechos. ¿Pero quién les dio la sabiduría para preparar estos alimentos?: el Dios del cielo. El mismo Dios dará sabiduría a su pueblo en los diferentes países para usar los productos de los mismos en la preparación de alimentos sanos. De una manera sencilla y económica, nuestros hermanos han de experimentar con las frutas, los granos y las raíces propios de los países donde viven. En las diferentes naciones han de prepararse alimentos baratos y sanos para el beneficio de los pobres y de las familias de nuestro propio pueblo.

El mensaje que Dios me ha dado es que sus hijos en los países extranjeros [fuera de los Estados Unidos] no han de depender, para su provisión de alimentos sanos, de la importación que venga de los Estados Unidos. El flete y los derechos aduaneros hacen que el costo de estos productos sea tan alto que los pobres, que son tan preciosos a la vista de Dios como los ricos, no puedan tener la ventaja de esos alimentos.

Los alimentos sanos son productos de Dios, y él enseñará a su pueblo en los campos misioneros a combinar los productos de la tierra de tal manera que se puedan proporcionar alimentos sencillos, baratos y saludables. Si buscan la sabiduría de Dios, él les enseñará cómo concebir planes e ideas para utilizar estos productos. Se me ha pedido que dijera: No les impidáis.

— Los alimentos sanos han de preceder a las fases avanzadas de la reforma pro salud

408*. En el campo en que Ud. está trabajando, hay mucho que debe aprenderse con respecto a la preparación de alimentos sanos. Los alimentos deben ser perfectamente saludables y sin embargo de preparación económica. El Evangelio 322 de la salud ha de predicarse entre los pobres. En la fabricación de estos alimentos, han de abrirse oportunidades para que los que aceptan la verdad y pierden su trabajo puedan ganarse la vida. Los productos que Dios ha provisto han de transformarse en alimentos sanos, que la gente pueda preparar por sí misma. Entonces podremos representar apropiadamente los principios de la reforma pro salud, y los que oigan estarán convencidos de la consistencia de estos principios y los aceptarán. Pero hasta que podamos ofrecer alimentos relacionados con la reforma pro salud que sean apetitosos, nutritivos y sin embargo baratos, no estamos en libertad de presentar las fases más avanzadas de la reforma pro salud en el régimen alimenticio.

[Hay que estimular el desarrollo de los talentos individuales -376]

409*. Doquiera se proclame la verdad, debe darse instrucción acerca de cómo preparar alimentos sanos. Dios desea que en todo lugar se enseñe a la gente a usar prudentemente los productos que es fácil obtener. Instructores hábiles deben mostrar a la gente cómo puede utilizar ventajosamente los productos que se pueden cosechar u obtener en su región del país. De esta manera tanto los pobres como los de circunstancias desahogadas pueden aprender a vivir en forma sana.

Los ingredientes a base de nueces han de usarse con mesura

410*. El Señor quiere que su pueblo en todas partes del mundo adquiera conocimientos en lo que se refiere al uso de los productos de la tierra en cada localidad. Los productos de cada región han de ser estudiados e investigados cuidadosamente, para ver si pueden combinarse para simplificar la producción de alimentos y disminuir el costo de la manufactura y el transporte. Haga cada uno lo mejor de que sea 323 capaz bajo la dirección de Dios para lograr esto. Hay muchos artículos alimenticios costosos que el genio del hombre puede combinar; y sin embargo no existe verdadera necesidad de usar las preparaciones más caras.

Hace tres años recibí una carta que decía: "No puedo comer los alimentos a base de nueces; mi estómago no puede soportarlos". Entonces se me presentaron varias recetas; una de ellas consistía en que debe haber otros ingredientes combinados con las nueces, que armonicen con ellas, y que éstas no se usen en una proporción tan grande. De una décima a una sexta parte de las nueces sería suficiente, de acuerdo con la combinación. Probamos esto, y tuvimos éxito.

[Véase en la Sección XXII, Parte I, "Nueces y alimentos a base de nueces"]

GALLETITAS DULCES

Me fueron mencionadas otras cosas. Entre ellas se me habló de las galletitas o bizcochos dulces. Estas se preparan porque a algunos les gustan, pero ocurre que las compran muchos que no deben comerlas. Hay todavía muchos progresos que realizar, y Dios trabajará con todos los que colaboran con él.

[Véase "Panes dulces" - 507, 508] algunas confituras consideradas inofensivas, no lo son -530]

411*. Deben ejercer mucho cuidado los que preparan recetas para nuestras revistas de salud. Algunos de los alimentos especialmente preparados que se fabrican ahora pueden ser mejorados, y nuestros planes acerca de su uso tendrán que mortificarse. Algunos han abusado de las preparaciones a base de nueces. Muchos me han escrito: "No puedo usar los alimentos oleaginosos; ¿qué usaré en lugar de carne?" Una noche me pareció estar delante de un grupo de personas a quienes explicaba que en la preparación de ciertos alimentos 324 incluyen cantidades demasiado copiosas de oleaginosas; que el organismo no puede asimilarlas cuando se usan como en algunas de las recetas dadas; y que, si se usaran en menor cantidad, los resultados serían más satisfactorios.

Restaurantes higiénicos en los congresos

412*. En nuestros congresos, deben hacerse arreglos para que los pobres puedan obtener alimentos saludables y bien preparados, a un precio tan económico como sea posible. También debe haber un restaurante donde se preparen platos saludables que sean servidos de una manera atractiva. Esto ejercerá una acción educativa sobre muchas personas que no son de nuestra fe. No se considere esta línea de trabajo como separada de los otros ramos de la obra de un congreso. Cada ramo de la obra de Dios está estrechamente unido con los demás, y todos deben avanzar en perfecta armonía.

413*. En nuestras ciudades, obreros que manifiesten interés deben encargarse de las diferentes ramas de la obra misionera. Se establecerán restaurantes higiénicos. ¡Pero con qué cuidado debe realizarse esta obra! Los que trabajen en estos restaurantes deben estar experimentando constantemente a fin de aprender cómo preparar alimentos sabrosos y sanos. Todo restaurante higiénico debe ser una escuela para los obreros relacionados con él. En las ciudades este ramo de trabajo puede realizarse en una escala mucho mayor que en los lugares pequeños. Pero en todo lugar donde haya una iglesia y una escuela de iglesia, debe darse instrucción con respecto a la preparación de alimentos sencillos y sanos para el uso de los que deseen vivir de acuerdo con los principios de la reforma pro salud. Y en todos nuestros campos misioneros puede hacerse una obra similar. 325

Nuestros restaurantes han de proceder por principio
414*. Ud. necesitará precaverse constantemente contra la introducción de algunas cosas, que, aunque aparentemente son inofensivas, llevarán a sacrificar ciertos principios que siempre deben mantenerse en nuestra obra relacionada con los restaurantes... No debemos esperar que aquellos que toda la vida han gratificado su apetito entiendan de inmediato cómo preparar alimentos que sean saludables, sencillos y apetitosos. Esta es la ciencia que todo sanatorio y restaurante higiénico ha de enseñar...
Si disminuyen los clientes de nuestros restaurantes porque rehusamos apartarnos de los principios rectos, que disminuyan. Debemos mantenernos en el camino del Señor, cuando las condiciones sean favorables o cuando no lo sean.
Le presento estas cosas en mis cartas para ayudarle a adherirse a lo recto y a descartar lo que no podemos introducir en nuestros sanatorios y restaurantes sin sacrificar los principios.

Evítense las combinaciones complejas
415*. En todos los restaurantes de nuestras ciudades, hay peligro de que la combinación de muchos alimentos en los platos servidos sea llevada demasiado lejos. El estómago sufre cuando se introducen en él tantas clases de alimentos en una misma comida. La sencillez es una parte de la reforma pro salud. Hay peligro de que nuestra obra deje de merecer el nombre que ha tenido.
Si queremos trabajar por la restauración de la salud, es necesario restringir el apetito, comer lentamente, y sólo una variedad limitada a un tiempo. Esta instrucción necesita ser 326 repetida con frecuencia. No está en armonía con los principios de la reforma pro salud tener tantos platos diferentes en una misma comida. Nunca debemos olvidar que es la parte religiosa de la obra, la obra de proporcionar alimentos para el alma, lo más esencial.

La misión de los restaurantes higiénicos
416*. Se me presentó el hecho de que no debemos darnos por satisfechos porque tenemos un restaurante vegetariano en Brooklyn, sino que otros deben establecerse en otras secciones de la ciudad. La gente que vive en una parte del Gran Nueva York no sabe lo que ocurre en otras partes de la gran ciudad. Los hombres y las mujeres que comen en los restaurantes establecidos en los diferentes lugares llegarán a estar conscientes de una mejora en la salud. Una vez ganada su confianza, estarán más dispuestos a aceptar el mensaje especial de verdad que Dios tiene.
Dondequiera se realice obra misionera médica en nuestras grandes ciudades, deben realizarse escuelas de arte culinario; y dondequiera esté en proceso una obra educacional y misionera vigorosa, debe establecerse un restaurante higiénico de alguna clase, que dé una ilustración práctica de la correcta elección y de la debida preparación de los alimentos.
417*. El Señor tiene un mensaje para nuestras ciudades, y este mensaje hemos de proclamarlo en nuestros congresos y en campañas de evangelismo público, y también por

medio de nuestras publicaciones. En adición a esto, han de establecerse restaurantes higiénicos en las ciudades, y por su medio el mensaje de temperancia ha de proclamarse. Deben hacerse arreglos para realizar reuniones en relación con nuestros restaurantes. Cuandoquiera que sea posible, búsquese un salón a donde puedan invitarse los clientes para tener conferencias 327 sobre la ciencia de la salud y la temperancia cristiana, donde éstos puedan recibir instrucción sobre la preparación de alimentos sanos y sobre otros temas importantes. En estas reuniones debe haber oración y canto y pláticas, no solamente sobre temas de salud y temperancia, sino también sobre otros temas bíblicos apropiados. A medida que se enseñe a la gente cómo preservar su salud física, se hallarán muchas oportunidades para sembrar las semillas del mensaje del reino.

El propósito final de la obra con los alimentos sanos

418*. Cuando se la realiza de tal manera que la atención de la gente es dirigida al Evangelio de Cristo, la obra relativa a los alimentos sanos puede ser abordada en forma provechosa. Pero elevo mi voz en amonestación contra los esfuerzos que no logran otra cosa que la producción de alimentos para suplir las necesidades físicas. Es un serio error emplear tanto tiempo y tanto de los talentos de hombres y mujeres en fabricar alimentos, en tanto que no se realiza ningún esfuerzo especial para proporcionar el pan de vida a las multitudes. Grandes peligros acechan a una obra que no tenga como su objetivo la revelación del camino de la vida eterna.

[Un estudio más abarcante de la alimentación racional y la obra de los restaurantes aparece en 7 T 110- 131; C.H. 471- 496]

SECCIÓN XVI El Régimen Alimenticio en los Sanatorios
331

Cuidado racional y buen alimento

419*. Han de establecerse instituciones para el cuidado de los enfermos, en donde los que sufren de diversas enfermedades puedan colocarse bajo el cuidado de médicos misioneros temerosos de Dios, y ser tratados sin drogas. A estas instituciones concurrirán los que se han acarreado enfermedades por hábitos indebidos en el comer y beber, de modo que ha de proporcionárselas un régimen alimenticio sencillo, saludable y apetitoso. No debe ser sin régimen de hambre. Han de combinarse artículos sanos de alimentación como para preparar platos apetitosos.

420*. Deseamos edificar un sanatorio donde puedan curarse las enfermedades por las propias provisiones de la naturaleza, y donde a la gente pueda enseñársela a tratarse a sí misma cuando está enferma. Donde aprendan a comer en forma temperante alimentos sanos, y sean enseñados a rechazar todos los narcóticos- té, café, vinos fermentados y estimulantes de todas clases-, y a descartar la carne de animales muertos.

Responsabilidad de médicos, dietólogos y enfermeros

421*. Es deber del médico velar para que se proporcione alimento sano, y éste debe prepararse de tal manera que no produzca perturbaciones en el organismo humano. 332

422*. Los médicos deben velar en oración, al darse cuenta de que se hallan en una posición de gran responsabilidad. Deben prescribirles a sus pacientes los alimentos más adecuados. Estos alimentos deben ser preparados por alguien que se da cuenta de que ocupa una posición muy importante, siendo que se necesita buen alimento para producir buena sangre.

423*. Una parte importante del deber de la enfermera consiste en atender a la alimentación del paciente. Este no debe sufrir o debilitarse por falta de alimento, ni tampoco deben recargarse sus débiles fuerzas digestivas. Téngase cuidado especial de que la comida sea preparada y servida de modo que resulte apetitosa. Debe, sin embargo, ejercerse buen juicio para adaptarla a las necesidades del paciente, tanto en lo que respecta a la cantidad como a la calidad.

Búsquese la comodidad y la buena voluntad de los pacientes

424*. A los pacientes ha de proporcionárseles abundancia de alimentos sanos y apetitosos, preparados y servidos en forma tan atractiva que no sientan tentación a desear la carne. Las comidas deben ser el medio de educar en la reforma pro salud. Ha de manifestarse cuidado con respecto a las combinaciones de los alimentos que se darán a los enfermos. El conocimiento con respecto a las combinaciones alimenticias adecuadas es de gran valor, y ha de recibirse como sabiduría de Dios.

Las horas de las comidas deben ser arregladas de tal manera que los pacientes sientan que los que están a cargo de la institución están trabajando para su comodidad y salud. Entonces, cuando abandonan la institución, no se llevarán consigo la levadura del prejuicio. En ningún caso ha de se 333 guirse una conducta que dé a los pacientes la impresión de que la hora de las comidas ha sido fijada por leyes inalterables.

Si, después de suprimir la tercera comida, veis por los resultados que esto está apartando a la gente de la institución, vuestro deber es sencillo. Debemos recordar que aun cuando hay personas para quienes es mejor comer solamente dos veces, hay otras que comen livianamente en cada comida, y que sienten que necesitan algo por la tarde. Ha de comerse lo suficiente como para que dé fuerza a los nervios y a los músculos, y hemos de recordar que es de los alimentos consumidos de donde la mente obtiene su fuerza. Parte de la obra médico-misionera que los obreros de nuestros sanatorios han de hacer es mostrar el valor de los alimentos sanos.

Está bien que no se sirva té, café o carne en nuestros sanatorios. Para muchos, esto constituye un gran cambio y es privarlos de algo importante. Poner en práctica otros cambios, como ser alterar el número de las comidas por día, es posible que en el caso de algunos haga más mal que bien.

[Véase en la Sección IX, Parte l: "Número de comidas"]

Exíjase solamente los cambios necesarios en los hábitos y las costumbres

425*. Los que están relacionados con esta institución han de recordar que Dios desea que ellos vayan al encuentro de los pacientes donde éstos están. Hemos de ser la mano ayudadora de Dios al presentar los grandes problemas de la verdad para este tiempo; pero no debemos tratar de interferir innecesariamente con los hábitos y las costumbres de los que están en los sanatorios como pacientes o huéspedes. Muchas de estas personas vienen a este lugar retirado [uno de los sanatorios] para permanecer solamente unas pocas semanas. El obligarlas, por un tiempo tan corto, a cambiar sus horas de comida, es someterlas a un gran inconveniente. Si hacéis 334 esto, hallaréis, después de la prueba, que habéis cometido un error. Averiguad lo que podáis con respecto a los hábitos de los pacientes, y no exijáis de ellos cambiar estos hábitos cuando no se gana nada especial por ese cambio.

La atmósfera de la institución debe ser agradable y hogareña, y tan sociable como sea posible. Los que vienen para ser tratados deben sentirse en casa. Los cambios abruptos con respecto a las comidas los mantendrán en un estado de intranquilidad mental. Sentimientos

de incomodidad serán el resultado de la interrupción de sus hábitos. Sus mentes estarán perturbadas, y esto producirá condiciones antinaturales, en virtud de las cuales se los despojará de las bendiciones que podrían de otra manera recibir. Cuando sea necesario cambiar sus hábitos, hacedlo con tanto cuidado y en forma tan agradable que ellos consideren el cambio como una bendición más bien que como una incomodidad...
Que vuestras reglas sean tan consecuentes que apelen a la razón aun de aquellos que no han sido educados para ver todas las cosas con claridad. A medida que os esforzáis por introducir principios de verdad renovadores y transformadores en la vida práctica de los que vienen al sanatorio para mejorar su salud, haced que ellos no vean ninguna exigencia arbitraria impuesta sobre ellos. No les deis razón alguna para sentir que se los obliga a seguir una conducta que ellos no elegirían.

— Realizad gradualmente los cambios dietéticos

426*. En las horas de la noche estaba hablando con vosotros dos. Tenía algunas cosas que deciros sobre el asunto del régimen alimenticio. Hablaba con libertad con vosotros, y os decía que tendríais que hacer cambios en vuestras ideas con respecto al régimen de aquellos que vienen al sanatorio desde el mundo. Estas personas han vivido impropiamente 335 a base de alimentos suculentos. Están sufriendo como resultado de complacer el apetito. Se necesita una reforma en sus hábitos relativos al comer y beber. Pero esta reforma no puede ser hecha de una sola vez. El cambio debe realizarse gradualmente. Los alimentos sanos presentados delante de ellos deben ser apetitosos. Toda su vida, tal vez, han tenido tres comidas por día, y han ingerido alimentos suculentos. Es un asunto importante alcanzar a estas personas con las verdades de la reforma pro salud. Pero a fin de inducirlas a adoptar un régimen razonable, debéis presentarles una provisión abundante de alimentos sanos y apetitosos. Los cambios no deben ser hechos en forma tan abrupta que ellos se vean desviados de la reforma pro salud, en vez de ser inducidos a adoptarla. Los alimentos servidos deben ser agradablemente preparados, y deben ser más suculentos de lo que vosotros o yo comeríamos...

Escribo esto porque estoy segura de que el Señor quiere que nosotros tengamos tacto al ir a encontrar a la gente donde está, en su estado de tinieblas y complacencia propia. En cuanto a mí, personalmente, yo estoy decididamente en favor de un régimen sencillo. Pero no sería lo mejor poner a pacientes mundanos que han estado acostumbrados a complacer el apetito, bajo un régimen tan estricto que ellos se vean disgustados con la reforma pro salud. Esto no los convencerá de la necesidad de un cambio en sus hábitos en cuanto al comer y beber. Presentadles los hechos. Educadlos para que vean la necesidad de un régimen sencillo, y que hagan el cambio en forma gradual. Dadles tiempo para responder al tratamiento y a la instrucción que se les proporcione. Trabajad y orad, y conducidlos tan suavemente como sea posible.

Me acuerdo una vez en----------, cuando en el sanatorio se me instó a que me sentara a la mesa con los pacientes, y comiera con ellos, para que nos llegáramos a conocer.

Vi entonces que indudablemente se había cometido un error en la preparación de los alimentos. Estos se habían servido 336 todos juntos de tal manera que resultaban sosos, y no había más que los dos tercios de la cantidad necesaria. Me resultó imposible comer lo suficiente para satisfacer mi apetito. Traté de que las cosas se cambiaran, y creo que el problema fue corregido.

LA EDUCACIÓN DEBE ACOMPAÑAR A LAS REFORMAS

Al tratar con los pacientes en nuestros sanatorios, debemos razonar de causa a efecto. Debemos recordar que los hábitos y las prácticas de toda una vida no pueden ser cambiados en un momento. Con una cocinera inteligente, y con una provisión abundante de alimentos sanos, pueden realizarse reformas que funcionen bien. Pero puede tomar tiempo el lograrlas. No debe hacerse un esfuerzo excesivo a menos que éste resulte en realidad necesario. Debemos recordar que los alimentos que serían apetitosos para un seguidor de la reforma pro salud pueden ser muy insípidos para los que no están acostumbrados a alimentos muy sazonados. Deben darse conferencias para explicar por qué se necesita una reforma en el régimen alimenticio, mostrando que el uso de alimentos sumamente sazonados produce la inflamación de las delicadas membranas de los órganos digestivos. Demuéstrese por qué nosotros, como pueblo, hemos cambiado nuestros hábitos de alimentación y bebida. Explíquese por qué descartamos el tabaco y todas las bebidas alcohólicas intoxicantes. Sentad los principios de la reforma pro salud clara y sencillamente, y con esto, póngase sobre la mesa una abundancia de alimento sano, apetitosamente preparado; y el Señor os ayudará a hacer impresionante la urgencia de la reforma, y los inducirá a ellos a ver que esta reforma es para su más alto bien. Extrañarán los alimentos muy sazonados a los cuales han estado acostumbrados, pero debe hacerse un esfuerzo para darles alimentos que sean tan sanos y tan apetitosos que dejen de extrañar los platos perjudiciales. Mostradles que el tratamiento que les fue dado no los beneficiará 337 a menos que realicen los cambios necesarios en sus hábitos de comer y beber.

427*. En todos nuestros sanatorios debe arreglarse un amplio menú para el comedor de los pacientes. No he visto nada muy extravagante en ninguna de nuestras instituciones médicas, pero he visto algunas mesas decididamente pobres en la provisión de alimentos de buena calidad, atractivos y sabrosos. A menudo los pacientes de esas instituciones, después de permanecer por un tiempo, han decidido que estaban pagando una gran suma de dinero por la pieza, la pensión y el tratamiento, sin recibir mucho como recompensa, y por lo tanto se han ido. Por supuesto, pronto hubo en circulación quejas para gran descrédito de la institución.

DOS EXTREMOS

Existen dos extremos, y debemos evitarlos. Que el Señor ayude a todos los que están relacionados con nuestras instituciones médicas a no abogar por una provisión escasa de alimentos. Los hombres y las mujeres del mundo que vienen a nuestro sanatorio, a menudo tienen apetitos pervertidos. No pueden hacerse cambios radicales en forma repentina para todas estas personas. Algunos no pueden ser colocados de inmediato a base de un régimen tan sencillo, según la reforma pro salud, como sería aceptable en una familia privada. En una institución médica hay apetitos variados que satisfacer. Algunos requieren verduras bien preparadas para hacer frente a sus necesidades peculiares. A otros no les ha sido posible usar hortalizas sin sufrir las consecuencias. Los pobres enfermos dispépticos necesitan recibir muchas palabras de ánimo. Que la influencia religiosa de un hogar cristiano sature el sanatorio. Esto conducirá a la salud de los pacientes. Todas estas cosas han de ser manejadas con cuidado y oración. El Señor comprende las necesidades que deben superarse, y él será vuestro ayudador. . . 338

Variad el menú

Ayer os escribí algunas cosas que espero que de ninguna manera os confundan. Puedo haber escrito demasiado con respecto a la importancia de tener una provisión liberal de alimento en nuestros sanatorios. He estado en diversas instituciones médicas donde la provisión de alimentos no era tan abundante como debía haber sido. Como bien sabéis, al proveer para los enfermos no debemos seguir un régimen establecido, sino que debemos con frecuencia variar el menú, y preparar alimentos de diferentes maneras. Creo que el Señor os dará a todos buen juicio en la preparación de los alimentos.

428*. A aquellos que vienen a nuestros sanatorios para recibir tratamiento debe proporcionárseles una provisión abundante de alimentos bien cocinados. El alimento colocado delante de ellos debe ser necesariamente más variado en calidad que lo que se necesitaría en un hogar. Que el régimen sea tal que produzca buena impresión en los huéspedes. Esto es un asunto de gran importancia. Los clientes de un sanatorio serán más numerosos si se proporciona una provisión abundante de alimentos apetitosos.

Una y otra vez he dejado las mesas de nuestros sanatorios sintiendo hambre e insatisfecha. He hablado con los que estaban a cargo de las instituciones, y les he dicho que su régimen necesitaba ser más abundante y que los alimentos debían ser más apetitosos. Les he dicho que debían usar su ingenio para hacer los cambios necesarios en la mejor forma posible. Les he pedido que recordaran que lo que tal vez satisfaría el gusto de los que siguen la reforma pro salud, no satisfaría a todos aquellos que siempre han comido alimentos suculentos, como se los llama. Mucho puede aprenderse de las comidas que se preparan y se sirven en un restaurante higiénico exitosamente conducido... 339

EVITAD LOS EXTREMOS

A menos que dediquéis mucha atención a este asunto, vuestra clientela disminuirá en lugar de aumentar. Hay peligro de ir a los extremos en la reforma alimenticia.

Anoche, mientras dormía, hablaba con el Dr.--------. Le dije: Ud. debe continuar ejerciendo cuidado en lo que atañe a los extremos en el régimen alimenticio. No debe ser extremista ni siquiera en su propio caso, ni con respecto a los alimentos que se proveen para sus ayudantes y pacientes en el sanatorio. Los pacientes pagan un buen precio por su alojamiento, y deben recibir comida abundante. Algunos pueden venir al sanatorio en una condición tal que exija la más austera negación del apetito y el menú más sencillo, pero a medida que su salud progrese, deberán recibir una generosa provisión de alimentos nutritivo. Ud. puede sorprenderse de que yo escriba esto, pero anoche fui instruida en el sentido de que un cambio en el régimen producirá una gran diferencia en su clientela. Se necesita un régimen más liberal.

429*. Hay que precaverse contra del peligro de ir a los extremos en el régimen alimenticio en el sanatorio. No podemos esperar que los mundanos acepten de inmediato aquello que nuestros hermanos han tardado años en aprender. Aun ahora hay muchos de nuestros ministros que no practican la reforma pro salud, a pesar de la luz que han tenido. No podemos esperar que los que no reconocen la necesidad de ser abstemios en el régimen, que no han tenido experiencia práctica en este asunto, den de una vez el gran paso que separa la complacencia propia en el comer de un régimen de lo más severo en la reforma pro salud.

A los que vienen al sanatorio hay que proporcionarles alimentos sanos, preparados de la manera más apetitosa y que sean consecuentes con los principios rectos. No podemos esperar 340 que vivan como nosotros vivimos. El cambio sería demasiado grande. Y hay muy pocos en nuestras propias filas que viven en forma tan abstemia como el Dr. ------- ha enseñado que es sabio vivir. Los cambios no deben hacerse abruptamente, cuando los pacientes no están preparados para ello.

Los alimentos colocados ante los pacientes deben ser de tal naturaleza que hagan una impresión favorable en ellos. Los huevos pueden prepararse en una variedad de formas. No debe prohibirse el pastel de limón.

Se ha dedicado muy poco pensamiento y esfuerzo cuidadoso a la tarea de hacer que los alimentos sean sabrosos y nutritivos. No queremos que el sanatorio pierda los pacientes. No podemos convertir a los hombres y las mujeres del error de sus caminos a menos que los tratemos con sabiduría.

Consígase el mejor cocinero, y no se limite el alimento a lo que está de acuerdo con el gusto de algunos que siguen rígidamente la reforma pro salud. Si a los pacientes se les da solamente este alimento, se disgustarán, porque resultará muy insípido. No es así como las almas han de ser ganadas para la verdad en nuestros sanatorios. Préstese atención a las palabras de cautela que el Señor ha dado al Hno. y a la Hna.------- con respecto a los extremos en el régimen. Fui instruida en el sentido de que el Dr. ------ debe cambiar su alimentación, y comer más alimento nutritivo. Es posible evitar la cocina complicada, y sin embargo hacer que los alimentos sean sabrosos. Yo sé que todo extremo en el régimen del sanatorio perjudicará la reputación de la institución. . .

Hay una forma de combinar y preparar los alimentos que los hará no solamente sanos sino también nutritivos. Los que están a cargo de la cocina en nuestro sanatorio deben saber cómo hacer esto. El asunto debe tratarse desde el punto de vista bíblico. Existe la posibilidad de despojar al cuerpo de su debida nutrición. La preparación de los alimentos 341 de la mejor manera posible debe llegar a ser una ciencia.

[Declaraciones adicionales con respecto a los extremos en el régimen del sanatorio - 324, 331]

La influencia de las raciones exiguas y de los alimentos de mal sabor

430*. Deben tener... la mejor calidad de todo tipo de alimentos saludables. Los que han tenido el hábito de complacer el apetito con todo lujo, si vienen al retiro [de un sanatorio adventista] y encuentran en ocasión de su primera comida un régimen magro, inmediatamente reciben la impresión de que los informes que han oído concerniente a que los adventistas viven en forma tan pobre y que se matan de hambre, son verdaderos. Una comida con una ración pobre hará más para desacreditar a la institución que lo que todas las influencias en otros sentidos puedan hacer para contrarrestarla. Si alguna vez esperamos encontrar a la gente en donde ella está para conducirla a un régimen sensato y saludable, no debemos empezar colocando delante de ella un régimen radical. Deben colocarse sobre la mesa platos muy bien cocinados, y abundancia de alimento bueno y sabroso, o de otra manera los que piensan mucho acerca de lo que comen creerán que se mueren de hambre. Necesitamos tener buenos platos muy bien preparados.

Los alimentos a base de carne no deben ser parte de la dieta del sanatorio

431*. He recibido instrucción con respecto al uso de la carne en nuestros sanatorios. Esta debe eliminarse del régimen alimenticio, y en su lugar debe colocarse alimento sano y apetitoso, preparado de tal manera que agrade al paladar. 342

432*. Hno. y Hna.-------- deseo presentar para vuestra consideración unos pocos puntos que me fueron revelados desde que surgieron las dificultades que tienen que ver con la cuestión de descartar la carne de las mesas de nuestras instituciones médicas...

El Señor me dio claras instrucciones en el sentido de que la carne no debe colocarse ante los pacientes en los comedores de nuestros sanatorios. Se me dio la información de que los pacientes podrían tener carne si, después de escuchar las conferencias que se dan en la sala, todavía insisten en que se les proporcione ese alimento, pero que, en tales casos, esa carne deben comerla en sus propias piezas. Todos los ayudantes han de descartar la carne de su alimentación. Pero, como queda dicho anteriormente, si, después de saber que no puede colocarse carne en las mesas del comedor, unos pocos pacientes insisten en tenerla, proporcionádsela de buen grado en sus propias habitaciones.

Acostumbrados, como muchos están, al uso de carne, no es sorprendente que esperen verla en la mesa del sanatorio. Podréis encontrar que no es aconsejable publicar el menú, dando una lista de los alimentos que se sirven en la mesa; por la ausencia de carne del régimen podría parecer un tremendo obstáculo para los que piensan hacerse clientes del sanatorio. Sean los alimentos sabrosamente preparados y servidos con gusto. Habrán de prepararse más platos de lo que se necesitaría si se sirviera carne. Pueden proporcionarse otras cosas, de manera que la carne pueda ser descartada. La leche y la crema pueden ser usadas por algunos.

No debe prescribiese la carne

433*. Se me ha instruido que los médicos que usan carne y la prescriben para sus pacientes, no deben ser empleados 343 en nuestras instituciones, porque decididamente dejan de enseñar a los enfermos a descartar lo que los enferma. El médico que usa carne y la prescribe no razona de causa a efecto, y en lugar de actuar como un restaurador, induce al paciente por su propio ejemplo a complacer el apetito pervertido.

Los médicos empleados en nuestras instituciones deben ser reformadores en este respecto y en todo otro sentido. Muchos de los pacientes están sufriendo debido a sus errores en la alimentación. Ha de mostrárselas un camino mejor. ¿Pero cómo puede hacerlo un médico que consume carne? Por sus hábitos erróneos estorba su trabajo y lesiona su utilidad.

Muchos de los pacientes de nuestros sanatorios han razonado por sí mismos sobre el asunto del consumo de carne, y deseando preservar sus facultades mentales y físicas contra el sufrimiento, han dejado la carne fuera de su alimentación. Así han obtenido alivio de los males que han torturado su vida. Muchos que no son de nuestra fe se han plegado a la reforma pro salud debido a que, desde un punto de vista egoísta, vieron la conveniencia de hacerlo así. Muchos han adoptado concienzudamente su posición en materia de la reforma pro salud en lo que atañe a la alimentación y al vestido. ¿Continuarán los adventistas adoptando prácticas insalubres? ¿No obedecerán ellos la orden: "Si, pues, coméis o bebéis, o hacéis otra cosa, hacedlo todo para la gloria de Dios"? (1 Cor. 10:31.)

Precaución que debe tomarse al prescribir alimentos exentos de carne

434*. La luz que Dios ha dado sobre el tema de la enfermedad y sus causas, debe estudiarse con amplitud; pues los hábitos erróneos de complacer el apetito, y el descuido y la falta de atención al debido cuidado por el cuerpo resultan evidentes en la gente. Hay que observar hábitos de higiene, y téngase cuidado con lo que se introduce en la boca. 344

No debéis hacer prescripciones en el sentido de que nunca debe consumirse carne, pero habéis de educar la mente, y dejar que brille la luz. Dejad que la conciencia individual despierte a la necesidad de mantener limpio todo el ser y de protegerlo, contra el apetito pervertido...

Debemos ser cautelosos en este asunto de comer carne. Cuando una persona cambia de un régimen carnívoro estimulante a un régimen de frutas y verduras, siempre tendrá al principio una sensación de debilidad y falta de vitalidad, y muchos insisten en que esto es un argumento en favor de la necesidad de consumir carne. Pero este resultado es precisamente el argumento que debe usarse para descartar un régimen a base de carne. No debe insistirse en que el cambio sea abrupto, especialmente en el caso de aquellos que tienen que hacer trabajo continuo. Edúquese la conciencia y fortalézcase la voluntad, porque así el cambio puede hacerse con más prontitud y de buen grado.

Los tuberculosos que marchan en forma segura hacia la tumba no deben hacer cambios drásticos en este respecto, sino que debe tratarse cuidadosamente de obtener carne de animales que sean lo más sanos posible.

Personas que tengan tumores que están acabando con su vida no deben ser molestadas con el asunto de si deben dejar o no la carne. Tened cuidado de no tornar medidas estrictas con respecto a este asunto. No será de ayuda el imponer cambios, antes al contrario esto perjudicará los principios relativos a la abstinencia de carne. Presentad disertaciones en la sala. Educad la mente, pero no obliguéis a nadie; pues tal reforma hecha bajo presión es inútil...

Ha de presentarse a todos los estudiantes y médicos y éstos habrán de transmitirlo a otros-, el hecho de que toda la creación animal está más o menos enferma. La carne enferma no es rara, sino común. Toda clase de enfermedades es introducida en el organismo humano cuando se 345 vive a base de carne de animales muertos. La debilidad resultante del abandono de un régimen a base de carne pronto será vencida, y los médicos deben entender que no deben convertir el estímulo producido por el consumo de carne en algo esencial para la salud y la fuerza. Todos los que la abandonen inteligentemente, después que se acostumbren al cambio, tendrán salud en sus tendones y en sus músculos.

435*. La Dra. -------- me preguntó si, bajo alguna circunstancia, yo aconsejaría beber caldo de pollo si alguien estuviera enfermo y no pudiera introducir ninguna otra cosa en su estómago. Dije: "Hay personas que mueren de tuberculosis que, si piden caldo de pollo, deben tenerlo. Pero yo sería muy cuidadosa". Un caso dado no debe perjudicar a un sanatorio ni constituir una excusa para que otros piensen que su propio caso requiere el mismo régimen. Yo pregunté a la Dra. ----- si ella tenía algún caso así en el sanatorio. Ella contestó: "No, pero tengo una hermana en el sanatorio de ----------, que está muy débil. Tiene ataques de debilidad, pero puede comer pollo cocinado". Le dije: "Sería mejor alejarla del sanatorio... La luz que me ha sido dada es que si la hermana a la cual Ud. se refiere aceptara y cultivara su gusto por los alimentos sanos, todos estos ataques de debilidad pasarían".

Ella ha cultivado su imaginación; el enemigo se ha aprovechado de su debilidad corporal; y su mente no está fortalecida para luchar contra las durezas de la vida cotidiana. Es una buena cura mental santificada lo que ella necesita, un aumento de fe, y un activo servicio por Cristo. También necesita el ejercicio de sus músculos, y el trabajo práctico al aire libre. El ejercicio físico será para ella una de las mayores bendiciones en su vida. No necesita ser una inválida, sino una persona de mente sana, una mujer llena de salud, preparada para desempeñar noblemente y bien su parte. 346

Todos los tratamientos que puedan dársele a su hermana reportarán poca ventaja a menos que ella haga su parte. Necesita fortalecer sus músculos y sus nervios por el trabajo físico. No necesita ser una inválida, sino que puede hacer un trabajo bueno y ferviente.

[Reconocimiento de condiciones de emergencia - 699, 700]

→"No permitáis que aparezca"

436*. Me reuní con los médicos y con el Hno.------, y hablé con ellos durante unas dos horas. y liberé mi alma. Les dije que habían sido tentados, y que estaban cediendo a la tentación. Con el propósito de asegurarse una clientela, querían servir carne en la mesa, y luego serían tentados a ir más lejos, a usar té, café y drogas... Dije: Habrá tentaciones por medio de aquellos cuyo apetito por la carne ha sido gratificado, y si tales personas están relacionadas con la casa de salud, presentarán tentaciones a sacrificar los principios. No debe tolerarse la primera introducción en el consumo de carne. Entonces no habrá necesidad de eliminar la carne, porque ésta nunca habrá aparecido en la mesa . . . Se había usado el argumento de que ellos podrían usar carne en la mesa hasta que pudieran educar a la gente con respecto a no usarla. Pero a medida que nuevos pacientes llegaran continuamente, la misma excusa establecería el consumo de carne. No, no permitáis que aparezca en la mesa una vez. Entonces vuestras disertaciones con respecto al asunto de la carne corresponderán con el mensaje que debéis llevar.

— El servir té, café y carne en las piezas de los pacientes
437*. En nuestros sanatorios . .. no debe servirse té, café o carne, a menos que sea en algún caso especial, en el 347 cual el paciente particularmente lo desea, y entonces, estos artículos de consumo deben serle servidos en su propia pieza.

— No debe prescribiese té, café y carne
438*. No se emplea a los médicos para que prescriban a los pacientes un régimen a base de carne, porque ésta es la clase de alimentación que los ha enfermado. Buscad al Señor. Cuando lo halléis, seréis mansos y humildes de corazón. Individualmente, no os alimentaréis a base de carne y animales muertos, y ni siquiera colocaréis un bocado en la boca de vuestros niños. No prescribiréis carne, té o café a vuestros pacientes, sino que presentaréis disertaciones en la sala para mostrar la necesidad de un régimen sencillo. Eliminaréis las cosas perjudiciales de vuestro menú.
El que los médicos de nuestras instituciones estén enseñando por precepto y ejemplo a los que están bajo su cuidado a usar un régimen a base de carne, después de años de instrucción que el Señor nos ha dado, los descalifica para ser superintendentes de nuestros institutos de salud. El Señor no da luz sobre la reforma pro salud para que sea desoída a los que ocupan posiciones de influencia y autoridad. El Señor quiere decir precisamente lo que dice, y él ha de ser honrado en lo que dice. Ha de darse luz sobre estos temas. Es el asunto del régimen alimenticio lo que necesita cuidadosa investigación, y las prescripciones deben hacerse de acuerdo con los principios de salud.
[Véase La reforma progresiva del régimen alimenticio en las instituciones adventistas - 720-725]

— No han de servirse bebidas alcohólicas
439*. No estamos edificando sanatorios para que sean hoteles. Recibimos en nuestros sanatorios solamente a los que desean conformarse con los principios rectos, los que acepten 348 los alimentos que concienzudamente podemos colocar delante de ellos. Si permitiéramos a los pacientes usar bebidas alcohólicas intoxicantes en sus habitaciones, o les sirviéramos carne, no podríamos darles la ayuda que deben recibir al venir a nuestros sanatorios. Debemos hacer claro que por principio excluimos tales artículos de nuestros sanatorios y restaurantes higiénicos. ¿No queremos ver a nuestros semejantes libres de la enfermedad, y gozando de salud y de fuerza? Seamos entonces fieles a los principios como la brújula al polo.

Platos que despierten el apetito

440*. No podemos amoldar las mentes de los mundanos a los principios de la reforma pro salud de una sola vez; por lo tanto no debemos establecer reglas demasiado estrictas con respecto al régimen de nuestros pacientes. Cuando vienen a nuestros sanatorios pacientes mundanos, tienen que hacer un gran cambio en sus hábitos alimenticios; y con el propósito de que sientan el cambio lo menos posible, debiera utilizarse el mejor arte culinario dentro de los lineamientos de la salud, y presentarse sobre la mesa los platos más apetitosos y atractivos...

Los que pagan por su alojamiento y tratamiento deben tener alimentos preparados en la forma más apetitosa posible. La razón de esto es obvia. Cuando a los pacientes se los priva de la carne, el organismo humano siente el cambio. Como se produce una sensación de lasitud física, ellos exigirán una abundancia y variedad mayor en su menú. Deben prepararse platos que despierten el apetito, y sean agradables a la vista.

Alimentos para inválidos

441*. Debe proporcionarse un menú abundante y variado para los pacientes, pero debe ejercerse cuidado en la prepara 349 ción y combinación de los alimentos para los enfermos. La mesa de un sanatorio no puede ser exactamente la misma que la de un restaurante. Constituye una gran diferencia si los alimentos han de colocarse ante personas sanas, que pueden digerir casi cualquier cosa en materia de alimentos, o ante inválidos.

Hay peligro en proporcionar un menú demasiado limitado para personas que han venido directamente de un régimen tan abundante que invita a la glotonería. El menú debe ser liberal. Pero al mismo tiempo, debe de ser sencillo, Yo sé que pueden prepararse los alimentos en forma sencilla, y sin embargo resultar tan sabrosos como para que lo disfruten aun las personas que han estado acostumbradas a un menú más rico.

Pónganse sobre la mesa frutas en abundancia. Me alegro de que podáis proporcionar para la mesa del sanatorio fruta fresca de vuestra propia quinta. Esta es, por cierto, una gran ventaja.

[No todos pueden usar verduras: 516]

La educación que proporciona la mesa del sanatorio

442*. En la preparación de los alimentos, hay que permitir que sigan brillando los áureos rayos de luz, para enseñar a los que se sientan a la mesa cómo deben vivir. Esta educación ha de darse también a los que asistan a las reuniones del Retiro para la Salud, de manera que puedan llevarse de vuelta los principios de la reforma.

443*. La preparación de los alimentos para los pacientes del sanatorio necesita estricta y cuidadosa atención. Algunos de los pacientes vienen de hogares en que la mesa está diariamente cargada de alimentos suculentos, y debe hacerse 350 todo esfuerzo posible para poner delante de ellos alimentos que sean a la vez apetitosos y sanos.

PARA RECOMENDAR LA REFORMA PRO SALUD

El Señor quiere que la institución con la cual estáis relacionados sea uno de los lugares que proporcionen mayor satisfacción y placer en el mundo. Quisiera que manifestarais cuidado al proporcionar a los pacientes un régimen que no haga peligrar su salud, y al mismo tiempo recomiende nuestros principios de la reforma higiénica. Esto puede hacerse, y al hacerse, hará favorable impresión en la mente de los pacientes. Será una educación para ellos, porque les mostrará la ventaja de una vida higiénica por encima de su propia forma de vivir.

Y cuando salgan de la institución, llevarán con ellos un informe que estimulará a otros a ir allí.

→ La mesa de los ayudantes

444*. Tenéis muy poco cuidado y sentís muy livianamente la preocupación de proporcionar comidas bien presentadas y abundantes para vuestros obreros. Ellos son los que necesitan abundancia de provisiones frescas y sanas. Están constantemente cargados de trabajo; su vitalidad debe ser preservada. Sus principios deben ser educados. De entre todos los que se hallan en el sanatorio, ellos deben recibir abundantemente los alimentos mejores, más sanos y más fortificantes. La mesa de vuestros ayudantes debe suplirse, no con carne, sino con una provisión abundante de buenas frutas, granos y hortalizas preparados en forma agradable y sana. Vuestro descuido en hacer esto ha aumentado vuestros ingresos comprometiendo en un grado excesivamente grande la fuerza y las almas de vuestros obreros. Esto no ha agradado al Señor. La influencia del menú entero no recomienda vuestros principios ante aquellos que se sientan a la mesa de los ayudantes. 351

→ El cocinero, un misionero médico

445*. Conseguid la mejor ayuda que podáis para la cocina. Si el alimento se prepara de tal manera que sobrecarga los órganos digestivos, estad seguros de que se necesita una investigación. Puede prepararse alimento en tal forma que sea sano y al mismo tiempo apetitoso.

446*. El cocinero o la cocinera de un sanatorio deben ser personas que militen plenamente en las filas de la reforma pro salud. Un hombre no está convertido a menos que su apetito y su régimen correspondan con su profesión de fe.

El cocinero de un sanatorio debe ser un misionero médico bien preparado. Debe ser una persona capaz, que pueda experimentar por sí mismo. No debe limitarse a recetas. El Señor nos ama, y él no desea que nos perjudiquemos siguiendo recetas no saludables.

En todo sanatorio habrá personas que se quejarán de la comida, diciendo que no les conviene. Necesitan ser educadas con respecto a los males de un régimen no saludable.

¿Cómo puede el intelecto estar despejado mientras el estómago sufre?

447*. Debe haber en nuestro sanatorio un cocinero que entienda plenamente el trabajo, y que tenga buen juicio, que pueda hacer experimentos, y que no introduzca en los alimentos las cosas que deben evitarse.

448*. ¿Tenéis un cocinero que pueda preparar platos que los pacientes no puedan sino reconocer que constituyen una mejora en el régimen al cual han estado acostumbrados? El que maneja la cocina en un sanatorio debe ser capaz de hacer combinaciones de alimentos sanas y apetitosas, y estas combinaciones deben necesariamente ser más 352 concentradas y ricas al paladar que lo que vosotros o yo comeríamos.

449*. El que desempeña el cargo de cocinero tiene uno de los trabajos de más responsabilidad. Debe ser educado en hábitos de economía y debe comprender que ningún alimento debe ser desperdiciado. Cristo dijo: "Recoged los pedazos que sobraron, para que no se pierda nada". Que todos los que están ocupados en algún departamento escuchen esta instrucción. La economía ha de ser aprendida por parte de los educadores y enseñada a los ayudantes no sólo por precepto, sino también por ejemplo. 353

SECCIÓN XVII El Régimen Alimenticio Como Remedio Racional
355

→ Agentes medicamentosos de la naturaleza

450* . Es importante familiarizarse con el beneficio de seguir una dieta especial en caso de enfermedad. Todos deben entender qué hacer en favor de sí mismos.

451*. Hay muchas maneras de practicar el arte de sanar; pero hay una sola que el cielo aprueba. Los remedios de Dios son los simples agentes de la naturaleza, que no recargarán ni debilitarán el organismo por la fuerza de sus propiedades. El aire puro y el agua, el aseo y la debida alimentación, la pureza en la vida y una firme confianza en Dios, son remedios por cuya falta millares están muriendo; sin embargo, estos remedios están pasando de moda porque su uso hábil requiere trabajo que la gente no aprecia. El aire puro, el ejercicio, el agua pura y un ambiente limpio y amable, están al alcance de todos con poco costo; mientras que las drogas son costosas, tanto en recursos como en el efecto que producen sobre el organismo.

4527*. El aire puro, el sol, la abstinencia, el descanso, el ejercicio, un régimen alimenticio conveniente, el agua y la confianza en el poder divino son los verdaderos remedios. Todos debieran conocer los agentes que la naturaleza provee como remedios, y saber aplicarlos. Es de suma importancia darse cuenta exacta de los principios implicados en el trata 356 miento de los enfermos, y recibir una instrucción práctica que le habilite a uno para hacer uso correcto de estos conocimientos.

El empleo de los remedios naturales requiere más cuidados y esfuerzos de lo que muchos quieren prestar. El proceso natural de curación y reconstitución es gradual y les parece lento a los impacientes. El renunciar a la satisfacción dañina de los apetitos impone sacrificios. Pero al fin se verá que, si no se le pone trabas, la naturaleza desempeña su obra con acierto y los que perseveren en la obediencia a sus leyes encontrarán recompensa en la salud del cuerpo y del espíritu.

453*. A menudo los médicos aconsejan a los inválidos que visiten otros países, que vayan a alguna fuente de agua mineral, y que atraviesen el océano para recuperar la salud; cuando, en nueve casos de cada diez, si comieran en forma temperante, e hicieran ejercicio saludable con un espíritu alegre, recuperarían la salud y ahorrarían tiempo y dinero. El ejercicio, y el uso libre y abundante de aire y luz de sol -bendiciones que el cielo nos ha concedido a todos nosotros- en muchos casos darían vida y fuerza a los macilentos inválidos.

Algunas cosas que podemos hacer por nosotros mismos

454*. Con respecto a lo que podemos hacer por nosotros mismos, hay un punto que requiere una consideración cuidadosa y concienzuda. Debo conocerme a mí mismo, siempre debo aprender cómo cuidar este edificio, el cuerpo que Dios me ha dado, a fin de preservarlo en la mejor condición de salud posible. Debo consumir aquellas cosas que me mantendrán en mejor condición física, y debo tratar especialmente de vestirme en forma tal que permita una circulación 357 saludable de la sangre. No debo privarme del ejercicio ni de aire. Debo recibir toda la luz del sol que me sea posible obtener.

Debo actuar con sabiduría para llegar a ser un fiel guardián de mi cuerpo. Sería muy imprudente que entrase en una habitación fría cuando estoy transpirando; sería un mayordomo infiel si me sentase en la trayectoria de una corriente de aire, exponiéndome de ese modo a contraer un resfrío. Actuaría insensatamente si me sentará con las manos y los pies fríos, privando de este modo de sangre a las extremidades y congestionando el cerebro o los órganos internos. Siempre debo proteger mis pies de la humedad.

Debo comer regularmente los alimentos más saludables para producir la sangre de mejor calidad, y no debería trabajar con intemperancia si está en mí el poder impedirlo.

Cuando he violado las leyes que Dios ha implantado en mi ser, debo arrepentirme y llevar a cabo una reforma, y colocarme en la condición más favorable bajo el cuidado de los médicos que Dios ha provisto: el aire puro, el agua pura, y la valiosa luz del sol de propiedades curativas.

El agua puede utilizarse en diversas formas para aliviar el sufrimiento. El agua caliente bebida antes de comer (aproximadamente poco menos de medio litro), nunca producirá daño alguno, sino que resultará beneficiosa.

La fe y la forma correcta de comer y beber

455*. Los que están enfermos hagan todo lo que está a su alcance, mediante la corrección de sus hábitos de comer, de beber y de vestir, y realizando ejercicios juiciosos, para asegurar la recuperación de la salud. Enséñese a los pacientes que vienen a nuestros sanatorios a cooperar con Dios en la búsqueda de la salud. "Vosotros sois labranza de Dios, edificio de Dios" (1 Cor. 3:9). Dios hizo los nervios 358 y los músculos a fin de que puedan ser usados. Es la inacción de la maquinaria humana lo que trae sufrimiento y enfermedad.

456*. Los que tratan a los enfermos deben realizar su trabajo ejerciendo poderosa confianza en Dios para que su bendición acompañe los medios que él ha provisto generosamente, y a los cuales en su misericordia ha llamado nuestra atención como pueblo, tales como el aire, la higiene, el régimen alimenticio saludable, los debidos períodos de trabajo y reposo, y el uso del agua.

Remedios racionales en los sanatorios

457*. Según la luz que me ha sido dada, debe establecerse un sanatorio, y en él debe descartarse la medicación con droga, para emplear en cambio métodos sencillos y racionales de tratamiento para sanar la enfermedad. En esta institución habría que enseñar a la gente cómo vestir, cómo respirar, y cómo comer adecuadamente: cómo prevenir la enfermedad por medio de hábitos de vida correctos.

458*. En nuestros sanatorios, abogamos por el uso de remedios sencillos. Desalentamos el empleo de drogas, porque éstas envenenan la corriente sanguínea. En estas instituciones debe darse instrucción sensata acerca de cómo comer, cómo beber, cómo vestir y cómo vivir de manera que la salud pueda ser preservada.

459*. La cuestión de la reforma pro salud no se agita como debiera y como será agitada. Un régimen alimenticio sencillo, y la ausencia completa de drogas para dejar que la naturaleza esté libre para recuperar las energías gastadas 359 del cuerpo, harán a nuestros sanatorios mucho más eficaces en restaurar la salud del enfermo.

El régimen alimenticio como remedio

460*. El condescender en comer con mucha frecuencia y en grandes cantidades, sobrecarga los órganos digestivos y produce un estado febril en el organismo. La sangre se hace impura, y ocurren enfermedades de varias clases. Se envía a un médico, quien prescribe alguna droga que proporciona alivio momentáneo, pero que no cura la enfermedad. Puede cambiar la forma de la misma, pero el verdadero mal es aumentado diez veces. La naturaleza estaba haciendo lo mejor que podía para desembarazar al sistema de una acumulación de impurezas, y si se la hubiera dejado por sí sola, ayudada por las bendiciones comunes del cielo, tales como el aire y el agua puros, se habría producido una curación rápida y segura.

Los que sufren en tales casos pueden hacer en favor de ellos mismos lo que otros no pueden. Deben empezar a aliviar a la naturaleza de la carga que le han impuesto. Deben quitar la causa. Ayunen por un corto tiempo, y den al estómago ocasión de descansar. Reduzcan el estado febril del sistema por una aplicación cuidadosa e inteligente del agua. Estos esfuerzos ayudarán a la naturaleza en su lucha para liberar el organismo de las impurezas. Pero generalmente las personas que sufren dolor se vuelven impacientes. No están dispuestas a tener abnegación, y a pasar un poco de hambre...

El uso del agua puede lograr sólo poco resultado si el paciente no siente la necesidad de prestar atención estricta también a su régimen alimenticio.

Muchos están viviendo en un estado de violación de las leyes de la salud, y son ignorantes de la relación que sus hábitos de comer, beber y trabajar tienen con su salud. Ellos 360 no despertarán ante su verdadera condición hasta que la naturaleza no proteste, por medio del dolor, contra los abusos que está sufriendo. Si, aun entonces, los que sufren solamente comenzaran a obrar en la forma correcta, y recurrieran a los medios sencillos que han descuidado -el uso del agua y el régimen alimenticio debido-, la naturaleza tendría la clase de ayuda que necesita, y que debiera haber tenido hacía tiempo. Si se sigue esta conducta, el paciente generalmente se recuperará sin debilitarse.

461*. La intemperancia en el comer es a menudo causa de enfermedad, y lo que más necesita la naturaleza es ser aliviada de la carga inoportuna que se le impuso. En muchos casos de enfermedad, el mejor remedio para el paciente es un corto ayuno, que omita una o dos comidas, para que es un corto ayuno, para que descansen los órganos rendidos por el trabajo de la digestión. Muchas veces el seguir durante algunos días una dieta de frutas ha proporcionado gran alivio a personas que trabajaban intelectualmente; y un corto período de completa abstinencia, seguido de un régimen alimenticio sencillo y moderado, ha restablecido al enfermo por el solo esfuerzo de la naturaleza. Un régimen de abstinencia por uno o dos meses convencerá a muchos pacientes de que la sobriedad favorece la salud.

La temperancia estricta como remedio para la enfermedad

462*. Cuando el médico ve sufrir al paciente de una enfermedad derivada de alimentos o brebajes impropios o de otros hábitos erróneos, y no se lo dice, le perjudica. Los beodos, los dementes, los disolutos, todos imponen al médico la declaración terminante de que los padecimientos son resultado del pecado. Los que entienden los principios de la 361 vida deberían esforzarse por contrarrestar las causas de las enfermedades. Al ver el continuo conflicto con el dolor y tener que luchar constantemente por aliviar a los que padecen, ¿cómo puede el médico guardar silencio? ¿Puede decirse que es benévolo y compasivo si deja de enseñar la estricta templanza como remedio contra la enfermedad?

Se necesita la mejor clase de alimentos

463*. Los médicos deben velar en oración, al darse cuenta de que se hallan en una posición de alta responsabilidad. Deben prescribir para sus pacientes la mejor clase de alimentos adecuados para ellos. Los alimentos deben ser preparados por alguien que se dé cuenta de que ocupa un puesto muy importante, siendo que se necesita buena alimentación para producir buena sangre.

[Efecto laxante de las aceitunas - 614, 615]
[Valor curativo de los huevos - 628, 629, 631]

SECCIÓN XVIII Frutas, Cereales, Legumbres y Hortalizas

PARTE 1 - LAS FRUTAS
La bendición de las frutas frescas

464*. Estoy muy agradecida a Dios de que cuando Adán perdió su hogar edénico, el Señor no lo privara de la provisión de frutas.

465*. El Señor desea que los que viven en los países donde se pueden obtener frutas frescas durante gran parte del año, reconozcan la bendición que tienen en ellas. Cuanto más dependamos de las frutas frescas tal como se las saca del árbol, tanto mayor será la bendición.

466*. Sería bueno que cocinásemos menos y comiésemos más frutas al natural. Enseñemos a la gente a hacer consumo copioso de uvas, manzanas, duraznos y peras en estado fresco, así como de toda otra clase de fruta que se pueda obtener. Prepárense dichas frutas para el consumo invernal poniéndolas en conserva, usando vidrio, hasta donde sea posible, en vez de latas.

[Las frutas son alimento excelente, y ahorran trabajo de cocinar - 546]

467*. Para un estómago dispéptico, podéis colocar sobre vuestras mesas frutas de diferentes clases, pero no demasiadas en una comida. 366

468*. Quisiéramos recomendar especialmente la fruta como un agente de salud. Pero ni siquiera la fruta debe ser consumida después de una comida completa de otros alimentos.

469*. Las legumbres y las frutas bien preparadas en su correspondiente estación serán benéficas, si son de la mejor calidad, y no muestran la menor seña de podredumbre, sino que son sanas y completamente libres de toda enfermedad y corrupción. Mueren más personas de lo que nos imaginamos por comer frutas y legumbres en estado de descomposición, que fermentan en el estómago y producen envenenamiento de la sangre.

470*. Un régimen alimenticio sencillo pero abundante y variado de frutas es la mejor alimentación que puede colocarse ante los que se preparan para la obra de Dios.

[Las frutas y los granos son el alimento para los que se alistan para la traslación - 488, 515]

Parte de un régimen adecuado

471*. Los cereales, las frutas carnosas, las oleaginosas y las legumbres constituyen el alimento escogido para nosotros por el Creador. Preparados del modo más sencillo y natural posible, son los comestibles más sanos y nutritivos. Comunican una fuerza, una resistencia y un vigor intelectual que no pueden obtenerse de un régimen alimenticio más complejo y estimulante.

[Frutas, granos y hortalizas con leche y crema constituyen el régimen más saludable - 487]
[Hortalizas en la mesa de E. G. de White - Apéndice 1:4, 8, 15] 367

472*. En los cereales, las frutas, las legumbres, las hortalizas y las frutas secas oleaginosas (nueces) han de encontrarse todos los productos alimenticios que necesitamos. Si acudimos al Señor con sencillez de mente, él nos enseñará cómo preparar alimentos sanos libres de la corrupción de la carne.

[La fruta forma parte del régimen adecuado - 483, 486, 513]
[La naturaleza abastece ampliamente de frutas, nueces y granos - 485]
[La fruta forma parte de los alimentos sanos - 399, 400, 403, 404, 407, 810]

Un régimen temporario a base de frutas

473*. La intemperancia en el comer es a menudo causa de enfermedad, y lo que más necesita la naturaleza es ser aliviada de la carga inoportuna que se le impuso. En muchos casos de enfermedad, el mejor remedio para el paciente es un corto ayuno, que omita una o dos comidas, para que descansen los órganos rendidos por el trabajo de la digestión. Muchas veces el seguir durante algunos días una dieta de frutas ha proporcionado gran alivio a personas que trabajaban intelectualmente; y un corto período de completa abstinencia, seguido de un régimen alimenticio sencillo y moderado, ha restablecido al enfermo por el solo esfuerzo de la naturaleza. Un régimen de abstinencia por uno o dos meses convencerá a muchos pacientes de que la sobriedad favorece la salud.

Reemplacemos los artículos dañinos

474*. En nuestras instituciones médicas debe darse instrucción clara sobre temperancia. A los pacientes se les debe 368 mostrar el perjuicio de las bebidas alcohólicas intoxicantes, y la bendición de una abstinencia total. Se les debe pedir que eliminen las cosas que han arruinado su salud, y que las reemplacen por abundancia de frutas. Pueden obtenerse naranjas, limones, ciruelas, duraznos y muchas otras variedades; porque el mundo del Señor es productivo sí se realiza el esfuerzo necesario.

475*. Evítese el uso de mucha sal y el de encurtidos y especias, consúmase mucha fruta, y desaparecerá en gran parte la irritación que incita a beber mucho en la comida.

[Para reemplazar la carne - 149, 3l2, 320, 492, 514, 649, 795]
[Para reemplazar los postres - 546]
[No son apreciados por los que están acostumbrados a alimentos muy sazonados - 563]
[Debe reemplazar la ingestión excesiva de gachas o sopas - 490, 499]

Envasado y secado de frutas

476*. En cualquier parte en que abunde la fruta, hay que conservar abundantes cantidades para el invierno, ya sea en frascos o latas, ya desecadas. Pueden cultivarse con ventaja frutas menudas, como grosellas, fresas, frambuesas, zarzamoras, etc., en los países en que este cultivo es escaso o descuidado.

Para la conservación de frutas en la casa, los envases de vidrio convienen más que las latas. Es de todo punto indispensable que la fruta que se ha de conservar esté en buenas condiciones. Úsese poco azúcar, y no se cueza la fruta más del tiempo indispensable para su conservación. Así preparada, la conserva de fruta es excelente sustituto de la fruta fresca.
369
Donde las frutas desecadas, como uvas pasas, ciruelas, manzanas, peras, melocotones y albaricoques o damascos, puedan obtenerse a precios moderados, se verá que pueden emplearse como alimentos de consumo corriente mucho más de lo que se acostumbra, y con los mejores resultados para la salud y el vigor de todas las clases de personas activas.

477*. La compota de manzana, puesta en frascos, es sana y deliciosa. Las peras y las cerezas, si pueden conseguirse, constituyen una excelente compota para uso durante el invierno.

478*. Si podéis conseguir manzanas, estáis en buena situación en lo que concierne a frutas, aunque no tengáis ninguna otra cosa... Yo no creo que sea esencial una gran variedad de fruta. Sin embargo ésta debe ser recogida y conservada con cuidado en la estación para ser usada cuando no hay manzanas a disposición. Las manzanas son superiores a cualquier otra fruta como un producto de cultivo que siempre se tiene a mano.

Directamente de la huerta

479*. Existe otra ventaja que se obtiene cuando se cultivan frutales en relación con nuestros sanatorios. En esta forma puede obtenerse para poner a la mesa fruta absolutamente sana y recién cortada.

480*. Las familias y las instituciones deben aprender a hacer más en materia de cultivo y aprovechamiento de la tierra. Si la gente solamente conociera el valor de los frutos de la tierra, los cuales se producen en su correspondiente estación, se harían esfuerzos más diligentes para cultivar el 370 suelo. Todos deben familiarizarse con el valor especial de las frutas y las legumbres frescas traídas de la quinta o de la huerta. A medida que aumenta el número de pacientes y de estudiantes, se necesitará más tierra. Pueden plantarse vides, lo cual hará posible que la institución produzca sus propias uvas. La huerta de naranjos que está en el lugar puede ser una ventaja.

[Importancia del cultivo de frutas y verduras para la mesa - 519]
[Frutas y verduras en la misma comida - 188, 190, 722]
[Uso de fruta en la mesa de E. G. de White - Apéndice 1:4, 9, 15, 22, 23]
[La fruta en las dietas del sanatorio - 441]
[Uso de fruta en la mesa de los ayudantes - 444, 651]
[La fruta en la mesa de los campamentos - 124, 765]
[Debe incluirse en una dieta sencilla para los visitantes - 129]
[Forma parte de una dieta sencilla y apetitosa - 204, 503]
[E. G. de White recomienda los tomates - Apéndice 1:16, 22, 23]

PARTE II - LOS CEREALES

Una dieta escogida por el Creador

481*. Los cereales, las frutas carnosas, las oleaginosas y las legumbres constituyen el alimento escogido para nosotros por el Creador. Preparados del modo más sencillo y natural posible, son los comestibles más sanos y nutritivos. Comunican una fuerza, una resistencia y un vigor intelectual que no pueden obtenerse de un régimen alimenticio más complejo y estimulante.

[Para el contexto, véase III] 371

482*. Los que comen carne no hacen más que comer cereales y verduras de segunda manos pues el animal recibe de tales productos el alimento que lo nutre. La vida que estaba en los cereales y en las verduras pasa al organismo del ser que los come. Nosotros a nuestra vez la recibimos al comer la carne del animal. ¡Cuánto mejor sería aprovecharla directamente, comiendo el alimento que Dios dispuso para nuestro uso!

[Hay que llevar a la gente de vuelta al régimen a base de frutas, verduras y granos - 515]

Parte de un régimen adecuado

483*. Es un error suponer que la fuerza muscular depende de consumir alimento animal, pues sin él las necesidades del organismo pueden satisfacerse mejor y es posible gozar de salud más robusta. Los cereales, las frutas, las oleaginosas y las verduras contienen todas las propiedades nutritivas para producir buena sangre.

484*. En los cereales, las frutas, las legumbres, las hortalizas y las frutas oleaginosas secas (nueces) han de encontrarse todos los elementos que necesitamos. Si acudiéramos al Señor con una mente sencilla, él nos enseñaría cómo preparar alimentos sanos, libres de la contaminación de la carne.

[Contienen las propiedades nutritivas necesarias - 513]

Provistos con abundancia

485*. La abundancia de frutas, oleaginosas y cereales que nos proporciona la naturaleza es grande, y año tras año se acrecienta la facilidad de comunicaciones que permite el

intercambio de productos de un país con otro. Como resultado, 372 muchos alimentos que hace pocos años se consideraban lujos están hoy al alcance de todos para el consumo diario.
486*. Si procedemos con prudencia, podremos conseguir en casi cualquier país la clase de alimentos que más favorece a la salud. Las variadas preparaciones de arroz, trigo, maíz y avena, como también las judías, porotos o frijoles, guisantes y lentejas se exportan hoy a todas partes. Estos alimentos, junto con las frutas indígenas o importadas, y con la variedad de verduras propias de cada país, facilitarán la elección y la composición de comidas, sin necesidad de carnes.
[Los granos son un lujo abundante de la naturaleza - 503]

Debidamente preparados

487*. Las frutas, los cereales, las legumbres y las hortalizas preparados en una forma sencilla, sin especias ni grasas de ninguna clase, constituyen, junto con la leche o la crema, el régimen más saludable. Proporcionan nutrición al cuerpo y otorgan una capacidad de resistencia y un vigor intelectual que no son producidos por un régimen estimulante.
[Para el contexto, véase 137]

488*. Los cereales y las frutas preparados sin grasa, y en una condición tan natural como sea posible, deben ser el alimento para las mesas de todos los que pretenden estar preparándose para la traslación al cielo.
[Debemos aprender a vivir de frutas, granos y hortalizas - 514]
[Los granos deben formar parte de los alimentos sanos - 399, 400, 403, 404, 407, 810] 373

Gachas o papilla de cereales

489*. Los cereales que se emplean para hacer gachas deben cocerse varias horas; pero los alimentos blandos o líquidos son menos saludables que los secos, los cuales requieren una masticación cabal.

490*. Algunos piensan sinceramente que un régimen alimenticio adecuado consiste mayormente en gachas (o papillas) de cereales. El alimentarse mayormente de esta manera no proporcionará salud a los órganos digestivos, porque esa comida es demasiado líquida. Estimulad el consumo de frutas, legumbres y pan.
[La ingestión excesiva de gachas o sopas es un error - 499]

Gacha casi líquida de harina integral

491*. Podéis hacer gachas o papilla de harina integral. Si la harina integral es demasiado áspera, cernidla, y mientras la cocción está caliente, añadid leche. Esto hará un plato muy sabroso y sano para el campamento.

Para ocupar el lugar de la carne

492*. Cuando se deja la carne hay que sustituirla con una variedad de cereales, nueces, legumbres, verduras y frutas que sea nutritiva y agradable al paladar... La carne debe reemplazarse con alimentos sanos y baratos.
[Para reemplazar la carne - 765, 795]
[No se necesita carne cuando hay frutas, granos y nueces - 138]
[Deben incluirse en un régimen sencillo para los visitantes - 129] 374
[Uso de granos en la mesa de los ayudantes - 444, 651]
[En la mesa de E. G. de White - Apéndice 1: 1523]
[Hay que enseñar su uso a los pacientes del sanatorio - 767]

PARTE III - EL PAN

Lo que sostiene la vida

493*. La religión inducirá a las madres a hacer pan de la mejor calidad... El pan debe ser plenamente cocido, dentro y fuera. La salud del estómago exige que sea liviano y seco. El pan es lo que verdaderamente sostiene la vida, y por lo tanto todo cocinero o cocinera debe destacarse en la forma de hacerlo.

— Hay religión en un buen Pan

494*. Algunos no creen que es un deber religioso preparar adecuadamente la comida; por lo tanto no tratan de aprender cómo hacerlo. Dejan que el pan se agríe antes de cocinarle, y el bicarbonato de sodio agregado para remediar el descuido del cocinero lo hace totalmente inadecuado para el estómago humano. Se requiere atención y cuidado para hacer buen pan. Pero hay mas religión de lo que muchos piensan en un buen pan.

495*. Es un deber religioso para toda señorita y mujer cristiana aprender inmediatamente a hacer un pan bueno, dulce y liviano, usando harina de trigo sin cernir. Las madres deben llevar a sus hijas a la cocina con ellas cuando son muy jóvenes, y enseñarles el arte de cocinar.

[Saber cómo hacer pan es indispensable - 822] 375

— El uso de la sosa en el pan

496*. El uso de sosa de leudar, o polvos de hornear, en la elaboración del pan es nocivo e inútil. La sosa inflama el estómago, y a veces envenena todo el organismo. Muchas cocineras se figuran que no pueden hacer buen pan sin sosa, pero esto es un error. Si quisieran tomarse la molestia de aprender mejores métodos, su pan sería más sano, y también más sabroso para un paladar normal.

[Uso de bicarbonato en el pan: véase "Sosa y polvo de hornear" - 565, 569]

EL USO DE LECHE EN EL PAN LEUDADO

En la elaboración del pan leudado con levadura, no se debe emplear leche en vez de agua, pues el pan resulta así inútilmente más caro y mucho menos sano. El pan de leche no se conserva tanto tiempo después de cocido como el pan hecho con agua, y fermenta con mas facilidad en el estómago.

PAN LEUDADO CALIENTE

El pan debe ser ligero y agradable, sin acidez. Los panes deben ser pequeños, y tan bien cocidos que, en cuanto sea posible, los gérmenes de la levadura queden destruidos. Cuando está caliente y recién cocido, el pan leudado, cualquiera que sea su calidad, no es de fácil digestión. No debiera nunca figurar en la mesa. No sucede lo mismo con el pan sin levadura. Los panecillos de harina de trigo sin levadura recién cocidos en un horno muy caliente son saludables y sabrosos. . .

PAN RETOSTADO

El pan tostado dos veces es uno de los alimentos más sabrosos y digestibles. Para hacerlo, córtese en rebanadas el pan leudado ordinario y séquense éstas en un horno caliente hasta que desaparezca todo rastro de humedad. Se 376 dejan en el horno hasta que estén levemente tostadas, pero de una manera uniforme. Este pan, guardado en sitio seco, puede conservarse mucho más tiempo que el pan común, y si antes de comerlo se lo vuelve a calentar, resultará tan fresco como al acabar de hacerlo.

[El pan retostado es bueno para la comida de la noche - 273]

[El pan retostado en la dieta de E. G. de White - Apéndice 1:22]

— El pan viejo es preferible al fresco

497*. Cuando el pan es de dos o tres días atrás es más saludable que el pan fresco. El pan secado al horno es uno de los artículos más saludables del régimen alimenticio.

Los males del pan agrio

498*. Con frecuencia hallamos que el pan integral es pesado, agrio y que está parcialmente cocinado. Esto se debe a la falta de interés en aprender y a la falta de cuidado al desempeñar los importantes deberes de la cocinera. A veces encontramos bollitos blandos, o bizcochos blandos, secados, no cocidos, y otras cosas del mismo orden. Y en estos casos las cocineras suelen decir que ellas conocen muy bien el viejo estilo de cocinar. Pero para decir la verdad, su familia no gusta del pan integral, y sus miembros pasarían hambre si tuvieran que vivir comiendo en esa forma.

Me he dicho esto a mí misma: No me sorprende. Es el método que tienen Uds. de preparar los alimentos lo que los hace tan insípidos. El consumir tales alimentos ciertamente le produciría a uno dispepsia. Estas cocineras deficientes, y los que deseen comer su comida, os dirán con toda seriedad que la reforma pro salud no está de acuerdo con su criterio. El estómago no tiene la facultad de convertir el pan pobre, pesado y agrio en buen alimento; sino que este pan pobre convertirá a un estómago saludable en uno enfermo. Los que consumen tal alimento saben que su salud está fallando. ¿Existe una causa? Algunas de estas personas pueden llamarse a sí mismas reformadores de la salud, pero no lo son. No conocen lo que es cocinar. Preparan tortas, papas, y pan integral, pero siempre de la misma manera, con una leve variación, y el cuerpo humano no resulta fortalecido. Ellas parecen pensar que el tiempo que se usa en adquirir una experiencia cuidadosa en la preparación de alimentos sanos y apetitosos es tiempo perdido.

En muchas familias encontramos personas dispépticas, y frecuentemente la razón de esto es un pan pobre. La señora de la casa decide que ese pan no debe desecharse, y lo comen. ¿Es ésa la forma de proceder con ese pan pobre? ¿Lo pondréis en el estómago para ser convertido en sangre? ¿Tiene el estómago la capacidad de convertir el pan agrio en pan dulce? ¿O el pan pesado en pan liviano? ¿O el pan mohoso en pan fresco?...

Más de una esposa y madre que no ha tenido la debida educación y a quien le falta la habilidad culinaria, está presentando diariamente a su familia alimentos mal preparados que en forma segura y constante están destruyendo los órganos digestivos, produciendo una calidad de sangre pobre, y frecuentemente trayendo ataques agudos de enfermedad inflamatoria y produciendo muerte prematura. Muchos han hallado la muerte por comer pan pesado y agrio. Me fue relatado un caso de una señorita que trabajaba como empleada en una casa y que preparó una cantidad de pan agrio y pesado. Con el propósito de deshacerse de ese pan y esconder el problema, se lo echó a un par de cerdos de gran tamaño. A la mañana siguiente el hombre de la casa encontró a estos animales muertos, y al examinar el problema, encontró trozos de este pan pesado. Hizo algunas averiguaciones, y la señorita reconoció lo que había hecho. Ella no tenía ninguna idea del efecto que tendría tal pan sobre los cerdos. Si el pan pesado y agrio mata a los cerdos, quienes pueden devorar víboras de cascabel, y casi cualquier cosa detestable, ¿qué efecto tendrá sobre ese órgano delicado que se llama el estómago humano?

La ventaja de usar pan y otros alimentos duros

499*. Debe ejercerse gran cuidado cuando se hace el cambio de un régimen alimenticio con carne a un régimen vegetariano, para suplir la mesa con artículos de consumo sabiamente preparados y bien cocidos. El comer tantas gachas (papillas) es un error. El alimento seco que requiere masticación es muy preferible. Las preparaciones de los así llamados en inglés "alimentos sanos"* son una bendición en este respecto. El buen pan negro y los bollos negros, preparados de una manera sencilla, y sin embargo con gran esfuerzo, serán saludables. El pan no debe tener ni la menor traza de acidez. Debe ser cocinado hasta que esté perfectamente cocido. Así se evitará que sea blando y pegajoso.

Para los que puedan usarlas, las buenas legumbres, preparadas de una manera saludable, son mejores que las papillas o gachas. Las frutas usadas con el pan cuidadosamente cocido que tenga ya dos o tres días serán más saludables que con pan fresco. Esto, con una masticación lenta y cuidadosa, proporcionará todo lo que el organismo requiere.

[Buen pan en lugar de alimentos recargados - 312] 379

― Panecillos blandos calientes

500*. Los panecillos blandos calientes y los platos preparados con carne son completamente contrarios a los principios de la reforma pro salud.

501*. Los panecillos blandos de sosa calientes a menudo se los unta con mantequilla, y se los consume como un bocado escogido. Pero los órganos digestivos debilitados no pueden sino sentir el abuso que se hace de ellos.

502*. Hemos estado regresando a Egipto más bien que yendo hacia Canaán. ¿Invertiremos este orden de cosas? ¿No tendremos alimentos sanos y saludables en nuestra mesa? ¿No abandonaremos los panecillos blandos calientes, los cuales solamente son causa de dispepsia?

[Una causa de dispepsia - 720]

― Bollos

503*. Los bollos blandos leudados con sosa o con polvo de hornear nunca deben aparecer en nuestras mesas. Tales compuestos son inadecuados para entrar en el estómago. El pan leudado caliente de cualquier clase es difícil para digerir. Los bollos de harina integral, que son tanto saludables como deliciosos, deben ser hechos con harina sin cernir, mezclada con agua pura fría y leche. Pero es difícil enseñar la sencillez a nuestros hermanos. Cuando recomendamos bollos de harina integral, nuestros amigos dicen: "Oh, sí, sabemos cómo hacerlos". Quedamos muy chasqueados cuando estos bollos aparecen leudados con polvos de hornear o con leche agria o con sosa. Esto no da ninguna evidencia 380 de reforma. Con harina sin cernir, mezclada con agua pura y suave, y con leche, se preparan los mejores bollos que jamás hayamos gustado. Si el agua es dura, úsese más leche dulce, o añádase un huevo a la masa. Los bollos deben ser plenamente cocinados en un horno bien caliente, con un fuego parejo.

Para hacer bollos, úsese agua blanda y leche, o un poco de crema. Hágase una masa consistente y amásese como para hacer galletas. Cocíneselos en la parrilla del horno. Estos son suaves y deliciosos. Exigen masticación completa, lo cual es un beneficio tanto para los dientes como para el estómago. Producen buena sangre, e imparten fuerza. Con tal clase de pan, y abundancia de frutas, legumbres, hortalizas y cereales que no faltan en nuestro país, no deben desearse mayores lujos.

― El pan integral es mejor que el pan blanco

504*. El pan de harina refinada no puede impartir al sistema la nutrición que encontraremos en el pan de harina entera. El uso de pan de harina refinada no puede conservar el cuerpo en una condición saludable. Uds. dos tienen hígados inactivos. El uso de harina refinada agrava las dificultades bajo las cuales Uds. trabajan.

505*. En la elaboración del pan, la harina blanca muy fina no es la mejor. Su uso no es saludable ni económico. El pan de flor de harina carece de los elementos nutritivos que se encuentran en el pan amasado con harina integral de trigo. Es causa frecuente de estreñimiento y otros efectos malsanos. 381
[Harina sin cerner o integral es la mejor - 171, 495, 499, 503]
[Hay que emplear los granos en su estado natural 481]
[Pan integral en los campamentos - 124]
[Es un deber religioso aprender a preparar pan con harinas sin cerner - 392]
Los cereales que se usan en el pan pueden ser variados
506*. El pan hecho únicamente con harina de trigo no es el mejor para un régimen continuo. Una mezcla de harina de trigo, de avena y de centeno sería más nutritiva que la harina de trigo que se ha despojado de sus propiedades nutritivas.
Panes dulces
507*. Raramente tenemos en nuestra mesa panecillos dulces y los llamados cookies*. Cuanto menos alimentos dulces se consuman, tanto mejor. Estos causan perturbaciones en el estómago, y producen impaciencia e irritabilidad en los que se acostumbran a usarlos.
508*. Es bueno descartar el azúcar cuando se hacen galletitas. Algunos prefieren las galletitas más dulces, pero éstas son perjudiciales para los órganos digestivos.
[Galletitas dulces - 410]
[Los que están acostumbrados a ingerir alimentos muy sazonados no encuentran agradable el pan - 563]
382

PARTE IV LAS LEGUMBRES Y HORTALIZAS

Legumbres y hortalizas frescas preparadas con sencillez
509*. Todos debieran familiarizarse con el valor especial de las frutas y las verduras frescas obtenidas de la quinta.
[Estimúlese el consumo de verduras - 490]
[No hay manjar más delicioso - 503]
510*. Las frutas, los cereales, las legumbres y las hortalizas, preparados de una manera sencilla, sin especias ni grasas de ningún género, constituyen, juntamente con la leche y la crema, el régimen alimenticio más saludable. Proporcionan nutrición al cuerpo, y dan una capacidad de resistencia y un vigor intelectual que una dicta estimulante no puede producir.
[Las frutas, los granos y las hortalizas constituyen un buen alimento para los visitantes - 129]
[Es peligroso consumir hortalizas dañadas - 469]
[La grasa contamina los alimentos -320]
[Forman parte del régimen elegido por el Creador - 471]
[Forman parte de los alimentos sanos - 403, 404, 407,810]
511*. Para los que pueden emplearlas, las legumbres y las hortalizas en buen estado preparadas en forma saludable, son mejores que las gachas o las papillas suaves.
512*. Las legumbres debieran hacerse más agradables aderezándolas con un poco de leche o crema, o su equivalente. 383
Una parte de un régimen completo

513*. Los sencillo, cereales, las frutas de los árboles, las legumbres y las hortalizas, tienen todas las propiedades nutritivas necesarias para producir buena sangre. Esto no lo puede hacer un régimen a base de carne.
[En el régimen adecuado - 483, 484, 486]

Abundancia de verduras

514*. Estamos hechos de lo que comemos. ¿Fortaleceremos las pasiones animales comiendo carne? En lugar de educar el gusto para que se acostumbre a este régimen grosero, ya es tiempo de aprender a vivir a base de frutas, cereales y hortalizas. . . Puede proporcionarse, sin necesidad de usar carne, una variedad de platos sencillos, perfectamente saludables y nutritivos. Los hombres vigorosos deben tener abundancia de legumbres, hortalizas, frutas y cereales.
[En la mesa de los ayudantes - 444, 651]
[Deben reemplazar la carne - 492, 649, 765, 795]
[Deben reemplazar los alimentos recargados - 312]
[No son apreciadas por los que transgreden las leyes de la salud - 204, 563]
[La carne es alimento vegetal de segunda mano - 482]
515*. El Señor se propone hacer que su pueblo vuelva a vivir a base de frutas, legumbres, hortalizas y cereales.

Algunos no pueden usar verduras

516*. En una institución médica hay apetitos variados que satisfacer. Algunos exigen verduras bien preparadas para hacer frente a sus necesidades peculiares. Otros no han podido usar verduras sin sufrir las consecuencias. 384

Papas y batatas (camotes)

517*. No creemos que las papas fritas sean saludables, porque se usa más o menos grasa o mantequilla para prepararlas. Las papas bien cocidas o hervidas, con crema y un poco de sal, son las más saludables. Las sobras de papas y batatas se preparan, con un poco de crema y sal, al horno, y no fritas; son excelentes.

Los frijoles son un plato saludable

518*. Otro plato muy sencillo y sin embargo saludable son los frijoles hervidos o asados*. Disolved una porción de los mismos en agua, añadid crema o leche, y haced un caldo.

Cultivad y conservad legumbres y hortalizas

519*. Muchos no ven la importancia de tener tierra para cultivar frutas y verduras, a fin de que sus mesas puedan ser abastecidas con estas cosas. Se me ha ordenado que diga a cada familia y a cada iglesia: Dios os bendecirá cuando llevéis a cabo vuestra propia salvación con temor y temblor, temiendo, a causa de un trato imprudente del cuerpo, echar a perder el plan de Dios para vosotros.
[Todos deberían conocer el valor de las frutas y las hortalizas frescas - 480]
520*. Debe hacerse provisión para obtener una cantidad de maíz dulce. El zapallo o calabaza puede ser secado, y usado con ventaja durante el invierno para hacer pasteles. 385

Verduras y tomates en el régimen de Elena G. de White

521*. Ud. habla con respecto a mi régimen. Yo no he estado tan aferrada a una sola cosa como para no poder comer cualquier otra cosa. Pero en lo que respecta a las verduras, no necesita Ud. preocuparse; porque yo sé por cierto que en la sección del país donde Ud. vive hay muchos productos vegetales que yo puedo usar como verduras. Podré conseguir las hojas del lampazo o bardana amarilla, del diente de león tierno, y de la mostaza. Habrá una provisión mucho más abundante allí, y de una calidad superior, de lo que podíamos obtener en Australia. Y si no hubiera ninguna otra cosa, están los cereales.

522*. Mi apetito me abandonó algún tiempo antes que yo fuera al este. Pero ahora lo he recuperado; y me siento. con mucha hambre cuando llega la hora de comer. Mi cardo verde, bien cocinado, y sazonado con crema esterilizada y jugo de limón, es muy apetitoso. Como sopa de fideos con tomate en una comida y verduras en la próxima. He comenzado otra vez a comer harina de papas. Encuentro sabrosos todos mis alimentos. Estoy como un enfermo de fiebre que ha estado semi muerto de hambre, y me hallo en peligro de comer en exceso.

523*. Los tomates que me mandó son muy lindos y deliciosos. Encuentro que los tomates son el mejor articulo de consumo que pueda usar.

[Véase el Apéndice l: 16, 22, 23]

524*. Hemos cultivado suficiente maíz y guisantes o arvejas para nosotros mismos y para nuestros vecinos. Secamos 386 el maíz dulce para usarlo en el invierno; luego cuando lo necesitamos, lo molemos en un molino y lo cocinamos. Proporciona sopas deliciosas y otros platos...

En la estación tenemos uvas en abundancia, también ciruelas y manzanas, y algunas cerezas, duraznos, peras y olivas, que preparamos nosotros mismos. También cultivamos una gran cantidad de tomates. Nunca pido disculpas por el alimento que hay sobre mi mesa. No creo que Dios se agrade de que lo hagamos. Nuestras visitas comen como nosotros, y parecen gustar de nuestro menú.

[Empleo de maíz por E. G. de White - Apéndice l: 22, 23]
[Precaución de su empleo con frutas - 188, 190]
[Precaución en el empleo de verduras con postres 189, 722]
[En el menú de E. G. de White - Apéndice 1: 4, 8, 15] 387

SECCIÓN XIX Los Postres

PARTE 1 - EL AZÚCAR

525*. El azúcar no es bueno para el estómago. Causa fermentación, y esto anubla la mente y trae mal humor.

526*. Se suele emplear demasiado azúcar en las comidas. Las tortas, los budines, las pastas, las jaleas, los dulces son causas activas de indigestión. Particularmente dañinos son los flanes cuyos ingredientes principales son la leche, los huevos y el azúcar. Debe evitarse el consumo copioso de la leche con azúcar.

[Véase leche y azúcar - 533, 536]
[Úsese poco azúcar en las conservas de fruta - 476]
[Se permite el uso de un poco de azúcar - 550]

527*. El azúcar recarga el organismo y estorba el trabajo de la máquina viviente.

* Había un caso en el Condado de Montcalm, Míchigan, EE. UU., al cual me referiré. Se trataba de un hombre noble. Tenía 1.80 m de altura y una hermosa apariencia. Se me pidió que lo visitara en su enfermedad. Anteriormente había conversado con él con respecto a su forma de vivir. "No me gusta el aspecto de sus ojos", le dije. Estaba comiendo grandes cantidades de azúcar. Le pregunté por qué lo hacia. Dijo que había dejado la carne y que no sabía con 390 qué podía reemplazarla mejor que con el azúcar. Sus alimentos no lo satisfacían, sencillamente porque su esposa no sabía cocinar.

Algunos de vosotros enviáis vuestras hijas, que casi han llegado a ser mujeres, a la escuela para que estudien las ciencias antes de saber cocinar, cuando esto último debiera considerarse de primera importancia. Aquí había una mujer que no sabía cocinar; no había aprendido a preparar alimento sano. La esposa y madre era deficiente en esta rama de la educación; y como resultado de cocinar pobremente alimentos que no bastaban para satisfacer las necesidades del organismo, se consumía azúcar inmoderadamente, lo cual enfermó el organismo entero. La vida de este hombre fue sacrificada innecesariamente en el altar de la mala cocina.

Cuando fui a ver a este enfermo, traté de explicar a esas personas tan bien como podía cómo debían proceder, y pronto él empezó a mejorar. Pero él usó sus fuerzas en forma imprudente cuando no podía hacerlo, consumió una pequeña cantidad de alimento de mala calidad, y cayó enfermo de nuevo. Esta vez no había ayuda para él. Su sistema parecía ser una masa viviente de corrupción. Murió como víctima de un método deficiente de cocinar. Trató de que el azúcar ocupara el lugar de la buena cocina, y esto solamente empeoró las cosas.

Con frecuencia me siento a las mesas de los hermanos y veo que usan grandes cantidades de leche y azúcar. Estas recargan el organismo, irritan los órganos digestivos y afectan el cerebro. Cualquier cosa que estorba el movimiento activo del organismo, afecta muy directamente el cerebro. Y por la luz que me ha sido dada, sé que el azúcar, cuando se usa copiosamente, es más perjudicial que la carne. Estos cambios deben hacerse cautelosamente, y el tema debe ser tratado en forma que no disguste ni cause prejuicios en aquellos a quienes queremos enseñar y ayudar.

[Panecillos dulces y galletitas - 410, 507, 508] 391

528*. No debemos dejarnos inducir a comer nada que enferme el cuerpo, no importa cuánto nos guste. ¿Por qué? Porque somos propiedad de Dios. Tenéis una corona que ganar, un cielo que obtener, y un infierno que rehuir. Entonces, por causa de Cristo os pido: ¿Tendréis la luz brillando delante de vosotros con rayos claros y distintos, y luego la dejaréis a un lado para decir: "Me gusta esto y me gusta aquello"? Dios exige de cada uno de vosotros que comencéis a planear, a cooperar con Dios en su gran cuidado y amor, a elevar y a santificar toda el alma, el cuerpo y el espíritu, para que seamos obreros, juntamente con Dios. . .

Es mejor dejar de lado las cosas dulces. Dejad los platos de postres dulces que están sobre la mesa. Necesitáis una mente clara para pensar según el orden de Dios.

[Véase Parte III - Pasteles, tortas, pastas y budines]
[No hay que dar golosinas a los niños - 346]

Venta de golosinas en el campamento

529*. Hace años recibí un testimonio de reproche para los gerentes de nuestros campamentos que llevaban a nuestros terrenos y vendían al pueblo queso y otras cosas perjudiciales, y presentaban caramelos y bombones para la venta mientras yo trabajaba para instruir a jóvenes y viejos a poner el dinero que habían gastado en caramelos y bombones en la caja misionera y así enseñar a sus hijos abnegación.

530*. Me ha sido dada luz con respecto a los alimentos provistos en nuestros congresos. A veces se llevan al campamento alimentos que no están de acuerdo con los principios de la reforma pro salud.

Si hemos de andar en la luz que Dios nos ha dado, debemos enseñar a nuestros hermanos, viejos y jóvenes, a 392 abandonar esos alimentos que se consumen meramente para complacer el apetito. Debemos enseñar a nuestros hijos a negarse a sí mismos cosas innecesarias tales como bombones, caramelos, caramelos de goma, helados y otras golosinas, a fin de que pongan el dinero ahorrado por su abnegación en la caja del renunciamiento, de la cual debe haber una en cada hogar. De esta manera se ahorrarán sumas grandes y pequeñas para la causa de Dios.

No pocos de nuestros hermanos necesitan instrucción con respecto a los principios de la reforma pro salud. Existen diversos confites que han sido inventados por los fabricantes de productos sanos, y que han sido recomendados como perfectamente inofensivos; pero tengo un testimonio diferente que presentar concerniente a ellos. En realidad no son saludables, y su uso no debe estimularse. Debemos atenernos más estrictamente a un régimen sencillo de frutas, nueces, cereales y verduras.

No se lleven a nuestros campamentos alimentos o confites que contrarresten la luz dada a nuestro pueblo sobre la reforma pro salud. No excusemos la tentación de complacer el apetito, diciendo que el dinero recibido de la venta de tales cosas ha de ser usado para hacer frente a los gastos de una obra buena. Toda esa tentación a la complacencia propia debe resistirse firmemente. No nos persuadamos a nosotros mismos a hacer lo que no es provechoso para el individuo so pretexto de que esto nos producirá buena voluntad. Aprended individualmente lo que significa ser obreros misioneros abnegados, y sin embargo sanos y activos.

El azúcar en el régimen de Elena G. de White

531*. Todo [el alimento] es sencillo y sin embargo sano, porque nos limitamos a combinarlo de una manera casual. No tenemos azúcar en nuestra mesa. Nuestra compota de la cual dependemos, está hecha de manzanas, horneadas o cocinadas, endulzada como se necesita antes de ponerla en la mesa.

532*. Siempre hemos usado un poco de leche y un poco de azúcar. Nunca hemos denunciado tal cosa, ora sea en nuestros escritos o en nuestra predicación. Creemos que el ganado llegará a estar tan enfermo que estas cosas tendrán que descartarse, pero el tiempo en que el azúcar y la leche deban ser totalmente eliminados de nuestras mesas todavía no ha llegado.

PARTE II - LA LECHE Y EL AZÚCAR

533*. Acerca de la leche y el azúcar, diré lo siguiente: Conozco personas que se han asustado por la reforma pro salud, y han dicho que no querían saber nada de ella, porque hablaba contra el uso copioso de estas cosas. Los cambios deben hacerse con gran cuidado; y debemos obrar cautelosa y sabiamente. Necesitamos seguir una conducta que nos recomiende a los hombres y mujeres inteligentes del país. Las grandes cantidades de leche y azúcar ingeridas juntas son perjudiciales. Comunican impurezas al organismo. Los animales de los cuales se obtiene la leche no son siempre sanos. Pueden sufrir enfermedades. Una vaca puede estar aparentemente sana por la mañana y morir antes de la noche. En tal caso estaba enferma por la mañana, y su leche también; pero no lo sabíais. La creación animal está llena de enfermedades, y las carnes también. Si pudiésemos saber que los animales estaban en perfecta salud, yo recomendaría a la gente que comiese carne antes que grandes cantidades de leche y azúcar. No les haría el daño que les hacen estas últimas cosas. El azúcar recarga el organismo y estorba el trabajo de la máquina viviente.

534*. Con frecuencia me siento a las mesas de los hermanos y veo que usan grandes cantidades de leche y azúcar. Estas recargan el organismo, irritan los órganos digestivos y afectan el cerebro.
[Para el contexto, véase 527]
535*. Algunos usan leche y una gran cantidad de azúcar en sus gachas, pensando que están poniendo en práctica nuestra reforma pro salud. Pero el azúcar y la leche combinados pueden producir fermentación en el estómago, y por eso son dañinos.
536*. Particularmente dañinos son los flanes cuyos ingredientes principales son la leche, los huevos y el azúcar. Debe evitarse el consumo copioso de la leche con azúcar.
[Helados - 530, 540]
[Torta comida con leche o crema - 552]
PARTE III - LOS PASTELES, LAS TORTAS, LAS PASTAS Y LOS BUDINES
537*. Los postres que requieren tanto tiempo para preparar, son, muchos de ellos, perjudiciales para la salud.
Una tentación al exceso
538*. En demasiadas mesas, cuando el estómago ha recibido todo lo que necesita para realizar adecuadamente su obra de nutrir el organismo, se coloca sobre ellas otros platos, consistentes en pasteles, budines y compotas muy concentradas. . . Aunque ya han comido suficiente, muchos pasarán los límites, y comerán el postre tentador, el cual, sin 395 embargo, resulta cualquier cosa menos bueno para ellos. . . Si los extras que se proveen para postres fueran eliminados del todo, sería una bendición.
539*. Debido a que está de moda, en armonía con el apetito mórbido, se atiborra el estómago de tortas, pasteles y budines concentrados, y de toda cosa perjudicial. La mesa debe estar cargada de una variedad de alimentos, o de otra suerte el apetito depravado no puede ser satisfecho.
Por la mañana, estos esclavos del apetito a menudo tienen aliento impuro, y una lengua cubierta de saburra. No gozan de salud, y se preguntan por qué sufren dolores, dolor de cabeza y varios males.
540*. La humanidad ha cultivado un deseo cada vez mayor de consumir alimentos exquisitos, hasta el punto en que se ha convertido en una moda recargar el estómago con toda clase de golosinas. El apetito se gratifica especialmente en las reuniones de placer y se hace poquísimo esfuerzo por dominarlo. Se participa de almuerzos abundantes y de cenas servidas tarde en la noche con abundancia de carnes muy condimentadas y servidas con salsas fuertes, con muchas tortas, pasteles, helados, etc.
541*. Solamente porque está de moda, muchos que son pobres y dependen de su trabajo diario, se toman el trabajo e incurren en el gasto de preparar diferentes clases de tortas recargadas, dulces, pasteles y una variedad de alimentos apetecibles para los visitantes, todo lo cual perjudica a los que participan de ellos; sin embargo, necesitan esos mismos recursos para comprar ropas para ellos y para sus hijos. El tiempo empleado en cocinar alimentos destinados a agradar 396 el gusto a expensas del estómago, debería dedicarse a la instrucción moral y religiosa de los hijos.
[Para el contexto, véase 128]
[Los alimentos recargados crean deseo de estimulantes -203]
No deben ser parte de un régimen saludable y nutritivo

542*. Muchas personas saben cómo hacer diferentes clases de tortas, pero las tortas no son la mejor clase de alimento para colocar en la mesa. Las tortas dulces, los budines dulces, y los flanes o natillas introducirán desorden en los órganos digestivos; ¿por qué habríamos de tentar a los que rodean la mesa colocando tales artículos delante de ellos?

543*. La carne, las tortas y los pasteles concentrados, preparados con especias de cualquier clase, no constituyen el régimen más saludable y nutritivo.

544*. Los postres que se consumen en forma de natillas o flanes pueden hacer más daño que bien. La fruta, si se dispone de ella, es el mejor artículo de consumo.

545*. Se suele emplear demasiado azúcar en las comidas. Las tortas, los budines, las pastas, las jaleas, los dulces son causas activas de indigestión. Particularmente dañinos son los flanes cuyos ingredientes principales son la leche, los huevos y el azúcar. Debe evitarse el consumo copioso de la leche con azúcar.

546*. Que los que defienden la reforma pro salud luchen fervientemente para hacer que esa reforma sea todo lo que 397 pretende ser. Descarten todo lo que vaya en detrimento de la salud. Use alimento sano y sencillo. La fruta es excelente, y ahorra mucho trabajo de cocina. Descartad los pasteles, tortas y postres que son concentrados, y otros platos preparados para tentar el apetito. Comed menos clases de alimentos en una comida, y consumidlos con agradecimiento.

Los postres sencillos no están prohibidos

547*. Un pastel sencillo puede servir como postre, pero cuando una persona come dos o tres porciones sólo para gratificar un apetito desordenado, se descalifica para el servicio de Dios. Algunos, después de comer ampliamente otros alimentos, tomarán el postre, no porque lo necesiten, sino porque sabe bien. Si se les ofrece una segunda porción, la tentación es demasiado grande para ser resistida, y se añaden dos o tres porciones a la carga colocada en el estómago ya sobrecargado. El que hace esto nunca se ha educado para practicar la abnegación. La víctima del apetito está tan aferrada a su propia forma de obrar que no puede ver el daño que se está haciendo a sí misma.

548*. Luego, cuando ella necesitó ropa y alimento adicional, y alimento sencillo pero nutritivo, no se le permitió tenerlo. Su organismo clamaba por material para convertir en sangre, pero él no quiso proveérselo. Una cantidad moderada de leche y azúcar, un poco de sal, pan blanco levantado con levadura para tener un cambio, harina integral preparada en una variedad de formas por otras manos que las suyas, una torta sencilla con pasas de uvas, budín de arroz con pasas de uvas, ciruelas, e higos, ocasionalmente, y muchos otros platos que podría mencionar, habrían podido satisfacer las exigencias del apetito. 398

549*. El alimento colocado delante de los pacientes debe ser de tal naturaleza que haga una impresión favorable en ellos. Los huevos pueden ser preparados en una variedad de formas. El pastel de limón no debe ser prohibido.

[Pastel de limón usado por E. G. de White Apéndice 1:22]

550*. El postre debe ser colocado en la mesa y servido con el resto de los alimentos; pues a menudo, después que el estómago ha recibido todo lo que debe tener, se trae el postre y esto resulta demasiado.

Para tener mentes claras y cuerpos fuertes

551*. Quisiera que todos fuéramos reformadores en pro de la salud. Me opongo al uso de pasteles. Estas mezclas no son saludables; nadie puede tener buena capacidad digestiva y una mente clara si come mayormente masitas dulces y torta de crema y toda clase de pasteles y consume una gran variedad de alimentos en una misma comida. Cuando hacemos esto, y luego tomamos frío, todo el sistema queda tan entorpecido y debilitado que no tiene poder de resistencia, no tiene fuerza para combatir la enfermedad. Preferiría un régimen con carne antes que las tortas y los pasteles dulces tan generalmente usados.

552*. Recuerden los reformadores en pro de la salud que pueden hacer daño publicando recetas que no recomiendan la reforma pro salud. Debe manifestarse mucho cuidado al proporcionar recetas para natillas y pasteles. Si se come una torta dulce como postre con leche o crema, se producirá fermentación en el estómago, y entonces los puntos débiles del organismo humano contarán la historia. El cerebro será afectado por la perturbación estomacal. Esto podría curarse con facilidad si la gente estudiara la causa y el efecto, eliminando de su régimen todo lo que perjudica los órganos digestivos y causa dolor de cabeza. Por comer en forma imprudente, hombres y mujeres quedan descalificados para la obra que podrían hacer sin recibir daño si comieran con sencillez.

553*. Estoy convencida de que nadie necesita enfermarse como resultado de los preparativos para un congreso, si observara las leyes de la salud en su forma de cocinar. Si la gente no preparara tortas y pasteles, sino que cocinara pan integral sencillo, y dependiera de las frutas, envasadas o secas, no necesitaría enfermarse a causa de los preparativos para la reunión, y no necesitaría estar enferma mientras asiste a la misma.

554*. Es mejor dejar de lado las cosas dulces. Déjese de lado los postres dulces que se colocan en la mesa. No los necesitáis. Necesitáis una mente clara para pensar según el orden de Dios. Debemos ponernos ahora en línea con los principios de la reforma pro salud.

[Tortas, pasteles y helados servidos en comidas copiosas y cenas tardías - 233]
[Preparativos para reuniones de buen tono - 128]
[Hay que educar el apetito para que acepte un régimen sencillo - 245]
[El ayuno ayuda a dominar el apetito pervertido - 312]
[Aunque se descarten los pasteles de carne, las especias, etc., el alimento debe prepararse con cuidado - 389]
[En los preparativos para las reuniones campestres no hay que incluir tortas ni pasteles - 57, 74]
[En el hogar de los White no se servían alimentos recargados ni postres - Apéndice 1: 4, 13]
[Cuanto menos condimentos y postres, tanto mejor -193]
[Postre suculentos servidos con verduras -722]
[Los artículos de repostería suculentos perturban el estómago y excitan los nervios -356]
[Efectos nocivos de los postres en los niños -288, 350, 355, 360]
[Los alimentos suculentos no son los mejores para los que hacen trabajos sedentarios -225]
[Haciendo un pacto con Dios para abandonar los alimentos recargados -41]

SECCIÓN XX Los Condimentos, Etc.

PARTE I - LAS ESPECIAS Y LOS CONDIMENTOS

555*. Los condimentos, tan frecuentemente usados por la gente del mundo, son ruinosos para la digestión.

556*. Bajo el título de estimulantes y narcóticos se clasifica una gran variedad de sustancias que, aunque empleadas como alimento y bebida, irritan el estómago, envenenan la sangre y excitan los nervios. Su consumo es un mal positivo. Los hombres buscan la excitación de estimulantes, porque, por algunos momentos, producen sensaciones agradables. Pero siempre sobreviene la reacción. El uso de estimulantes antinaturales lleva siempre al exceso, y es un agente activo para provocar la degeneración y el decaimiento físico. En esta época de apresuramiento, cuanto menos excitante sea el alimento, mejor. Los condimentos son perjudiciales de por sí. La mostaza, la pimienta, las especias, los encurtidos y otras cosas por el estilo, irritan el estómago y enardecen y contaminan la sangre. La inflamación del estómago del borracho se representa muchas veces gráficamente para ilustrar el efecto de la bebidas alcohólicas. El consumo de condimentos irritantes produce una inflamación parecida. El organismo siente una necesidad insaciable de algo más estimulante.

557*. Los condimentos y las especies usadas en la preparación de los alimentos para la mesa ayudan a la digestión 404 en la misma forma en que el té, el café y las bebidas alcohólicas se piensa que le ayudan en sus tareas al hombre que trabaja. Después que desaparecen los efectos inmediatos, hay un descenso correspondiente debajo de lo normal así como hubo una elevación por encima de lo normal cuando se tomaron estas sustancias estimulantes. El organismo es debilitado. La sangre resulta contaminada, y la inflamación es el resultado seguro.

Las especias irritan el estómago y causan un apetito antinatural

558*. Nuestras mesas deben tener solamente los alimentos más sanos, que estén libres de toda sustancia irritante. El apetito de bebidas alcohólicas resulta estimulado por la preparación de alimentos con condimentos y especias. Estas cosas causan un estado febril en el organismo, y el cuerpo exige beber para aliviar la irritación. En mis frecuentes viajes a través del continente, yo no voy a comer a los restaurantes, coches comedores u hoteles por la sencilla razón de que no puedo comer los alimentos que allí se proveen. Los platos son muy sazonados con sal y pimienta, y producen una sed casi intolerable... Irritarían e inflamarían la delicada membrana estomacal... Tal es la clase de alimentos comúnmente servidos en mesas de buen tono, y dados a niños. Estos tienen el efecto de causar nerviosidad y crear sed, una sed que el agua no puede apagar... Los alimentos deben prepararse de una manera tan sencilla como sea posible, libres de condimentos y especias, y aun de una cantidad indebida de sal.

[Los alimentos con especias crean el deseo de beber con las comidas - 570]

559*. Algunos han complicado tanto su gusto, que a menos que tengan precisamente el artículo de consumo que 405 exigen, no hallan placer en comer. Si se pone delante de ellos alimentos condimentados con especias, éstos hacen que el estómago trabaje al castigarlo con ese ardiente látigo; porque ha sido tratado de tal manera que no reconocerá alimentos que no sean estimulantes.

560*. Se colocan platos suculentos ante los niños: alimentos con especias, salsas concentradas, tortas y pasteles. Estos alimentos muy sazonados irritan el estómago, y hacen que éste reclame estimulantes aún más fuertes. No solamente el apetito es tentado con alimentos inadecuados, de los cuales se permite a los niños participar libremente en sus comidas, sino que también se les permite a ellos comer entre comidas, y cuando llegan a tener doce o catorce años son dispépticos confirmados,

Tal vez habéis visto la ilustración del estómago de una persona adicta a las bebidas fuertes. Una condición similar se produce por la influencia irritante de las especias fuertes.

Teniendo al estómago en tal estado, se exige algo más para hacer frente a las exigencias del apetito, algo más fuerte, y aún más fuerte.
[Para el contexto, véase 355]
→ Su empleo causa languidez
561*. Hay una clase de personas que profesan creer la verdad, que no usan tabaco, rapé, té ni café, y sin embargo son culpables de gratificar el apetito de una manera distinta. Exigen carnes preparadas en forma muy sazonada, con salsas concentradas, y su apetito ha llegado a pervertirse tanto que no puede satisfacerse ni siquiera con la carne, a menos que se la prepare de la manera más perjudicial. El estómago queda afiebrado, los órganos digestivos son sobrecargados, y sin embargo el estómago trabaja arduamente 406 para deshacerse de la carga que se le impuso. Después que el estómago ha realizado esta tarea, está agotado, lo cual produce languidez. Aquí muchas personas resultan engañadas, y piensan que es la falta de alimento lo que determina esa condición, y sin dar al estómago un tiempo de descanso, toman más alimentos, los cuales momentáneamente quitan la languidez. Y cuanto más se complazca el apetito, tanto más exigirá gratificación.
562*. Las especias al comienzo irritan la delicada mucosa del estómago, pero por fin destruyen la sensibilidad natural de ese delicado órgano. La sangre se afiebra, las propensiones animales se despiertan, mientras que las facultades morales e intelectuales se debilitan, y las personas se hacen siervas de las pasiones bajas. La madre debe estudiar para establecer un régimen alimenticio sencillo y sin embargo nutritivo para su familia.
563*. Las personas que han complicado su apetito para comer libremente carne, salsas muy condimentadas, y varias clases de tortas y dulces recargados, no pueden disfrutar inmediatamente de un régimen sencillo, sano y nutritivo. Su gusto está tan pervertido que no tienen apetito por el régimen sano de frutas, pan sencillo y verduras. No necesitan esperar que desde el comienzo podrán encontrarle sabor agradable a alimentos tan diferentes de aquellos que han estado consumiendo.
564*. Con toda la preciosa luz que continuamente nos ha sido dada mediante las publicaciones sobre salud, no nos conviene vivir vidas descuidadas e indiferentes, comiendo y bebiendo como nos place, y complaciéndonos en el uso de estimulantes, narcóticos y condimentos. Tomemos en cuenta el hecho de que tenemos un alma que salvar o perder, 407 y que es de vital consecuencia la forma en que nos relacionamos con el asunto de la temperancia. Es de gran importancia que individualmente desempeñemos bien nuestra parte, y tengamos una comprensión inteligente de lo que debemos comer y beber, y de cómo debemos vivir para preservar la salud. Todos están siendo probados para ver si aceptan los principios de la reforma pro salud o siguen una conducta de indulgencia propia.
[Los reformadores en favor de la temperancia deben despertar a los males del uso de condimentos - 747]
[Aunque los pasteles de carne, especias, etc., hayan sido descartados, el alimento debe ser preparado con cuidado - 389]
[Se gasta tiempo en la preparación de alimentos sazonados con especias, que arruinan la salud, agrían el temperamento y anublan la razón - 234]
[Especias y condimentos dados a los niños - 348, 351, 354, 360]
[Los alimentos muy sazonados estimulan el comer en exceso y afiebran - 351]
[El uso abundante de pickles (encurtidos) y condimentos por un niño nervioso e irritable - 574]

[No puede convertirse en buena sangre - 576]
[El rechazo de platos refinados y condimentos concentrados, etc., demuestra que los obreros son exponentes prácticos de la reforma pro salud - 227]
[Las pasiones animales excitadas por los alimentos con especias - 348]
[Los alimentos llevados al campamento deben estar libres de especias y grasas - 124]
[Las especias no se usaban en la casa de la familia White - Apéndice 1: 4]
[Los alimentos con especias y los condimentos excitan los nervios y debilitan el intelecto - 356]
[La bendición de un régimen libre de especias - 119] 408
[Los alimentos sencillos, sin especias, son los mejores - 487]
[Los que desean condimentos deben ser iluminados - 779]

PARTE II - LA SODA Y EL POLVO DE HORNEAR

565*. El uso de soda de leudar, o polvos de hornear, en la elaboración del pan es nocivo e inútil. La soda inflama el estómago, y a veces envenena todo el organismo. Muchas cocineras se figuran que no pueden hacer buen pan sin soda, pero esto es un error. Si quisieran tomarse la molestia de aprender mejores métodos, su pan sería más sano, y también más sabroso para un paladar normal.

566*. Los bollos calientes levantados con soda o polvo de hornear nunca deben aparecer en nuestra mesa. Tales compuestos son inadecuados para entrar en el estómago. El pan leudado caliente de cualquier clase es de difícil digestión.

Pueden hacerse bollos de pan integral que son no solamente saludables sino deliciosos, usando harina sin cernir, mezclada con agua pura fría y con leche. Pero es difícil enseñar a nuestros hermanos la sencillez. Cuando recomendamos bollos de harina integral, nuestros amigos dicen: "Oh, sí sabemos cómo hacerlos". Pero nos vemos muy chasqueados cuando estos bollos aparecen levantados con polvo de hornear o con leche agria o con soda. Esto no da ninguna evidencia de reforma. Con harina sin cernir, mezclada con agua pura y blanda, y con leche, se preparan los mejores bollos que jamás hayamos gustado. Si el agua es dura, úsese más leche fresca, o añádase un huevo a la masa. Los bollos deben ser plenamente cocinados en un horno bien caliente, con un fuego parejo. 409

567*. En mis viajes, veo a familias enteras que sufren enfermedades por causa de una cocina deficiente. El pan dulce, agradable y saludable se ve rara vez sobre sus mesas. Los bollos blandos y pesados hechos con bicarbonato de soda, y el pan pegajoso están arruinando los órganos digestivos de decenas de miles de personas.

568*. Algunos no creen que es un deber religioso preparar alimento adecuado; y por lo tanto no tratan de aprender cómo hacerlo. Dejan que el pan se agríe antes de hornearlo, y el bicarbonato de soda añadido para remediar el descuido del cocinero, lo hace completamente impropio para el estómago humano.

569*. Vemos personas de tez pálida y dispépticos quejosos dondequiera que vamos. Cuando nos sentamos a las mesas, y comemos los alimentos cocinados en la forma en que lo han sido por meses, y tal vez por años, me pregunto cómo estas personas todavía están vivas. El pan y los bollos están amarillos de bicarbonato de sodio. Este uso de la soda se hace para ahorrar un poco de cuidado. Como consecuencia del olvido, se deja que el pan a menudo se ponga ácido antes de cocinarle, y para remediar el mal se añade una gran porción de soda, la cual lo único que hace es convertirlo en algo completamente inadecuado para el estómago humano. La soda, en cualquiera de sus formas, no debe ser introducida en el estómago; porque el efecto es terrible. Consume la membrana del estómago. Causa inflamación, y frecuentemente envenena todo el organismo. Algunos declaran: "Yo no puedo hacer buen pan o bollos a menos que use soda o bicarbonato". Por cierto que podéis si os hacéis hábiles y aprendéis. ¿No es la salud de vuestra 410 familia de suficiente valor como para inspiraros ambición de aprender cómo cocinar y cómo beber?

PARTE III - LA SAL

570*. Evítese el uso de mucha sal y el de encurtidos y especias, consúmase mucha fruta, y desaparecerá en gran parte la irritación que incita a beber mucho en la comida.

571*. Los alimentos deben ser preparados de modo que sean apetitosos y nutritivos. No debe despojárselos de lo que nuestro organismo necesita. Yo hago uso de un poco de sal y siempre lo he hecho, porque la sal, lejos de ser nociva, es indispensable para la sangre.

572*. En una ocasión el Dr. ---------- trató de enseñar a nuestra familia a cocinar de acuerdo con la reforma pro salud, como él la veía, sin sal y sin ninguna otra cosa para sazonar el alimento. Bien, yo determiné probarlo, pero mis fuerzas se redujeron tanto que tuve que hacer un cambio; y adopté otro procedimiento con gran éxito. Le digo esto porque sé que Ud. está en positivo peligro. El alimento debe ser preparado de tal manera que sea nutritivo. No debe ser despojado de aquello que el organismo necesita...

Yo uso un poco de sal, y siempre lo hago, porque por la luz que Dios me ha dado, sé que este artículo en lugar de ser deletéreo, es en realidad esencial para la sangre. No conozco cuál es la razón de este asunto, pero le doy la instrucción como me ha sido dada.

[Debe usarse un poco de sal - 548]

[Evítese una cantidad indebida de sal - 558]

[Un poco de sal usada por E. G. de White - Apéndice 1:4] 411

PARTE IV - LOS ENCURTIDOS (PICKLES) Y EL VINAGRE

573*. En esta época de apresuramiento, cuanto menos excitante sea el alimento, mejor. Los condimentos son perjudiciales de por sí. La mostaza, la pimienta, las especias, los encurtidos y otras cosas por el estilo, irritan el estómago y enardecen y contaminan la sangre.

574*. Estaba sentada en una ocasión a la mesa con varios niños menores de doce años. Se servían con abundancia carne; y de pronto una niña delicada y nerviosa pidió encurtidos. Se le entregó un frasco lleno de ellos, ardientes con mostaza y picantes con especias, del cual ella se sirvió en abundancia. La niña era proverbial por su nerviosidad e irritabilidad de temperamento, y estos condimentos ardientes estaban bien calculados para producir tal condición.

575*. Los pasteles de carne y los encurtidos, que nunca debieran hallar cabida en un estómago humano, proporcionarán una sangre de pésima calidad.

576*. Los órganos productores de sangre no pueden convertir las especias, los pasteles de carne concentrados, los encurtidos y la carne en buena sangre.

[Para el contexto véase 336]

577*. Evítese el uso de mucha sal y el de encurtidos y especias, consúmase mucha fruta, y desaparecerá en gran parte la irritación que incita a beber mucho en la comida.

[Los encurtidos irritan el estómago y hacen impura la sangre - 556] 412

El vinagre

578*. Las ensaladas se preparan con aceite y vinagre, y esto produce fermentación en el estómago, y el alimento no se digiere, sino que se descompone o entra en putrefacción;

como consecuencia, la sangre no resulta nutrida, sino que se llena de impurezas, y aparecen dificultades en el hígado y los riñones.

[Una experiencia personal en el dominio del hábito del vinagre - Apéndice 1:6] 415

SECCIÓN XXI Las Grasas
PARTE I - LA MANTEQUILLA

Una reforma progresiva

579*. Sea progresiva la reforma alimenticia. Enséñese a la gente a preparar alimentos sin mucho uso de leche o mantequilla. Expliquémosle que llegará pronto el tiempo en que será peligroso usar huevos, leche, crema o mantequilla, porque las enfermedades aumentan proporcionalmente a la maldad que reina entre los hombres. Se acerca el tiempo en que, debido a la iniquidad de la especie caída, toda la creación animal gemirá bajo las enfermedades que azotan nuestra tierra.

Dios dará a su pueblo capacidad y tacto para preparar alimentos sanos sin aquellas cosas. Descarte nuestro pueblo todas las recetas malsanas.

[Esfuerzo para educar acerca de la salud hecho por Jaime y Elena White en los cuales se presentó un "testimonio positivo" en contra del "té, el café, la carne, la mantequilla, las especias", en 1871 - 803]

580*. La mantequilla es menos nociva cuando se la come con pan asentado que cuando se la emplea para cocinar, pero por regla general es mejor abstenerse de ella.

[Bollos calientes de soda y mantequilla - 501] 416

Reemplazada con aceitunas, crema, nueces y alimentos sanos

581*. Las aceitunas pueden prepararse de tal manera que se puedan ingerir con buen resultado en cada comida. Las ventajas que se procuran con el uso de mantequilla pueden obtenerse con el consumo de aceitunas debidamente preparadas. El aceite de las aceitunas alivia el estreñimiento, y para los tísicos y para los que tienen estómago inflamado e irritado es mejor que cualquier droga. Como alimento, es mejor que cualquier aceite obtenido de segunda mano de los animales.

582*. Convenientemente preparadas, las aceitunas, lo mismo que las oleaginosas, pueden reemplazar la mantequilla y la carne. El aceite tal como se ingiere en la aceituna, es muy preferible al aceite animal y a la grasa. Es laxante. Su uso beneficiará a los enfermos de consunción y podrá curar o aliviar las inflamaciones del estómago.

583*. El negocio de los "alimentos sanos"* necesita los medios y la cooperación activa de nuestros hermanos, para que pueda realizar la obra que debe hacer. Su propósito es suplir a la gente con alimentos que reemplacen la carne, y también la leche y la mantequilla, las cuales, debido a las enfermedades del ganado, se están haciendo más y más objetables.

[Reemplazarla con crema - 580, 610] 417

No es lo mejor para los niños

584*. A los niños generalmente se les permite comer carnes, especias, mantequilla, queso, cerdo, pasteles suculentos, y condimentos. También se les permite comer en forma irregular y entre comidas alimentos malsanos. Estás cosas hacen su obra de desarreglar el estómago, excitar los nervios a una acción antinatural, y debilitar el intelecto. Los padres no se dan cuenta que están sembrando la semilla que producirá enfermedad y muerte.

[La mantequilla como estimulante - 61]
[El uso abundante de mantequilla por parte de los niños - 288,356,364]
[Cuando se descarta la mantequilla por principio - 389]

— El uso abundante obstruye la digestión

585*. No debe colocarse mantequilla sobre la mesa; porque si se pone, algunos la usarán con demasiada abundancia, y esto obstruirá la digestión. Pero para Ud. mismo, Ud. puede ocasionalmente usar un poco de mantequilla sobre el pan frío, si esto hace los alimentos más apetitosos. Esto hará mucho menos daño que limitarse a la preparación de alimentos que no son sabrosos.

— Cuando no puede obtenerse la clase más pura de mantequilla

586*. Yo como solamente dos comidas al día, y todavía sigo la luz que me fue dada hace treinta y cinco años. No empleo carne. En cuanto a mi, he definido el asunto de la mantequilla. No la uso. Esta cuestión debe definirse fácilmente en cada lugar donde no pueda obtenerse el artículo en su forma más pura. Tenemos dos buenas vacas lecheras, una Jersey y una Holstein. Usamos crema, y todos están satisfechos con ésta.

[El uso de crema en lugar de mantequilla en el hogar de los White - Apéndice 1: 20, 23]
[El uso de mantequilla en el hogar de la familia White - Apéndice 1:4]
[La mantequilla no está en la mesa de los White, pero es usada para cocinar - Apéndice 1:14]
[La mantequilla no aparece en la mesa en el hogar de la familia White, y no la usa Elena G. de White - Apéndice 1:5, 8,9, 16,20,21,22,23]

— No han de ser clasificados con la carne

587*. La leche, los huevos y la mantequilla no deben clasificarse con la carne. En algunos casos el uso de huevos es beneficioso. No ha llegado el tiempo en que debamos decir que se debe descartar completamente el consumo de leche y huevos. Hay familias pobres cuya alimentación consiste mayormente en pan y leche. Tienen poca fruta, y no pueden comprar los alimentos a base de oleaginosas. Al enseñar la reforma pro salud, como en toda otra obra evangélica, debemos tener en cuenta la situación de la gente. Hasta que podamos enseñarle a preparar alimentos saludables, apetitosos, nutritivos, y sin embargo, poco costosos, no estamos libres para presentar los principios más adelantados de la alimentación saludable.

— Permítase que otros tengan sus convicciones

588*. Debemos recordar que hay una gran cantidad de mentes diferentes en el mundo, y no podemos esperar que todos vean en la misma forma como nosotros lo que se refiere al asunto del régimen. Las mentes no corren exactamente por el mismo cauce. Yo no como mantequilla, pero hay miembros de mi familia que lo hacen. No se coloca en mi mesa; pero yo no hago problema porque algunos miembros de mi familia decidan comerla ocasionalmente. Muchos de nuestros hermanos concienzudos tienen mantequilla en sus mesas, y yo no me siento bajo obligación alguna de forzarlos a proceder de otra manera. Nunca debe permitirse que estas cosas produzcan perturbación entre los hermanos. Yo no puedo ver la necesidad de la mantequilla, donde hay abundancia de fruta y crema esterilizada.

Los que aman y sirven a Dios deben poder seguir sus propias convicciones. Podemos no sentirnos justificados y hacer como ellos hacen, pero no debemos permitir que las diferencias de opinión creen desunión.

589*. No puedo ver otra cosa sino que Ud. está haciendo lo mejor posible para vivir los principios de la reforma pro salud. Estudie la economía en todas las cosas, pero no elimine del régimen los alimentos que el organismo necesita. Con respecto a las frutas secas oleosas (nueces), hay muchos que no pueden comerlas. Si a su esposo le gustan los productos lácteos, déjelo que los consuma hasta que esté convencido de que esto no es lo mejor para su salud.

Cautela contra los extremos

590*. Hay peligro de que al presentar los principios de la reforma pro salud algunos estén en favor de hacer cambios que tendrían malos resultados en lugar de producir beneficio. La reforma pro salud no debe ser impuesta de una manera radical. Según lo que es ahora la situación, no podemos decir que la leche y los huevos y la mantequilla deben ser totalmente descartados. Debemos ser cuidadosos para no hacer innovaciones, porque bajo la influencia de 420 una enseñanza extremista hay almas concienzudas que irán a los extremos. Su apariencia física perjudicará la causa de la reforma pro salud; porque pocos saben cómo reemplazar aquello que descartan.

591*. Si bien se han dado advertencias con relación a los peligros de enfermedad que derivan de la mantequilla y al mal que ocasiona el uso copioso de huevos por parte de las criaturas, no debe considerarse como violación de nuestros principios el consumo de huevos provenientes de gallinas bien cuidadas y convenientemente alimentadas. Los huevos contienen ciertos principios que obran eficazmente contra determinados venenos.

Algunos, al abstenerse de leche, huevos y mantequilla, no proveyeron a su cuerpo una alimentación adecuada y como consecuencia se han debilitado e incapacitado para el trabajo. De esta manera, la reforma pro salud ha sido desacreditada. La obra que nos hemos esforzado por levantar sólidamente sufre confusión a causa de las extravagancias que Dios no ha ordenado, y las energías de la iglesia se ven estorbadas. Pero Dios intervendrá para contrarrestar los resultados de ideas tan extremistas. El propósito del Evangelio es reconciliar la raza pecaminosa. Debe llevar a pobres y ricos a los pies de Jesús.

592*. Los pobres dicen, cuando se les representa la reforma pro salud: "¿Qué comeremos? No tenemos con qué comprar las frutas secas oleosas (nueces)". Se me ha dicho que cuando predique el Evangelio a los pobres, los inste a comer el alimento más nutritivo. No puedo decirles: "No debéis comer huevos o leche o crema. No debéis usar mantequilla en la preparación de los alimentos". El Evangelio debe ser predicado a los pobres, y todavía no ha llegado el tiempo para prescribir el régimen más estricto... 421

LA BUENA VOLUNTAD DEBE GUIAR

Pero deseo decir que cuando llegue el tiempo en que ya no sea seguro usar leche, crema, mantequilla y huevos, Dios lo revelará. No hay que defender los extremos en la reforma pro salud. El problema de usar leche, mantequilla y huevos será resuelto de por sí. Por el momento no tenemos ninguna preocupación en este sentido. Que vuestra moderación sea conocida por todos los hombres.

PARTE II - LA MANTECA DE CERDO Y LA GRASA *

593*. Muchos no creen que esto constituye un deber, y por lo tanto no intentan preparar alimentos en forma debida. Esto puede hacerse de una manera sencilla, saludable y fácil, sin el uso de tocino (grasa de cerdo), mantequilla, o carne. La habilidad debe unirse con la sencillez. Para hacerlo, las mujeres necesitan leer, y luego poner en práctica con paciencia lo que han leído.

[El tocino descartado por principio - 317]

594*. Las frutas, los cereales, las legumbres y las hortalizas, preparados de una manera sencilla, sin ninguna clase de grasas ni especias, constituye, juntamente con la leche o la crema, el régimen alimenticio más saludable.

595*. Los alimentos deben prepararse con sencillez, y sin embargo con una delicadeza que despierte el apetito. Debéis 422 descartarla grasa de vuestra alimentación. Ella contamina cualquier alimento que preparéis.

596*. Más de una madre pone una mesa que es una trampa para su familia. Viejos y jóvenes se sirven en abundancia carne, mantequilla, queso, artículos de repostería muy dulces, alimentos con especias y condimentos. Estas cosas hacen su obra para descomponer el estómago, excitar los nervios y debilitar el intelecto. Los órganos productores de sangre no pueden convertir tales cosas en buena sangre. La grasa cocinada con los alimentos los hace difícil de digerir.

597*. No creemos que las papas fritas sean saludables, pues se usa más o menos grasa o mantequilla en su preparación. Las papas bien cocidas al horno o hervidas, servidas con crema y un poco de sal, son las más saludables. La porción sobrante de papas y batatas se prepara con un poco de crema y un poco de sal y se vuelve a cocinar al horno sin freírla; es excelente.

598*. Que todos los que se sienten a su mesa vean en ella alimentos bien cocinados, higiénicos y deliciosos. Sea muy cuidadoso con respecto a su forma de comer y beber, Hno.----------, de manera que no siga teniendo un cuerpo enfermo. Coma regularmente, y consuma sólo alimentos exentos de grasas.

599*. Un régimen sencillo, libre de especias, de carne y de grasas de todas clases, resultará una bendición para vosotros, y ahorrará a su esposa una gran cantidad de sufrimiento, aflicción y desaliento. 423

600*. Los cereales y las frutas preparados sin grasa, y en una condición tan natural como sea posible, deben ser los alimentos para las mesas de todos los que pretenden estar preparándose para trasladarse al cielo.

[La grasa de cerdo no se usa en el hogar de la Sra. White - Apéndice 1: 4]
[La alimentación en los campamentos debe ser sencilla y sin grasa - 124]
[Las mezclas a base de grasas no se usaban en el hogar de los White - Apéndice 1: 21]

PARTE III - LA LECHE Y LA CREMA

Parte de un régimen nutritivo y agradable

601*. Dios ha proporcionado al hombre abundantes medios para regalar un apetito no pervertido. El ha desplegado ante el ser humano los productos de la tierra: una variedad abundante de alimentos que son apetitosos para el gusto y nutritivos para el organismo. De estas cosas, nuestro benévolo Padre celestial dice que podemos comer con libertad. Las frutas, los cereales y las legumbres, preparados de una manera sencilla, sin especias y grasas de ninguna clase, constituyen, con la leche o la crema, el régimen alimenticio más saludable. Imparten nutrición al cuerpo, y dan un poder de resistencia y un vigor intelectual que no son producidos por un régimen estimulante.

602*. Los alimentos deben ser preparados de modo que sean apetitosos y nutritivos. No debe despojárselos de lo que nuestro organismo necesita. Yo hago uso de un poco 424 de sal y siempre lo he hecho, porque la sal, lejos de ser nociva, es indispensable para la sangre. Las legumbres debieran hacerse más agradables aderezándolas con un poco de leche o crema, o su equivalente. . .

Algunos, al abstenerse de leche, huevos y mantequilla, no proveyeron a su cuerpo una alimentación adecuada y como consecuencia se han debilitado e incapacitado para el trabajo. De esta manera, la reforma pro salud ha sido desacreditada. . .

Llegará el tiempo cuando tal vez tengamos que dejar algunos de los alimentos que usamos ahora, como la leche, la crema y los huevos; pero no necesitamos crearnos dificultades por restricciones prematuras y exageradas. Esperemos que las circunstancias lo exijan y que el Señor prepare el camino.

El peligro de la leche de procedencia dudosa

603*. La leche, los huevos y la mantequilla no deben clasificarse con la carne. En algunos casos el uso de huevos es beneficioso. No ha llegado el tiempo en que debamos decir que se debe descartar completamente el consumo de leche y huevos. Hay familias pobres cuya alimentación consiste mayormente en pan y leche. Tienen poca fruta, y no pueden comprar los alimentos a base de oleaginosas. Al enseñar la reforma pro salud, como en toda otra obra evangélica, debemos tener en cuenta la situación de la gente. Hasta que podamos enseñarle a preparar alimentos saludables, apetitosos, nutritivos, y sin embargo, poco costosos, no estamos libres para presentar los principios más adelantados de la alimentación saludable.

Sea progresiva la reforma alimenticia. Enséñese a la gente a preparar alimentos sin mucho uso de leche o mantequilla. Expliquémosle que llegará pronto el tiempo en que 425 será peligroso usar huevos, leche, crema o mantequilla, porque las enfermedades aumentan proporcionalmente a la maldad que reina entre los hombres. Se acerca el tiempo en debido a la iniquidad de la especie caída, toda la creación animal gemirá bajo las enfermedades que azotan nuestra tierra.

[No ha de ser completamente descartada especialmente en el caso de los que necesitan la leche - 625]

[Debe enseñarse a la gente a cocinar sin leche - 807]

604*. Siempre hemos usado un poco de leche y un poco de azúcar. Nunca hemos denunciado tal cosa, ora sea en nuestros escritos o en nuestra predicación. Creemos que el ganado llegará a estar tan enfermo que estas cosas tendrán que ser descartadas, pero no ha llegado todavía el tiempo en que el azúcar y la leche sean totalmente eliminados de nuestras mesas.

[El uso de leche y azúcar juntos: véase "Leche y azúcar", Sección XX]

605*. Los animales de los cuales se obtiene la leche no son siempre sanos. Pueden sufrir enfermedades. Una vaca puede estar aparentemente sana por la mañana y morir antes de la noche. En tal caso estaba enferma por la mañana, y su leche también; pero no lo sabíais. La creación animal está llena de enfermedades.

606*. Según la luz que me ha sido dada no pasará mucho tiempo antes que tengamos que abandonar todo alimento animal. Aun la leche tendrá que ser descartada. La enfermedad se acumula rápidamente. La maldición de Dios está sobre la tierra, porque el hombre la ha maldecido. 426

Esterilización de la leche

607*. Si se hace uso de leche, debe ser bien esterilizada, pues con esta precaución hay menos peligro de enfermedad.

608*. Llegará el tiempo cuando no será seguro usar leche. Pero si las vacas son sanas y la leche se hierve bien no hay necesidad de crear un tiempo de angustia con anticipación.

Un sustituto de la mantequilla

609*. Yo tomo solamente dos comidas al día, y todavía sigo la luz que me fue dada hace treinta y cinco años. No empleo carne. En cuanto a mí, he definido el asunto de la mantequilla. No la uso. Esta cuestión debe definirse fácilmente en cada lugar donde no pueda obtenerse el artículo en su forma más pura. Tenemos dos buenas vacas lecheras, una Jersey y una Holstein. Usamos crema, y todos están satisfechos con ésta.

610*. No puedo ver la necesidad de mantequilla donde hay abundancia de fruta y crema esterilizada.

[Para el contexto véase 588]

611*. No ponemos mantequilla sobre nuestra mesa. Nuestras verduras están cocinadas generalmente con leche o crema y resultan muy apetitosas... Creemos que una cantidad moderada de leche de una vaca sana no es objetable.

[Leche y crema usadas en el hogar de los White - Apéndice 1:4, 13, 14, 16, 22]
[El uso de la leche y la crema en la preparación de alimentos - 517, 518,522]
[Recomendada para el régimen en el campamento - 491] 427

El régimen más estricto no es el mejor

612*. Hemos de ser puestos en contacto con las masas. Si presentáramos a esas masas la reforma pro salud en su forma más extrema, se haría daño. Les pedimos que dejen de comer carne y de tomar té y café. Eso está bien. Pero algunos dicen que la leche también debe dejarse. Ese es un asunto que debe manejarse con cuidado. Hay familias pobres cuyo régimen consiste en pan y leche, y si pueden conseguirla, un poco de fruta. Toda la carne debe ser descartada, pero las verduras deben prepararse en forma apetitosa con un poco de leche o crema o algo equivalente. Los pobres dicen, cuando se les presenta la reforma pro salud: "¿Qué comeremos? No podemos comprar las frutas oleaginosas secas (nueces)". Al predicar el mensaje a los pobres, se me instruye a decirles que coman el alimento que sea más nutritivo. Yo no puedo decirles: "No debéis comer huevos o leche o crema. No debéis usar mantequilla en la preparación de los alimentos". El evangelio debe ser predicado a los pobres, y no ha llegado el tiempo para prescribir la dieta o el régimen más riguroso. Llegará el tiempo cuando tendremos que descartar algunos artículos del régimen que ahora usamos, tales como la leche, la crema y los huevos. Pero mi mensaje es que Ud. no debe anticipar el tiempo de angustia, y así afligirse con la muerte. Espere hasta que el señor prepare el camino delante de Ud.

Le aseguro que sus ideas con respecto a la alimentación para los enfermos no son aconsejables. El cambio es demasiado grande. Aunque yo descartaría la carne como perjudicial, puede usarse algo menos objetable, y esto se encuentra en los huevos. No quite la leche de la mesa ni prohiba 428 que se use en la cocción de los alimentos. La leche debe procurarse de vacas sanas, y debe ser esterilizada.

Llegará el tiempo cuando no podrá usarse leche con tanta abundancia como ahora; mas no es éste el tiempo de descartarla...

Pero deseo decir que cuando llegue el tiempo en que ya no sea seguro utilizar la leche, la crema, la mantequilla y los huevos, Dios lo revelará. No han de defenderse los extremos en la reforma pro salud. El problema de usar leche, mantequilla y huevos se resolverá por sí mismo. Actualmente no tenemos ninguna preocupación en esta materia. Que vuestra moderación sea conocida por todos los hombres.

[Los "alimentos sanos" han de ocupar el lugar de la leche y la mantequilla 583]

Dios proveerá

613*. Vemos que el ganado está enfermándose en gran escala. La tierra misma está corrompida, y sabemos que llegará el tiempo cuando no será lo mejor usar leche y huevos. Pero ese tiempo no ha llegado todavía. Sabemos que cuando venga, el Señor proveerá. Se hace la pregunta, muy significativa para todos aquellos a quienes ésta preocupa: " ¿Pondrá el Señor mesa en el desierto?" Creo que la respuesta debe ser: Si, Dios proveerá alimento para su pueblo.

En todas partes del mundo se hará provisión para reemplazar la leche y los huevos. Y el Señor nos hará saber cuando llegue el tiempo de abandonar esos artículos. El desea que todos sepan que tienen un bondadoso Padre celestial que los instruirá en todas las cosas. El Señor dará arte y habilidad culinaria a sus hijos en todas partes del mundo, enseñándoles cómo usar, para el sustento de la vida, los productos de la tierra.

[El uso de leche en la confección del pan - 496] 429
[Uso de la leche en los bollos de harina integral - 503]

PARTE IV LAS ACEITUNAS Y EL ACEITE DE OLIVAS

614*. Convenientemente preparadas, las aceitunas, lo mismo que las oleaginosas, pueden reemplazar la mantequilla y la carne. El aceite tal como se ingiere en la aceituna, es muy preferible al aceite animal y a la grasa. Es laxante. Su uso beneficiará a los enfermos de consunción y podrá curar o aliviar las inflamaciones del estómago.

615*. Las aceitunas pueden prepararse de tal manera que se puedan ingerir con buen resultado en cada comida. Las ventajas que se procuran con el uso de mantequilla pueden obtenerse con el consumo de aceitunas debidamente preparadas. El aceite de las aceitunas alivia el estreñimiento, y para los tísicos y para los que tienen estómago inflamado e irritado es mejor que cualquier droga. Como alimento, es mejor que cualquier aceite obtenido de segunda mano de los animales.

616*. El aceite de las olivas es un remedio para el estreñimiento y para las enfermedades de los riñones. 431

SECCIÓN XXII Las Proteínas

PARTE I NUECES (FRUTAS SECAS OLEOSAS) Y ALIMENTOS A BASE DE NUECES

Parte de un régimen adecuado

617*. Los cereales, las frutas carnosas, las oleaginosas y las legumbres constituyen el alimento escogido para nosotros por el Creador. Preparados del modo más sencillo y natural posible, son los comestibles más sanos y nutritivos. Comunican una fuerza, una resistencia y un vigor intelectual que no pueden obtenerse de un régimen alimenticio más complejo y estimulante.

618*. En los cereales, las frutas, las legumbres y las nueces (frutas secas oleaginosas) han de hallarse todos los elementos alimenticios que necesitamos. Si acudimos al Señor con mentes sencillas, él nos enseñará cómo preparar alimentos sanos, libres de todo rastro de carne.

[En el régimen adecuado - 483]
[En el régimen provisto por Dios 404]
[Debe enseñarse a los pacientes del sanatorio a usar 767]

Los alimentos a base de nueces deben prepararse cuidadosamente y son económicos

619*. Dios nos ha dado una amplia variedad de alimentos sanos, y cada cual debe escoger el que más convenga a sus necesidades, conforme a la experiencia y a la sana razón. La abundancia de frutas, oleaginosas y cereales que nos 438 proporciona la naturaleza es grande, y año tras año se acrecienta la facilidad de comunicaciones que permite el intercambio de productos de un país con otro. . .

Las oleaginosas [nueces, avellanas, almendras, maní o cacahuete] y sus derivados van sustituyendo en gran medida a la carne. Con ellas pueden combinarse cereales, frutas carnosas y varias raíces, para constituir alimentos sanos y nutritivos; pero hay que tener cuidado de no incluir una proporción demasiado elevada de oleaginosas. Es posible que aquellos a quienes no les sienta bien su consumo vean subsanarse la dificultad si prestan atención a esta advertencia.

[Cereales, nueces, legumbres y frutas como sustitutos de la carne   492]

620*. Debe pasarse mucho tiempo aprendiendo cómo preparar alimentos a base de nueces. Pero debe cuidarse de no reducir el menú a unos pocos artículos, usando poca cosa más que los alimentos a base de nueces. La mayoría de nuestros hermanos no puede obtener los alimentos a base de nueces. Pocos saben como prepararlos debidamente para su empleo, aun si pudieran comprarlos.

621*. Los alimentos empleados deben corresponder al clima. Algunos alimentos adecuados a un país, no serían de ninguna manera propios en otro lugar. Y los alimentos a base de nueces deben ser lo más económicos que sea posible, de manera que puedan ser comprados por los pobres.

Proporción de nueces (frutas oleosas) con los otros ingredientes

622*. Debe prestarse cuidadosa atención al debido uso de los alimentos a base de nueces (frutas secas oleosas). Algunas 435 clases de nueces no son tan saludables como otras. No se reduzca el menú a unos pocos artículos compuestos mayormente de estos alimentos de nueces. Esta clase de alimentos no debe usarse tan abundantemente. Si algunos los emplearan más moderadamente, los resultados serían más satisfactorios. El combinarlos en grandes proporciones con otros artículos en algunas de las recetas dadas, hace que el alimento resulte tan rico que el organismo no puede asimilarlo debidamente.

623*. Se me ha indicado que los alimentos a base de oleaginosas se usan con frecuencia imprudentemente. Se consume una proporción demasiado elevada de oleaginosas y algunas de ellas no son tan sanas como otras. Las almendras son preferibles al maní; pero éste puede añadirse en cantidades limitadas a los cereales para constituir un alimento nutritivo y digestible.

624*. Hace tres años recibí una carta que decía: "No puedo consumir alimentos a base de nueces; mi estómago no los acepta". Había entonces varias recetas que fueron presentadas ante mí. Según una, debe haber otros ingredientes combinados con las frutas secas oleosas, que armonicen con ellas, para no usar una proporción tan grande de nueces. Desde una décima parte hasta una sexta parte de las frutas secas oleosas sería suficiente, variándolas según las combinaciones. Probamos esto, y con éxito.

[Se usa una gran proporción de nueces   400, 411]
[No todos pueden usar los alimentos a base de nueces   589]
[El empleo de alimentos a base de nueces en el hogar de los White Apéndice l: 16] 436

PARTE II   LOS HUEVOS

El uso de huevos llegará a ser cada vez más inseguro

625*. Los que viven en regiones pobres o poco desarrolladas, donde escasean las frutas y las oleaginosas, no deben sentirse obligados a eliminar de su régimen dietético la leche y los huevos. Verdad es que las personas algo corpulentas y las agitadas por pasiones fuertes deben evitar el uso de alimentos estimulantes. Especialmente en las familias cuyos hijos son dados a hábitos sensuales deben proscribirse los huevos. Por lo contrario, no deben suprimir completamente la leche ni los huevos las personas cuyos órganos productores de sangre son débiles, particularmente si no pueden conseguir otros alimentos que suplan los elementos necesarios. Deben tener mucho cuidado, sin embargo, de obtener la leche de vacas sanas y los huevos de aves igualmente sanas, esto es, bien alimentadas y cuidadas. Los huevos deben cocerse en la forma que los haga más digeribles.

La reforma alimenticia debe ser progresiva. A medida que van aumentando las enfermedades en los animales, el uso de la leche y los huevos se vuelve más peligroso. Conviene tratar de sustituirlos con comestibles saludables y baratos. Hay que enseñar a la gente por doquiera a cocinar sin leche ni huevos en cuanto sea posible, sin que por esto dejen de ser sus comidas sanas y sabrosas.

No deben clasificarse con los alimentos a base de carne

626*. La leche, los huevos y la mantequilla no deben clasificarse con la carne. En algunos casos el uso de huevos es beneficioso. No ha llegado el tiempo en que debamos 437 decir que se debe descartar completamente el consumo de leche y huevos. . .

Sea progresiva la reforma alimenticia. Enséñese a la gente a preparar alimentos sin mucho uso de leche o mantequilla. Expliquémosle que llegará pronto el tiempo en que será peligroso usar huevos, leche, crema o mantequilla, porque las enfermedades aumentan proporcionalmente a la maldad que reina entre los hombres. Se acerca el tiempo en que, debido a la iniquidad de la especie caída, toda la creación animal gemirá bajo las enfermedades que azotan nuestra tierra. Dios dará a su pueblo capacidad y tacto para preparar alimentos sanos sin aquellas cosas. Descarte nuestro pueblo todas las recetas malsanas.

Excitante para los niños

627*. Ud. debe enseñar a sus hijos. Debe instruirlos acerca de cómo rehuir los vicios y las corrupciones de este siglo. En lugar de esto, muchos están estudiando cómo conseguir algo bueno para comer. Ud. coloca sobre su mesa mantequilla, huevos y carne, y sus hijos participan de ellos. Son alimentados precisamente con las cosas que excitarán sus pasiones animales, y entonces Ud. viene a las reuniones para pedir a Dios que bendiga y salve a sus hijos. ¿Cuán alto suben sus oraciones? Ud. tiene una obra que hacer primero. Cuando haya hecho en favor de sus hijos todo lo que Dios dejó para que Ud. hiciera, entonces Ud. puede con confianza reclamar la ayuda especial que Dios ha prometido darle.

Algunas propiedades de los huevos son agentes terapéuticos; cuídense los extremos

628*. No vaya a los extremos con respecto a la reforma pro salud. Algunos de nuestros hermanos son muy descuidados 438 con respecto a la reforma pro salud. Pero debido a que algunos están muy atrasados, Ud. no debe ser un extremista para tratar de presentarles un ejemplo. No debe privarse a sí mismo de la clase de alimento que produce buena sangre. Su devoción a los principios está induciéndolo a someterse a un régimen que le da a Ud. una experiencia que no recomendará la reforma pro salud. Este es un peligro. Cuando Ud. ve que está debilitándose físicamente, es esencial que Ud. haga cambios, y de inmediato. Ponga dentro de su régimen algo que Ud. eliminó. Es su deber hacerlo. Consiga huevos de aves sanas. Use estos huevos cocinados o crudos. Rompa estos huevos crudos en el mejor vino sin fermentar que pueda hallar. Esto suplirá lo que su organismo necesita. No crea ni por un momento que no es bueno hacer esto...

Vendrá el tiempo cuando la leche no podrá usarse con tanta abundancia como hoy; pero ahora no es el tiempo de descartarla. Y los huevos contienen propiedades que son agentes terapéuticos para contraatacar venenos...

SOBRE EL RÉGIMEN DEL SANATORIO

Aun cuando yo descartaría la carne como dañina, puede usarse algo menos perjudicial. Y esto se encuentra en los huevos. No elimine la leche de la mesa ni prohiba que se emplee en la cocción de los alimentos. La leche usada debe lograrse de vacas sanas, y debe ser esterilizada...

Pero quiero decir que cuando llegue el tiempo en que ya no sea seguro emplear leche, crema, mantequilla y huevos, Dios lo revelará. No deben defenderse los extremos en la reforma pro salud. El problema de emplear leche, mantequilla y huevos se resolverá por sí mismo. Actualmente no tenemos ninguna preocupación sobre la materia. Vuestra moderación sea conocida por todos los hombres.

[Para el contexto véase 324] 439

629*. Cuando recibí una carta de Cooranbong, en la que decía que el Dr.-------------- estaba muriendo, esa noche fui instruida en el sentido de que él debía tener un cambio de régimen. Un huevo crudo, tomado dos o tres veces por día, le proporcionaría el sustento que él grandemente necesitaba.

630*. Los que vienen al sanatorio deben ser provistos con suficientes alimentos sanos y que estén de acuerdo con los principios rectos, preparados de la manera más apetitosa. No podemos esperar que ellos vivan como nosotros vivimos ... Los alimentos puestos ante los pacientes deben ser tales que hagan una impresión favorable en ellos. Pueden prepararse huevos en una variedad de formas.

Cuando se dejan de reemplazar artículos alimenticios

631*. Si bien se han dado advertencias con relación a los peligros de enfermedad que derivan de la mantequilla y al mal que ocasiona el uso copioso de huevos por parte de las criaturas, no debe considerarse como violación de nuestros principios el consumo de huevos provenientes de gallinas bien cuidadas y convenientemente alimentadas. Los huevos contienen ciertos principios que obran eficazmente contra determinados venenos.

Algunos, al abstenerse de leche, huevos y mantequilla, no proveyeron a su cuerpo una alimentación adecuada y como consecuencia se han debilitado e incapacitado para el trabajo. De esta manera, la reforma pro salud ha sido desacreditada. La obra que nos hemos esforzado por levantar sólidamente se confunde con las extravagancias que Dios no ha ordenado, y las energías de la iglesia se ven estorbadas. Pero Dios intervendrá para contrarrestar los resultados 440 de ideas tan extremistas. El propósito del Evangelio es reconciliar a la raza pecaminosa. Debe llevar a pobres y ricos a los pies de Jesús.

Llegará el tiempo cuando tal vez tengamos que dejar algunos de los alimentos que usamos ahora, como la leche, la crema y los huevos; pero no necesitamos crearnos dificultades por restricciones prematuras y exageradas. Esperemos que las circunstancias lo exijan y que el Señor prepare el camino.

[Para el contexto véase el 327]

PARTE III   EL QUESO

[Se entiende que esto se refiere al queso estacionado o madurado.- Los compiladores]

Inadecuado como alimento

632*. El queso nunca debe introducirse en el estómago.

633*. La mantequilla es menos nociva cuando se la come con pan asentado que cuando se la emplea para cocinar, pero por regla general es mejor abstenerse de ella. El queso merece aún más objeciones; es absolutamente impropio como alimento.

634*. Más de una madre pone una mesa que es una trampa para su familia. Carne, mantequilla, queso, pasteles recargados alimentos con especias, y condimentos son consumidos con liberalidad tanto por viejos como por jóvenes. Estas cosas hacen su obra para perturbar el estómago, excitar los nervios, y debilitar el intelecto. Los órganos productores de sangre no pueden convertir tales cosas en buena sangre. La grasa cocinada en los alimentos la hace de difícil digestión. El efecto del queso es perjudicial. 441

635*. Generalmente se permite que los niños coman carne, especias, mantequilla, queso, cerdo, pasteles recargados y condimentos. También se les permite comer irregularmente y entre horas alimentos perjudiciales. Estas cosas hacen su obra para perturbar el estómago, excitar los nervios a una acción antinatural, y debilitar el intelecto. Los padres no se dan cuenta de que están sembrando la semilla que producirá enfermedad y muerte.

636*. Cuando iniciamos el congreso de Nora, Illinois, creí que era mi deber hacer algunas observaciones con respecto a la forma en que la gente comía. Relaté algunas cosas desafortunadas que les habían ocurrido a algunos en Marion, y les dije que yo lo adjudicaba a los artículo alimenticios innecesarios preparados para las reuniones, y también al hecho de comer esos artículos alimenticios innecesarios durante el congreso. Algunos trajeron queso al campamento y lo comieron; aunque no hacía mucho tiempo que estaba hecho, era demasiado fuerte para el estómago, y nunca debió haber sido introducido allí.

637*. Se decidió que en cierto campamento no debía venderse queso a los que estaban en los terrenos. Pero al llegar a ese lugar, el Dr. Kellog halló para su sorpresa que se había comprado una gran cantidad de queso para venderlo en el almacén. El y otros más pusieron objeciones, pero los que estaban a cargo del almacén dijeron que el queso había sido comprado con el consentimiento del Hno -------------, y que ellos no estaban en condición de perder el dinero invertido en el mismo. Frente a la situación, el Dr. Kellog preguntó cuál era el precio del queso, y compró todo lo que tenían. El había investigado el asunto estudiando la causa 442 el efecto, y sabía que algunos alimentos que en general se consideraban sanos, eran perjudiciales.

[Venta de queso en el campamento 529]

La práctica de la Sra. White

638*. Con respecto al queso, estoy ahora completamente segura de que no hemos comprado ni colocado en nuestra mesa queso durante muchos años. Nunca pensamos en hacer del queso un artículo del régimen, y mucho menos un artículo para comprar.

[El queso no fue usado por E. G. de White Apéndice 1:21] 445

SECCIÓN XXIII Las Carnes (Continuación de "Las Proteínas")

El régimen a base de carne Un resultado del pecado

639*. Dios dio a nuestros primeros padres el alimento que él había establecido que la raza humana debía consumir. Era contrario a su plan que se quitara la vida a ningún ser viviente. No había de haber muerte en el Edén. El fruto de los árboles del huerto constituía el alimento exigido por las necesidades del hombre. Dios no dio al hombre permiso para consumir alimentos animales hasta después del diluvio. Todo aquello a base de lo cual el hombre pudiera subsistir había sido destruido, y por lo tanto el Señor, a causa de la necesidad humana, dio a Noé permiso para comer de los animales limpios que había llevado consigo en el arca. Pero el alimento animal no era el artículo de consumo más saludable para el hombre.

La gente que vivió antes del diluvio comía alimentos de origen animal y gratificaba su apetito hasta que se colmó la copa de la iniquidad, y Dios limpió la tierra de su contaminación moral mediante el diluvio. Entonces descansó sobre la tierra la tercera maldición terrible. La primera maldición se pronunció sobre la posteridad de Adán y sobre la tierra, a causa de la desobediencia. La segunda maldición vino sobre la tierra después que Caín mató a su hermano 446 Abel. La tercera y más terrible maldición de Dios vino sobre la tierra con el diluvio.

Después del diluvio la gente comía mayormente alimentos de origen animal. Dios vio que las costumbres del hombre se habían corrompido, y que él estaba dispuesto a exaltarse a sí mismo en forma orgullosa contra su Creador y a seguir los dictámenes de su propio corazón. Y permitió que la raza longeva comiera alimentos de origen animal para abreviar su existencia pecaminosa. Pronto después del diluvio la raza humana comenzó a decrecer en tamaño y en longevidad.

Depravación de los antediluvianos

640*. Los habitantes del mundo antiguo comían y bebían con intemperancia. Consumían carne aunque Dios no les había dado permiso para comerla. Comían y bebían con exceso, y sus apetitos depravados eran ilimitados. Se entregaron a una idolatría abominable. Se tornaron violentos y feroces, y tan corrompidos, que Dios no pudo soportarlos durante más tiempo. Su copa estaba rebosante de iniquidad, de modo que Dios limpió la tierra de su contaminación moral mediante un diluvio. A medida que los hombres se multiplicaban después del diluvio, se olvidaron de Dios y se corrompieron delante de él. Toda forma de intemperancia aumentó en gran medida.

El fracaso y la pérdida espiritual de Israel

641*. El régimen señalado al hombre al principio no incluía ningún alimento de origen animal. Hasta después del diluvio cuando toda vegetación desapareció de la tierra, no recibió el hombre permiso para comer carne.

Al señalar el alimento para el hombre en el Edén, el 447 Señor demostró cuál era el mejor régimen alimenticio; en la elección que hizo para Israel enseñó la misma lección. Sacó a los israelitas de Egipto, y emprendió la tarea de educarlos para que fueran su pueblo. Por medio de ellos deseaba bendecir y enseñar al mundo. Les suministró el alimento más adecuado para este propósito, no la carne, sino el maná, "el pan del cielo". Pero a causa de su descontento y de sus murmuraciones acerca de las ollas de carne de Egipto les fue concedido alimento animal, y esto únicamente por poco tiempo. Su consumo trajo enfermedades y muerte para miles. Sin embargo, nunca aceptaron de buen grado la restricción de tener que alimentarse sin carne. Esto siguió siendo causa de descontento y murmuración, en público y en privado, de modo que nunca revistió carácter permanente.

Al establecerse en Canaán, se permitió a los israelitas que consumieran alimento de origen animal, pero bajo prudentes restricciones encaminadas a mitigar los malos resultados. El uso de la carne de cerdo quedaba prohibido, como también el de la de otros animales, de

ciertas aves y de ciertos peces, declarados inmundos. De los animales declarados comestibles, la grasa y la sangre quedaban absolutamente proscritas.
Sólo podían consumirse las reses sanas. Ningún animal desgarrado, mortecino, o que no hubiera sido cuidadosamente desangrado, podía servir de alimento.
Por haberse apartado del plan señalado por Dios en el plan de alimentación, los israelitas sufrieron graves perjuicios. Desearon comer carne y cosecharon los resultados. No alcanzaron el ideal de carácter que Dio les señalara ni cumplieron los designios divinos. El Señor "les dio lo que pidieron; mas envió flaquera en sus almas" (Salmo 106:15, VM). Preferían lo terrenal a lo espiritual, y no alcanzaron la sagrada preeminencia a la cual Dios se había propuesto que llegasen. 448

El régimen sin carne ha de modificar el temperamento

642*. El Señor le dijo claramente a su pueblo que recibiría todo tipo de bendición si guardaba sus mandamientos, y era un pueblo peculiar. Amonestó a sus hijos por medio de Moisés en el desierto, especificando que la salud sería la recompensa de la obediencia. El estado de la mente tiene que ver mayormente con la salud del cuerpo, y en forma especial con la salud de los órganos digestivos. Por lo general, el Señor no proveyó para su pueblo alimentos a base de carne en el desierto, porque sabía que el uso de ese régimen crearía enfermedad e insubordinación. A fin de modificar la disposición, y con el propósito de poner en activo ejercicio las facultades más elevadas de la mente, quitó de ellos la carne de los animales muertos. Les dio, en cambio, alimento de ángeles, maná del cielo.

Rebelión y castigo

643*. Dios continuó alimentando a la hueste de los hebreos con el pan que llovía del cielo; pero ellos no estaban satisfechos. Su apetito depravado exigía imperiosamente carne, que Dios en su sabiduría no les había provisto... Satanás, el autor de la enfermedad y la aflicción, se acercará al pueblo de Dios por donde pueda tener mayor éxito. El ha controlado el apetito en gran medida, desde el tiempo en que logró el éxito en el experimento que hizo con Eva, al inducirla a comer de la fruta prohibida. El primeramente se dirigió con sus tentaciones a la multitud mixta, a los egipcios creyentes, y los indujo a quejarse sediciosamente. No querían contentarse ellos con los alimentos saludables que Dios les había provisto. Su apetito depravado exigía una mayor variedad, especialmente carne. 449

Este descontento pronto infectó casi la totalidad del pueblo. Al comienzo, Dios no complació su apetito pecaminoso, sino que hizo que sus juicios cayeran sobre ellos, y consumió a los más culpables por medio de rayos procedentes del cielo. Este castigo, en lugar de humillarlos, al parecer tan sólo aumentó sus quejas. Cuando Moisés oyó que el pueblo lloraba a la puerta de sus tiendas, y que se quejaba por sus familias, quedó muy disgustado. Presentó delante del Señor las dificultades de esta situación, y el espíritu revoltoso de los israelitas, y la posición en la cual Dios lo había colocado ante el pueblo: la de un padre protector, quien debía sentir en carne propia los sufrimientos del pueblo...
El Señor indicó a Moisés que reuniera delante de él a setenta ancianos, que él identificara como ancianos del pueblo. No debían ser solamente personas de edad avanzada, sino hombres de dignidad, sano juicio y experiencia, que estuvieran calificados para ser jueces u oficiales. "Y tráelos a la puerta del tabernáculo de reunión, y esperen allí contigo. Y yo descenderé y hablaré allí contigo, y tomaré del espíritu que está en ti, y pondré en ellos; y llevarán contigo la carga del pueblo, y no la llevarás tú solo."

"Pero al pueblo dirás: Santificaos para mañana, y comeréis carne; porque habéis llorado en oídos de Jehová, diciendo: ¡Quién nos diera a comer carne! ¡Ciertamente mejor nos iba en Egipto! Jehová, pues, os dará carne, y comeréis. ¡No comeréis un día, ni dos días, ni cinco días, ni diez días, ni veinte días, sino hasta un mes entero, hasta que os salga por las narices, y la aborrezcáis, por cuanto menospreciasteis a Jehová que está en medio de vosotros, y llorasteis delante de él, diciendo: ¿Para qué salimos acá de Egipto?

"Entonces dijo Moisés: Seiscientos mil de a pie es el pueblo en medio del cual yo estoy; ¡y tú dices: Les daré carne, y comerán un mes entero! ¿Se degollarán para ellos ovejas y bueyes que les basten? ¿O se juntarán para ellos 450 todos los peces del mar para que tengan abasto? Entonces Jehová respondió a Moisés: ¿Acaso se ha acortado la mano de Jehová? Ahora verás si se cumple mi palabra, o no...

"Y vino un viento de Jehová, y trajo codornices del mar, y las dejó sobre el campamento, un día de camino a un lado, y un día de camino al otro, alrededor del campamento, y casi dos codos sobre la faz de la tierra. Entonces el pueblo estuvo levantado todo aquel día y toda la noche, y todo el día siguiente, y recogieron codornices; el que menos, recogió diez montones; y las tendieron para sí a lo largo alrededor del campamento.

"Aún estaba la carne entre los dientes de ellos, antes que fuese masticada, cuando la ira de Jehová se encendió en el pueblo, e hirió Jehová al pueblo con una plaga muy grande" (Núm. 11:16-33).

En este caso el Señor dio al pueblo lo que no era para su mayor bien, porque éste lo quería tener. Ellos no quisieron resignarse a recibir del Señor las cosas que resultarían para su bien. Se habían entregado a una murmuración sediciosa contra Moisés, y contra el Señor, porque no habían aceptado el conocimiento de las cosas que los perjudicarían. Su apetito depravado los dominó, y Dios les dio carne, como deseaban, y permitió que sufrieran los resultados producidos por la gratificación de su apetito sensual. Fiebres ardientes destruyeron a un gran número del pueblo. Los que habían sido más culpables en sus murmuraciones murieron tan pronto como probaron la carne que habían codiciado. Si hubieran aceptado que el Señor les eligiera los alimentos y si hubieran estado agradecidos y satisfechos por los alimentos que podían comer en abundancia y sin perjuicio, no habrían perdido el favor de Dios, ni habrían sido castigados por su murmuración rebelde cuando gran número de ellos pereció. 451

— El propósito de Dios para Israel

644*. Cuando Dios sacó a los hijos de Israel de Egipto, era su propósito establecerlos en la tierra de Canaán, para que constituyeran un pueblo puro, feliz y lleno de salud. Consideremos los medios por los cuales él quería realizar esto. Los sometió a un sistema de disciplina que, si lo hubieran seguido alegremente, habría resultado para el bien, tanto de ellos mismos como de su posteridad. Quitó la carne de su alimentación en gran medida. Les había concedido carne en respuesta a sus clamores, precisamente antes de llegar al Sinaí, pero fue provista solamente por un día. Dios podría haber provisto carne tan fácilmente como maná, pero impuso el pueblo una restricción para su bien. Era el propósito de Dios proveerles un alimento más adecuado a sus necesidades que el régimen afiebrante al cual muchos de ellos habían estado acostumbrados en Egipto. El apetito pervertido debía ser reducido a un estado más saludable, para que pudieran disfrutar de los alimentos provistos originalmente para el hombre: las frutas de la tierra, que Dios les dio a Adán y Eva en el Edén. Si ellos hubieran estado dispuestos a negarse la satisfacción del apetito en obediencia a las restricciones divinas, la debilidad y la enfermedad habrían sido desconocidas entre ellos. Sus descendientes habrían poseído fuerza física y mental. Habrían tenido claras percepciones de la verdad y del deber, un discernimiento agudo, y un juicio sano. Pero no estaban dispuestos a someterse a los requerimientos de Dios, y dejaron de alcanzar la norma que él había establecido para ellos, y de recibir las bendiciones que habrían sido suyas. Murmuraron bajo las restricciones de Dios, y codiciaron las ollas de carne de Egipto. Dios les permitió tener carne, pero esto les acarreó una maldición. 452

Un ejemplo para nosotros

645*. "Mas estas cosas sucedieron como ejemplos para nosotros, para que no codiciemos cosas malas, como ellos codiciaron". "Y estas cosas les acontecieron como ejemplo, y están escritas para amonestarnos a nosotros, a quienes han alcanzado los fines de los siglos".

646*. La iglesia en general en Battle Creek no ha sostenido el instituto por su ejemplo. Sus miembros no han honrado la luz de la reforma pro salud practicándola en el seno de sus familias. La enfermedad que aquejó a muchas familias en Battle Creek no necesitaría haberles sobrevenido, si ellas hubieran seguido la luz que Dios les diera. A semejanza del Israel de antaño, han desatendido la luz, y no veían mayor necesidad de restringir su apetito que la que vio el Israel antiguo. Los hijos de Israel querían tener carne para comer y dijeron, como dicen muchos hoy: moriremos sin carne. Dios le dio carne al rebelde Israel, pero su maldición estaba sobre ella. Miles de ellos murieron mientras la carne que habían deseado aún estaba entre sus dientes. Tenemos el ejemplo de los israelitas de antaño, y la advertencia para nosotros es que no hagamos como ellos hicieron. Su historia de incredulidad y rebelión está registrada como una advertencia especial para que no sigamos su ejemplo de quejarnos contra los requerimientos divinos. ¿Cómo podemos decidir en forma tan indiferente, eligiendo nuestra propia conducta, siguiendo lo que nuestros propios ojos ven, y apartándonos más y más de Dios, como hicieron los hebreos? Dios no puede hacer grandes cosas en favor de su pueblo debido a la dureza del corazón y a la pecaminosa incredulidad.

Dios no hace acepción de personas; sino que en toda generación los que temen al Señor y obran con justicia son 453 aceptados por él; en tanto que los murmuradores, los descreídos y los rebeldes no tendrán su favor o las bendiciones prometidas a los que aman la verdad y andan en ella. Los que tienen la luz y no la siguen, sino que desatienden los requerimientos de Dios, hallarán que las bendiciones que les pertenecían se transformarán en maldiciones, y las misericordias reservadas para ellos se convertirán en juicios. Dios quiere que aprendamos humildad y obediencia mientras leemos la historia del antiguo Israel, que era su pueblo peculiar y escogido, pero que provocó su propia destrucción al seguir sus propios caminos.

647*. Nuestros hábitos de comer y beber muestran si somos del mundo o si pertenecemos al número de personas a quienes el Señor ha cortado del mundo por medio de su poderosa hacha de la verdad. Estos constituyen su pueblo peculiar, celoso de buenas obras. Dios ha hablado en su Palabra. El caso de Daniel y de sus tres compañeros contiene sermones sobre la reforma pro salud. Dios ha hablado en la historia de los israelitas, a quienes no les concedió un régimen a base de carne, para su propio bien. Los alimentó con pan del cielo; "pan de nobles comió el hombre". Pero ellos estimularon su apetito terreno; y cuanto más concentraban sus pensamientos en las ollas de carne de Egipto, tanto más odiaban la comida que Dios les daba para mantenerlos en un buen estado de salud física, mental y

moral. Anhelaban las ollas de carne, y en esto hicieron lo mismo que lo que muchos hacen en nuestros propios días.
[Declaraciones adicionales con respecto al uso de carne por parte de los antediluvianos y los israelitas 231, 233]

De vuelta al régimen original

648*. Una y otra vez se me mostró que Dios está tratando de guiarnos de vuelta, paso a paso, a su plan original: 454 que el hombre subsista a ase de productos naturales de la tierra.

649*. Las hortalizas, las legumbres, las frutas y los cereales deben constituir nuestro régimen alimenticio. Ni un gramo de carne debiera entrar en nuestro estómago. El consumo de carne es antinatural. Hemos de regresar al propósito original que Dios tenía en la creación del hombre.

650*. ¿No es tiempo ya de que todos prescindan de consumir carne? ¿Cómo pueden seguir haciendo uso de un alimento cuyo efecto es tan pernicioso para el alma y el cuerpo los que se esfuerzan por llevar una vida pura, refinada y santa, para gozar de la compañía de los ángeles celestiales? ¿Cómo pueden quitar la vida a seres creados por Dios y consumir su carne con deleite? Vuelvan más bien al alimento sano y delicioso que fue dado al hombre en el principio, y tengan ellos mismos y enseñen a sus hijos a tener misericordia de los seres irracionales que Dios creó y puso bajo nuestro dominio.

La preparación para la traslación

651*. Los que esperan la venida del Señor con el tiempo eliminarán el consumo de carne; la carne dejará de formar parte de su régimen. Siempre debiéramos tener este fin en cuenta, y esforzarnos para avanzar firmemente hacia él. No puedo pensar que en la práctica del consumo de carne nos hallemos en armonía con la luz que a Dios le ha agradado darnos. Todos los que están relacionados con nuestras instituciones de salud debieran estar educándose especialmente para subsistir a base de frutas, cereales, legumbres y hortalizas. 455 Si obramos guiados por principios en cuanto a estas cosas, si como reformadores cristianos educamos nuestro propio gusto, y colocamos nuestro régimen en armonía con el plan de Dios, podremos influir en otras personas, en esta materia, lo cual será agradable para Dios.

652*. El principal objetivo del hombre no es gratificar su apetito. Existen necesidades físicas que deben suplirse; pero ¿es necesario que debido a esto el hombre sea dominado por el apetito? ¿Continuarán quitándole la vida a las criaturas de Dios, para saborear su carne como un manjar delicioso, esas mismas personas que tratan de ser santas, puras y refinadas para disfrutar de la compañía de los ángeles celestiales? Según lo que el Señor me ha mostrado, este orden de cosas debe ser cambiado, y entonces el pueblo peculiar de Dios ejercerá temperancia en todas las cosas.

653*. Los que han recibido instrucciones acerca de los peligros del consumo de carne, té, café y alimentos demasiado condimentados o malsanos, y quieran hacer un pacto con Dios por sacrificio, no continuarán satisfaciendo sus apetitos con alimentos que saben son malsanos. Dios pide que los apetitos sean purificados y que se renuncie a las cosas que no son buenas. Esta obra debe ser hecha antes que su pueblo pueda estar delante de él como un pueblo perfecto.

654*. Es para el propio bien de la iglesia remanente por lo que el Señor le aconseja a ella que descarte el uso de la carne, el té y el café, así como otros alimentos perjudiciales. Hay abundancia de otras cosas que podemos usar, para sostener nuestra vida, que son sanas y buenas. 456

Perfeccionando la santidad

655*. Deben verse mayores reformas entre nuestros hermanos que pretenden estar esperando la pronta venida de Cristo. La reforma pro salud ha de hacer entre nuestros hermanos una obra que todavía no se ha hecho. Hay personas que debieran estar despiertas ante el peligro de comer carne, pero que continúan consumiendo carne de animales, poniendo así en peligro la salud física, mental y espiritual. Muchos que están hoy solamente medio convertidos con respecto al consumo de carne abandonarán el pueblo de Dios para no andar más con él.

En todas nuestras obras debemos obedecer las leyes que Dios ha dado, para que las energías físicas y espirituales puedan obrar armoniosamente. Los hombres pueden tener una forma de piedad, pueden aun predicar el Evangelio, y sin embargo no estar purificados ni santificados. Los ministros deben ser estrictamente temperantes en su comer y beber, no sea que hagan sendas torcidas para sus pies, desviando al cojo los que son débiles en la fe del camino. Si mientras proclaman el más solemne e importante mensaje que Dios jamás haya dado, los hombres combaten la verdad complaciendo hábitos incorrectos de comer y beber, quitan toda la fuerza del mensaje que llevan.

Los que se complacen en comer carne, en tomar té y en la glotonería, están sembrando semillas cuya cosecha será dolor y muerte. Los alimentos no saludables colocados en el estómago fortalecen los apetitos que combaten contra el alma, y así se desarrollan las propensiones inferiores. Un régimen a base de carne tiende a desarrollar la animalidad. El progreso de la animalidad disminuye la espiritualidad, y hace que la mente resulte incapaz de comprender la verdad.

La Palabra de Dios nos amonesta, claramente que a menos 457 que nos abstengamos de la concupiscencia de la carne, la naturaleza física será puesta en conflicto con la naturaleza espiritual. El acto de comer lujuriosamente está en pugna contra la salud y la paz. Así se establece una guerra entre los atributos más elevados y los más bajos del hombre. Las propensiones inferiores, poderosas y activas, oprimen el alma. Los intereses superiores del ser son puestos en peligro por la indulgencia de los apetitos no sancionados por el cielo.

656*. Los que pretenden creer la verdad han de custodiar cuidadosamente las facultades del cuerpo y la mente, de manera que Dios y su causa no sean de ninguna manera deshonrados por sus palabras o acciones. Los hábitos y las prácticas han de someterse a la voluntad de Dios. Hemos de dar cuidadosa atención a nuestro régimen. Se me ha presentado claramente que el pueblo de Dios ha de tomar una posición firme en contra del consumo de carne. ¿Estaría Dios dando a su pueblo durante treinta años el mensaje de que si sus hijos desean tener sangre pura y mentes claras, deben abandonar el uso de la carne, si él no quisiera que ellos prestaran atención a su mensaje? Por el empleo de la carne se fortalece la naturaleza animal, y la naturaleza espiritual se debilita.

657*. Los males morales derivados del consumo de la carne no son menos patentes que los males físicos. La carne daña la salud; y todo lo que afecta al cuerpo ejerce también sobre la mente y el alma un efecto correspondiente. Pensemos en la crueldad hacia los animales que entraña la alimentación con carne, y en su efecto en quienes los matan y en los que son testigos del trato que reciben. ¡Cuánto contribuye esto a destruir la ternura con que deberíamos considerar a estos seres creados por Dios! 458

658*. El uso común de la carne de animales muertos ha tenido una influencia deteriorante sobre la moral así como sobre la constitución física. y una salud pobre, en una variedad de formas, revelaría ser resultado seguro del consumo de carne, si pudiera rastrearse la causa del efecto.

659*. Los que usan carne desatienden todas las advertencias que Dios ha dado concerniente a esta cuestión. No tienen evidencia de que andan en sendas seguras. No tienen la menor excusa por comer carne de animales muertos. La maldición de Dios descansa sobre la creación animal. Muchas veces cuando se come carne, ésta se descompone en el estómago, y produce enfermedad. El cáncer, los tumores y las enfermedades pulmonares son producidos mayormente por el consumo de carne.

660*. Ojalá que todos pudieran discernir estos asuntos como me fueron presentados, todos aquellos que ahora son tan descuidados, tan indiferentes con respecto a la edificación de su carácter; los que defienden el régimen a base de carne, nunca abrirían sus labios para justificar un apetito que requiere la muerte de los animales. Tal régimen contamina la sangre en sus venas, y estimularas propensiones animales inferiores. Debilita la percepción aguda y el vigor de pensamiento para entender a Dios y la verdad, y para lograr un conocimiento de sí mismo.

El consumo de carne es especialmente peligroso ahora

661*. La carne no fue nunca el mejor alimento; pero su uso es hoy día doblemente inconveniente, ya que el número 459 de los casos de enfermedad aumenta cada vez más entre los animales.

662*. Los animales están enfermando cada vez más, y no transcurrirá mucho tiempo antes de que los alimentos de origen animal sean descartados por muchos además de los adventistas del séptimo día. Se han de preparar alimentos sanos, capaces de sostener la vida, a fin de que hombres y mujeres no necesiten comer carne.

663*. ¿Cuándo, los que conocen la verdad, harán su decisión en favor de los principios rectos para este tiempo y para la eternidad? ¿Cuándo serán fieles a los principios de la reforma pro salud? ¿Cuándo aprenderán que es peligroso comer carne? Se me ha instruido para que diga que si alguna vez el consumo de carne fue seguro, no lo es ahora.

664*. La luz que se me dio es que no pasará mucho tiempo antes que tengamos que abandonar el uso de los alimentos animales. Aun la leche tendrá que descartarse. La enfermedad se está acumulando rápidamente. La maldición de Dios está sobre la tierra, porque el hombre la ha maldecido. Los hábitos y prácticas de los hombres han puesto la tierra en tal condición que la familia humana debe reemplazar los alimentos animales por otra clase de sostén. No necesitamos la carne en absoluto. Dios puede darnos otra cosa.

665*. Si conocierais solamente la naturaleza de la carne que coméis, si vierais los animales vivos cuya carne es tomada cuando se matan, os apartaríais con asco de la carne. 460 Los mismos animales cuya carne coméis están frecuentemente tan enfermos que, si se los dejara, morirían por esa causa; pero mientras todavía está en ellos el aliento de vida, son sacrificados y traídos al mercado. Incorporáis directamente en vuestro organismo humores y veneno de la peor clase, y sin embargo no os dais cuenta de ello.

Los animales sufren su efecto

666*. A menudo se llevan al mercado y se venden para servir de alimento animales que están ya tan enfermos que sus dueños temen guardarlos más tiempo. Algunos de los procedimientos seguidos para cebarlos ocasionan enfermedades. Encerrados sin luz y sin aire puro, respiran el ambiente de establos sucios, se engordan tal vez con productos averiados y su cuerpo entero resulta contaminado de inmundicias.

Muchas veces los animales son transportados a largas distancias y sometidos a grandes penalidades antes de llegar al mercado. Arrebatados de sus campos verdes, y salvando con trabajo muchos kilómetros de camino, sofocados por el calor y el polvo o amontonados en vagones sucios, calenturientos y exhaustos, muchas veces faltos de alimento y de agua durante horas enteras, los pobres animales son arrastrados a la muerte para que con sus cadáveres se deleiten los seres humanos.

667*. Muchos mueren de enfermedades causadas totalmente por el consumo de carne; sin embargo, no por esto el mundo parece actuar con más sabiduría. A menudo se matan animales que han sido transportados a través de una distancia considerable para faenarlos. La sangre se ha calentado. Están llenos de carne, y han estado privados del ejercicio saludable, y cuando tienen que viajar tanta distancia, 461 se enferman y se agotan, y en esa condición son sacrificados para el mercado. Su sangre está muy inflamada, y los que comen su carne, comen veneno. Algunos no son afectados inmediatamente, en tanto que otros son atacados por dolores agudos, y mueren de fiebre, cólera o alguna enfermedad desconocida. Muchísimos animales cuyos dueños sabían que estaban enfermos, son vendidos para el mercado de la ciudad, y los que los compran no siempre ignoran este hecho. Especialmente en las ciudades mayores esto se practica en gran medida, y los que consumen carne no saben que están comiendo animales enfermos.

Algunos animales llevados al matadero parecen darse cuenta por instinto de lo que está por ocurrir, y se ponen furiosos, y literalmente enloquecen. Son sacrificados mientras se hallan en ese estado, y su carne es preparada para el mercado. Su carne es veneno, y ha producido, en quienes la han consumido, calambres, convulsiones, apoplejía y muerte repentina. Y sin embargo la causa de todos estos sufrimientos no se atribuye a la carne.

Algunos animales son inhumanamente tratados mientras se llevan al matadero. Literalmente son torturados, y después de haber soportado muchas horas de extremo sufrimiento, son sacrificados. Se han preparado cerdos para el mercado aun mientras la plaga estaba en ellos, y su carne tóxica ha esparcido enfermedades contagiosas, y la consecuencia ha sido una gran mortandad.

Los efectos físicos de un régimen a base de carne aumentan la propensión a la enfermedad y a la muerte repentina

668*. El peligro de contraer una enfermedad aumenta diez veces al comer carne. 462

669*. Los médicos mundanos no pueden explicar el rápido aumento de las enfermedades en la familia humana. Pero nosotros sabemos que mucho de este sufrimiento está causado por el consumo de carne.

670*. Los animales están enfermos, y al participar de su carne, implantamos la semilla de la enfermedad en nuestros propios tejidos y en nuestra sangre. Luego, cuando estamos expuestos a cambios en una atmósfera palúdica somos más sensibles a los mismos; también cuando estamos expuestos a epidemias y a enfermedades contagiosas, el organismo no se halla en buena condición para resistir la enfermedad.

671*. Tenéis carne, pero no es buen material. Estáis en peor condición por esta cantidad de carne. Si cada uno de vosotros se restringiera a un régimen estricto, que os haría perder de 12 a 15 kilogramos de vuestro peso total, estaríais mucho menos propensos a la enfermedad. El consumo de carne ha producido una calidad pobre de sangre y de carne.

Vuestro organismo se halla en un estado de inflamación, preparado para la enfermedad. Estáis propensos a ataques agudos de enfermedad, y a una muerte repentina, porque no poseéis una constitución fuerte como para hacer frente y resistir a la enfermedad. Vendrá un tiempo cuando la fuerza y la salud que os habéis jactado que poseíais resultarán ser debilidad.

Sangre enferma

672*. He sido instada por el Espíritu de Dios a presentar delante de varias personas el hecho de que sus sufrimientos y escasa salud tienen como causa el no haber prestado atención a la luz que les fue dada sobre la reforma pro 463 salud. Les he mostrado que su régimen a base de carne, que creían que era esencial, no era necesario, y que puesto que ellos estaban formados de lo que comían, el cerebro, los huesos y los músculos se hallaban en una condición enferma, porque vivían a base de carne de animales muertos; que su sangre se estaba corrompiendo por este régimen impropio; que la carne que consumían era enferma, y su organismo entero se estaba tornando pesado y corrompido.

673*. Ingeridas como alimento las carnes perjudican a la sangre. Al cocinar carnes con muchos condimentos, y al comerlas con pasteles y tortas suculentas, se obtiene sangre de mala calidad. El organismo está demasiado recargado para asimilar esa clase de alimentos. Los pasteles de carne y los encurtidos, que nunca debieran hallar cabida en un estómago humano, proporcionarán una sangre de pésima calidad. Y un alimento de mala clase, cocinado en forma impropia y en cantidad insuficiente, no puede formar buena sangre. Los alimentos suculentos a base de carne y un régimen empobrecido producirán los mismos resultados.

674*. El cáncer, los tumores y todas las enfermedades inflamatorias son producidos mayormente por el consumo de carne

Por la luz que Dios me ha dado sé que la prevalencia de cáncer y tumores se debe mayormente a un sistema de vida vulgar a base de carne.

Cáncer, tuberculosis, tumores

675*. El régimen a base de carne es un asunto serio. ¿Vivirán los seres humanos a base de carne de animales muertos? La respuestas por la luz que Dios me ha dado es: 464 "No, decididamente no". Las instituciones que promueven la reforma pro salud deben educar sobre este asunto. Los médicos que pretenden comprender el organismo humano no deben animar a sus pacientes a vivir a base de carne de animales muertos. Deben señalar el aumento de las enfermedades en el reino animal. Según el testimonio de los examinadores muy pocos animales están libres de enfermedad, y la práctica de comer mayormente carne hace que se contraigan enfermedades de todo género: cáncer, tumores, escrófula, tuberculosis y una cantidad de otras afecciones similares.

676*. Los que comen carne y sus derivados no saben lo que ingieren. Muchas veces si hubieran visto los animales vivos y conocieran la calidad de su carne, la rechazarían con repugnancia. Continuamente sucede que la gente come carne llena de gérmenes de tuberculosis y cáncer. Así se propagan estas enfermedades y otras también graves.

677*. Las mesas de muchas mujeres que profesan ser cristianas se cubren diariamente con una variedad de platos que irritan el estómago y producen una condición febril en el organismo. La carne constituye el artículo principal de alimentación en la mesa de algunas familias, hasta que su sangre se llena de humores cancerosos y escrofulosos. Sus cuerpos se componen de lo que comen. Pero cuando los aflige el sufrimiento y la enfermedad, estas cosas se consideran una aflicción de la Providencia.

Disminuye el vigor mental

678*. Los que usan carne en abundancia, no siempre tienen un cerebro despejado y una inteligencia activa, debido a que el uso de carne tiende a causar una tosquedad o pesadez 465 en el cuerpo, y a entorpecer las facultades más delicadas de la mente.

679*. Dios quiere que las facultades perceptivas de sus hijos sean claras y capaces de arduo trabajo. Pero si estáis viviendo a base de un régimen de carne, no necesitáis esperar que vuestra mente sea fructífera.

Los pensamientos deben ser limpiados; entonces la bendición de Dios descansará sobre su pueblo.

680*. Es imposible que quienes hacen copioso consumo de carne tengan un cerebro despejado y un intelecto activo.

681*. Existe un letargo alarmante sobre el tema del sensualismo inconsciente. Es costumbre comer carne de animales muertos. Esto estimula las bajas pasiones del organismo humano.

682*. Un régimen a base de carne cambia la disposición y fortalece la animalidad. Nos componemos de lo que comemos, y el comer mucha carne disminuirá la actividad intelectual. Los estudiantes lograrían mucho más en sus estudios si nunca probaran la carne. Cuando la parte animal del agente humano es fortalecida por el consumo de carne, las facultades intelectuales disminuyen proporcionalmente. Una vida religiosa puede obtenerse y mantenerse con mayor éxito si se descarta la carne, porque este régimen estimula las tendencias sensuales a una actividad intensa, y debilita la naturaleza moral y espiritual. "El deseo de la carne es contra el Espíritu, y el del Espíritu es contra la carne" (Gál. 5: 17) 466

Fortalece las pasiones bajas

683*. Si alguna vez hubo un tiempo cuando el régimen debería ser más sencillo, es ahora. No debemos colocar carne delante de nuestros hijos. Esta excita y fortalece las pasiones bajas, y tiende a amortiguar las facultades morales.

684*. Se me ha instruido en el sentido de que el uso de carne tiende a animalizar la naturaleza, y a despojar a los hombres y mujeres del amor y la simpatía que deben sentir por cada uno. Estamos hechos de lo que comemos, y aquellos cuyo régimen se compone mayormente de carne llegan

a una condición en la que ellos permiten que las bajas pasiones dominen por encima de las facultades superiores del ser. . .

No señalamos ninguna línea precisa de conducta para seguir en materia de régimen. Hay muchas clases de alimento sano. Pero afirmamos que la carne no es el alimento debido para el pueblo de Dios. Animaliza a los seres humanos. En un país como éste, donde hay frutas, cereales y nueces en abundancia, ¿cómo puede alguien pensar que debe comer carne de animales muertos?

685*. Si las cosas fueran como deben ser en los hogares que constituyen nuestras iglesias, haríamos un doble servicio en favor del Señor. Según la luz que me ha sido dada debe darse un mensaje más decidido con respecto a la reforma pro salud. Los que usan carne fortalecen las tendencias inferiores y preparan el camino para que la enfermedad tome posesión de ellos.

686*. Su familia ha consumido mayormente carne, de modo que las propensiones animales se han fortalecido, en 467 tanto que las intelectuales se han debilitado. Nos componemos de aquello que comemos, y si subsistimos mayormente a base de carnes de animales muertos, participaremos de su naturaleza. Ud. ha estimulado la parte más tosca de su cuerpo, en tanto que la más refinada se ha debilitado.

687*. Queremos que la verdad impregnadora de la Palabra de Dios se posesione de cada uno de nuestros hermanos antes de que terminen estas reuniones. Queremos que entiendan que la carne no es el alimento adecuado para ellos. Un régimen tal cultiva las pasiones animales en ellos y en sus hijos. Dios quiere que eduquemos a nuestros hijos en los hábitos correctos de comer, vestir y trabajar. El quiere que hagamos lo que podamos para reparar la máquina desgastada.

[Efecto de la carne y los alimentos concentrados sobre los niños   348, 350, 356, 357, 361 578, 621, 711]

- La conducta más segura

688*. Las facultades intelectuales, morales y físicas son rebajadas por el uso habitual de la carne. El uso de carne trastorna el organismo, anubla el intelecto y entorpece las sensibilidades morales. Os decimos, querido hermano y hermana, que vuestra conducta más segura es dejar la carne.

- No se reconoce la causa

689*. Los efectos de una alimentación con carne no se advierten tal vez inmediatamente; pero esto no prueba que esa alimentación carezca de peligro. Pocos se dejan convencer de que la carne que han comido es lo que envenenó su sangre y causó sus dolencias. 468

690*. El tema me ha sido presentado bajo diferentes aspectos. La mortalidad causada por el consumo de carne no se discierne; si se percibiera, no oiríamos más defensas y excusas en favor de la complacencia del apetito por la carne. Tenemos abundancia de cosas buenas para satisfacer el hambre sin necesidad de poner cadáveres sobre nuestra mesa para que integren nuestro menú.

691*. Muchos mueren de enfermedades totalmente debidas al consumo de carne, y la verdadera causa apenas es sospechada por ellos o por otras personas. Algunos no sienten inmediatamente sus efectos, pero ésta no es una evidencia de que no les esté haciendo daño. Puede estar haciendo su obra en forma segura en el organismo, y sin embargo por el momento la víctima puede no darse cuenta de ello.

692*. Ud. ha dicho repetidamente en defensa de su complacencia del deseo de comer carne: "Por perjudicial que sea para otros, no me daña a mí, porque la he usado toda mi vida". Pero Ud. no sabe cuán bien se sentiría si se hubiera abstenido del uso de carne.

- El cerdo es especialmente condenado

693*. Dios os ha dado luz y conocimiento, que según habéis profesado creéis que provienen directamente de él. Esa luz os enseña a negaros a satisfacer el apetito. Sabéis que el uso de carne de cerdo es contrario al expreso mandato del Señor, no porque él deseara manifestar especialmente su autoridad, sino porque esa carne sería dañina para los que la consumieran. Su empleo haría que la sangre fuera impura, de manera que la escrófula y otros humores corrompieran 469 el sistema, y todo el organismo sufriera. Especialmente los finas y delicados nervios del cerebro se debilitan y su función se entorpece de tal manera que las cosas sagradas no se disciernen, sino que se colocan en un plano inferior con las cosas comunes.

694*. En los tejidos del cerdo hormiguean los parásitos. Del cerdo dijo Dios: "Os será inmundo. De la carne de éstos no comeréis, ni tocaréis sus cuerpos muertos" (Deut. 14:8).

Este mandato fue dado porque la carne del cerdo es impropia para servir de alimento. Los cerdos se alimentan de desperdicios, y sólo sirven para este fin. Nunca, en circunstancia alguna, debería ser consumida su carne por los seres humanos.

695*. El cerdo, aunque constituye uno de los artículos más comunes del régimen alimenticio, es uno de los más perjudiciales. Dios no prohibió que los hebreos comiesen carne de cerdo únicamente para mostrar su autoridad, sino porque no era un alimento adecuado para el hombre. Llenaba el organismo con escrófula, y especialmente en ese clima cálido producía lepra y diversas clases de enfermedades. La influencia sobre el organismo en ese clima era mucho más perjudicial que en un clima más frío. Pero Dios nunca se propuso que se consumiese cerdo en circunstancia alguna, Los paganos consumían el cerdo como alimento, y el pueblo norteamericano ha utilizado abundantemente el cerdo como un importante artículo de alimentación. La carne de cerdo no sería agradable al paladar en su estado natural. De modo que se la torna apetecible condimentándola abundantemente, lo que hace que una cosa mala se torne peor. La carne de cerdo, por encima de todas las demás carnes, pone la sangre en mal estado. Los que consumen carne de cerdo en abundancia no pueden evitar estar 470 enfermos. Los que hacen mucho ejercicio al aire libre no se dan cuenta de los efectos perjudiciales de la carne de cerdo como los que viven en los edificios, y cuyos hábitos son sedentarios y su trabajo es mental.

Pero el consumo de carne de cerdo no daña únicamente la salud física. La mente es afectada y la delicada sensibilidad queda embotada por el uso de este tosco alimento. Es imposible que la carne de ninguna criatura viviente esté sana cuando la inmundicia constituye su ambiente natural, y cuando se alimenta de toda clase de cosas detestables. La carne de cerdo se compone de lo que éste come. Si los seres humanos ingieren su carne, su sangre y su carne quedarán corrompidas por las impurezas que recibirán a través del cerdo.

El consumo de carne de cerdo ha producido escrófula, lepra y humores cancerosos. El consumo de carne de cerdo continúa causando el sufrimiento más intenso a la humanidad.
[La actitud de Daniel hacia la carne de cerdo - 34]

La grasa y la sangre animal

696*. Como familia, estáis lejos de hallaros libres de enfermedad. Habéis usado el sebo de los animales que Dios en su Palabra prohibe expresamente. "Estatuto perpetuo será por vuestras edades, dondequiera que habitéis, que ninguna grosura ni ninguna sangre comeréis" (Lev.3:17)"Además, ninguna sangre comeréis en ningún lugar en donde habitéis, ni de aves ni de bestias. Cualquiera persona que comiere de alguna sangre, la tal persona será cortada de entre su pueblo" (Lev 7:26, 27)

697*. La carne se sirve despidiendo un fuerte olor a grasa, porque conviene al gusto pervertido. Tanto la sangre 471 como la grasa de los animales son consumidas como manjares deliciosos. Pero el Señor dio instrucciones especiales de que estas cosas no debían comerse. ¿Por qué? Porque su uso produciría una corriente sanguínea enferma en el organismo humano. El no prestar atención a las instrucciones especiales del Señor ha traído una variedad de dificultades y enfermedades a los seres humanos... Si éstos introducen en su organismo lo que no puede constituir buena carne y buena sangre, deben soportar los resultados de su falta de atención a la Palabra de Dios.

El pescado a menudo está contaminado

698*. En muchos puntos los peces se contaminan con las inmundicias de que se alimentan y llegan a ser causa de enfermedades. Tal es en especial el caso de los peces que tienen acceso a las aguas de albañal de las grandes ciudades. Los peces que se alimentan de lo que arrojan las alcantarillas pueden trasladarse a aguas distantes, y ser pescados donde el agua es pura y fresca. Al servir de alimento llevan la enfermedad y la muerte a quienes ni siquiera sospechan el peligro.

— Reconocimiento de condiciones de emergencia.

699*. Donde puede obtenerse abundancia de buena leche y frutas, raramente existe una excusa para consumir alimento animal; no es necesario quitar la vida a ninguna de las criaturas de Dios para suplir nuestras necesidades ordinarias. En ciertos casos de enfermedad o de agotamiento puede pensarse que es mejor emplear algo de carne, pero debe ejercerse mucho cuidado en conseguir la carne de animales sanos. Ha llegada a ser muy serio el asunto de si es seguro usar carne en alguna forma en esta época del mundo.
472
No comer nunca carne sería mejor que comer carne de animales que no son sanos. Cuando yo no podía obtener el alimento que necesitaba, a veces he comido un poco de carne; pero tengo cada vez más temor de hacerlo.

[Elena G. de White a veces estaba obligada a comer un poco de carne - Apéndice 1:10]

700*. Algunos creen honradamente que un régimen adecuado se compone especialmente de gachas. El alimentarse mayormente a base de gachas o papillas no aseguraría la salud de los órganos digestivos; porque este alimento es demasiado inconsistente o blando. Estimúlese el consumo de frutas, legumbres, hortalizas y pan, Un régimen de carne no es el más sano, y sin embargo yo no asumiría la posición de que la carne debe ser descartada por todos. Los que tienen órganos digestivos debilitados pueden a menudo usar carne, cuando no pueden comer legumbres, hortalizas, frutas o gachas. Si queremos preservar la mejor salud, debemos evitar consumir verduras y frutas en la misma comida. Si el estómago es débil, habrá trastornos, el cerebro se confundirá, y resultará inapto para realizar esfuerzo mental. Téngase la fruta en una comida y las verduras en la próxima. ..

Las tortas dulces, los budines dulces, y los flanes o natillas perturbarán los órganos digestivos, ¿y por qué tentaríamos a los que rodean la mesa colocando tales artículos delante de ellos? Cuanto mayor sea la abundancia en que la carne componga el régimen de los maestros y alumnos, tanto menos susceptible será la mente de comprender las cosas espirituales. Las propensiones animales se fortalecen, y las finas sensibilidades de la mente se oscurecen. El estudio diligente no es la causa principal del quebrantamiento de las facultades mentales. La causa principal es el régimen alimenticio indebido, las comidas irregulares y la falta de 473 ejercicio físico. Las horas irregulares para comer y dormir absorben las fuerzas del cerebro.

[No estábamos preparados en 1884 para dejar completamente el consumo de carne en nuestras instituciones, y sin embargo el paso había de ser dado eventualmente - 720]

[La carne libre de enfermedades es preferible al uso abundante de leche y azúcar - 527, 533]

[Los médicos han de educar a la gente a dejar de comer carne pero no han de hacer prescripciones para prohibir el uso de carne - 434, 438]

[Posibles cambios no juiciosos de un régimen cárneo para personas que están muriendo de tuberculosis - 435]

[los alimentos cárneos no han de condenarse cuando un régimen vegetariano adecuado no resulta asequible- 796]

[Los alimentos cárneos no son el debido alimento para el pueblo de Dios en los países donde existen en abundancia frutas, cereales y nueces - 719]

[La carne servida a pacientes en los sanatorios en sus piezas - 437]

Un régimen sin carne es adecuado.

701*. La carne no es esencial para la salud o la fuerza; y si esto no fuera así, el Señor habría cometido un error cuando proveyó alimento para Adán y Eva entes de su caída. Todos los elementos nutritivos están contenidos en las frutas, las hortalizas, las legumbres y los cereales.

702*. Es un error suponer que la fuerza muscular dependa de consumir alimento animal, pues sin él las necesidades del organismo pueden satisfacerse mejor y es posible gozar de salud más robusta. Los cereales las frutas, las oleaginosas y las verduras contienen todas las propiedades 474 nutritivas para producir buena sangre. Estos elementos no son provistos tan bien ni de un modo tan completo por la dieta de carne. Si la carne hubiera sido de uso indispensable para dar salud y fuerza, se la habría incluido en la alimentación indicada al hombre desde el principio.

[No se aconseja el uso de carne en caso de un régimen empobrecido - 319]

¿Por qué usar alimento de segunda mano?

703*. El régimen de los animales se compone de verduras y cereales. ¿Necesitan las verduras ser animalizadas, deben ser incorporadas en el organismo de los animales antes de que las empleemos? ¿Debemos obtener nuestro régimen vegetal comiendo la carne de criaturas muertas? Dios proveyó frutas en su estado natural para nuestros primeros padres. Cuando le encargó a Adán que cuidara del jardín, que lo labrara y lo trabajara, le dijo: Esto "os será para comer". No era su propósito que un animal destruyera a otro para obtener alimento.

704*. Los que comen carne no hacen más que comer cereales y verduras de segunda mano, pues el animal recibe de tales productos el alimento que lo nutre. La vida que estaba en los cereales y en las verduras pasa al organismo del ser que los come. Nosotros a nuestra vez la recibimos al comer la carne del animal. ¡Cuánto mejor sería aprovecharla directamente, comiendo el alimento que Dios dispuso para nuestro uso!

La carne es un estimulante típico.

705*. A menudo, al dejar de consumir carne, se experimenta una sensación de debilidad Y falta de vigor. Mucho 475 insisten en que esto prueba que la carne es esencial; pero se la echa de menos porque es un alimento estimulante que enardece la sangre y excita los nervios. A algunos les es tan difícil dejar de comer carne como a los borrachos renunciar al trago; y sin embargo se beneficiarían con el cambio.

[Véase también 61]

706*. La carne también es perjudicial. Su efecto naturalmente excitante debería ser argumento suficiente contra su consumo; y el hecho de que los animales estén casi universalmente enfermos la hace doblemente reprobable. Tiende a irritar los nervios y excita las pasiones favoreciendo de este modo las tendencias más bajas.

707*. Me sorprendió en cierta forma su argumento en cuanto a por qué un régimen a base de carne lo ha mantenido a Ud. fuerte, pues, si Ud. prescindiera de su persona y de sus intereses individuales, su razón le enseñaría que un régimen a base de carne no es tan ventajoso como Ud. supone. Ud. sabe cómo contestaría a una persona apegada al tabaco si ella le presentara, como una defensa del uso del tabaco, los argumentos que Ud. ha presentado como razón por la cual Ud. debe continuar el uso de carne de animales muertos como alimento.

La debilidad que Ud. siente cuando no usa carne es uno de los argumentos más poderosos que yo podría presentarle como una razón para que Ud. deje el empleo de ese alimento. Los que comen carne se sienten estimulados después de consumir este alimento, y suponen que están más fuertes. Después que alguien deja el uso de la carne, por un tiempo puede sentir debilidad, pero cuando su organismo es limpiado del efecto de régimen, deja de sentirse débil, y 476 de anhelar lo que ha defendido como algo esencial para tener fuerza.

[Debilidad sentida por E. G. de White cuando tenía un régimen abundante de carne - Apéndice 1:4, 5, 10]

[Lucha de E. G. de White para cambiar el régimen a base de carne - Apéndice 1:4, 5]

Provéanse sustitutos.

708*. Cuando se deja la carne hay que sustituirla con una variedad de cereales, nueces, legumbres, verduras y frutas que sea nutritiva y agradable al paladar. Es particularmente necesario al tratarse de personas débiles o que estén recargadas de continuo trabajo. En algunos países donde reina la escasez, la carne es la comida más barata. En tales circunstancias, el cambio de alimentación será más difícil, pero puede realizarse. Sin embargo, debemos tener en cuenta la condición de la gente y la fuerza de las costumbres establecidas, y también guardarnos de imponer indebidamente las ideas nuevas, por buenas que sean. No hay que instar a nadie a que efectúe este cambio bruscamente. La carne debe reemplazarse con alimentos sanos y baratos. En este asunto mucho depende de quien cocine. Con cuidado y habilidad, pueden prepararse manjares nutritivos y apetitosos con que sustituir en buena parte la carne.

En todos los casos, edúquese la conciencia, apélese a la voluntad, suminístrese alimento bueno y sano, y el cambio se efectuará de buena gana, y en breve cesará la demanda de carne.

709*. La debida forma de cocinar los alimentos es una de las tareas más importantes. Especialmente donde la carne no constituye un artículo principal de alimentación, la buena preparación de los alimentos es un requisito esencial. 477 Debe prepararse algo para ocupar el lugar de la carne, y esos sustitutos deben ser bien preparados, de manera que no se desee la carne.

[Háganse los cambios con inteligencia - 320, 380]

[Se necesita un régimen adecuado cuando se abandona la carne - 320]

[Dios dará habilidad para preparar alimentos sanos a fin de que ocupen el lugar de los platos de carne - 376, 400, 401, 404]

[El régimen a base de frutas, cereales, nueces y legumbres debe reemplazar la carne - 472, 483, 484, 513]

Excusas ilógicas.

710*. Cuando Satanás torna posesión de la mente, ¡cuán pronto se esfuman la luz y la instrucción que el Señor ha dado en su bondad, de manera que ya no tienen fuerza! ¡Cuántas personas fabrican excusas e inventan necesidades que no existen, para sostenerse en su conducta errónea, mientras ponen a un lado la luz y la pisotean! Hablo con seguridad. La mayor objeción a la reforma pro salud es que este pueblo no vive la reforma; y sin embargo dirá con seguridad que no puede vivir la reforma pro salud y preservar su vigor.

En cada caso semejante encontramos una buena razón por la cual ellos no pueden vivir la reforma pro salud. No la viven, y nunca la han seguido estrictamente, y por lo tanto no pueden ser beneficiados por ella. Algunos caen en el error de pensar que porque descartan la carne no tienen necesidad de reemplazarla con las mejores frutas y legumbres, preparadas en su estado más natural, libre de grasas y especias. Si solamente arreglaran con habilidad las cosas abundantes de las cuales el Creador nos ha rodeado, padres e hijos, empeñados en forma conjunta y con clara conciencia en la tarea, disfrutarían de los alimentos 478 sencillos, y podrían entonces hablar con comprensión de la reforma pro salud. Los que no han sido convertidos a la reforma pro salud y nunca la han adoptado, no pueden ser jueces de sus beneficios. Los que se apartan ocasionalmente para gratificar su gusto y comer un pavo engordado u otras carnes, pervierten su apetito, y no son las personas indicadas para juzgar los beneficios del sistema de la reforma pro salud. Están gobernados por el gusto, y no por los principios.

Llmados fervientes a practicar la reforma.

711*. Muchos padres actúan como si carecieran de raciocinio. Se hallan en un estado de letargo, paralizados por la complacencia del apetito pervertido y de la pasión degradante. Nuestros ministros, que conocen la verdad, deben despertar al pueblo de su condición paralizada, e inducir a nuestros hermanos a dejar las cosas que crean apetito por la carne. Si descuidan la reforma, perderán poder espiritual, y llegarán a estar cada vez más degradados por la complacencia pecaminosa. En muchos hogares se practican hábitos que disgustan al universo celestial, hábitos que degradan a los seres humanos y los colocan en un nivel más bajo que las bestias. Digan todos los que conocen la verdad: "Os ruego... que os abstengáis de los deseos carnales que batallan contra el alma".

Que ninguno de nuestros ministros presente un ejemplo malo en el consumo de carne. Vivan ellos y sus familias a la altura de la reforma pro salud. No animalicen nuestros pastores su propia naturaleza y la naturaleza de sus hijos. Niños cuyos deseos no han sido restringidos, son tentados no sólo a complacer los hábitos comunes de intemperancia, sino también a dar rienda suelta a sus bajas pasiones, y a desatender la pureza y la virtud. Ellos son guiados por 479 Satanás no solamente a corromper sus propios cuerpos, sino a susurrarles a otros sus comunicaciones perversas. Si los padres están cegados por el pecado, a menudo dejarán de discernir estas cosas.

A los padres que viven en las ciudades, el Señor les envía la clamorosa advertencia: Juntad a vuestros hijos en vuestra propia casa; reunidlos para separarlos de los que no prestan atención a los mandamientos de Dios, los que enseñan y practican el mal. Salid de las ciudades tan rápido como sea posible.

Los padres pueden procurar pequeños hogares en el campo, con tierra para cultivar, donde pueden tener huertas y cultivar hortalizas y pequeñas frutas para que ocupen el lugar de la carne, la cual tanto corrompe el torrente sanguíneo vitalizador que circula por las venas.

Fuerza para resistir por medio del ayuno y la oración.

712*. Si nuestro apetito reclama carnes de animales muertos, se impone la necesidad de ayunar y orar para que el Señor nos dé su gracia para negarnos los apetitos carnales que combaten contra el alma.

[El ayunar es benéfico para cambiar el régimen a base de carne y alimentos fuertes - 312]

Cuando la oración por sanidad es inconsecuente.

713*. Entre los adventistas hay algunos que no prestarán oído a la luz que les fue dada con respecto a este asunto. Hacen de la carne parte de su régimen, y son aquejados por la enfermedad. Mientras están enfermos sufren como resultado de su propia conducta errónea, y piden oraciones de parte de los siervos de Dios. ¿Pero cómo puede el Señor 480 actuar en favor de ellos cuando no están dispuestos a hacer su voluntad, cuando rehusan prestar atención a la instrucción divina con respecto a la reforma pro salud?
Durante treinta años la luz sobre la reforma pro salud ha estado brillando sobre el pueblo de Dios, pero muchos la han convertido en un tema de diversión. Han venido usando té, café, especias y carne. Sus cuerpos están llenos de enfermedad. Me pregunto ¿cómo podemos presentar a tales personas delante del Señor para pedir sanidad?
714*. Los bollos blandos calientes* y la carne se hallan en completo desacuerdo con los principios de la reforma pro salud. Si permitimos que la razón ocupe el lugar del impulso y el amor a la complacencia sensual, no debemos probar la carne de animales muertos. ¿Qué cosa hay más repulsiva para el olfato que el olor de un negocio donde se guarda carne para la venta? El olor a carne cruda es ofensivo para todos aquellos cuyos sentidos no han sido depravados por el cultivo de apetitos antinaturales. ¿Qué cosa más desagradable a la vista de una persona de mente reflexiva que los animales sacrificados para ser devorados? Si la luz que Dios nos ha dado con respecto a la reforma pro salud es desatendida, él no obrará un milagro para mantener sanos a los que siguen una conducta tal que los enferma.
Dirigentes en la reforma.
715*. Aun cuando no hacemos del uso de la carne una prueba [de discipulado], aun cuando no queremos forzar 481 a nadie a abandonar su uso, es nuestro deber pedir que ningún ministro de la asociación tome livianamente o se oponga al mensaje de la reforma en este punto. Si, en vista de la luz que Dios nos ha dado con respecto al efecto del consumo de la carne sobre el sistema, continuáis comiendo carne, debéis soportar las consecuencias. Pero no asumáis una posición, ante el pueblo, que les permita pensar que no es necesario llamar a una reforma con respecto al consumo de carne; porque el Señor está llamando a una reforma. El Señor nos ha dado la tarea de proclamar el mensaje de la reforma pro salud, y si vosotros no podéis avanzar en las filas de los que dan este mensaje, no debes hacer esto prominente. Al obrar en contra de los esfuerzos de vuestros obreros colaboradores, quienes enseñan la reforma pro salud, estáis fuera de lugar y actuáis en el lado erróneo.
[La obra de la reforma pro salud avanzará; cuidado con oponeros a ella - 42]
716*. Como mensajeros de Dios, ¿no presentaremos un testimonio decidido en contra de la complacencia de un apetito pervertido?... Dios ha provisto abundancia de frutas y cereales, los cuales pueden ser saludablemente preparados y empleados en cantidades debidas. ¿Por qué, entonces, continúan los hombres eligiendo carne? ¿Podemos tener confianza en ministros que, sentados en mesas donde se sirve carne, se unen con los demás para comerla?...
"Guardad cuidadosamente los mandamientos de Jehová vuestro Dios". Todo el que viola las leyes de la salud será visitado seguramente por el desagrado de Dios. ¡Oh, cuánto del Espíritu Santo debemos tener día tras día, si queremos andar con circunspección, negando el yo, y practicando las virtudes del carácter de Cristo! 482
717*. Alístense nuestros ministros y colportores bajo el estandarte de la estricta temperancia. Nunca se avergüencen de decir: "No, gracias; no como carne. Tengo escrúpulos de conciencia contra el comer la carne de animales muertos". Si se ofrece té,

rechazadlo, dando la razón que os induce a hacerlo. Explicad que es perjudicial, y aun cuando por un tiempo sea estimulante, el estímulo pronto pasa, y se siente una depresión correspondiente.

718*. Con respecto a la carne todos podemos decir: No la toquéis. Y todos deben dar un testimonio claro en contra del té y el café, no usándolos jamás. Son. narcóticos, y perjudican tanto al cerebro como a los otros órganos del cuerpo. No ha llegado todavía el tiempo cuando pueda decir que el uso de la leche y los huevos debe ser completamente abandonado. La leche y los huevos no deben ser clasificados con la carne. En algunas dolencias el uso de los huevos es muy benéfico.

Que los miembros de nuestras iglesias se nieguen todo apetito egoísta. Cada centavo gastado en té, café y carne ha sido peor que desperdiciado; porque estas cosas obstaculizan el mejor desarrollo de las facultades físicas, mentales y espirituales.

[No se servía carne en el hogar de los White ni era usada por E. G. de White - Apéndice 1:4, 5, 8, 10, 14, 15, 16, 17, 18, 21, 23]

[La carne eliminada de la mesa de E. G. de White - Apéndice 1:12, 13]

Un resumen.

719*. Si pudiese beneficiamos el satisfacer nuestro deseo de comer carne, no os dirigiría esta súplica; pero sé que 483 ello es imposible. Los alimentos preparados a base de carne perjudican la salud física, y debemos aprender a vivir sin ellos. Los que están en situación de poder seguir un régimen vegetariano, pero prefieren seguir sus propias inclinaciones en este asunto, comiendo y bebiendo como quieren, irán descuidando gradualmente la instrucción que el Señor ha dado tocante a otras fases de la verdad presente, perderán su percepción de lo que es verdad y segarán con toda seguridad lo que hayan sembrado.

Se me ha mostrado que no debe servirse a los alumnos de nuestros colegios carne ni otros productos reconocidos como dañinos para la salud. Ninguna cosa que pudiera hacer apetecer estimulantes debe ser colocada sobre la mesa. Al decirlo, me dirijo tanto a los jóvenes como a los adultos y a los ancianos. Absteneos de las cosas que puedan dañaros. Servid al Señor con sacrificio.

Los niños deben participar con inteligencia en esta obra. Todos somos miembros de la familia del Señor; y él quiere que sus hijos ancianos y jóvenes resuelvan sacrificar sus apetitos y economizar el dinero necesario para construir capillas y sostener a los misioneros. Estoy comisionada para decir a los padres: Colocaos enteramente, alma y espíritu, del lado del Señor en este asunto. Debemos recordar en estos días de prueba que estamos en juicio delante del Señor del universo. ¿No renunciaréis a las costumbres que os causan daño? Las palabras valen poco; mostrad por vuestros actos de abnegación que queréis obedecer a las órdenes que el Señor da a su pueblo peculiar. Luego, colocad en la tesorería una parte del dinero economizado por medio de vuestro renunciamiento, y habrá recursos para proseguir la obra de Dios.

Algunos piensan que no pueden vivir sin comer carne; pero si quisieran ponerse de parte del Señor, decididos a andar resueltamente en la senda en que él nos ha guiado, recibirían fuerza y sabiduría como Daniel y sus compañeros. 484 Dios les daría entendimiento sano. Muchos se sorprenderían al ver cuánto podrían economizar para la causa de Dios mediante actos de renunciamiento. Las sumitas ahorradas por actos de sacrificio contribuirán más para edificar la causa de Dios que las donaciones cuantiosas que o son el fruto de la abnegación

Los adventistas del séptimo día transmiten verdades trascendentales. Hace más de cuarenta años que el Señor nos dio luces especiales sobre la reforma pro salud; pero, ¿cómo seguimos en esa luz? ¡Cuántos hay que han rehusado poner su vida en armonía con los consejos de Dios! Como pueblo, debiéramos realizar progresos proporcionales a la luz que hemos recibido. Es deber nuestro comprender y respetar los principios de la reforma pro salud. En el asunto de la temperancia, deberíamos dejar muy atrás a todos los demás; sin embargo, hay en nuestras iglesias miembros a quienes las instrucciones no han faltado, y hasta predicadores, que demuestran poco respeto por la luz que Dios nos ha dado tocante a este asunto. Comen según sus gustos y trabajan como mejor les perece. . .
No prescribimos un régimen definido, pero decimos que en los países donde abundan las frutas, los cereales y las nueces, la carne no es el alimento adecuado para el pueblo de Dios. Se me ha indicado que la carne propende a animalizar la naturaleza, a despojar a los hombres y mujeres del amor y la simpatía que debieran sentir por cada cual, y hace predominar las pasiones bajas sobre las facultades más elevadas del ser. Si el comer carne fue alguna vez saludable, no lo es ahora. Los cánceres y tumores y las enfermedades pulmonares se deben mayormente a la costumbre de comer carne.
No hacemos del consumo de la carne una condición para la admisión de los miembros; pero debiéramos considerar la influencia que ejercen sobre otros los creyentes profesos que usan carne. Como mensajeros de Dios, sino diremos 485 al pueblo: "Si, pues, coméis o bebéis o hacéis otra cosa, hacedlo todo para la gloria de Dios"? (1 Cor. 10:31.) ¿No daremos un testimonio decidido contra la complacencia del apetito pervertido? ¿Quiere cualquiera de los que son ministros del Evangelio y que proclaman la verdad más solemne que haya sido dada a los mortales, dar el ejemplo de volver a las ollas de Egipto? ¿Quieren los que son, sostenidos por el diezmo de la tesorería de Dios permitir que la gula envenene la corriente vital que fluye por sus venas? ¿Harán caso omiso de la luz y las amonestaciones que Dios les ha dado? La salud del cuerpo debe considerarse como esencial para el crecimiento en la gracia y la adquisición de un carácter templado. Si no se cuida debidamente el estómago, será trabada la formación de un carácter moral íntegro. El cerebro y los nervios están en relación íntima con el estómago. De los errores practicados en el comer y beber resultan pensamientos y hechos erróneos.
Todos somos probados en este tiempo. Hemos sido bautizados en Cristo; y si estamos dispuestos a separarnos de todo aquello que tienda a degradarnos y a hacernos lo que no debemos ser, recibiremos fuerza para crecer en Cristo, nuestra cabeza viviente, y veremos la salvación de Dios.

LA REFORMA PROGRESIVA EN LA ALIMENTACIÓN EN LAS INSTITUCIONES ADVENTISTAS.

[Nota: Existen registros históricos según los cuales las instituciones adventistas de salud en sus primeros días servían carne en mayor o menor grado a los pacientes y a los ayudantes. La reforma en esta fase de una vida sana fue progresiva. En las instituciones más antiguas, después de una larga lucha, la carne se fue descartando y desapareció de todas las mesas. En el caso del Sanatorio de Battle Crerk este paso fue tomado en 1898, mayormente en respuesta al consejo de la pluma, de la Sra. de White que aparece en este capítulo (722). En el Sanatorio de Santa Helena, California, el cambio se realizó en 1903. Por este 486 tiempo la educación con respecto a un régimen sin carne se había esparcido ampliamente, y la carne era descartada del menú de los huéspedes con menor dificultad que si se hubiese excluido en una fecha anterior. Era un gozo para los gerentes de las instituciones más antiguas saber que en las instituciones nuevas que se inauguraban por entonces no se servía carne a los pacientes.

El consejo sobre el tema de la carne no es completo sin el cuadro de la lucha para abandonarla que se desarrolló en nuestras instituciones según la presentan diferentes comunicaciones de la Sra. de White, y la instrucción que requería una reforma progresiva en el régimen. Es esencial que el lector tenga en cuenta estos hechos y la época en que se escribieron las distintas declaraciones al estudiar esta fase del tema de la carne.- Los compiladores.]

Llamados a establecer un régimen sin carne en nuestras primeras instituciones médicas (1884).

720*. Me he levantado esta mañana a las cuatro para escribirle unas pocas líneas, He estado pensando mucho últimamente acerca de cómo la institución que Ud. preside podría llegar a ser todo lo que Dios quiere que sea, y tengo unos pocos pensamientos que sugerirle. Nosotros somos reformadores en pro de la salud, que tratamos de regresar, hasta donde sea posible, al plan original de temperancia establecido por el Señor. La temperancia no consiste meramente en abstenerse de las bebidas alcohólicas y el tabaco, ambos intoxicantes. Tiene un ámbito mayor que éste. Debe regular lo que comemos.

Todos estamos familiarizados con la luz sobre el tema de la reforma pro salud. Pero cuando yo visito el Instituto de Salud, veo que hay un señalado apartamiento de la reforma pro salud sobre el asunto del consumo de carne, y estoy convencida de que debe haber un cambio. El régimen de Uds. se compone mayormente de carne. Dios no 487 nos está guiando en esa dirección; el enemigo está tratando de establecer el asunto del régimen sobre bases erróneas induciendo a los que están a cargo de la institución a acomodar la alimentación al apetito de los pacientes.

Cuando el Señor dirigió a los hijos de Israel para sacarlos de Egipto, se propuso establecerlos en Canaán como un pueblo puro, feliz y lleno de salud. Estudiemos el plan de Dios, y veamos cómo se realizó aquello. El Señor restringió su alimentación. En gran escala, eliminó el consumo de carne. Pero ellos apetecieron las ollas de carne de Egipto, y Dios les dio carne, y junto con ella los seguros resultados.

El Instituto de Salud fue establecido a un costo elevado para tratar a los enfermos sin drogas. Debe ser conducido a base de principios higiénicos. La medicación a base de drogas debe eliminarse tan rápidamente como sea posible, hasta que todo esté descartado. Debe darse educación sobre el régimen alimenticio, el vestido y el ejercicio adecuados. No solamente nuestro propio pueblo debe ser educado, sino los que no han recibido la luz sobre la reforma pro salud deben ser enseñados cómo vivir en forma sana, de acuerdo con las disposiciones de Dios. Pero si nosotros mismos no tenemos una norma a este respecto, ¿qué necesidad hay de hacer tan grandes inversiones para establecer un instituto de salud? ¿Cuándo se realiza la reforma?

No puedo admitir que estamos marchando según las disposiciones divinas. Debemos instituir un orden diferente de cosas, o de otra suerte abandonar el nombre de Instituto de Salud; porque sería totalmente inapropiado. El Señor me ha mostrado que el Instituto de Salud no debe ser amoldado de tal suerte que satisfaga el apetito o las ideas de cualquier persona. Me doy cuenta de que la excusa para permitirse el consumo de carne en la institución ha sido que las personas que buscan placer y acuden a él no están conformes con

ningún otro régimen. En ese caso, déjeselos que vayan a donde puedan obtener esa clase de alimentación. 488 Cuando la institución no puede regirse, aun para los huéspedes; de acuerdo con los principios rectos, cambie entonces el nombre que ha asumido. Pero la excusa en que se ha insistido ya no existe, porque los clientes de afuera son muy pocos.
Se hace un daño real al organismo al comer constantemente carne. No hay para ello otra excusa que el apetito depravado y pervertido. Ud. preguntará: ¿Eliminaría Ud. completamente el consumo de carne? Contesto: Con el tiempo llegaría a eso, pero no estamos preparados para dar este paso precisamente ahora. Con el tiempo se descartará del todo el consumo de carne. La carne de animales no compondrá más una parte de nuestro régimen; miraremos las carnicerías con disgusto...
Estamos constituidos por aquello que comemos. ¿Fortaleceremos las pasiones animales comiendo carne de animales? En lugar de enseñar el gusto a complacerse con esta dicta tosca, ya es tiempo de que aprendamos a subsistir a base de frutas, cereales, legumbres y hortalizas. Esta es la tarea de todos los que están relacionados con nuestras instituciones.
Úsese cada vez menos carne, hasta abandonarla por completo. Si se descarta la carne, si el gusto no es educado en esa dirección, si se estimula el deseo de comer frutas y cereales, pronto habrá una situación como la que Dios en el principio se propuso que existiera. Ninguna clase de carne será usada por su pueblo.
Cuando la carne deje de ser usada como lo ha sido, aprenderéis una manera más correcta de cocinar, y podréis suplir la carne con alguna otra cosa. Pueden prepararse muchos platos saludables exentos de grasa y de carne de animales muertos. Puede proporcionarse una variedad de platos simples, perfectamente saludables y nutritivos, sin carne. Los hombres sanos deben tener abundancia de verduras, frutas, cereales y legumbres. Ocasionalmente puede ser necesario servir carne a algunas personas de afuera que 489 han educado su gusto de tal manera que piensan que a menos que tengan carne, no pueden conservar su vigor. Pero tendrán mayor capacidad de resistencia si se abstienen de la carne que si viven mayormente a base de ella.
La principal objeción que tienen los médicos y ayudantes del Instituto de Salud para descartar un régimen a base de carne es que ellos mismos quieren carne, y entonces arguyen que deben tenerla. Por lo tanto, estimulan su empleo. Pero Dios no quiere que los que vienen al Instituto de Salud sean educados para subsistir, a base de un régimen con carne. Mediante disertaciones y por medio del ejemplo, educad en otra dirección. Esto exigirá gran habilidad en la preparación de alimentos sanos. Se requirirá más trabajo, y sin embargo gradualmente debe ir haciéndose, Úsese menos carne. Hágase que los que cocinan y los que llevan las responsabilidades, eduquen su gusto y sus hábitos de comer, de acuerdo con las leyes de salud.
Hemos estado yendo de regreso a Egipto más bien que avanzando hacia Canaán. ¿No invertiremos el orden de las cosas? ¿No tendremos alimento sencillo y saludable en nuestras mesas? ¿No abandonaremos los panecillos blandos y calientes, que solamente producen dispepsia? Los que elevan la norma tanto como pueden con miras a alcanzar el orden de Dios, de acuerdo con la luz que el Señor les ha dado por medio de su Palabra y de los testimonios de su Espíritu, no cambiarán su conducta para acomodarse a los deseos de sus amigos o sus parientes, ora se trate de uno, de dos o aun de una hueste, que viven en forma contraria a la disposición divina. Si avanzamos guiándonos por principios en estas cosas si observamos reglas estrictas en la alimentación, si como cristianos educamos

nuestros gustos según el plan de Dios, ejerceremos una influencia que estará de acuerdo con la mente de Dios. La pregunta es: "¿Estamos dispuestos a ser verdaderos reformadores en pro de la salud?" 490 Es esencial que se evite la continua monotonía en el régimen. El apetito responderá mucho mejor si se hacen cambios en la alimentación. Sed uniformes: no tengáis diversas clases de alimentos en la mesa en una misma comida y ninguna variedad en la próxima. Practicad la economía en este asunto. Déjese que la gente se queje si quiere. Déjese que ella critique si no hay comida suficiente para agradarla. Los israelitas siempre se quejaron de Moisés y de Dios. Es vuestro deber mantener la norma de la reforma pro salud. Puede lograrse más en favor de los enfermos regulando el régimen de ellos que por medio de todos los baños que pueda dárseles.
Usese la misma cantidad de dinero que se gasta en carne para comprar fruta. Mostrad a la gente la manera correcta de vivir. Si esto se hubiera hecho desde el propio comienzo en la institución de-------, al Señor le habría agradado, y habría aprobado el esfuerzo...
Debe usarse cuidado y habilidad en la preparación del alimento. Espero que la Dra.------- ocupe el puesto que se le ha signado, y que aconseje al cocinero, de manera que los alimentos puestos en las mesas del Instituto de Salud estén de acuerdo con la reforma pro salud. Debido a que alguien está inclinado a complacer su apetito, no debe sostener que su método de vida es el correcto; no debe, por medio de su conducta, tratar de amoldar la institución para que ésta se acomode a sus gustos y prácticas. Los que llevan la responsabilidad de la institución deben entrar frecuentemente en consejo mutuo. Deben avanzar en perfecta armonía.
Os ruego que no arguyáis que el consumo de carne debe ser correcto, debido a que fulano o zutano, que es esclavo del apetito, ha dicho que él no puede vivir en el Instituto de Salud sin carne. El vivir a base de animales muertos es una forma muy tosca de vivir, y como pueblo, debemos estar realizando un cambio, una reforma, enseñando a la 491 gente que hay preparaciones sanas de alimentos que les darán más fuerza, y preservarán mejor su salud que la carne.
El pecado de esta era de glotonería es el comer y beber. La complacencia del apetito es el dios a quien muchos adoran. Los que están relacionados con el Instituto de Salud deben presentar un ejemplo correcto en estas cosas. Deben avanzar en una forma consciente en el temor de Dios y no ser gobernados por un gusto pervertido. Deben ser totalmente iluminados con respeto a los principios de la reforma pro salud, y bajo todas las circunstancias deben permanecer bajo su estandarte.
Espero, Dr.-------, que Ud. aprenderá más y más cómo cocinar en forma saludable. Proporcione una abundancia de alimento bueno y sano. No practique la economía en este sentido. Reduzca sus cuentas de carne, pero tenga abundancia de buena fruta y verduras, y Ud. se gozará de ver el buen apetito con que todos participarán de sus preparaciones. Nunca piense que el alimento bueno e higiénico que se consume está perdido. Producirá sangre y músculos, y dará fuerza para los deberes cotidianos.
[En nuestros colegios no debe enseñarse a cocinar carne - 817]
[Médicos que comen carne no deben ser empleados en nuestros sanatorios - 433]
721*. He estado pensando mucho acerca del Instituto de Salud de --------. Muchos pensamientos acuden a mi mente, y deseo expresaros a vosotros algunos de éstos. He estado repasando la luz que Dios me ha dado, y que por mi intermedio os ha dado a vosotros, sobre la reforma pro salud. ¿Habéis tratado de entender en forma cuidadosa y con

oración la voluntad de Dios en estos asuntos? La excusa ha sido que los extraños quieren tener un régimen a base de carne, pero aunque ellos tengan algo de carne, yo sé que con cuidado y habilidad pueden prepararse 492 platos para reemplazar la carne en gran medida, y en poco tiempo ellos podrían ser enseñados a abandonar la carne de animales muertos. Pero si la que cocina depende mayormente para su consumo de la carne, ella podrá y querrá estimular el consumo de carne, y el apetito depravado inventará toda excusa posible para sostener esta clase de régimen.

Cuando vi cómo andaban las cosas- que si N------ no tenía carne para cocinar, no sabía qué proporcionar como sustituto de la misma, y que la carne era el artículo principal del régimen-, sentí que debía haber un cambio de inmediato. Puede haber tuberculosos que exijan carne. Pero ténganla en sus propias piezas y no se tiente el apetito ya pervertido de aquellos que no deben comerla... Podéis pensar que os es imposible trabajar sin carne. Así pensé yo una vez, pero sé que en su plan original, Dios no hizo provisión para que la carne de animales muertos compusiera el régimen del hombre. Es el gusto tosco y pervertido el que aceptará al alimento... Además, el hecho de que la carne está enferma en extenso grado, debe inducirnos a hacer grandes esfuerzos para abandonar completamente su uso. Mi posición ahora es la de dejar la carne en forma total. Será difícil para algunos hacer esto, tan difícil como lo es para el bebedor de ron abandonar el trago; pero será mejor para ellos que hagan el cambio.

—Haciendo frente al asunto honradamente.

722*. El sanatorio está haciendo una buena obra. Hemos llegado al punto de tratar el discutido asunto de la carne. ¿No deben tener, los que vienen al sanatorio, carne en sus mesas, para ser instruidos a dejarla en forma gradual?... Hace años me fue dada la luz de que no debe tomarse la posición positiva de descartar toda la carne, porque en algunos casos ésta era mejor que los postres, y que los platos 493 compuestos de dulces. Con seguridad éstos causan perturbación. Es la variedad y la mezcla de carne, verduras, frutas, vinos, té, café, tortas dulces y pasteles concentrados lo que arruina el estómago y coloca a los seres humanos en la posición de inválidos con todos los desagradables defectos que la enfermedad ejerce en su estado de ánimo...

Presento la Palabra del Señor Dios de Israel. Debido a la transgresión, la maldición de Dios vino sobre la tierra misma, sobre el ganado y sobre toda carne. Los seres humanos están sufriendo el resultado de su propia conducta al apartarse de los mandamientos de Dios. Las bestias también sufren bajo la maldición.

El consumo de carne no debe prescribirse para ningún inválido por parte de ningún médico que entienda estas cosas. Las enfermedades de los animales están haciendo que el consumo de carne sea un asunto peligroso. La maldición del Señor está sobre la tierra, sobre el hombre, sobre las bestias y sobre los peces del mar; y a medida que la transgresión llega a ser casi universal, se permitirá que la maldición se haga tan amplia, tan profunda como la transgresión. Se contraen enfermedades por el uso de la carne. La carne enferma de estos cadáveres se vende en los mercados, y el seguro resultado es enfermedad entre los hombres. El Señor llevará a sus hijos hasta el punto en que ellos no tocarán ni gustarán la carne de animales muertos. No prescriba, pues, estas cosas ningún médico que tiene un conocimiento de la verdad para este tiempo. No hay seguridad en el consumo de carne de animales muertos, y dentro de poco tiempo la leche de las vacas también será excluida del régimen del pueblo que guarda los mandamientos de Dios. Dentro de un corto tiempo no

será seguro usar ninguna cosa que proceda de la creación animal. Los que acepten sin reservas lo que Dios dice y obedezcan sus mandamientos de todo, corazón. serán bendecidos. El será su 494 escudo protector. Pero con el Señor no se puede jugar. La desconfianza, la desobediencia, el enajenamiento de la voluntad y del camino de Dios, colocarán al pecador en una posición donde el Señor no puede darle su favor divino.. .
De nuevo me referiré al asunto del régimen. No podemos hacer ahora lo que nos aventuramos a hacer en lo pasado con respecto al consumo de carne. Siempre ha sido una maldición para la familia humana. Pero ahora lo es en forma particular dentro de la maldición que Dios ha pronunciado sobre los rebaños del campo, debido a la transgresión y el pecado del hombre. La enfermedad entre los animales está llegando a ser cada vez mas común, y nuestra única seguridad ahora consiste en dejar la carne enteramente. Prevalecen actualmente las más graves enfermedades, y la última cosa que deben hacer los médicos que han sido iluminados es aconsejar a sus pacientes a comer carne. Debido al consumo de carne, que en tan vasto grado se hace en este país, los hombres y las mujeres se están desmoralizando, su sangre se corrompe y las enfermedades se implantan en el organismo. Debido al consumo de carne, muchos mueren, y no entienden la causa. Si se conociera la verdad, se daría testimonio de que fue la carne de los animales la que pasó por la muerte. El pensamiento de alimentarse de carne de animales muertos es repulsivo, pero hay algo más, además de esto, Al comer carne participamos de sus enfermedades, y ésta siembra sus semillas de corrupción en el organismo humano.
Le escribo, hermano mío, para que no se siga prescribiendo en nuestro sanatorio el consumo de carne de animales. No hay excusa para esto. No existe seguridad en las consecuencias y los resultados que ello tiene sobre la mente humana. Seamos reformadores en pro de la salud en todo el sentido del término. Dése a conocer en nuestras instituciones el hecho de que ya no se sirve carne en la mesa, ni aun para los clientes; y entonces la educación que se da 495 sobre el abandono de la carne no consistirá sólo en palabras sino en hechos. Si la clientela es menor, que lo sea. Los principios serán de un valor mucho mayor, cuando se entiendan, cuando se sepa que no se quitará la vida de ningún ser para sostener la vida del cristiano.
Una segunda carta para hacer frente l mismo asunto.
723*. Recibí su carta, y le explicaré el asunto relativo a la carne lo mejor que pueda. Las palabras que Ud. menciona se hallaban en una carta dirigida a --------- y a algunas otras personas en la ocasión en que la Hna.--------- estaba en el Instituto de Salud [720]. He hecho buscar estas cartas. Algunas de ellas estaban copiadas y otras no. Les dije que asignaran fechas a las declaraciones realizadas. En ese tiempo el régimen a base de carne era prescrito y usado en forma muy amplia. La luz que me fue dada indicaba que la carne sana no debía eliminarse del todo de inmediato, sino que debían presentarse disertaciones en la sala con respecto al uso de carne de cualquier clase; las frutas, los cereales y las legumbres y hortalizas, debidamente preparados, es todo lo que el organismo requiere para mantenerse con salud; pero que primeramente debía mostrarse que no tenemos necesidad de usar carne, donde hay abundancia de frutas, como en California. Pero en el Instituto de Salud no estaban preparados para hacer cambios repentinos, después de usar carne en forma tan abundante como lo habían hecho. Sería necesario que ellos emplearan carne muy de vez en cuando al comienzo y que finalmente la abandonaran del todo. Pero debía haber

solamente una sola mesa llamada la mesa de la carne para los pacientes. Las otras mesas debían estar exentas de este artículo...

Trabajé de una manera más ferviente para descartar 496 toda la carne, pero esta difícil cuestión debe ser manejada en forma discreta y sin imprudencia, puesto que la carne se usaba tres veces por día. Los pacientes debían ser educados desde el punto de vista de la salud.

Esto es todo lo que yo puedo recordar sobre el tema. He estado recibiendo luz adicional para que la consideremos. La creación animal está enferma, y es difícil determinar la cantidad de enfermedad que hay en la familia humana que viene como resultado de comer carne. Leemos constantemente en los periódicos acerca de la inspección de la carne. Continuamente se decomisa toda la carne de algunas carnicerías, y el producto que se vendía es condenado como inadecuado para su uso.

Por muchos años he recibido luz según la cual el comer carne no es bueno para la salud ni para la moral. Y sin embargo, parece tan extraño que tenga que hacer frente a este asunto de comer carne una y otra vez. He tenido una conversación muy directa y decidida con los médicos del Instituto de Salud. Ellos habían considerado el asunto, y el Hno. y la Hna.-------- . fueron puestos en aprieto. Se prescribía carne para los pacientes... En sábado, mientras asistía al congreso de la Unión de Australia, realizado en Stanmore, me sentí urgida por el Espíritu del Señor, a abordar el caso del Instituto de Salud de Summer Hill, que queda a pocas estaciones de distancia de Stanmore.

Presenté las ventajas que deben obtenerse en el sanatorio. Mostré que la carne nunca debiera colocarse en la mesa como un artículo de consumo, y que la vida y la salud de millares de personas estaban siendo sacrificadas en los altares donde se ofrecía carne para el consumo. Nunca presenté un llamado más fervoroso y decidido. Dije: estamos agradecidos de que tenemos una institución aquí donde la carne de animales muertos no se prescribe para los pacientes. Dígase que ni un solo bocado de carne se ha colocado sobre la mesa, ora sea para los médicos, los administradores, los 497 ayudantes o los pacientes. Dije: Tenemos confianza en nuestros médicos en el sentido de que este asunto será tratado desde el punto de vista de la salud, porque los cadáveres deben siempre considerarse como no adecuados para componer el régimen de alimentación de los cristianos.

No atenué el asunto ni en una sola partícula. Dije que si los que estaban en nuestros institutos de salud ponían carne de animales muertos sobre la mesa, merecerían el desagrado de Dios. Mancillarían el templo de Dios, y necesitarían las palabras que les fueron dichas: Si alguno destruyere el templo de Dios, Dios lo destruirá a él. La luz que Dios me ha dado es que la maldición de Dios está sobre la tierra, el mar, el ganado y los animales. Pronto ya no habrá más seguridad en la posesión de los rebaños. La tierra está corrompiéndose bajo la maldición de Dios.

— Permanezcamos fieles a nuestros principios.

724*. En los últimos tiempos el número de pacientes de nuestro sanatorio ha disminuido, debido a un conjunto de circunstancias que no podía evitarse. Una razón por la falta de clientes es, yo creo, la posición que han tomado los que encabezan la institución en contra de servir carne a los pacientes. Desde el día cuando el sanatorio se abrió, se ha servido carne en el comedor. Creímos que había llegado el tiempo de tomar una decisión definitiva en contra de esta práctica. Sabíamos que no era del agrado de Dios que se sirviera carne a los pacientes.

Ahora no se sirve té, café o carne en absoluto en la institución. Estamos determinados a vivir los principios de la reforma pro salud, a andar en el camino de la verdad y la justicia. No seremos reformadores a medias por temor a perder nuestros clientes. Hemos tomado nuestra posición, y con la ayuda de Dios permaneceremos firmes. Los alimentos provistos para los pacientes son sanos y deliciosos. 498

El régimen se compone de frutas, cereales y nueces. Aquí en California hay una abundancia de frutas de toda clase.

Si llegan pacientes que dependen tanto de la carne que piensan que no pueden vivir sin ella, trataremos de hacerles considerar este asunto desde un punto de vista inteligente. Y si no quieren hacerlo, y si están determinados a usar lo que destruye la salud, no rehusaremos proveérselo para ellos solos, sí están dispuestos a comerlo en su propia pieza y si también están dispuestos a arriesgar las consecuencias. Pero deben asumir ellos mismos la responsabilidad de su conducta. No sancionaremos su conducta. No nos atrevemos a deshonrar nuestra mayordomía sancionando el uso de aquello que corrompe la sangre y trae enfermedad. Seríamos infieles al Maestro si hiciéramos aquello que sabemos que él no aprueba.

Esta es la posición que hemos tomado. Estamos resueltos a ser leales a los principios de la reforma pro salud, y que Dios nos ayude, es mi oración.

Deben ponerse en operación planes que produzcan un aumento de clientes. Pero ¿sería justo que, por el afán de obtener más pacientes, regresáramos a la costumbre de servir carne? ¿Daremos a los enfermos lo que los ha enfermado, lo que los mantendrá enfermos si siguen usándolo como alimento? ¿No tomaremos en cambio nuestra posición como quienes han resuelto cumplir los principios de la reforma pro salud?

[Té, café, y carne servidos en las piezas de los pacientes - 437]

725*. Hay algunos en nuestras instituciones que pretenden creer los principios de la reforma pro salud, y sin embargo se complacen en el uso de carne y otros alimentos que saben que son perjudiciales para la salud. Digo a los tales en el nombre del Señor: No aceptéis puestos en las instituciones mientras rehuséis vivir los principios que esas 499 instituciones representan; porque al hacerlo, hacéis doblemente más dura la tarea de los que enseñan y de los dirigentes que están luchando para conducir la obra en forma justa. Allanad el camino del rey. Dejad de estorbar el camino del mensaje que el Señor envía. Se me ha mostrado que los principios que nos fueron dados en los primeros días del mensaje han de ser considerados tan importantes para nuestro pueblo hoy como lo eran entonces. Hay algunos que nunca han tenido la luz que les fue dada sobre el asunto del régimen. Es tiempo ahora de sacar la luz de debajo del almud, para dejarla refulgir con rayos claros y brillantes.

[No ha de servirse en nuestros sanatorios - 424, 431, 432]

[No ha de servirse a los ayudantes 432, 444]

[El uso excesivo de los alimentos dulces es tan dañino como. el uso de carne no enferma - 533, 556, 722] 503

SECCIÓN XXIV Las Bebidas.

PARTE I - EL AGUA COMO BEBIDA.

El agua pura es una bendición

726*. Estando sanos o enfermos, el agua pura es para nosotros una de las más exquisitas bendiciones del cielo. Su empleo conveniente favorece la salud. Es la bebida que Dios proveyó para apagar la sed de los animales y del hombre. Ingerida en cantidades suficientes, el agua suple las necesidades del organismo, y ayuda a la naturaleza a resistir la enfermedad.

727*. Debo comer escasamente, aliviando así mi organismo de la carga innecesaria, y debo albergar alegría, y obtener los beneficios del debido ejercicio al aire libre. Debo bañarme con frecuencia, y beber en forma abundante agua pura y blanda.

El uso del agua en la enfermedad.

728*. El agua puede usarse de muchas maneras para aliviar el sufrimiento. El tomar sorbos de agua clara y caliente antes de comer -medio litro, más o menos-, no hará ningún daño, sino que más bien resultará beneficioso.

729. Miles de personas han muerto por falta de agua pura y de aire puro, y sin embargo, habrían podido vivir... Pero necesitan de estas bendiciones para restablecerse. Si quisieran recibir instrucción y dejaran de lado los medicamentos 504 si se acostumbraran al ejercicio al aire libre y a tener aire en su casa, en el verano y en el invierno, y a utilizar agua pura para beber y bañarse, estarían comparativamente bien y felices en lugar de arrastrar una existencia miserable.

En caso de fiebre.

730*. Si en ese estado febril se les hubiese dado abundante agua para beber, y sí se la hubiese aplicado externamente, se habrían evitado largos días y noches de sufrimiento, y se habrían salvado muchas vidas preciosas. Pero miles de personas han muerto por la fiebre consumidora, hasta que se agotó el combustible que las alimentaba, y hasta que se consumieron las fuerzas vitales, y los pacientes murieron en la mayor agonía sin que se les permitiera beber agua para aliviar su sed abrasadora. El agua que se administra a un edificio insensible para apagar el fuego rugiente, le es negada a los seres humanos para apagar el fuego que consume sus fuerzas vitales.

El uso debido e indebido del agua

731*. Muchos cometen un error al beber agua fría en sus comidas. Tomada con las comidas, el agua disminuye el flujo de las glándulas salivales; y cuanto más fría el agua, mayor es el perjuicio para el estómago. El agua o la limonada heladas, tomadas con la comida, detendrán la digestión hasta que el organismo haya impartido suficiente calor al estómago para habilitarlo a reiniciar su tarea. bebidas calientes son debilitantes; y además, los que complacen en usarlas llegan a ser esclavos del hábito. El alimento no debe ser lavado; no se necesita beber nada con los alimentos. Cómase con lentitud y permítase que la saliva se mezcle con los alimentos. Cuanto más líquido se 505 introduzca en el estómago con las comidas, tanto más difícil es que los alimentos se digieran; porque el líquido debe ser primeramente absorbido. No consumáis sal en gran escala; abandonad lo encurtidos envasados, dejad libre vuestro estómago de los alimentos con muchas, especias; comed fruta en vuestras comidas, y la irritación que exige beber tanto cesará. Pero si algo se necesita para apagar la seda el agua pura, bebida poco tiempo antes o después de la comida, es todo lo que la naturaleza exige. Nunca se tome té, café, cerveza, vino o cualquier bebida alcohólica. agua es el mejor líquido posible para limpiar los tejidos.

[más acerca de las bebidas en la alimentación - 165, 166]
[Una de las medicinas de Dios - 451, 452, 454]

PARTE II - EL TÉ Y EL CAFÉ

Los efectos estimulantes del té y el café

732*. El régimen de alimentación y las bebidas estimulantes de estos días no conducen al mejor estado de salud. El té, el café y el tabaco son todos estimulantes, y contienen veneno. No solamente son innecesarios, sino perjudiciales, y deben ser descartados si hemos de agregar al conocimiento temperancia.

733*. El té es venenoso para el organismo. Los cristianos deben abandonarlo. La influencia del café es hasta cierto punto la misma que la del té, pero su efecto sobre él organismo es aún peor. Es excitante, y en la medida en que lo eleve a uno encima de lo normal, lo dejará finalmente agotado y postrado por debajo de lo normal. A los que beben té y café, los denuncia su rostro. Su piel pierde el color y parece sin vida. No se advierte en el rostro el resplandor de la salud. 506

734*. Enfermedades de todo género y de todo tipo han sido acarreadas a los seres humanos por el uso del té y del café, y de los narcóticos, el opio y el tabaco. Estas complacencias perjudiciales deben ser abandonadas, no solamente una de ellas, sino todas; porque todas son dañinas y ruinosas para las facultades físicas, mentales y morales; y deben ser descartadas desde el punto de vista de la salud.

[Sembrando semillas de muerte - 655]

735*. No bebáis nunca té, café, cerveza, vino o cualquier otra bebida alcohólica. El agua es el mejor líquido posible para limpiar los tejidos.

736*. El té, el café, y el tabaco, así como las bebidas alcohólicas, constituyen diferentes grados en la escala de los estimulantes artificiales.

El efecto del té y del café, como se ha mostrado hasta ahora, tiene la misma tendencia que el del vino y la sidra, el licor y el tabaco.

El café comporta una complacencia dañina. Si momentáneamente excita la mente a una acción inusitada, el efecto posterior es agotamiento, postración, parálisis de las facultades mentales, morales y físicas. La mente se enerva, y a menos que por un esfuerzo determinado se venza el hábito, la actividad del cerebro se disminuye en forma permanente. Todos estos productos irritantes de los nervios están agotando las fuerzas vitales, y la inestabilidad causada por los nervios destrozados, la impaciencia, la debilidad mental, llegan a ser un elemento de combate, que antagoniza con el progreso espiritual. ¿No debieran, pues, los que defienden la temperancia y la reforma, estar alerta para contrarrestar los males de estas bebidas perjudiciales? En algunos casos es tan difícil quebrantar el hábito de beber 507 té y café, como para el alcohólico terminar con el uso del alcohol. El dinero gastado en té y café está más que malgastado. Estos sólo perjudican al que los usa, y esto en forma continua. Los que emplean té, café, opio y alcohol pueden a veces vivir hasta una edad avanzada, pero este hecho no es ningún argumento en favor del uso de estos estimulantes. Lo que estas personas debían haber realizado, pero dejaron de lograrlo, debido a su hábito intemperante, sólo lo revelará el gran día de Dios.

Los que recurren al té y al café como un estímulo para el trabajo, sentirán los malos efectos de esta conducta en forma de nervios alterados y falta de dominio propio. Los nervios cansados necesitan reposo y quietud. La naturaleza necesita tiempo para recuperar sus energías agotadas. Pero si sus fuerzas son aguijoneadas por el uso de estimulantes, existe, siempre que se repite este proceso, una disminución de la verdadera fuerza. Por un tiempo puede realizarse más bajo el estímulo antinatural, pero gradualmente se va haciendo más difícil despertar las energías hasta el punto deseado, y por fin la naturaleza exhausta ya no puede responder.

EFECTOS DAÑINOS ATRIBUIDOS A OTRAS CAUSAS.
El hábito de beber té y café es un mal mayor que el que a menudo se sospecha. Muchos que se han acostumbrado al uso de bebidas estimulantes sufren dolor de cabeza y postración, y pierden mucho tiempo por enfermedad. Imaginan que no pueden vivir sin el estímulo e ignoran sus efectos sobre la salud. Lo que los hace más peligrosos es que sus malos efectos son a menudo atribuidos a otras causas.
EFECTOS SOBRE LA MENTE Y LA MORAL.
Por el uso de estimulantes, todo el organismo sufre. Los nervios se desequilibran, el hígado desarrolla una acción mórbida, quedan afectadas la calidad y la circulación de 508 la sangre, y la piel se hace inactiva y se vuelve pálida. También la mente se perjudica. La influencia inmediata de estos estimulantes es excitar el cerebro hasta una actividad indebida, sólo para dejarlo más débil y menos capaz de esfuerzo. El efecto posterior es la postración, no solo mental y física, sino también moral. Como resultado vemos a hombres y mujeres nerviosos, de juicio inseguro, y mente desequilibrada. A menudo manifiestan un espíritu apresurado, impaciente, acusador; ven las faltas de los demás, como a través de un vidrio de aumento, y son completamente incapaces de discernir sus propios defectos.
Cuando estas personas que usan té y café se reúnen para pasar momentos de recreación social, los efectos de su hábito pernicioso son manifiestos. Todos participan libremente de las bebidas favoritas, y a medida que se siente la influencia estimulante, sus lenguas se sueltan, y comienzan con la malvada tarea de hablar contra los demás. Sus palabras no son pocas o bien escogidas. Los bocados selectos de la chismografía empiezan a circular, y demasiado a menudo también circula el veneno del escándalo. Estos chismosos desconsiderados olvidan que tienen un testigo. El Vigilante, invisible, está escribiendo sus palabras en los libros del cielo. Todas estas críticas duras, estos informes exagerados, estos sentimientos de envidia, expresados bajo la excitación de la taza de té, son registrados por Jesús como si hubieran sido dirigidos contra él mismo. "En cuanto lo hicisteis a uno de estos mis hermanos más pequeños, a mí lo hicisteis".
Estamos ya sufriendo a causa de los malos hábitos de nuestros padres, y sin embargo ¡cuántas personas siguen una conducta aún peor que la de ellos!
El opio, el té, el café, el tabaco y las bebidas alcohólicas están agotando rápidamente la chispa de vitalidad que todavía queda en la raza humana. Cada año se toman millones de litros de bebidas alcohólicas y millones de pesos se in 509 vierten en tabaco. Y los esclavos del apetito, en tanto que gastan constantemente lo que ganan en la complacencia sensual, despojan a sus hijos de alimentos, vestido y de las ventajas de la educación. La sociedad nunca podrá estar en su debido estado mientras predominen estos males.
Crea excitación nerviosa, y no fuerza.
737*. Ud. es sumamente nervioso y excitable. El té ejerce una influencia excitante de los nervios, y el café oscurece el cerebro; los dos son muy perjudiciales. Debe Ud. ser cuidadoso con su régimen. Consuma los alimentos más saludables y nutritivos, y consérvese en un estado de calma mental, donde no se excite y se arrebate lleno de pasión.
738*. El té estimula y hasta cierto punto embriaga. Parecida resulta también la acción del café y de muchas otras bebidas populares. El primer efecto es agradable. Se excitan los nervios del estómago, y esta excitación se transmite al cerebro, que, a su vez acelera la actividad del corazón, y da al organismo entero cierta energía pasajera. No se hace caso del

cansancio; la fuerza parece haber aumentado. La inteligencia se despierta y la imaginación se aviva.

En consecuencia, muchos se figuran que el té o el café les hace mucho bien. Pero es un error. El té y el café no nutren el organismo. Su efecto se produce antes de la digestión y la asimilación, y lo que parece ser fuerza, no es más que excitación nerviosa. Pasada la acción del estimulante, la fuerza artificial declina y deja en su lugar un estado correspondiente de languidez y debilidad.

El consumo continuo de estos excitantes de los nervios provoca dolor de cabeza, insomnio, palpitaciones del corazón, indigestión, temblores y otros muchos males; porque esos excitantes consumen las fuerzas vitales. Los nervios 510 cansados necesitan reposo y tranquilidad en vez de estimulo y recarga de trabajo. La naturaleza necesita tiempo para recuperar las agotadas energías. Cuando sus fuerzas son aguijoneadas por el uso de estimulantes uno puede realizar mayor tarea; pero cuando el organismo queda debilitado por aquel uso constante se hace más difícil despertar las energías hasta el punto deseado. Es cada vez más difícil dominar la demanda de estimulantes hasta que la voluntad queda vencida y parece que no hay poder para negarse a satisfacer un deseo tan ardiente y antinatural, que pide estimulantes cada vez más fuertes, hasta que la naturaleza, exhausta, no puede responder a su acción.

[El té y el café arruinan el estómago - 722]

— No tienen valor alimenticio.

739*. La salud no mejora en ningún sentido por el uso de las cosas que estimulan por un tiempo pero que después causan una reacción que deja el organismo humano más deprimido que antes. El té y el café estimulan las energías que flaquean por el momento, pero cuando ha pasado su influencia inmediata, sobreviene un estado de depresión. Estas bebidas no tienen en absoluto ningún alimento en sí mismas. La leche y el azúcar que contienen constituyen todo el alimento que proporciona una taza de té o café.

— La percepción espiritual embotada.

740*. El té y el café son estimulantes. Sus efectos son similares a los del tabaco; pero son de menor grado. Los que utilizan estos venenos lentos, a semejanza del que usa tabaco, piensan que no pueden vivir sin ellos, porque se sienten tan mal cuando no tienen estos ídolos... Los que se complacen en un apetito pervertido, lo hacen con perjuicio de la salud y el intelecto. No pueden apreciar el valor 511 de las cosas espirituales. Sus sensibilidades son embotadas y el pecado no parece muy pecaminoso, y la verdad no se considera de mayor valor que los tesoros terrenales.

741*. El beber té y café es un pecado, una complacencia dañina, que, a semejanza de otros males, perjudica el alma. Estos ídolos acariciados crean una excitación, una acción mórbida del sistema nervioso; y después que la influencia momentánea de los estimulantes pasa, se produce una depresión que es tan profunda como elevado fue el estímulo producido.

742*. Los que usan tabaco, té y café deben dejar a un lado estos ídolos, y poner su costo en la tesorería del Señor. Algunos nunca han hecho un sacrificio por la causa de Dios y están dormidos en cuanto a lo que Dios requiere de ellos. Algunos de los más pobres tendrán la mayor lucha para negarse a sí mismos estos estimulantes. Este sacrificio individual no se exige porque la causa de Dios está sufriendo por carencia de medios. Pero todo corazón será probado, todo carácter desarrollado. Este es el principio en virtud del cual ha de actuar el pueblo de Dios. El principio viviente debe ser realizado en la vida.

— El deseo vehemente interfiere el culto espiritual.

743*. El té y el café, así como el tabaco, tienen un efecto pernicioso sobre el organismo. El té es intoxicante; aunque menores en intensidad, sus efectos son los mismos en carácter que las bebidas alcohólicas. El café tiene una tendencia mayor a nublar el intelecto y debilitar las energías. No es tan fuerte como el tabaco, pero tienen efectos similares. Los argumentos que se presentan contra el tabaco 512 pueden también aplicarse contra el uso del té y del café.

Los que tienen el hábito de usar té, café, tabaco, opio o bebidas alcohólicas, no pueden adorar a Dios cuando están privados de estos narcóticos habituales. Ocúpense en adorar a Dios mientras están privados de estos estimulantes, y la gracia divina será impotente para animar, vitalizar o espiritualizar sus oraciones o sus testimonios. Estos cristianos profesos deben considerar cuál es la causa de su placer. ¿Proviene ella de arriba o de abajo?

— Los transgresores dominados por el estupor no son sin culpa.

744*. Satanás ve que no puede ejercer tanto poder sobre las mentes cuando el apetito se mantiene bajo control como cuando éste es complicado, por esto él trabaja constantemente para inducir a los seres humanos a la complacencia. Bajo la influencia de los alimentos no saludables, la conciencia está dominada por el estupor, la mente está oscurecida, y su susceptibilidad a las impresiones se halla coartada. Pero la culpa del transgresor no disminuye porque la conciencia ha sido violada hasta que se ha hecho Insensible.

Puesto que un estado saludable de la mente depende de la condición normal de las fuerzas vitales, ¡qué cuidado no debiera ejercerse para que no se usen narcóticos ni estimulantes! Y sin embargo vemos que un gran número de los que profesan ser cristianos usan tabaco. Ellos deploran los males de la intemperancia; sin embargo, mientras hablan en contra del uso de bebidas alcohólicas, estos mismos hombres escupen jugo de tabaco. Debe haber un cambio de sentimiento con respecto al empleo de tabaco antes que las raíces del mal puedan alcanzarse. Queremos abordar aún más de cerca el tema. El té y el café están fomentando el apetito por estimulantes más fuertes. Y aún llegamos 513 más cerca, a la preparación de los alimentos, y preguntamos: ¿Se practica la temperancia en todas las cosas? ¿Se realiza aún allí la reforma que es esencial para la salud y la felicidad?

Todo verdadero cristiano tendrá el dominio de sus apetitos y pasiones, A menos que esté libre de la esclavitud del apetito, no puede ser un siervo de Cristo verdadero y obediente. La complacencia del apetito y la pasión embota el efecto de la verdad sobre el corazón.

— Una batalla perdida contra el apetito.

745*. La Intemperancia comienza en nuestras mesas, por el consumo de alimentos malsanos. Después de un tiempo, por la complacencia continua del apetito, los órganos digestivos se debilitan y el alimento ingerido no satisface. Se establecen condiciones malsanas y se anhela ingerir alimentos más estimulantes. El té, el café y la carne producen un efecto inmediato. Bajo la influencia de estos venenos el sistema nervioso se excita y en algunos casos, el intelecto parece vigorizado momentáneamente y la imaginación resulta más vívida. Por el hecho de que estos estimulantes producen resultados pasajeros tan agradables, muchos piensan que los necesitan realmente y continúan consumiéndolos. Pero siempre hay una reacción. El sistema nervioso, habiendo sido estimulado indebidamente, obtuvo fuerzas de las reservas para su empleo inmediato. Todo este pasajero fortalecimiento del organismo va seguido de una depresión. En la misma proporción en que estos estimulantes vigorizan temporalmente el organismo, se producirá una pérdida de fuerzas de los órganos excitados después que el estímulo pasa. El apetito se acostumbra a desear algo más fuerte, lo cual tenderá a aumentar la sensación agradable, hasta que satisfacerlo llega a ser un hábito y de continuo se desean estimulantes más fuertes, como el tabaco, los vinos y licores. 514 Cuanto más se complazca el apetito, tanto más frecuentes serán sus exigencias, y tanto más difícil será dominarlo. Cuanto más se debilite el organismo y menos pueda pasarlo sin estimulantes antinaturales, tanto más aumentará la pasión por esas cosas, hasta que la voluntad quede avasallada y no tenga ya fuerza para negarse a satisfacer el deseo malsano.

LA ÚNICA CONDUCTA SEGURA
La única conducta segura consiste en no tocar ni probar té, café, vino, tabaco, opio ni bebidas alcohólicas. La necesidad que tienen los hombres de esta generación de invocar en su ayuda el poder de la voluntad fortalecida por la gracia de Dios, a fin de no caer ante las tentaciones de Satanás, y resistir hasta la menor complacencia del apetito pervertido, es dos veces mayor hoy que hace algunas generaciones.

El conflicto entre la verdad y la complacencia de sí mismo
746*. Los hechos relativos a Coré y a su grupo, que se rebelaron contra Moisés y Aarón, y contra Jehová, se relatan como una advertencia para el pueblo de Dios, especialmente para aquellos que viven en la tierra cerca del tiempo del fin.

Satanás ha inducido a muchas personas a imitar el ejemplo de Coré, Datán y Abiram, instigando la insurrección entre el pueblo de Dios. Los que se permiten a sí mismos levantarse en contra del sencillo testimonio, se engañan a sí mismos, y han pensado en realidad que las personas sobre quienes Dios colocó las cargas de su obra fueron exaltadas por encima del pueblo de Dios, y que su consejo y sus reproches no se necesitaban. Se han levantado en oposición al sencillo testimonio que Dios quería que presentaran en la represión de los errores del pueblo de Dios. Los testimonios presentados en contra de las complacencias perniciosas, 515 como el té, el café, el tabaco en polvo, el tabaco para fumar, han irritado a cierta clase, porque destruían sus ídolos. Muchos por un tiempo se hallaban indecisos entre hacer un completo sacrificio de todas estas cosas perjudiciales, o rechazar los sencillos testimonios presentados, y entregarse a las exigencias del apetito. Se mantuvieron en una posición de incertidumbre. Había un conflicto entre sus convicciones de la verdad y su propia complacencia. Su estado de indecisión las debilitó, y en el caso de muchos, el apetito prevaleció. Su sentido de las cosas sagradas fue pervertido por el uso de estos venenos lentos; y por último decidieron plenamente, cualesquiera fueran las consecuencias, que no se negarían a sí mismos. Esta temeraria decisión levantó de inmediato un muro de separación entre ellos y los que se estaban limpiando a sí mismos, como Dios lo ha ordenado, de toda inmundicia de la carne y del espíritu, y que estaban perfeccionando la santidad en el temor del Señor. Los testimonios directos presentados se interponían en su camino, y les producían gran inquietud, y hallaron alivio en guerrear en contra de esos testimonios, y en luchar para hacer que ellos mismos y que otros creyeran que los testimonios no eran ciertos. Dijeron que las personas implicadas estaban en lo correcto, pero que los testimonios de reprobación fueron los que produjeron el problema. Y cuando los rebeldes despliegan su estandarte, todos los desafectos se congregan en torno a él, y todos los defectuosos espiritualmente, los cojos, y los ciegos unen su influencia para esparcir y sembrar la discordia.

Las raíces de la intemperancia

747*. Se hacen grandes esfuerzos para acabar con la intemperancia; pero muchos de ellos no están bien dirigidos. Los abogados de la reforma en favor de la temperancia deberían estar apercibidos contra los pésimos resultados del 516 consumo de alimentos malsanos, de condimentos, del té y del café. Deseamos buen éxito a todos los que trabajan en la causa de la temperancia; pero los invitamos a que observen más profundamente la causa del mal que combaten, y a que sean ellos mismos consecuentes en la reforma.

Debe recordarse de continuo a la gente que el equilibrio de sus facultades mentales y morales depende en gran parte de las buenas condiciones de su organismo físico. Todos los narcóticos y estimulantes artificiales que debilitan y degradan la naturaleza física tienden también a deprimir la inteligencia y la moralidad. La intemperancia es la raíz de la depravación moral del mundo. Al satisfacer sus apetitos pervertidos, el hombre pierde la facultad de resistir a la tentación.

Los que trabajan en favor de la temperancia tienen que educar al pueblo en este sentido. Enséñenle que la salud, el carácter y aun la vida, corren peligro por el uso de estimulantes que excitan las energías exhaustas para que actúen en forma antinatural y espasmódica.

PERSEVERAD, Y LA NATURALEZA SE RECUPERARA

En cuanto al té, al café, al tabaco y a las bebidas alcohólicas, la única conducta exenta de peligro consiste en no tocarlos, ni probarlos, ni tener nada que ver con ellos. El efecto del té,. del café y de las bebidas semejantes es comparable al del alcohol y del tabaco, y en algunos casos el hábito de consumirlos es tan difícil de vencer como lo es para el borracho renunciar a las bebidas alcohólicas. Los que intenten romper con estos estimulantes los echarán de menos por algún tiempo, y sufrirán por falta de ellos; pero si perseveran, llegarán a vencer su ardiente deseo, y dejarán de echarlos de menos. La naturaleza necesita algún tiempo para reponerse del abuso a que se la ha sometido; pero désele una oportunidad, y volverá a rehacerse y a desempeñar su tarea noblemente y con toda perfección. 517

748*- Satanás está corrompiendo las mentes y destruyendo las almas por medio de sus tentaciones sutiles. ¿Verán nuestros hermanos y sentirán el pecado de complacer el apetito pervertido? ¿Descartarán ellos el té, el café, la carne y todos los alimentos estimulantes, y dedicarán los medios gastados en estas complacencias dañinas a esparcir la verdad?... ¿Qué poder tiene el adicto al tabaco para detener el progreso de la intemperancia? Debe haber una revolución en nuestro mundo sobre el tema del tabaco antes que el hacha caiga sobre la raíz del árbol. Recalcamos aún más este tema. El té y el café están creando un apetito por estimulantes más poderosos, como el tabaco y el alcohol.

749*-Con respecto a la carne todos nosotros podemos decir: déjesela. Y todos deben presentar un claro testimonio contra el té y el café, al no usarlo jamás. Son sustancias narcóticas, perjudiciales tanto para el cerebro como para los otros órganos del cuerpo... Renuncien los miembros de nuestras iglesias a todo apetito egoísta. Todo centavo gastado en té, café y carne está peor que malgastado; porque estas cosas obstaculizan el mejor desarrollo de las facultades físicas, mentales y espirituales.

Una sugestión de Satanás

750*. Algunos piensan que no pueden reformarse, que la salud sería sacrificada si ellos intentaran abandonar el uso de té, tabaco y carne. Esta es una sugestión de Satanás. Son estos estimulantes perniciosos los que con toda certeza están minando la constitución y preparando el sistema para la entrada de enfermedades agudas, al menoscabar la delicada maquinaria de la naturaleza y derribar sus fortificaciones. 518 erigidas contra la enfermedad y la decadencia prematura...

El uso de estimulantes antinaturales es destructivo para la salud, y tiene una influencia anubladora sobre el cerebro, porque le hace imposible apreciar las cosas eternas. Los que aprecian tales ídolos no pueden valorar debidamente la salvación que Cristo ha preparado para ellos por una vida de abnegación, continuo sufrimiento y vituperio y por la entrega de su propia vida impecable para salvar de la muerte al hombre que perecía.

[El efecto del té y el café sobre los niños - 354, 360]
[El té y el café en nuestros sanatorios - 420, 424, 437, 438]
[El té, el café y los alimentos con carne son innecesarios - 805]
[El rechazo del té y del café, etc., demuestra que los obreros son reformadores prácticos en favor de la salud - 227, 717]
[Resultados de tomar té y café en comidas y cenas - 233]
[Los que tienen fuertes deseos del té y el café han de ser iluminados - 779]
[Haciendo un pacto con Dios para abandonar el té, y el café, etc. - 41]
[El té y el café no eran usados por E. G. de White - Apéndice 1:18,23]
[El te ocasionalmente usado por E. G. de White como medicina - Apéndice 1:18].

PARTE III - SUSTITUTOS A BASE DE CEREALES PARA EL TÉ Y EL CAFÉ

751*. No debe servirse ni té ni café. En lugar de estas bebidas destructoras de la salud deben servirse [infusiones de] cereal tostado, tan bien preparado como sea posible. 519

752*. En algunas circunstancias habrá personas que requieran una tercera comida, que debe ser ligera y de muy fácil digestión. Unas galletas o pan tostado al horno con fruta o café de cereales, son lo más conveniente para la cena.

753*. Yo uso un poco de leche hervida en mi sencillo café de hechura casera.

El uso inmoderado de bebidas calientes y perjudiciales

754*. No se necesitan bebidas calientes, salvo que sean como medicina. El estómago resulta grandemente perjudicado por una gran cantidad de alimentos y bebidas calientes. Así la garganta y los órganos del cuerpo, son debilitados.

PARTE IV - LA SIDRA

755*. Vivimos en una era de intemperancia, y el complacer el apetito del bebedor de sidra* es una ofensa contra Dios. Junto con otros, os habéis empeñado en esta obra por no haber seguido la luz. Si hubierais estado en la luz, no podríais ni habríais hecho esto. Cada uno de vosotros que ha tenido una parte en esta obra hará frente a la condenación de Dios, a menos que hagáis un cambio completo en vuestro negocio. Debéis comenzar de inmediato la tarea de librar vuestra alma de condenación... 520

Después de haber tomado una posición decidida en contra de una participación activa en la obra de las sociedades de temperancia, todavía podríais haber retenido una influencia sobre otros en favor del bien, si hubierais actuado en forma concienzuda en consonancia con la fe que profesáis, pero ocupándoos en la manufactura de la sidra, habéis perjudicado muchísimo vuestra influencia; y lo que es peor, habéis traído oprobio sobre la verdad, y vuestras propias almas han sido dañadas. Habéis estado edificando una barrera entre vosotros y la causa de la temperancia. Vuestra conducta indujo a los no creyentes a poner en duda vuestros principios. No estáis haciendo sendas rectas para vuestros pies; y los cojos están tropezando y cayendo sobre vosotros para perdición.

No puedo ver cómo, a la luz de la ley de Dios, los cristianos pueden ocuparse en forma concienzuda en el cultivo del lúpulo o en la manufactura de vino o de sidra para el mercado. Todos estos artículos pueden usarse para el bien, y resultar una bendición; o pueden usarse mal, y resultar una tentación y una maldición. La sidra y el vino pueden conservarse cuando están recién preparados, y pueden conservarse dulces por largo tiempo; y si se usan en un estado no fermentado, no privarán a nadie de la razón. . .

EL BEBER MODERADAMENTE ES EL CAMINO A LA EBRIEDAD

Las personas pueden llegar a estar tan intoxicadas con vino y sidra como con bebidas más fuertes, y la peor clase de ebriedad es la producida por estas bebidas así llamadas suaves. Las pasiones son más perversas; la transformación del carácter es mayor, más determinada y obstinada. Unos pocos litros de sidra o de vino pueden despertar el gusto por bebidas más fuertes, y en muchos casos los que se han convertido en bebedores confirmados han echado así el fundamento del hábito de beber. Para algunas personas no es de ninguna manera seguro tener vino o sidra en la casa. 521 Han heredado un apetito por los estimulantes, que Satanás está induciéndoles continuamente a complacer. Si ceden a las tentaciones, no se detienen; el apetito exige ser satisfecho, y resulta gratificado para la ruina de ellos. El cerebro es embotado y entorpecido; la razón ya no tiene las riendas, sino que éstas son dejadas a la merced del vicio. La licencia, el adulterio y los vicios de todo tipo se cometen como resultado de complacer el apetito por el vino y la sidra. Un religioso profeso que ame estos estimulantes, y que se acostumbra a usarlos, nunca crece en la gracia. Se hace tosco y sensual; las pasiones animales gobiernan las facultades superiores de la mente, y la virtud no se desarrolla.

El beber moderadamente es la escuela en que los hombres reciben una educación para la carrera de la embriaguez. Satanás arrastra a una persona en forma tan gradual del baluarte de la temperancia, en forma tan insidiosa el inofensivo vino y la sidra ejercen su influencia sobre el gusto, que el camino a la ebriedad es tomado en forma insospechada. Se cultiva el gusto por los estimulantes; el sistema nervioso resulta perturbado; Satanás mantiene la mente en un estado febril de inestabilidad, y la pobre víctima, creyendo que está perfectamente segura, avanza más y más hasta que toda barrera resulta rota, y todo principio sacrificado. Las resoluciones más fuertes son derribadas, y los intereses eternos no son lo suficientemente fuertes para mantener el apetito degradado bajo el control de la razón.

Algunos nunca llegan en realidad a estar ebrios, pero están siempre bajo la influencia de la sidra o del vino fermentados. Ellos están febriles, tienen una mente desequilibrada, aunque no experimenten en verdad delirios, pero ésta está en una condición igualmente mala; porque todas las facultades nobles de la mente son pervertidas. Una tendencia a enfermedades de varias clases, como hidropesía, problemas del hígado, nervios inestables, y una congestión de la cabeza, resultan del uso habitual de la sidra fermentada. 522 Por medio de su empleo muchos se acarrean enfermedad permanente. Algunos mueren de tuberculosis o sucumben a la apoplejía solamente por esta causa. Algunos sufren dispepsia. Aun la función vital es retardada y los médicos les dicen que tienen enfermedad del hígado, cuando si ellos rompieran el barril de sidra, y nunca lo reemplazaran, sus fuerzas vitales, de las cuales habían abusado, recuperarían su vigor.

El beber sidra induce al uso de bebidas más fuertes. El estómago pierde su vigor natural, y se necesita algo más fuerte para despertar su acción. . . Vemos el poder que el apetito por las bebidas fuertes tiene sobre los hombres; vemos cuántos de todos los profesionales y personas que llevan pesadas responsabilidades -hombres de exaltada condición, que poseen eminentes talentos, que han logrado grandes conquistas, hombres de buenos sentimientos, y de nervios fuertes, y de una buena facultad de raciocinio- lo sacrifican todo por la complacencia del apetito, hasta que quedan reducidos al nivel de los brutos; y en muchísimos casos la marcha descendente comenzó con el uso del vino o de la sidra.

DAR EL EJEMPLO PONIÉNDOSE DEL LADO DE LA REFORMA

Cuando los hombres y las mujeres inteligentes que profesan ser cristianos, sostienen que no es dañino hacer vino o sidra para el mercado, porque cuando están sin fermentar no intoxican, me siento muy triste. Yo sé que este asunto tiene otro aspecto al cual ellos rehusan mirar; pues el egoísmo les ha cerrado los ojos a los terribles males que pueden resultar del uso de estos estimulantes. . .

Como pueblo, profesamos ser reformadores, pretendemos ser los portadores de la luz al mundo, ser fieles centinelas de Dios, y guardar toda avenida por la cual Satanás podría llegar con sus tentaciones para pervertir el apetito. Nuestro ejemplo e influencia deben ser un poder del lado de la reforma. 523 Debemos abstenernos de toda práctica que embota la conciencia o estimula la tentación. No debemos abrir ninguna puerta que le dé acceso a Satanás a la mente de un solo ser humano formado a la imagen de Dios. Si todos fueran vigilantes y fieles en guardar las pequeñas aberturas hechas por el uso moderado de las así llamadas bebidas inofensivas, es a saber el vino y la sidra, el camino a la ebriedad sería cerrado. Lo que se necesita en toda localidad es un firme propósito, y una voluntad de no tocarlos, de no gustar los, de no manejarlos; entonces la reforma en pro de la temperancia sería poderosa, permanente y cabal. . .

El Redentor del mundo, que conoce bien el estado de la sociedad en los últimos días, representa el comer y el beber como los pecados que condenan esta era. Nos dice que como fue en los días de Noé así será cuando se revele el Hijo del hombre. "Estaban comiendo y bebiendo, casándose y dando en casamiento, hasta el día en que Noé entró en el arca, y no entendieron hasta que vino el diluvio y se los llevó a todos" (Mat. 24: 38, 39). Ese mismo estado de cosas existirá en los últimos días, y los que creen en estas advertencias usarán el máximo cuidado de no seguir una conducta que los coloque bajo condenación.

Hermanos, consideremos este asunto a la luz de las Escrituras, y ejerzamos una decidida influencia del lado de la temperancia en todas las cosas. Las manzanas y las uvas son dones de Dios; pueden ser empleadas en forma excelente, como artículos sanos para la alimentación, y puede abusarse de ellas al emplearlas en forma errónea. Dios ha estado marchitando la cosecha de la viña y del manzano a causa de las prácticas pecaminosas de los hombres. Estamos delante del mundo como reformadores; no demos ninguna ocasión para que los incrédulos reprochen nuestra fe. Dijo Cristo: "Vosotros sois la sal de la tierra", "sois la luz del mundo". Demostremos que nuestros corazones y nuestras conciencias se hallan bajo la influencia transformadora 524 de la gracia divina, y que nuestras vidas son gobernadas por los principios puros de la ley de Dios, aun cuando estos principios pueden requerir el sacrificio de intereses temporales.

Bajo el microscopio

756*. Los que han heredado la sed de estimulantes antinaturales no deberían tener de ningún modo vino, cerveza o sidra a la vista o a su alcance, porque esto los expone continuamente a la tentación. Considerando inofensiva la sidra dulce, muchos no vacilan en comprar una buena provisión de ella. Pero la sidra permanece dulce muy poco tiempo;

pronto empieza a fermentar. El gusto picante que entonces adquiere la hace tanto más aceptable a muchos paladares, y el que la bebe se resiste a creer que ha fermentado.

Aun el consumo de sidra dulce tal como se la produce comúnmente es peligroso para la salud. Si la gente pudiera ver lo que el microscopio revela en la sidra que se compra, muy pocos consentirían en beberla. Muchas veces los que elaboran sidra para la venta no son escrupulosos en la selección de la fruta que emplean, y exprimen el jugo de fruta agusanado y echada a perder. Los que ni siquiera pensarían en comer fruta dañina o podrida, no reparan en tomar sidra hecha con esta misma fruta y la consideran deliciosa; pero microscopio revela que aun al salir del lagar, esta bebida al parecer tan agradable es absolutamente impropia para el consumo.

Se llega a la embriaguez tan ciertamente con el vino, la cerveza y sidra, como con bebidas más fuertes. El uso de las bebidas que tienen menos alcohol despierta el deseo de consumir las más fuertes, y así se contrae el hábito de beber. La moderación en la bebida es la escuela en que se educan los hombres para la carrera de borrachos. Tan insidiosa 525 es la obra de estos estimulantes más leves, que la víctima entra por el camino ancho que lleva a la costumbre de emborracharse antes de que se haya dado cuenta del peligro.

PARTE V - JUGO DE FRUTA

Jugo de uva dulce

757*. El jugo puro de la uva, libre de fermentación, es una bebida saludable. Pero muchas de las bebidas alcohólicas que hoy se consumen tanto contienen venenos mortíferos. Los que participan de ellas a menudo enloquecen, y son despojados de su razón. Bajo su mortífera influencia los hombres cometen delitos de violencia y a menudo homicidios.

Benéfico para la salud

758*. Haced de la fruta un artículo del régimen que ha de ser colocado sobre vuestra mesa, que constituirá vuestro menú. Los jugos de fruta, mezclados con pan, serán muy agradables. La fruta buena, madura, sana, es algo por lo cual debemos agradecer al Señor, porque es benéfica para la salud.

[Tomando un huevo crudo con vino no fermentado - 324]

[El uso de jugo de limón por E. G. de White para sazonar verduras - 522] 529

SECCIÓN XXV La Enseñanza de los Principios de la Salud

PARTE I - HA DE DARSE INSTRUCCIÓN SOBRE LOS TEMAS DE LA SALUD

La necesidad de impartir educación higiénica

759*. Nunca fue tan necesario como hoy dar educación en los principios que rigen la salud. A pesar de los maravillosos adelantos relacionados con las comodidades y el bienestar de la vida, y aún con la higiene y el tratamiento de las enfermedades, resulta alarmante el decaimiento del vigor y de la resistencia física. Esto requiere la atención de cuantos toman muy a pecho el bienestar del prójimo.

Nuestra civilización artificial fomenta males que anulan los sanos principios. Las costumbres y modas están en pugna con la naturaleza. Las prácticas que imponen, y los apetitos que alientan, aminoran la fuerza física y mental y echan sobre la humanidad una carga insoportable. Por doquiera se ven intemperancia y crímenes, enfermedad y miseria.

Muchos violan las leyes de la salud por ignorancia, y necesitan instrucción. Pero la mayoría sabe cosas mejores que las que practica. Debe comprender cuán importante es que rija su vida por sus conocimientos.

760*. Se nota gran falta de instrucción respecto a la reforma dietética. A los malos hábitos en el comer y al 530 consumo de manjares malsanos se debe gran parte de la intemperancia, los crímenes y la miseria que azotan al mundo.

761*. Si queremos elevar la norma moral en cualquier país a donde seamos llamados a ir, debemos comenzar corrigiendo los hábitos físicos del pueblo. La virtud del carácter depende de la debida. acción de las facultades de la mente y del cuerpo.

Muchos serán iluminados

762*. El Señor me ha manifestado que muchísimas personas serán rescatadas de la degeneración física, mental y moral por medio de la influencia práctica de la reforma pro salud. Se darán disertaciones sobre salud, y se multiplicarán publicaciones sobre el mismo tema. Los principios de la reforma pro salud serán recibidos con favor; y muchos serán iluminados. Las influencias asociadas con la reforma pro salud la recomendarán al juicio de todos los que quieran la luz; y ellos avanzarán paso tras paso para recibir las verdades especiales para este tiempo. Así la verdad y la justicia se encontrarán. . .

El Evangelio y la obra misionero-médica han de avanzar juntos. El Evangelio ha de ser vinculado con los principios de la verdadera reforma pro salud. El cristianismo ha de ser llevado a la vida práctica. Ha de hacerse una obra de reforma ferviente y cabal. La verdadera religión de la Biblia es una superabundancia del amor de Dios por los hombres caídos. El pueblo de Dios ha de avanzar en línea recta para impresionar los corazones de los que están buscando la verdad, de los que desean hacer su parte acertadamente en esta era de intenso fervor. Hemos de presentar 531 los principios de la reforma pro salud ante el pueblo, haciendo todo lo que está de nuestra parte para inducir a los hombres y las mujeres a comprender a necesidad de estos principios y a practicarlos.

Esfuerzo de avanzada en la enseñanza de los principios de la reforma pro salud

763*. Cuando se celebró la feria del estado en Battle Creek [1864], nuestros hermanos llevaron consigo a los terrenos tres o cuatro estufas de cocinar, y demostraron cómo podían prepararse buenas comidas sin el uso de carne. Se nos dijo que habíamos puesto la mejor mesa de la exposición. En toda ocasión en que se realicen grandes reuniones, tenéis el privilegio de idear planes por los cuales podáis proporcionar alimentos sanos a los que asisten, y habéis de hacer que vuestros esfuerzos resulten educativos.

El Señor nos dio favor ante el pueblo, y tuvimos muchas oportunidades maravillosas para demostrar lo que podía hacerse por medio de los principios de la reforma pro salud para restaurar la salud de los enfermos cuyos casos habían sido declarados sin esperanza. . .

EN LOS CONGRESOS Y DE CASA EN CASA

Debemos empeñar mayores esfuerzos para enseñar al pueblo las verdades de la reforma pro salud. En todo congreso campestre debe realizarse un esfuerzo para demostrar lo que puede hacerse para proporcionar un régimen alimenticio apetitoso y sano consistente en cereales, frutas, nueces y vegetales. En todos los lugares donde nuevos grupos de personas aceptan la verdad, debe darse instrucción en la ciencia de preparar alimento sano. Deben escogerse obreros que puedan trabajar de casa en casa en una campaña educadora. 532

La tienda médica en el campamento

764*. A medida que nos acercamos al fin del tiempo, debemos elevarnos cada vez más desde el punto de vista de la reforma pro salud y la temperancia cristiana, presentándolos de una manera más positiva y decidida. Debemos luchar continuamente para educar a la gente, no sólo por nuestras palabras, sino por la práctica. El precepto y el ejemplo combinados tienen una influencia eficaz.

En ocasión de los congresos campestres debe impartiese instrucción sobre los temas de la salud a la gente. En nuestras reuniones de Australia se daban disertaciones sobre temas de salud todos los días, y se despertó un vivo interés. Había en el campamento una tienda para uso de los médicos y enfermeras, se daba libremente consejos médicos, y muchos venían en procura del mismo. Millares de personas asistieron a las disertaciones, y al final del congreso campestre la gente no se conformó tan sólo con lo que había aprendido. En varias ciudades donde se realizaron congresos campestres, algunos de los ciudadanos más prominentes insistieron en que se estableciera un sanatorio filial, y prometieron su cooperación.

Por el ejemplo, así como por el precepto

765*. Las grandes reuniones de nuestro pueblo proporcionan una excelente oportunidad para ilustrar los principios de la reforma pro salud. Hace algunos años en estas asambleas se decía mucho con respecto a la reforma pro salud y a los beneficios de un régimen vegetariano; pero al mismo tiempo se servía carne en las mesas de la carpa que se usaba como comedor, y se vendían diversos artículos de consumo perjudiciales en la sección donde estaban las 533 provisiones. La fe sin obras es muerta. Y la instrucción sobre la reforma pro salud, negada por la práctica, no hacía la menor impresión. En sucesivos congresos campestres los que estaban a cargo de los mismos han educado por la práctica así como por el precepto. No se proporcionó carne en el comedor, sino frutas, cereales y vegetales, los cuales se proveían en abundancia. Cuando los visitantes hacen preguntas relativas a la ausencia de carne, se explica la razón claramente, es a saber, que la carne no es el alimento más sano.

[Venta de caramelos, helados, y otras golosinas en el campamento - 529, 530]

En nuestros sanatorios

766*. Según la luz que me ha sido dada debe establecerse un sanatorio, y en él debe descartarse la medicación con drogas y emplearse métodos sencillos y racionales de tratamiento para la curación de las enfermedades. En esta institución debía enseñarse a la gente cómo vestir, respirar y comer adecuadamente; en suma, cómo evitar la enfermedad por los debidos hábitos de vida.

[Véase también 458]

767*. Nuestros sanatorios deben ser el medio de iluminar a los que vienen a ellos para tratarse. Debe mostrarse a los pacientes cómo pueden vivir a base de un régimen de cereales, frutas, nueces, y otros productos de la tierra. Se me ha instruido en el sentido de que deben darse regularmente disertaciones en nuestros sanatorios sobre tenias de salud. Ha de enseñarse a la gente a descartar los artículos de consumo que debilitan la salud y la fuerza de los seres por los cuales Cristo dio su vida. Deben mostrarse los efectos 534 perniciosos del té y del café. Ha de enseñarse a los pacientes cómo pueden eliminar de su régimen los artículos que perjudican los órganos digestivos. . . Muéstrese a los enfermos la necesidad de practicar los principios de la reforma pro salud, si quieren recuperar su salud. Muéstrese a los pacientes cómo pueden mejorar siendo temperantes en el comer y haciendo regularmente ejercicio al aire libre. . . Por medio de la obra de nuestros sanatorios, debe aliviarse el sufrimiento y restaurarse Ud. Ha de enseñarse a la gente cómo, comiendo y bebiendo cuidadosamente, pueden mantenerse bien. . . La abstinencia de la carne

beneficiará a los que se abstienen. El asunto del régimen es un tema de interés vital. . .
Nuestros sanatorios han sido establecidos con un propósito especial, para enseñar a la gente que no vivimos para comer, sino que comemos para vivir.

Enseñese a los pacientes cómo deben cuidarse en casa

768*. Mantenga Ud. a los enfermos al aire libre tanto como sea posible, y déles disertaciones animadoras y agradables en la sala, con lecturas sencillas y lecciones bíblicas, fáciles de comprender, que sean de aliento para el alma. Hable de la reforma pro salud, y no se cargue, hermano mío, con tantas diferentes responsabilidades que no pueda enseñar las lecciones sencillas de la reforma pro salud. Los que salgan del sanatorio deben salir tan bien instruidos que puedan enseñar a otros los métodos de tratar a sus familias. Hay peligro en invertir demasiado dinero en maquinarias y artefactos que los enfermos nunca podrán usar en sus lecciones caseras. Más bien debe enseñárseles cómo pueden regular la alimentación, de manera que la maquinaria viviente de todo el ser trabaje en forma armoniosa. 535

Debe darse instrucción sobre temperancia

769*. En nuestras instituciones médicas debe darse clara instrucción sobre temperancia. Debe mostrarse a los pacientes los males de las bebidas intoxicantes, y la bendición de una abstinencia total. Debe pedírselas que descarten las cosas que han arruinado su salud, y éstas deben ser reemplazadas con abundancia de frutas. Pueden obtenerse naranjas, limones, ciruelas, duraznos y muchas otras variedades; pues el mundo del Señor es productivo, si se emplea esfuerzo decidido.

770*. Los que luchan contra el poder de los apetitos deberían ser instruidos en los principios del sano vivir. Debe mostrárseles que la violación de las leyes que rigen la salud, al crear condiciones enfermizas y apetencias que no son naturales, echa los cimientos del hábito de la bebida. Sólo viviendo en obediencia a los principios de la salud pueden esperar verse libertados de la ardiente sed de estimulantes contrarios a la naturaleza. Mientras confían en la fuerza divina para romper las cadenas de los apetitos, han de cooperar con Dios obedeciendo a sus leyes morales y físicas.

Naturaleza abarcante de la reforma requerida

771*. ¿Cuál es la obra especial que somos llamados a realizar en nuestras instituciones de salud? En vez de dar, por precepto y ejemplo, una educación en la complacencia del apetito pervertido, edúquese a la gente a que se aparte de estas cosas. Elevad la norma de la reforma en todo respecto. El apóstol Pablo levanta su voz para decir: "Así que, hermanos, os ruego por las misericordias de Dios, que presentéis vuestros cuerpos en sacrificio vivo, santo, agradable. 536 a Dios, que es vuestro culto racional. No os conforméis a este siglo, sino transformaos por medio de la renovación de vuestro entendimiento, para que comprobéis cuál sea la buena voluntad de Dios, agradable y perfecta" (Rom. 12: 1, 2). Nuestras instituciones de salud han sido establecidas para presentar los principios vivos de un régimen limpio, puro y saludable. Debe impartiese conocimiento con respecto a la abnegación y el dominio propio. Jesús, que hizo al hombre y lo redimió, ha de ser mantenido en alto ante todos los que vengan a nuestras instituciones. Línea sobre línea, precepto sobre precepto, debe impartiese conocimiento sobré el método de vida, sobre la paz y la salud, a fin de que los hombres y las mujeres vean la necesidad de la reforma. Deben ser inducidos a renunciar a las costumbres y prácticas degradantes que existieron en Sodoma y en el mundo antediluviano, y que Dios destruyó a causa de iniquidad. (Mat. 24: 37-39.). . .

Todos los que visiten nuestras instituciones de salud han de ser educados. El plan de redención debe ser presentado ante todos, encumbrados y humildes, ricos y pobres. Debe darse instrucción cuidadosamente preparada, en el sentido de que la complacencia por medio de la intemperancia que está de moda en el comer y el beber puede considerarse como la causa de la enfermedad y el sufrimiento y de las malas prácticas que siguen como resultado.
[Cómo introducir la reforma en el régimen - 426]

Hojas del árbol de la vida

772*. Se me ha indicado que la obra que debe hacerse en relación con la reforma pro salud no debe demorarse. Por medio de esta obra alcanzaremos almas así en los caminos como en los vallados. Se me mostró muy especialmente que, por medio de nuestros sanatorios, muchas al 537 mas recibirán la verdad presente y la practicarán. En esas instituciones, se ha de enseñar a hombres y mujeres a cuidar sus cuerpos y a afirmarse en la fe. Debe enseñárseles lo que significa comer la carne y beber la sangre del Hijo de Dios. Cristo dijo: "Las palabras que yo os he hablado, son espíritu, y son vida" (Juan 6: 63).
Nuestros sanatorios deben ser escuelas donde se dé enseñanza en los ramos médico-misioneros. Deben dar a las almas heridas por el pecado las hojas del árbol de la vida, las cuales les devolverán la paz, la esperanza y la fe en Jesucristo.

Preparación para la oración en procura de sanidad

773*. Trabajo perdido es enseñar a la gente a considerar a Dios como sanador de sus enfermedades, si no se le enseña también a desechar las prácticas malsanas. Para recibir las bendiciones de Dios en respuesta a la oración, se debe dejar de hacer el mal y aprender a hacer el bien. Las condiciones en que se vive deben ser saludables, y los hábitos de vida correctos. Se debe vivir en armonía con la ley natural y espiritual de Dios.

La responsabilidad del médico de iluminar a sus pacientes

774*. Las instituciones de salud en favor de los enfermos serán los mejores lugares para educar a los que sufren a vivir de acuerdo con las leyes de la naturaleza, y a cesar en sus prácticas destructoras de la salud en materia de hábitos erróneos en el régimen y en el vestido, que están de acuerdo con los hábitos y las costumbres del mundo, hábitos y costumbres que no están en sentido alguno de acuerdo con las 538 disposiciones de Dios. Esas instituciones están haciendo una buena obra para iluminar nuestro mundo.
Existe ahora una necesidad positiva de que aun los médicos, reformadores en la línea del tratamiento de la enfermedad, pongan mayor esfuerzo para llevar hacia adelante y hacia arriba la obra en favor de sí mismos, y que instruyan con todo interés a los que acudan a ellos en procura de su habilidad médica para cerciorarse de la causa de sus enfermedades. Deben llamar la atención de esas personas de manera especial a las leyes que Dios ha establecido, que no pueden ser violadas impunemente. Ellos se espacian mucho en el proceso de la enfermedad, pero por regla general no despiertan la atención a las leyes que deben ser sagrada e inteligentemente obedecidas para prevenir la enfermedad.
Especialmente si el médico no ha sido correcto en sus prácticas dietéticas, si no ha restringido su apetito a un menú sencillo y sano, descartando en gran medida el uso de la carne de animales muertos -si le gusta la carne- ha educado y cultivado un gusto por el alimento malsano. Como sus ideas son estrechas, él educará y disciplinará con mucha facilidad el gusto y el apetito de sus pacientes para que amen las cosas que él ama, en lugar de darles los sanos principios de la reforma pro salud. Prescribirá para los pacientes carne,

cuando es el peor régimen que puedan tener; estimula, pero no da fuerza. Ellos no investigan los hábitos anteriores de comer y beber de éstos, ni toman nota especial de los hábitos erróneos que por muchos años han estado echando el fundamento de la enfermedad. Deben prepararse médicos concienzudos para iluminar a los ignorantes, y éstos deben hacer sus prescripciones con sabiduría, prohibiendo las cosas que en el régimen alimenticio de sus pacientes saben que son erróneas. Deben denunciar con sencillez las cosas que consideran perjudiciales para las leyes de la salud, y dejar a estas personas que sufren para que actúen a conciencia a fin de hacer en favor 539de sí mismas las cosas que pueden hacer, y así colocarlas en la debida relación con las leyes de la vida y la salud.
[Deber de los médicos y ayudantes de educar su propio gusto- 720]
[La responsabilidad del médico de educar por la pluma y la palabra acerca de la forma de cocinar saludable - 382]
[Los pacientes del Instituto de Salud deben ser enseñados a dejar la carne - 720]

Un solemne encargo

775+*. Cuando un médico ve que un paciente está sufriendo de una enfermedad causada por la manera indebida de comer y beber, y sin embargo deja de decírselo, y de señalarle la necesidad de una reforma, está causando un perjuicio a un semejante. Los ebrios, los maníacos, los que son dados a la licencia, todos recurren al médico para que éste declare con claridad y en forma precisa que el sufrimiento es el resultado del pecado. Nosotros hemos recibido gran luz sobre la reforma pro salud. ¿Por qué, entonces, no somos más decididos y fervientes en luchar para contrarrestar las causas que producen la enfermedad? Viendo el conflicto constante con el dolor, trabajando continuamente para aliviar el sufrimiento, ¿cómo pueden nuestros médicos guardar silencio? ¿Pueden ellos abstenerse de elevar la voz de advertencia? ¿Son realmente benévolos y misericordiosos si no enseñan la temperancia estricta como un remedio para la enfermedad?

Los reformadores del régimen necesitan valor moral

776*. Puede hacerse muchísimo bien instruyendo a todos aquellos a quienes tenemos acceso con respecto a los mejores medios, no sólo de curar al enfermo, sino de prevenir 540 la enfermedad y el sufrimiento. El médico que trata de iluminar a sus pacientes en cuanto a la naturaleza y las causas de sus enfermedades, y trata de enseñarles cómo evitar la enfermedad, puede tener una obra difícil, pero si él es un reformador concienzudo, hablará con sencillez de los efectos ruinosos de la complacencia propia en el comer, beber, y vestir, y del abuso de las fuerzas vitales que ha llevado a sus pacientes a donde están. No aumentará el mal de sus enfermos administrándoles drogas hasta que la naturaleza exhausta abandone la lucha, sino que les enseñará cómo formar hábitos correctos, y cómo ayudar a la naturaleza en su tarea de restauración por medio de un uso sabio de sus propios remedios sencillos.

En todas nuestras instituciones de salud, la instrucción con respecto a las leyes de la salud debe convertirse en un rasgo distintivo de la obra. Los principios de la reforma pro salud deben presentarse cuidadosa y cabalmente delante de todos, tanto pacientes como ayudantes. Esta obra requiere valor moral, pues aun cuando muchos resultarán beneficiados por tales esfuerzos, otros se ofenderán. Pero el verdadero discípulo de Cristo, aquel cuya mente está en armonía con la mente de Dios, mientras está aprendiendo de continuo, también estará enseñando, guiando las mentes de los demás hacia arriba, y alejándolas de los errores prevalecientes del mundo.

Cooperación entre los sanatorios y los colegios

777*. Se ha dado instrucción clara según la cual nuestras instituciones educacionales deben estar relacionadas con nuestros sanatorios dondequiera que esto sea posible. La obra de ambas instituciones ha de combinarse. Estoy agradecida de que tenemos un colegio en Loma Linda. El talento educacional de médicos competentes es una necesidad 541 para las escuelas donde han de prepararse para el servicio evangelistas médico-misioneros. Ha de enseñarse a los alumnos en el colegio a ser estrictos reformadores en materia de salud. La instrucción dada con respecto a la enfermedad y sus causas, y a cómo prevenir la enfermedad, y la preparación dada en materia de tratamiento de los enfermos, resultará una educación muy valiosa, un tipo de educación que debieran tener los alumnos de todos nuestros colegios.

La combinación de la obra de todos nuestros colegios y de nuestros sanatorios resultará una ventaja de muchas maneras. Por medio de la instrucción dada por el sanatorio, los alumnos aprenderán cómo evitar la formación de hábitos intemperantes y descuidados en el comer.

En la obra evangelística y en las misiones de las ciudades

778*. Como pueblo se nos ha confiado la obra de dar a conocer los principios de la reforma pro salud. Hay algunos que piensan que la cuestión del régimen no es de suficiente importancia para ser incluida en nuestra obra evangelística. Pero los tales cometen un gran error. La Palabra de Dios declara: "Si, pues, coméis o bebéis, o hacéis otra cosa, hacedlo todo para la gloria de Dios" (1 Cor. 10: 31). El asunto de la temperancia con todas sus implicaciones tiene un importante lugar en la obra de la salvación.

En relación con nuestras misiones que funcionan en las ciudades debe haber salas adecuadas donde las personas en quienes se ha despertado interés puedan ser reunidas para impartirles instrucción. Esta obra necesaria no ha de realizarse de una manera tan pobre que se haga una impresión desfavorable sobre la mente de la gente. Todo lo que se haga debe dar un testimonio favorable con respecto al Autor de la verdad, y debe representar debidamente el carácter 542 sagrado y la importancia de las verdades del mensaje del tercer ángel.

779*. En todas nuestras misiones, algunas mujeres con capacidad deben estar a cargo de los preparativos domésticos: mujeres que sepan cómo preparar alimentos de manera atractiva y saludable. La mesa debe tener una abundante provisión de alimentos de la mejor calidad. Si alguien tiene un gusto pervertido que reclama té, café, condimentos y platos malsanos, instrúyaselo. Trátese de despertar su conciencia. Trátese de presentarle los principios de la Biblia sobre el asunto de la higiene.

Enseñen los ministros los principios de la reforma

780*. Debemos instruirnos a nosotros mismos, no solamente a vivir en armonía con las leyes de la salud, sino también a enseñar a otros los mejores métodos. Muchas personas, aun entre los que profesan creer las verdades especiales para este tiempo, son lamentablemente ignorantes con respecto a la salud y la temperancia. Necesitan ser educadas, línea sobre línea, precepto sobre precepto. Debe mantenerse vivo este tema delante de ellas. No debe pasarse sobre este asunto como sobre algo que no es esencial; porque la atención de casi cada familia necesita ser atraída sobre esta cuestión. La conciencia debe ser alertada al deber de practicar los principios de la verdadera reforma. Dios pide que su pueblo sea temperante en todas las cosas. A menos que sus hijos

practiquen la verdadera temperancia, ellos no serán y no podrán ser susceptibles a la influencia santificadora de la verdad.
Nuestros ministros deben familiarizarse con esta cuestión. No deben ignorarla, ni tampoco debe ser puesta a un 543 lado por quienes se llaman extremistas. Descubran ellos qué es lo que constituye la verdadera reforma pro salud, enséñense sus principios, tanto por precepto como por un ejemplo silencioso y consecuente. En nuestras grandes reuniones, debe darse instrucción sobre la salud y la temperancia. Trátese de despertar el intelecto y la conciencia. Pónganse en acción todos los talentos, y continúese la obra con publicaciones sobre el tema. "Educad, educad, educad", es el mensaje que ha sido grabado en mi mente.
781*. A medida que nos acercamos al tiempo del fin, debemos elevarnos cada vez más alto en el asunto de la reforma pro salud y la temperancia cristiana, presentándolas de una manera más positiva y decidida. Debemos esforzarnos constantemente por educar al pueblo, no sólo por medio de nuestras palabras, sino por nuestras prácticas. El precepto y la práctica combinados tienen una influencia eficaz.

Un llamado a los pastores, a los presidentes de asociación y a otros dirigentes
782*. Nuestros ministros deben llegar a conocer los principios de la reforma pro salud. Necesitan llegar a familiarizarse con la fisiología y la higiene; deberían entender las leyes que gobiernan la vida física y su influencia sobre la salud de la mente y del alma.
Miles y miles de personas saben poco acerca del cuerpo maravilloso que Dios les ha dado o acerca del cuidado que debe recibir; y ellos consideran de mayor importancia estudiar materias de mucho menor consecuencia. Los pastores tienen una obra que hacer aquí. Cuando ellos asuman una posición correcta sobre este asunto, mucho se podrá ganar. En su propia vida y en sus hogares deben obedecer 544 las leyes de la vida, practicar los rectos principios y vivir en forma saludable. Entonces podrán hablar correctamente sobre este asunto, conduciendo a la gente constantemente a nuevas alturas en la obra de reforma. Viviendo en la luz ellos mismos, pueden dar un mensaje de gran valor a los que necesiten precisamente ese testimonio.
Existen preciosas bendiciones y una rica experiencia que pueden obtenerse si los ministros combinan la presentación del tema de la salud con todas sus labores en las iglesias. El pueblo debe tener la luz sobre la reforma pro salud. Esta obra ha sido descuidada, y muchos están por morir porque necesitan la luz que deberían tener y que necesitan tener antes de poder abandonar la complacencia egoísta.
Los presidentes de nuestras asociaciones necesitan darse cuenta de que ya es tiempo para asumir la debida actitud en esta materia. Los pastores y los maestros han de dar a los demás la luz que ellos han recibido. Se necesita su obra en relación con cada uno de los aspectos. Dios los ayudará; Dios fortalecerá a sus siervos que toman una firme posición, y que no serán desviados de la verdad y de la justicia para acomodarse a la complacencia propia.
La tarea de educar en el ramo misionero-médico es un paso de avance de gran importancia en la obra de despertar al hombre a sus responsabilidades morales. Si los pastores hubieran recurrido a esta labor en sus diversos departamentos de acuerdo con la luz que Dios ha dado, habría habido una reforma más decidida en el comer, el beber y el vestir. Pero algunos han obstaculizado directamente el camino del progreso de la reforma pro salud. Ellos han detenido a la gente por sus observaciones de indiferencia y condenación, y por sus bromas y chistes. Ellos mismos y una gran cantidad de otras personas han estado sufriendo hasta la muerte, pero no todos han aprendido todavía a ser sabios.

Ha sido sólo en base a la lucha más agresiva como se 545 ha hecho algún progreso. El pueblo no estaba dispuesto a negarse a sí mismo, no estaba dispuesto a someter la mente a la voluntad de Dios; y en sus propios sufrimientos, y en su influencia sobre otros, estas personas se han dado cuenta de los seguros resultados de una conducta semejante.

La iglesia está haciendo historia. Cada día es una batalla y una marcha. Por todos lados estamos acosados por enemigos invisibles. O vencemos por medio de la gracia que Dios nos da o somos vencidos. Insto a aquellos que están adoptando una posición neutral con respecto a la reforma pro salud a que se conviertan. Esta luz es preciosa, y el Señor me da el mensaje para instar a todos los que llevan responsabilidades en algún ramo de la obra de Dios a prestar oídos al hecho de que la verdad debe tener la primacía en el corazón y en la vida. Solamente así puede alguien hacer frente a las tentaciones que con toda seguridad ellos encontrarán en el mundo.

EL NO PRACTICAR LA REFORMA PRO SALUD DESCALIFICA PARA EL MINISTERIO

¿Por qué es que algunos de nuestros hermanos que ministran manifiestan tan poco interés en la reforma pro salud? Es porque la instrucción sobre la temperancia en todas las cosas se opone a su práctica de complacerse a sí mismos. En algunos lugares ésta ha sido la gran piedra de tropiezo en la tarea de hacer que el pueblo investigue, practique y enseñe la reforma pro salud. Ningún hombre debe ser consagrado como maestro del pueblo mientras su propia enseñanza o ejemplo contradiga el testimonio que Dios ha dado a sus siervos para que presenten con respecto al régimen, porque esto traerá confusión. Su falta de consideración por la reforma pro salud los descalifica para presentarse como mensajeros del Señor.

La luz que el Señor ha dado sobre este tema en su Palabra es clara, y los hombres serán probados de muchas 546 maneras para ver si le prestarán oído. Cada iglesia, cada familia, necesita ser instruida con respecto a la temperancia cristiana. Todos deben saber cómo comer y beber como para preservar la salud. Estamos en medio de las escenas finales de la historia de este mundo; y debe haber acción armoniosa en las filas de los observadores del sábado. Los que se apartan de la gran obra de instruir al pueblo sobre este asunto, no están siguiendo en los pasos del gran Médico. "Si alguno quiere venir en pos de mí -dijo Cristo-, niéguese a sí mismo, y tome su cruz, y sígame" (Mat. 16: 24).

— Educación sobre salud en el hogar

783*. Los padres han de vivir más para sus hijos y menos para la sociedad. Estudiad los asuntos relacionados con la salud, y practicad vuestros conocimientos. Enseñad a vuestros hijos a razonar de la causa al efecto. Enseñadles que si quieren salud y felicidad, tienen que obedecer las leyes de la naturaleza, Aunque no veáis en vuestros hijos adelantos tan rápidos como desearíais, no os desalentéis; antes bien proseguid vuestro trabajo con paciencia y perseverancia.

Enseñad a vuestros niños desde la cuna a practicar la abnegación y el dominio propio. Enseñadles a gozar de las bellezas de la naturaleza y a ejercitar sistemáticamente en ocupaciones útiles todas sus facultades corporales e intelectuales. Educadlos de modo que lleguen a tener una constitución sana y buenos principios morales, una disposición alegre y un genio apacible. Inculcad en sus tiernas inteligencias la verdad de que Dios no nos ha creado para que viviéramos meramente para los placeres presentes, sino para nuestro bien final. Enseñadles que el ceder a la tentación es dar prueba de debilidad y perversidad, mientras que el resistir a ella denota nobleza y virilidad. Estas lecciones serán 547 como semilla sembrada en suelo fértil, y darán fruto que llenará de alegría vuestro corazón.

La obra de Dios obstaculizada por una complacencia egoísta

784*. Hay un mensaje que presentar en cada iglesia con respecto a la reforma pro salud. Hay una obra que hacer en cada escuela. Ni al director ni a los maestros debiera encargárseles la juventud hasta que tengan un conocimiento práctico sobre este tema. Algunos se han sentido en la libertad de criticar y poner en duda y encontrar faltas en los principios de la reforma pro salud, de la cual saben poco por experiencia. Ellos deben sostener, hombro a hombro, y corazón a corazón a los que están trabajando en la debida dirección.

El asunto de la reforma pro salud ha sido presentado en las iglesias; pero la luz no ha sido recibida de todo corazón. Las complacencias egoístas destructoras de la salud practicadas por hombres y mujeres han contrarrestado la influencia del mensaje que ha de preparar al pueblo para el gran día de Dios. Si las iglesias esperan fuerza, deben vivir la verdad que Dios les ha dado. Si los miembros de nuestras iglesias no prestan atención a la luz sobre este asunto, cosecharán el seguro resultado en una degeneración tanto espiritual como física. Y la influencia de estos miembros de iglesia más antiguos se hará sentir sobre los que han aceptado recientemente la fe. El Señor no obra para traer a muchas almas a la verdad, debido a los miembros de iglesia que nunca han estado convertidos, y a aquellos que una vez se convirtieron, pero que han apostatado. ¿Qué influencia tienen sobre los nuevos conversos estos miembros no consagrados? ¿No anularían el efecto del mensaje dado por Dios que su pueblo ha de presentar? 548

Cada miembro ha de impartir la verdad

785*. Hemos llegado a un tiempo en el cual cada miembro de la iglesia debe hacer obra misionera médica. Este mundo se parece a un hospital lleno de víctimas de enfermedades físicas y espirituales. Por todas partes, hay gente que muere por carecer del conocimiento de las verdades que nos han sido confiadas. Es necesario que los miembros de la iglesia despierten y comprendan su responsabilidad en cuanto a dar a conocer estas verdades. Los que han sido alumbrados por la verdad deben ser portaluces para el mundo. En el tiempo actual, ocultar nuestra luz seria una gravísima falta. El mensaje que Dios dirige a su pueblo hoy es éste: "Levántate, resplandece; porque ha venido tu lumbre, y la gloria de Jehová ha nacido sobre ti" (Isa. 60: 1).

Por todas partes, se ven personas que han tenido mucha luz y conocimiento elegir voluntariamente el mal antes que el bien. No tratan de reformarse, y empeoran de día en día. Mas los hijos de Dios no deben vivir en las tinieblas. Como reformadores, deben andar en la luz.

Estableced nuevos centros

786*. Es un deber positivo del pueblo de Dios entrar en nuevas regiones. Pónganse en ejercicio fuerzas para preparar nuevo terreno, para establecer nuevos centros de influencia dondequiera se encuentre un lugar abierto. Comprometed a obreros que posean verdadero celo misionero, y avancen ellos para difundir la luz y el conocimiento cerca y lejos. Deben ellos llevar los principios vivos de la reforma pro salud a las localidades que en gran medida ignoran estos principios. Fórmense clases, y dése instrucción con respecto al tratamiento de las enfermedades. 549

787*. Un vasto campo de actividad se abre delante de las mujeres así como de los hombres. Se necesitan cocineras competentes, costureras y enfermeras. Enseñad a los pobres a cocinar los alimentos, a remendar sus ropas, a atender a los enfermos y a cuidar debidamente sus casas. Debiera acostumbrarse a los niños a hacerse útiles prestando pequeños servicios a los que son menos favorecidos que ellos.

Educadores, avanzad

788*. La obra de la reforma pro salud es el medio del Señor para disminuir el sufrimiento en el mundo y para purificar a su iglesia. Enseñad al pueblo el hecho de que puede actuar como la mano ayudadora de Dios, cooperando con el obrero maestro en la restauración de la salud física y espiritual. Esta obra lleva la rúbrica del cielo, y abrirá las puertas de entrada para otras verdades preciosas. Hay lugar para que trabajen todos los que quieren hacerse cargo de esta obra inteligentemente.

Mantened la obra de la reforma pro salud en la vanguardia, es el mensaje que debo presentar, según la instrucción que he recibido. Mostrad tan claramente su valor que se sienta una amplia necesidad del mismo. La abstinencia de todos los alimentos y las bebidas perjudiciales es el fruto de la verdadera religión. El que se convierta en forma cabal abandonará totalmente todo hábito y apetito perniciosos. Por medio de una abstinencia total vencerá su deseo de una gratificación destructora de la salud.

Se me instruye para que diga a los educadores en la reforma pro salud: Avanzad. El mundo necesita cada partícula de influencia que podáis ejercer para hacer retroceder la ola de la miseria moral. Que los que enseñan el mensaje del tercer ángel se mantengan fieles a sus colores. 550

PARTE II - COMO PRESENTAR LOS PRINCIPIOS DE LA REFORMA PRO SALUD

Mantened en vista el gran objeto de la reforma

589*. Se nota gran falta de instrucción respecto a la reforma dietética. A los malos hábitos en el comer y al consumo de manjares malsanos se debe gran parte de la intemperancia, los crímenes y la miseria que azotan al mundo.

Al enseñar los principios que rigen la salud, téngase presente el gran objeto de la reforma, que es obtener el mayor desenvolvimiento del cuerpo, la mente y el espíritu. Demuéstrese que las leyes de la naturaleza, por ser leyes de Dios, fueron establecidas para nuestro bien; que la obediencia a ellas favorece la felicidad en esta vida, y contribuye a preparar para la vida futura.

Indúzcase a la gente a que estudie la manifestación del amor de Dios y de su sabiduría en las obras de la naturaleza. Indúzcasela a que estudie el maravilloso organismo del cuerpo humano y las leyes que lo rigen. Los que disciernen las pruebas del amor de Dios, que entienden algo de la sabiduría y el buen propósito de sus leyes, así como de los resultados de la obediencia, llegarán a considerar sus deberes y obligaciones desde un punto de vista muy diferente. En vez de ver en la observancia de las leyes de la salud un sacrificio y un renunciamiento, la tendrán por lo que es en realidad: un inapreciable beneficio.

Todo obrero evangélico debe comprender que la enseñanza de los principios que rigen la salud forma parte de la tarea que se le ha señalado. Esta es muy necesaria y el mundo la espera. 551

790*. Las exigencias de Dios deben estamparse en la conciencia. Hombres y mujeres deben despertar y sentir su obligación de dominarse a si mismos, su necesidad de ser puros y libertados de todo apetito depravante y de todo hábito envilecedor. Han de reconocer que todas las facultades de su mente y de su cuerpo son dones de Dios, y que deben conservarlas en la mejor condición posible para servirle.

Seguid los métodos del Salvador

791*. Sólo el método de Cristo será el que dará éxito para llegar a la gente. El Salvador trataba con los hombres como quien deseaba hacerles bien. Les mostraba simpatía, atendía a sus necesidades y se ganaba su confianza. Entonces les decía: "Seguidme".

Es necesario acercarse a la gente por medio del esfuerzo personal. Si se dedicara menos tiempo a sermonear y más al servicio personal, se conseguirían mayores resultados. Hay que aliviar a los pobres, atender a los enfermos, consolar a los afligidos y dolientes, instruir a los ignorantes y aconsejar a los inexpertos. Hemos de llorar con los que lloran y regocijarnos con los que se regocijan. Acompañada del poder de persuasión, del poder de la oración, del poder del amor de Dios, esta obra no será ni puede ser infructuosa.

Hemos de recordar siempre que el objeto de la obra misionera médica consiste en dirigir a los enfermos del pecado hacia el Mártir del Calvario, que quita el pecado del mundo. Contemplándole, se transmutarán a su semejanza. Debemos animar al enfermo y al doliente a que miren a Jesús y vivan. Pongan los obreros cristianos a Cristo, el divino Médico, en la continua presencia de aquellos a quienes desalentó la enfermedad del cuerpo y del alma. 552 Dirijan sus miradas hacia Aquel que puede sanar la enfermedad física y la espiritual. Háblenles de Aquel que se compadece de sus flaquezas. Persuádanles a que se entreguen al cuidado de Aquel que dio su vida para que ellos puedan obtener vida eterna. Háblenles de su amor, del poder que tiene para salvar.

Usad de tacto y cortesía

792*. En todo vuestro trabajo, recordad que estáis unidos con Cristo y que sois parte del gran plan de la redención. El amor de Cristo debe fluir por vuestra conducta como un río de salud y vida. Mientras procuráis atraer a otros al círculo del amor de Cristo, la pureza de vuestro lenguaje, el desprendimiento de vuestro servicio, y vuestro comportamiento gozoso han de atestiguar el poder de su gracia. Dad al mundo una representación de Cristo tan pura y justa, que los hombres puedan contemplarle en su hermosura.

Poca utilidad tiene el intento de reformar a los demás atacando de frente lo que consideremos malos hábitos suyos. Tal proceder resulta a menudo más perjudicial que benéfico. En su conversación con la samaritana, en vez de desacreditar el pozo de Jacob, Cristo presentó algo mejor. "Si conocieses el don de Dios -dijo-, y quién es el que te dice: Dame de beber: tú pedirías de él, y él te daría agua viva" (Juan 4: 10). Dirigió la plática al tesoro que tenía para regalar y ofreció a la mujer algo mejor de lo que ella poseía: el agua de vida, el gozo y la esperanza del Evangelio.

Esto ilustra la manera en que nos toca trabajar. Debemos ofrecer a los hombres algo mejor de lo que tienen, es decir la paz de Cristo, que sobrepuja todo entendimiento. Debemos hablarles de la santa ley de Dios, trasunto fiel de su carácter y expresión de lo que él desea que lleguen a ser. . . 553

De todos los habitantes del mundo, los reformadores deben ser los más abnegados, bondadosos y corteses. En su vida debe manifestarse la verdadera bondad de las acciones desinteresadas. El que al trabajar carece de cortesía, que se impacienta por la ignorancia y aspereza de otros, que habla descomedidamente u obra atolondradamente, puede cerrar la puerta de los corazones de modo que nunca podrá llegar a ellos.

La reforma en el régimen alimenticio debe ser progresiva

793*. Desde el comienzo de la reforma pro salud, hemos encontrado que era necesario educar, educar y educar. Dios desea que continuemos esta obra...

Al enseñar la reforma pro salud, como en toda otra obra evangélica, debemos tener en cuenta la situación de la gente. Hasta que podamos enseñarle a preparar alimentos saludables, apetitosos, nutritivos, y sin embargo, poco costosos, no estamos libres para presentar los principios más adelantados de la alimentación saludable.

Sea progresiva la reforma alimenticia. Enséñese a la gente a preparar alimentos sin mucho uso de leche o mantequilla. Expliquémosle que llegará pronto el tiempo en que será peligroso usar huevos, leche, crema o mantequilla, porque las enfermedades aumentan proporcionalmente a la maldad que reina entre los hombres. Se acerca el tiempo en que, debido a la iniquidad de la especie caída, toda la creación animal gemirá bajo las enfermedades que azotan nuestra tierra.

Dios dará a su pueblo capacidad y tacto para preparar alimentos sanos sin aquellas cosas. Descarte nuestro pueblo todas las recetas malsanas. Aprenda a vivir en forma saludable y enseñe a otros lo que aprendió. Sepa impartir este conocimiento como impartiría la instrucción bíblica. 554 Enseñe a la gente a conservar la salud y aumentar su vigor, evitando mucho del arte culinario que ha llenado el mundo con inválidos crónicos. Por precepto y ejemplo demuestre claramente que el alimento que Dios dio a Adán en su estado sin pecado es el mejor para el consumo del hombre que procura recuperar ese estado sin pecado.

* Los que enseñan los principios de la reforma pro salud deben comprender la enfermedad y sus causas, y deben entender que toda acción del agente humano debe estar en perfecta armonía con las leyes de la vida. La luz que Dios ha dado con respecto a la reforma pro salud es para nuestra salvación y la salvación del mundo. Los hombres y las mujeres deben ser informados con respecto a la habitación humana preparada por nuestro Creador como su lugar de morada, y sobre la cual él desea que seamos fieles mayordomos. "Porque vosotros sois el templo del Dios viviente, como Dios dijo: Habitaré y andaré entre ellos, y seré su Dios, y ellos serán mi pueblo" (2 Cor. 6: 16).

Sostened los principios de la reforma pro salud, y permitid que el Señor guíe a los honrados de corazón. Presentad los principios de la temperancia en su forma más atractiva. Haced circular libros que den instrucción con respecto a una vida sana.

LA INFLUENCIA DE NUESTRAS PUBLICACIONES SOBRE LA SALUD

La gente se halla en una triste necesidad de la luz que sale de las páginas de nuestros libros y revistas sobre la salud. Dios desea usar estos libros y revistas como medios para hacer brillar la luz que llame la atención del pueblo, y le haga prestar atención a las amonestaciones del mensaje del tercer ángel. Nuestras revistas sobre salud son instrumentos en el campo para hacer una obra especial en la difusión de la luz que los habitantes del mundo deben tener 555 en estos días de preparación divina. Ellas poseen una indecible influencia en interés de la reforma en pro de la salud, la temperancia y la pureza social, y realizarán mucho bien en la presentación de estos temas de una manera debida y en su verdadera luz ante el pueblo.

Folletos sobre la reforma pro salud

794*. Debe haber más esfuerzos fervorosos hechos para iluminar al pueblo sobre el gran tema de la reforma pro salud. Folletos de cuatro, ocho, doce, dieciséis páginas y más, que

contengan artículos agudos, bien escritos sobre este gran asunto, deben esparcirse como las hojas del otoño.
[Debe enseñarse a los pacientes en los sanatorios por medio de disertaciones en la sala - 426]
[Debe enseñarse a los pacientes en los sanatorios el régimen correcto por medio de una mesa debidamente provista - 442, 443]
[Debe enseñarse temperancia a los pacientes de los sanatorios - 474]

Manejad con sabiduría el asunto de la carne

795*. En este país [Australia] existe una sociedad vegetariana organizada, pero el número de sus miembros es comparativamente pequeño. Entre la gente en general, la carne es usada mayormente por todas las clases. Es el artículo de alimentación más barato; y aun donde abunda la pobreza, se encuentra la carne sobre la mesa. Por lo tanto existe mayor necesidad de manejar con sabiduría el asunto de comer carne. Con respecto a este problema no debe haber movimientos bruscos. Debemos considerar la situación de la gente, y el poder de hábitos y prácticas que datan de toda la vida, y debemos ser cuidadosos para no imponer 556 nuestras ideas a los demás, como si este asunto fuera una "prueba de discipulado", y como si los que se alimentan especialmente de carne fueran los mayores pecadores.
Todos deben tener la luz en este asunto, pero preséntesela cuidadosamente. Hábitos que durante toda la vida se pensó que eran correctos no han de ser cambiados por medidas drásticas o bruscas. Debemos educar a la gente en nuestros congresos campestres y en otras grandes asambleas. Aunque deben presentarse los principios de la reforma pro salud, la enseñanza debe respaldarse con el ejemplo. No se incluya ninguna clase de carne en nuestros restaurantes o comedores en los congresos, y reemplácese ésta con frutas, cereales y vegetales. Debemos practicar lo que enseñamos. Cuando nos sentamos a una mesa donde se proporciona carne, no hemos de atacar a los que la emplean, pero nosotros mismos debemos dejarla a un lado, y cuando se nos pregunta la razón por la cual hacemos esto, debemos explicar de manera amable por qué no la usamos.

Tiempo para guardar silencio

796*. Nunca he sentido que era mi deber decir que nadie debe probar la carne bajo ninguna circunstancia. Decir esto cuando la gente ha sido enseñada a vivir a base de carne en gran medida, sería llevar las cosas a los extremos. Nunca he sentido que era mi deber hacer declaraciones categóricas. Lo que he dicho lo he dicho dominada por un sentido del deber, pero he sido cuidadosa en mis declaraciones, porque no quería dar ocasión para que nadie fuera conciencia de otra persona. . .
He estado pasando por una experiencia en este país que es similar a la experiencia que tuve en campos nuevos en los EE. UU. He visto familias cuyas circunstancias no les permitirían surtir su mesa con alimentos sanos. Vecinos 557 no creyentes les han enviado porciones de carnes de animales recientemente sacrificados. Han hecho sopa con la carne,
proporcionando a sus grandes familias de niños comidas a base de pan y sopa. No era mi deber, ni creía que era el deber de ninguna otra persona, sermonearlos acerca de los males de comer carne. Siento sincera piedad por las familias que acaban de aceptar la fe, y que están tan presionadas por la pobreza que no saben de dónde saldrá su próxima comida. No es mi deber darles un discurso acerca de la forma sana de comer. Hay un tiempo para hablar, y hay un tiempo para guardar silencio. La oportunidad constituida por circunstancias de este orden es la de hablar palabras que animen y bendigan en vez de condenar y reprobar.

Los que han vivido a base de un régimen de carne toda su vida no ven el mal de continuar en esa práctica, y deben ser tratados con ternura.

797*. Mientras combatimos la glotonería y la intemperancia, debemos tener en cuenta las condiciones a las que la familia humana está sujeta. Dios ha suplido las necesidades de los que viven en las diferentes partes del mundo. Los que quieran colaborar con Dios deben reflexionar con cuidado antes de especificar qué alimentos deben consumirse o dejarse a un lado. Es necesario tratar con las poblaciones. Si la reforma pro salud se enseñara en su forma extrema a los que no pueden adoptarla por las circunstancias especiales en que se encuentran, de ello resultaría más mal que bien. Se me ha encargado que mientras predico el Evangelio a los pobres les aconseje que coman lo que es más nutritivo. No puedo decirles: "No debéis comer huevos ni leche ni crema; no debéis usar mantequilla al preparar vuestros alimentos". El Evangelio debe ser predicado a los pobres, pero todavía no ha llegado el momento de prescribir el régimen más estricto.

Un método erróneo de trabajar

798*. No os aferréis a ideas aisladas ni hagáis de ellas pruebas, criticando a otros cuya práctica pueda no concordar con vuestra opinión; sino estudiad el tema en forma amplia y profunda, y tratad de poner vuestras ideas y prácticas en perfecta armonía con los principios de la verdadera temperancia cristiana.

Hay muchos que tratan de corregir las vidas de otros atacando lo que ellos consideran como hábitos erróneos. Van a quienes piensan ellos que están en error, y les señalan el defecto, pero no tratan de dirigir la mente hacia los verdaderos principios. Tal conducta a menudo dista mucho de obtener los resultados debidos. Cuando hacemos evidente el hecho de que estamos tratando de corregir a otros, también despertamos su combatividad, y hacemos más mal que bien. Existe también peligro para el que reprocha. El que se arroga la tarea de corregir a otros, está propenso a cultivar el hábito de encontrar faltas, y pronto todo su interés consistirá en buscar faltas y encontrar defectos. No vigiléis a otros para buscar sus faltas o exponer sus errores. Educadlos en los mejores hábitos por el poder de vuestro propio ejemplo.

Recuérdese siempre que el gran objeto de la reforma higiénica es asegurar el más elevado desarrollo de la mente, del alma y del cuerpo. Todas las leyes de la naturaleza -que son las leyes de Dios- han sido hechas para nuestro bien. La obediencia a las mismas promoverá nuestra felicidad en esta vida, y nos ayudará en la preparación para la vida por venir.

Hay algo mejor acerca de lo cual hablar que las faltas y debilidades de los demás. Hablad de Dios y de sus obras maravillosas. Estudiad las manifestaciones de su amor y sabiduría en todas las obras de la naturaleza. 559

Enseñad por medio del ejemplo

799*. En nuestro trato con todos los incrédulos, no permitamos que nos desvíen de los principios correctos. Al sentarnos a sus mesas, comamos con templanza, y únicamente alimentos que no confundan nuestra mente, Evitemos la intemperancia. No podemos debilitar nuestras facultades mentales o físicas, e incapacitarnos para discernir las cosas espirituales. Mantengamos nuestra mente en tal condición que Dios pueda inculcarle las preciosas verdades de su Palabra... No vigilemos a los demás para señalarles sus faltas o errores. Enseñemos por el ejemplo. Sean nuestra abnegación y nuestra victoria sobre el apetito una ilustración de cómo se obedece a los principios correctos. Dejemos que nuestra vida dé testimonio de la influencia santificadora y ennoblecedora de la verdad.

Presentad la temperancia en su forma más atractiva

800*. El Señor desea que cada ministro, cada médico, cada miembro de la iglesia, sea cuidadoso para no imponer a los que ignoran nuestra fe cambios repentinos en el régimen, poniéndolos de esta manera en una prueba prematura. Sostened los principios de la reforma pro salud, y dejad que el Señor guíe a los honestos de corazón. Ellos oirán y creerán. El Señor no pide que sus mensajeros presenten las hermosas verdades de la reforma pro salud de una manera que perjudicará las mentes de otros. Que nadie coloque piedras de tropiezo delante de otros que transitan por las oscuras sendas de la ignorancia. Aun para alabar algo bueno, es conveniente que no sean demasiado entusiastas, no sea que desviemos del camino a quienes vengan a escuchar. Presentad los principios de la temperancia en su forma más atractiva. 560

No debemos movernos en forma presuntuosa. Los obreros que entran en nuevos territorios para levantar iglesias no deben crear dificultades intentando hacer prominente el asunto del régimen. Deben ser cuidadosos para no trazar las líneas en forma demasiado precisa. Así se pondrán impedimentos en el camino de los demás. No empujéis a la gente. Guiadla yendo vosotros delante. Predicad la Palabra como es en Cristo Jesús... Los obreros deben poner a contribución esfuerzos resueltos y perseverantes, recordando que no todo puede aprenderse a la vez. Ellos deben tener una definida y paciente determinación a enseñar al pueblo.

801*. ¿No recordáis que tenemos que dar cuenta individualmente ante Dios? No hacemos de los artículos del régimen alimenticio una piedra de toque, pero tratamos de educar el intelecto, y de despertar la sensibilidad moral para aferrarse a la reforma pro salud de una manera inteligente, como Pablo la presenta en Romanos 13:8-14, 1 Corintios 9:24-27 y 1 Timoteo 3:8-12.

Encontrad a la gente donde está

802*. En una oportunidad Sara [McEnterfer] fue llamada a visitar a una familia que vivía en Dora Creek, en la cual todos los miembros de la casa estaban enfermos. El padre pertenecía a una familia muy respetable, pero había empezado a beber, y su esposa y sus hijos se hallaban en gran necesidad. En este tiempo de enfermedad no había en la casa nada adecuado para comer. Y ellos rehusaron comer nada que nosotros les lleváramos. Habían estado acostumbrados a la carne. Creímos que debía hacerse algo. Le dije a Sara: "Saque algunos pollos de mi casa y prepáreles un poco de sopa". De esta manera les trató su enfermedad y los alimentó con esta sopa. Pronto se recuperaron. 561

Ahora bien, esta es la conducta que seguimos. No les dijimos a la gente: No deben comer carne. Aunque nosotros mismos no usábamos carne, cuando pensábamos que era esencial para esa familia en su tiempo de enfermedad, les dimos lo que creíamos que necesitaban. Hay ocasiones en que debemos encontrar a la gente donde está. El padre de esta familia era un hombre inteligente. Cuando la familia se recuperó, les abrimos las Escrituras, y este hombre se convirtió, y aceptó la verdad. Se deshizo de su pipa y abandonó el uso de la bebida, y desde ese tiempo, mientras vivió, ni fumó ni bebió. Tan pronto como fue posible, los llevamos a nuestra granja y les dimos trabajo en el campo. Mientras estábamos lejos asistiendo a reuniones en Newcastle, este hombre murió. Algunos de nuestros obreros le proporcionaron tratamientos cuidadosos, pero el cuerpo del cual se había abusado por largo tiempo no pudo responder a sus esfuerzos. Pero murió como cristiano y como un observador de los mandamientos.

Haciendo frente a puntos de vista extremos - Una declaración histórica*

803*. Cuando regresamos de Kansas en el otoño de 1870, el Hno. B............estaba en casa enfermo con fiebre. . . y su caso era crítico ...

No había período de descanso para nosotros, por mucho que lo necesitáramos. La Review, el Reformer, y el Instructor debían se editados. [Sus redactores estaban todos enfermos en esa oportunidad.]... Mi esposo comenzó su trabajo y yo lo ayudaba en lo que podía...

La revista Reformer estaba casi muerta. El Hno. B. había insistido en las posiciones extremas del Dr. Trall. Esto había influido en el doctor para que presentara con 562 mayor fuerza de lo que lo hubiera hecho de otra manera, la idea de descartar la leche, el azúcar y la sal. La posición de abandonar totalmente el uso de estas cosas puede ser correcta en su orden; pero no había llegado el tiempo para adoptar una resolución general sobre estos puntos. Y aquellos que toman una resolución, y abogan por el abandono completo de la leche, la manteca y el azúcar, deben tener sus propias mesas libres de estas cosas. El Hno. B........., aun cuando asumía su posición en el Reformer junto con el Dr. Trall con respecto a los efectos perniciosos de la sal, la leche y el azúcar, no practicaba las cosas que enseñaba. Sobre su propia mesa estas cosas se usaban todos los días.

Muchos de nuestros hermanos habían perdido su interés en el Reformer, y todos los días se recibían cartas con este pedido desanimador: "Por favor suspenda mi suscripción a el Reformer"... No podíamos despertar interés en ninguna parte en el Oeste para obtener suscriptores a la revista Health Reformer. Vimos que los escritores del Reformer se estaban alejando del pueblo, y dejándolo a éste atrás. Si nosotros tomamos posiciones que cristianos concienzudos, quienes son en realidad reformadores, no pueden adoptar, ¿cómo podemos esperar beneficiar a la clase a la cual podemos alcanzar solamente desde el punto de vista de la salud?

LA PACIENCIA, EL CUIDADO Y LA CONSECUENCIA SON NECESARIOS EN LOS MOVIMIENTOS DE REFORMA

No debemos ir más rápido que lo que nos permita llevar con nosotros a aquellos cuya conciencia e intelecto están convencidos de las verdades que defendemos. Debemos encontrar a la gente donde está. A algunos de nosotros nos ha tomado años llegar a nuestra posición actual en la reforma pro salud. Es una tarea lenta la de obtener una reforma en el régimen. Tenemos apetitos poderosos a los cuales hacer frente; porque el mundo está dado a la glotonería. Si quisiéramos conceder al pueblo tanto tiempo como 563 el que nosotros mismos hemos necesitado para llegar nuestro presente estado avanzado en la reforma, seríamos muy pacientes con él, y le permitiríamos avanzar paso tras paso, como nosotros lo hemos hecho, hasta que sus pies estén firmemente establecidos en la plataforma de la reforma pro salud. Pero debemos ser muy cautos para no avanzar demasiado rápidamente, no sea que nos veamos obligados a volver sobre nuestros pasos. En materia de reforma, mejor es que lleguemos al punto donde nos falte un paso para alcanzar el blanco que excedernos un paso de él. Y si hay alguna clase de error, sea ésta hacia el lado del pueblo. Por encima de todas las cosas no debemos defender con la pluma posiciones que no practicamos en nuestras propias familias, en nuestras propias mesas. Hacerlo sería incurrir en una simulación, en una especie de hipocresía. En Michigan podemos pasarlo bien sin sal, azúcar ni leche; mejor que muchos que están situados en el Oeste o en el Este, donde hay escasez de frutas... Sabemos que el uso liberal de estas cosas es positivamente perjudicial para la salud, y en muchos casos creemos que si no se usaran del todo, se disfrutaría de una salud mucho mejor.

Pero actualmente nuestra preocupación no se concentra en estas cosas. La gente está tan atrasada que, según vemos, todo lo que puede soportar es que tracemos la línea que señala sus complacencias perjudiciales y los narcóticos estimulantes. Presentamos un testimonio positivo en contra del tabaco, las bebidas alcohólicas, el rapé, el té, el café, las carnes, la mantequilla, las especias, las tortas concentradas, los pasteles rellenos, las cantidades grandes de sal, y todas las sustancias excitantes utilizadas como artículos de alimentación. Y si vamos a personas que no han sido iluminadas con respecto a la reforma pro salud, y presentamos nuestras posiciones más fuertes al comienzo, hay peligro de que se desanimen cuando ven cuánto tienen que abandonar, de tal 564 suerte que no harán ningún esfuerzo para reformarse. Debemos guiar a la gente a lo largo del camino con paciencia y en forma gradual, recordando la profundidad del pozo del cual hemos sido rescatados.

PARTE III - LAS ESCUELAS DE COCINA

Una obra de la mayor importancia

804*. Dondequiera que se realiza obra misionera-médica en nuestras grandes ciudades, deben organizarse escuelas de cocina; y dondequiera que se halle en marcha una obra misionera educacional vigorosa, debe establecerse un restaurante higiénico de alguna clase, que dé una ilustración práctica de la debida selección y de la preparación saludable de los alimentos.

805*. Deben conducirse escuelas de cocina. Ha de enseñarse a la gente cómo preparar alimentos sanos. Ha de mostrársela la necesidad de descartar los alimentos perjudiciales. Pero nunca debemos abogar por una dicta de hambre. Es posible tener un régimen sano, nutritivo, sin el uso de té, café ni carne. La tarea de enseñar a la gente cómo preparar un menú que sea al mismo tiempo sano y apetitoso, es de la mayor importancia.

806*. Algunos, después de adoptar un régimen vegetariano, vuelven al consumo de carne. Esto es de veras insensato y revela falta de conocimiento acerca de cómo proveer los debidos alimentos en lugar de la carne.
En los Estados Unidos y en otros países deben dictarse cursos culinarios, dirigidos por instructores prudentes. Debemos565 hacer todo lo que podemos para mostrar a la gente el valor de la reforma en la alimentación.

807*. La reforma alimenticia debe ser progresiva. A medida que van aumentando las enfermedades en los animales el uso de la leche y los huevos se vuelve más peligroso. Conviene tratar de sustituirlos con comestibles saludables y baratos. Hay que enseñar a la gente por doquiera a cocinar sin leche ni huevos en cuanto sea posible, sin que por esto dejen de ser sus comidas sanas y sabrosas.

808*. Los que puedan valerse de las ventajas de escuelas que enseñan un arte culinario higiénico, debidamente dirigidas, encontrarán que esto es de gran beneficio, tanto en su propia práctica como para enseñar a otros.

En toda iglesia, escuela de iglesia y campo misionero

809*. Cada iglesia debe ser escuela práctica de obreros cristianos. Sus miembros deberían aprender a dar estudios bíblicos, a dirigir y enseñar clases en las escuelas sabáticas, a auxiliar al pobre y cuidar al enfermo, y trabajar en pro de los inconversos. Debería haber escuelas de higiene, clases culinarias y para varios ramos de la obra caritativa cristiana. Debería haber no sólo enseñanza teórica, sino también trabajo práctico bajo la dirección de instructores experimentados.

810*. Todo restaurante higiénico debe ser una escuela para los obreros relacionados con él. En las ciudades esta rama de la obra debe hacerse en una escala mucho mayor que en los lugares más pequeños. Pero en todo lugar donde 566 haya una iglesia y una escuela de iglesia, debe darse instrucción con respecto a la preparación de alimentos sencillos para el uso de quienes desean vivir de acuerdo con los principios de la reforma pro salud. Y en todos nuestros campos misioneros es posible hacer una obra similar.

La obra de combinar frutas, semillas, cereales y raíces en alimentos sanos, es la obra del Señor. En todo lugar donde haya una iglesia establecida, anden humildemente delante de Dios los miembros de la misma. Traten de instruir a la gente acerca de los principios de la reforma pro salud.

Su debido lugar

811*. Hasta donde sea posible, nuestros congresos campestres deben estar totalmente dedicados a intereses espirituales... Los asuntos administrativos deben ser atendidos por las personas especialmente designadas para esa tarea. Hasta donde sea posible, deben presentarse delante del pueblo en alguna otra ocasión fuera del congreso campestre. La instrucción con respecto al colportaje, a la obra de la escuela sabática, y a los detalles de la obra misionera y la obra con folletos, debe darse en las iglesias locales, o en reuniones especialmente convocadas al efecto. El mismo principio se aplica a las escuelas de cocina. Aunque ellas están muy bien en su lugar, no deben ocupar el tiempo de nuestros congresos.

Un agente reformador

812*. Han de establecerse escuelas de cocina en muchos lugares. Esta obra puede empezar de una manera humilde, pero mientras cocineras inteligentes hacen lo mejor para instruir a otros, el Señor les dará habilidad y comprensión. La Palabra del Señor es: "No les impidáis; porque 567 yo me revelaré a ellas como su instructor". Dios obrará con aquellos que desarrollen los planes del Señor, enseñando, a la gente cómo realizar una reforma en su régimen por medio de la preparación de alimentos sanos y económicos. "Así los pobres serán animados a adoptar los principios de la reforma pro salud; serán ayudados a ser industriosos y depender de sí mismos.

Me ha sido presentado el hecho de que hombres y mujeres capaces estaban siendo enseñados por Dios a preparar alimentos sanos y apetitosos de una manera aceptable. Muchos de ellos eran jóvenes, y los había también de edad madura. He sido instruida a estimular la dirección de escuelas de cocina en todos los lugares donde se está haciendo obra misionera-médica. Debe usarse todo estímulo para inducir a la gente a la reforma. Hágase brillar sobre el pueblo tanta luz como sea posible. Enséñesele a hacer todas las mejoras que pueda en la preparación de los alimentos, y anímeselo a impartir a otros lo que aprende.

¿No haremos todo lo que está de nuestra parte para hacer avanzar la obra en todas nuestras grandes ciudades? Miles y miles que viven cerca de nosotros necesitan ayuda de diversas maneras. Recuerden los ministros del Evangelio que el Señor Jesucristo dijo a sus discípulos: "Vosotros sois la luz del mundo; una ciudad asentada sobre un monte no se puede esconder". "Vosotros sois la sal de la tierra; pero si la sal se desvaneciere, ¿con qué será salada?" (Mat. 5: 14,13)

Enseñando de casa en casa

813*. Debido a que las avenidas que conducen al alma han sido cerradas por el tirano del prejuicio muchos ignoran los principios de la vida sana. Puede prestarse buen servicio enseñando a la gente cómo preparar alimentos sanos. Esta línea de actividad es tan esencial como cualquier 568 otra que pueda realizarse. Deben establecerse más escuelas de cocina, y algunos deben trabajar de casa en casa, dando instrucción en el arte de cocinar alimentos sanos. Muchísimos serán rescatados de la degeneración física, mental y moral por medio de la influencia de la reforma pro salud, Estos principios se recomendarán a sí mismos ante aquellos que buscan luz; y los tales avanzarán desde este punto para recibir toda la verdad para este tiempo.

Dios quiere que sus hijos reciban para impartir. Como testigos imparciales y abnegados, han de dar a otros lo que el Señor les ha dado a ellos. Y al emprender vosotros esta tarea, cualesquiera sean los medios para alcanzar a los corazones, estad seguros de trabajar de una manera que elimine el prejuicio en vez de crearlo. Haced de la vida de Cristo vuestro estudio constante, y trabajad, como él lo hizo, siguiendo su ejemplo.

Enseñando la reforma en la alimentación en reuniones de días feriados y en ocasiones especiales

814*. Cuando acabábamos de recibir la luz de la reforma pro salud, solíamos, en los días feriados, llevar cocinas a los terrenos donde la gente se reunía, y allí mismo preparar pan sin leudar para hacer panecillos blandos. Y creo que el resultado de nuestros esfuerzos era bueno, aunque por supuesto no teníamos los preparados alimenticios llamados health foods [alimentos promotores de la salud] que ahora tenemos. En ese tiempo estábamos apenas comenzando a aprender cómo vivir sin el uso de la carne.

Dábamos ciertas recepciones, y teníamos gran cuidado de que todo lo que preparábamos para la mesa fuera apetitoso y agradablemente servido. En la época de las frutas, solíamos obtener arándanos, frambuesas y frutillas arrancados directamente de las plantas. Hacíamos que nuestro 569 menú fuera una lección objetiva que demostrara a los presentes que aun cuando nuestro régimen estaba de acuerdo con los principios de la reforma pro salud, se hallaba lejos de ser un régimen pobre. A veces se daba una corta disertación sobre temperancia en ocasión de estas comidas, y así la gente llegaba a familiarizarse con nuestros principios de vida. Hasta donde nosotros sepamos, a todos les agradaba y resultaban instruidos. Siempre teníamos algo que decir acerca de la necesidad de proporcionar alimento sano y de prepararlo en forma sencilla, y sin embargo de manera tan apetitosa y agradable, que los que comían estuvieran satisfechos.

El mundo está lleno de tentación a complacer el apetito, y las palabras de advertencia, fervientes y directas, han realizado cambios maravillosos en familias y en individuos.

Las oportunidades y los peligros de nuestros restaurantes

815*. Se recibieron también instrucciones según las cuales en las ciudades habría oportunidad de hacer una obra similar a la que hicimos en las exposiciones de Battle Creek. De acuerdo con esta luz, se han establecido restaurantes higiénicos. Pero hay gran peligro de que nuestros obreros de los restaurantes estén tan imbuidos del espíritu de comercialismo, que dejen de impartir la luz que el pueblo necesita. Nuestros restaurantes nos ponen en contacto con muchas personas, pero si permitimos que nuestras mentes se concentren en el pensamiento de las ganancias económicas, dejaremos de cumplir el propósito de Dios. El quiere que nos valgamos de toda oportunidad para presentar la verdad que ha de salvar a hombres y mujeres de la muerte eterna.

He tratado de asegurarme de cuántas almas han sido 570 convertidas a la verdad como resultado de la obra del restaurante aquí en.................... Algunas pueden haber sido salvadas, pero muchas más podrían convertirse a Dios si se hiciera todo esfuerzo posible para conducir la obra según las disposiciones de Dios, dejando que la luz brille en la senda de los demás.

Quiero decir a los obreros relacionados con los restaurantes: No sigáis trabajando como lo habéis hecho. Tratad de hacer que el restaurante sea un medio de comunicar a otros la luz de la verdad presente. Sólo para este propósito han sido establecidos nuestros restaurantes... Los obreros en el restaurante de.............y los miembros de la iglesia de................ necesitan estar completamente convertidos. A toda persona le ha sido dado el talento de la inteligencia. ¿Habéis recibido poder para prevalecer con Dios? "Mas a todos los que le recibieron, a los que creen en su nombre, les dio potestad de ser hechos hijos de Dios" (Juan 1:12).

Tacto y discreción que necesitan los educadores

816*. Deben hacerse más esfuerzos para enseñar a la gente los principios de la reforma pro salud. Deberían instituirse clases culinarias para dar a las familias instrucciones tocante al arte de preparar alimentos sanos. Las personas jóvenes y las de edad adulta deberían aprender a cocinar con más sencillez. En todo lugar donde la verdad sea presentada, debe enseñarse a la gente a preparar alimentos de un modo sencillo a la vez que apetitoso. Debe demostrársele que un régimen nutritivo puede ser alcanzado sin hacer uso de la carne... Se requiere mucho tacto y juicio para ordenar un régimen nutritivo destinado a reemplazar el que tenían antes las personas que aprenden a seguir la reforma pro salud. 571 Se necesita fe en Dios, una voluntad firme y el deseo de ser útiles. Un régimen deficiente arroja descrédito sobre la reforma pro salud. Somos mortales, y debemos proveer a nuestros cuerpos una alimentación fortificante.

Clases de cocina en todos nuestros colegios

817*. En todos nuestros colegios debe haber personas capacitadas para enseñar arte culinario. Deben darse clases para instruir en esta materia. Los que están preparándose para el servicio sufren una gran pérdida cuando no tienen un conocimiento de cómo preparar alimentos que sean a la vez sanos y apetitosos.

La ciencia de cocinar no es asunto de poca monta. La preparación hábil de los alimentos es una de las artes más esenciales. Debe ser considerada entre las más valiosas de todas las artes, porque se halla tan estrechamente relacionada con la vida. Tanto la fuerza física como la mental dependen en gran medida de los alimentos que comemos; por lo tanto el que prepara los alimentos ocupa una importante y elevada posición. Tanto los jóvenes como las señoritas deben aprender a cocinar en forma económica, y a prescindir de todo lo que tenga que ver con la carne. No se anime de ninguna manera la preparación de platos compuestos de carne en ninguna proporción; porque esto sería ir hacia las tinieblas de ignorancia de Egipto, antes que hacia la pureza de la reforma pro salud.

Especialmente las mujeres deben aprender cómo cocinar. ¿Qué parte de la educación de una señorita es tan importante como ésta? Cualesquiera sean sus circunstancias en la vida, aquí hay un conocimiento que ella puede poner en uso práctico. Es un ramo de la educación que tiene la más directa influencia sobre la salud y la felicidad. Hay religión práctica en un buen pan. 572

818*. Vendrán a la escuela muchos jóvenes que desearán una preparación en ramos industriales. La enseñanza industrial debe incluir la contabilidad, la carpintería y todo lo que sea agricultura. Se debieran tomar medidas también para la enseñanza de trabajos de herrería, pintura, zapatería, cocina, panadería, lavandería, composturas, dactilografía e imprenta. Toda facultad que esté a nuestra disposición ha de ponerse a contribución en esta obra de preparación, a fin de que los alumnos salgan de la escuela equipados para los deberes de la vida práctica.

819*. En relación con nuestros colegios y sanatorios debe haber clases de arte culinario, donde se dé instrucción sobre la debida preparación de los alimentos. En todos nuestros colegios debe haber personas que estén capacitadas para educar a los alumnos, tanto a hombres como a mujeres, en el arte culinario. Especialmente las mujeres deben aprender a cocinar.

820*. Los alumnos de nuestros colegios deben aprender a cocinar. Úsese de tacto y habilidad en esta forma de la educación. Con todo engaño de iniquidad, Satanás está trabajando para desviar los pies de los jóvenes por las sendas de la tentación que conducen a la ruina. Debemos fortalecerlos y ayudarlos a soportar las tentaciones que han de enfrentarse por todas partes con respecto a la complacencia del apetito. El enseñarles la ciencia de una vida saludable es hacer obra misionera por el Maestro.

821*. La educación manual merece más atención de la que se le ha prestado. Se deberían establecer escuelas que, además de la cultura mental y moral superior, provean las mejores facilidades posibles para el desarrollo físico y la 573 educación industrial. Se debería enseñar agricultura, industrias -tantos oficios útiles como sea posible-, economía doméstica, conocimientos culinarios, costura, confección de ropa higiénica, tratamientos a enfermos, y otras cosas parecidas.

Fidelidad en los deberes comunes

822*. Muchos de los ramos de estudio que consumen el tiempo del alumno, no son esenciales para la utilidad o la felicidad; en cambio es esencial que todo joven se familiarice con los deberes de la vida diaria. Si fuera necesario, una joven podría prescindir del conocimiento del francés y del álgebra, o hasta del piano, pero es indispensable que aprenda a hacer buen pan, vestidos que le sienten bien y desempeñar eficientemente los diversos deberes pertenecientes al hogar.

Para la salud y la felicidad de toda la familia, nada es de tan vital importancia como la pericia e inteligencia de la cocinera. Con comidas mal preparadas y malsanas podría estorbar y hasta arruinar tanto la utilidad del adulto como el desarrollo del niño. Del mismo modo, al proveer alimentos adaptados a las necesidades del cuerpo y al mismo tiempo atractivos y sabrosos, puede llevar a cabo tanto en la dirección debida como de otra manera llevaría a cabo en la dirección equivocada. Así que, en muchos sentidos, la felicidad de la vida está ligada a la fidelidad con que se desempeñan los deberes comunes.

Puesto que tanto los hombres como las mujeres tienen una parte en la constitución del hogar, tanto los niños como las niñas deberían obtener un conocimiento de los deberes domésticos. El tender la cama, ordenar una pieza, lavar la loza, preparar una comida, lavar y remendar su ropa, constituyen una educación que no tiene por qué hacer menos varonil a ningún muchacho; lo hará más feliz y más útil. 574

[Toda mujer debe llegar a ser una maestra del arte culinario 385]
[Importante y elevada posición del cocinero-.371]
[Demostraciones sobre cocina que deben darse en los congresos campestres- 763, 764]
[Ha de enseñarse a la gente a usar productos locales - 376, 407] 575

Apéndice

I. Experiencia personal de Elena G. de White como reformadora en pro de la salud 577

II. Una declaración de Jaime White con respecto a la enseñanza de la reforma pro salud. 594 577

APÉNDICE 1

EXPERIENCIA PERSONAL DE ELENA DE WHITE COMO REFORMADORA EN PRO DE LA SALUD

[Al leer las declaraciones de la Sra. de White con respecto a sus prácticas dietéticas, el estudiante reflexivo reconocerá los siguientes principios:

primero: "La reforma alimenticia debe ser progresiva" - M. C., 247. La luz no fue dada en su plenitud al comienzo. Fue concedida con fuerza reciente de tiempo en tiempo a medida que la gente se preparaba para comprender y obrar de acuerdo con ella, y era adecuada a las prácticas y las costumbres generales del comer en la época en que la instrucción fue dada.

Segundo: "No establecemos ninguna línea precisa para ser seguida en materia de alimentación"- 9 T 159. Se dieron advertencias reiteradas contra ciertos alimentos específicamente perniciosos. Pero en general, se presentaron los principios generales, y la aplicación detallada de estos principios amplios a veces debe ser determinada por la experimentación, y en base a las mejores conclusiones científicas asequibles.

Tercero: "Yo no me constituyo un criterio para nadie" - Carta 45, 1903. Habiendo adoptado en forma inteligente ciertas reglas para sí misma, la Sra. de White a veces describió el régimen alimenticio de su propio hogar, pero no como una regla por la cual otros debían regirse en forma rígida. -Los compiladores.]

La primera visión de la reforma pro salud

1*. Fue en el hogar del Hno. A. Hilliard, ubicado en Otsego, Michigan, el 6 de junio de 1863 cuando el gran 578 tema de la reforma pro salud fue abierto delante de mí en visión.

Revelado como una obra progresiva

[Boletín de la Asociación General, abril 12, 1901]

2*. Según la luz que me fue dada hace tanto tiempo (1863), se me mostró que la intemperancia prevalecería en el mundo hasta un punto alarmante, y que cada miembro del pueblo de Dios debía asumir una posición elevada con respecto a la reforma de los hábitos y las prácticas... El Señor presento delante de mí un plan general. Se me mostró que Dios daría a sus hijos que observan los mandamientos, una reforma del régimen alimenticio, y que a medida que ellos la recibieran, sus enfermedades y sufrimientos serían grandemente disminuidos. Se me mostró que esta obra iría en progreso.

[Para progresar firmemente hacia el régimen ideal- 651]

[Una palabra de cautela contra el progreso demasiado rápido- 803]

Una aceptación personal del mensaje

3*. Acepté la luz de la reforma pro salud como ésta me fue presentada. Ha sido una gran bendición para mí. Tengo mejor salud hoy, a pesar de mis 76 años, que la que tenia en mis días juveniles. Agradezco a Dios por los principios de la reforma pro salud.

Después de una prueba de un año- Beneficios recibidos

4*. Por años he pensado que debía depender de un régimen a base de carne para tener fuerza. He estado tomando 579 tres comidas por día hasta hace pocos meses. Ha sido muy difícil para mí llegar de una comida a la otra sin sufrir languidez de estómago, y vahídos. El comer solía quitar esas sensaciones. Rara vez me permití comer algo entre mis comidas regulares, y he convertido en una práctica el ir a dormir a menudo sin la cena. Pero he sufrido grandemente por falta de alimento desde el desayuno hasta el almuerzo, y a menudo me he sentido desfallecer. El comer carne quitaba por el momento esa sensación de languidez y desmayo. Por lo tanto decidí que la carne era indispensable en mi casa.

Pero puesto que el Señor presentó delante de mí, en junio de 1863, el tema del consumo de carne en relación con la salud, abandoné el uso de la carne. Por un tiempo fue más bien difícil acomodar mi apetito al pan, por el cual, anteriormente, había tenido poca apetencia. Pero por medio de la perseverancia, he podido hacerlo. He vivido casi un año sin carne. Por seis meses la mayor parte del pan que se ha puesto en nuestra mesa ha sido bollos de harina de trigo sin cerner y no leudados, con agua y muy poca sal. Usamos frutas y hortalizas en forma abundante. He vivido ocho meses con dos comidas por día.

Me he dedicado a escribir la mayor parte del tiempo por más de un año. Durante ocho meses me he limitado estrictamente a escribir. Mi cerebro ha estado constantemente cargado, y he tenido sólo poco ejercicio. Sin embargo mi salud nunca ha sido mejor que durante los seis meses pasados. Mi languidez y mis vahídos anteriores me han abandonado. Cada primavera tenía el problema de falta de apetito. La primavera pasada no tuve ningún problema a este respecto.

Nuestra comida sencilla, tomada dos veces por día, es disfrutada con verdadero gusto. No tenemos carne, torta, ni ningún alimento concentrado sobre nuestra mesa. No usamos tocino, pero en su lugar tenemos leche, crema y algo de mantequilla. Preparamos nuestros alimentos sólo 580 con poca sal, y hemos abandonado toda clase de especias. Desayunamos a las siete, y tomamos nuestro almuerzo a la una. Raramente tengo una sensación de languidez o desvanecimiento. Mi apetito es satisfecho, Como la comida con mayor gusto que nunca antes.

[Un poco de sal es esencial para la sangre - 571, 572]

La batalla para lograr la victoria

5*. No he cambiado mi conducta ni en un ápice desde que adopté la reforma pro salud. No he dado ningún paso de retroceso desde que la luz del cielo sobre este tema brilló por primera vez en mi camino. Abandoné todo de inmediato -la carne, la mantequilla y una de las tres comidas- y eso mientras me ocupo en una labor intelectual exhaustiva, escribiendo desde temprano por la mañana hasta la puesta del sol. He disminuido a dos comidas por día sin cambiar mi trabajo.

He sufrido mucho de diversas enfermedades, y he tenido cinco ataques de parálisis. He tenido mi brazo izquierdo inmovilizado a mi costado por meses, porque el dolor sobre el corazón era tan intenso. Al hacer estos cambios en mi régimen, rehusé someterme al gusto y dejar que éste me gobernara. ¿Me impedirá éste obtener mayor fuerza, para glorificar de esta manera a mi Señor? ¿Me obstaculizará el gusto mi camino por un momento? ¡Nunca! He sufrido de un hambre intensa; era una gran consumidora de carne. Pero al sentir languidez o desfallecer, coloqué mis brazos sobre el estómago, y dije: "No probaré un bocado. Consumiré alimento sencillo, o no comeré del todo". El pan me desagradaba. Raramente podía comer una porción del tamaño de un dólar. Algunas cosas de la Reforma podía recibirlas muy bien; pero cuando llegaba al asunto del pan, estaba especialmente en contra. Cuando 581 hice estos cambios, tuve una batalla especial que luchar. Las primeras dos o tres comidas, no pude comer. Le dije a mi estómago: "Tendrás que esperar hasta que puedas comer pan". Después de un poco podía comer pan, y pan integral también. Esto no podía comerlo antes; pero ahora le encuentro gusto agradable, y no he tenido falta de apetito.

ACTUO A BASE DE PRINCIPIOS

Cuando escribía Spiritual Gifts, los tomos tres y cuatro [1863 - 64], solía agotarme por exceso de trabajo. Entonces vi que debía cambiar mi conducta, y al descansar unos pocos días me mejoré de nuevo. Abandoné estas cosas por principio. Hice mi resolución para estar de acuerdo con la reforma por principio. Y desde ese tiempo, hermanos, no me habéis oído presentar ningún punto de vista extremo sobre la reforma pro salud del cual haya tenido que retractarme. No he presentado otra cosa que lo que practico hoy. Os recomiendo un régimen sano y nutritivo.

No considero una gran privación el abandonar el uso de las cosas que dejan mal aliento y mal gusto en la boca.¿ Es negarse a sí mismo abandonar estas cosas, y llegar a una condición en que todo es tan dulce como la miel; donde no hay mal gusto en la boca y ninguna sensación de languidez en el estómago? Solía tener estas cosas la mayor parte del tiempo. Me he desvanecido con mi hijo en mis brazos una y otra vez. No tengo nada de esto ahora; ¿y llamaré a esto una privación, cuando puedo estar delante de vosotros como lo hago hoy en día? No hay una mujer en cien que pueda soportar la cantidad de trabajo que yo tengo. He avanzado por principio, no por impulso. He avanzado porque creía que el cielo aprobaría la conducta que seguía para alcanzar la óptima condición de salud posible, para poder glorificar a Dios en mi cuerpo y en mi espíritu, que son de él. 582

Una batalla contra el hábito del vinagre

6*. Acabo de leer su carta. Ud. parece tener un ferviente deseo de obrar su salvación con temor y temblor. Lo ánimo a hacerlo. Le aconsejo que descarte todo lo que haría que Ud. realizara una obra a medias en la búsqueda del reino de Dios y su justicia. Deshágase de toda complacencia que le resulte un obstáculo en su tarea de vencer. Pida las oraciones de los que pueden comprender su necesidad de ayuda.

Había un tiempo en que yo estaba en una situación similar a la suya, en algunos respectos. Había complacido mi deseo por vinagre. Resolví con la ayuda de Dios vencer este apetito. Luché contra la tentación, determinada a no ser vencida por este hábito. Por semanas estuve muy enferma; pero continué diciéndome una y otra vez: El Señor lo conoce todo. Si muero, que muera; pero no cederé a este deseo; la lucha continuó, y me vi agudamente afligida por muchas semanas. Todos pensaban que era imposible que yo viviera. Puede estar seguro Ud. de que buscamos al Señor con mucho fervor. Se ofrecieron las oraciones más fervientes por mi recuperación. Continué resistiendo el deseo de vinagre, y por fin vencí. Ahora no tengo ninguna inclinación a probar nada de esa índole. Esta experiencia ha sido de gran valor para mí de muchas maneras. Obtuve una completa victoria.

Le relato esta experiencia para su ayuda y su ánimo. Tengo fe, hermana mía, en que Ud. puede pasar por esta prueba y revelar que Dios es el ayudador de sus hijos en todo tiempo de necesidad. Si Ud. determina vencer este hábito, y lucha con perseverancia, puede obtener una experiencia del más alto valor. Cuando Ud. fije su voluntad resueltamente para quebrantar esta complacencia, tendrá la ayuda que necesita de Dios. Pruébelo, hermana. Mientras Ud. acepte este hábito, complaciéndolo, Satanás 583 conservará su dominio sobre su voluntad, y hará que ésta lo obedezca a él. Pero si Ud. quiere determinar vencer, el Señor la sanará, y le dará fuerza para resistir toda tentación. Siempre recuerde que Cristo es su Salvador y Guardador.

- Un régimen escaso pero adecuado

7*. Como lo suficiente para satisfacer las necesidades de la naturaleza; pero cuando me levanto de la mesa, mi apetito es tan bueno como cuando me senté. Y cuando viene la próxima comida, estoy lista para tomar mi parte, y no más. Si tomara una cantidad doble de vez en cuando porque el alimento sabe bien, ¿cómo podría arrodillarme y pedirle a Dios que me ayude en mi obra de escribir, cuando no puedo obtener una idea a causa de mi glotonería? ¿Puedo yo pedir a Dios que se haga cargo de esa carga irrazonable impuesta a mi estómago? Esto sería deshonrarlo. Esto sería pedir para gastar en mis deleites. (Sant 4:3) Ahora yo como lo que creo que es correcto, y entonces puedo pedirle que me dé fuerza para realizar la tarea que él me ha dado para hacer. Y he sabido que el cielo ha escuchado y contestado mi oración, al hacer esta petición.

- Una mesa bien provista

8*. Tengo una mesa bien provista en todas las ocasiones. No hago ningún cambio para las visitas, ora sean creyentes o incrédulos. Me propongo no ser sorprendida jamás por una falta de preparación para dar de comer en mi mesa desde una hasta seis personas adicionales que puedan llegar. Tengo suficiente alimento sencillo y saludable listo para satisfacer el hambre y nutrir el organismo. Si alguien quiere más que esto, está en libertad de encontrarlo en otra parte. No pongo en mi mesa nada de mantequilla ni de 584 carne. Raramente hay torta allí. Por lo general tengo una provisión amplia de frutas, buen pan y hortalizas. Nuestra mesa está siempre bien concurrida, y a todos los que participan del alimento les va bien, y su salud mejora. Todos se sientan a la mesa sin un apctito epicúrco, y comen con gusto las bondades suplidas por nuestro Creador.

[Los alimentos son endulzados como se necesita; no hay azúcar en la mesa - 532]

- En los coches

9*. Mientras padres e hijos estaban comiendo sus alimentos delicados, mi esposo y yo participamos de nuestra sencilla comida, a la hora en que acostumbramos hacerlo, a la una de la tarde, compuesta de pan integral y una abundante provisión de fruta. Consumimos nuestro alimento con intenso gusto, y con corazones agradecidos de que no tuviéramos que llevar con nosotros un almacén popular para satisfacer un apetito caprichoso. Comimos con placer, y no tuvimos ninguna sensación de hambre hasta la próxima comida. El muchacho que pasaba con sus naranjas, nueces, maíz reventado y bombones descubrió que éramos malos clientes.

[En I 873, un poco de leche y algo de azúcar-532]

- Encontrando dificultades y transigencias resultantes

10*. Hace más de treinta años a menudo me hallaba en grande debilidad. Muchas oraciones fueron ofrecidas en mi favor. Se creía que la carne me daría vitalidad, y esta era, por lo tanto, mi principal artículo alimenticio. Pero en lugar de aumentar mi fuerza, seguía debilitándome. A 585 menudo me desmayaba y estaba exhausta. Recibí luz que me mostraba el daño que los hombres y mujeres inferían a las facultades mentales, morales y físicas por el uso de la carne. Se me mostró que toda la estructura humana es afectada por este régimen, y que por él el hombre fortalece las propensiones animales y el apetito por el alcohol. De inmediato eliminé la carne de mi menú.

Después de eso a veces me encontré en situaciones en que me veía obligada a comer un poco de carne.

[A veces obligada a comer un poco de carne cuando no había otro alimento asequible - 699]
[Nota. Desde los días de su niñez, la Sra. de White se vio cargada con la tarea de escribir y de realizar ministerio público, y por lo tanto estaba obligada a colocar las responsabilidades de la obra doméstica mayormente sobre amas de llaves y cocineras. No siempre podía valerse de los servicios de personas preparadas en una forma higiénica de cocinar. De manera que había tiempos en que en su propio hogar había que realizar diferentes acomodos entre las normas ideales por una parte, y el conocimiento, la experiencia y las normas de una nueva cocinera, por la otra. Además, gran parte del tiempo en que viajaba, ella dependía para su alimentación de las personas a quienes visitaba. Aunque podía subsistir a base de un régimen escaso, a veces parecía necesario comer algo de carne, que ella sabia que no era el mejor alimento y que no era lo que ella misma había elegido. -Los compiladores.]

— Se lamenta por falta de una cocinera- 1892
11*. Estoy sufriendo más ahora por falta de alguien que esté experimentada en el arte culinario, y que prepare las cosas que yo puedo comer... El alimento es preparado de tal manera que no es apetitoso, sino que tiene la tendencia a eliminar el deseo de comida. Yo pagaría un precio más alto por una cocinera que por cualquier otra parte de mi trabajo. 586

— Decisión final de seguir un régimen absolutamente exento de carne
12*. Desde el congreso campestre de Brighton (enero de 1894) yo he eliminado absolutamente la carne de mi mesa. Existe el entendimiento de que ora sea que esté en casa o afuera, nada de esta clase ha de usarse en mi familia, o ha de ponerse sobre la mesa. He tenido muchas presentaciones sobre este tema en las horas de la noche.

13*.Tenemos abundancia de buena leche, fruta y pan. Ya he consagrado mi mesa. La he limpiado de toda carne. Para disfrutar de una solidez física y mental es mejor abstenerse de vivir a base de carne. Hasta donde sea posible debemos regresar al plan original de Dios. Desde ahora en adelante mi mesa estará libre de carne de animales muertos, y vacía de esa clase de postres que requieren mucho tiempo y energía para prepararlos. Podemos usar fruta abundantemente, y en diferente forma, sin correr el riesgo de contraer las enfermedades que vienen por usar la carne de animales enfermos. Debemos poner nuestro apetito bajo control, de manera que disfrutemos de alimento sencillo y sano, teniendo abundancia de él para que nadie padezca hambre.

— Un año después del paso avanzado
14*. Tenemos una gran familia, y además tenemos muchos huéspedes. Pero no se sirve en nuestra mesa ni mantequilla ni carne. Usamos la crema de la leche de las vacas que nosotros mismos alimentamos. Compramos mantequilla para cocinar de campos donde las vacas están sanas, y tienen buenos pastos. 587

— Dos años después del paso avanzado
15*.Tengo una gran familia que a menudo cuenta con 16 miembros. En ella hay hombres que trabajan con el arado y que derriban árboles. Estos efectúan el más vigoroso ejercicio, pero ni una partícula de carne se coloca en la mesa. No hemos usado la carne desde el congreso campestre de Brighton. No era mi propósito tenerla en la mesa en ningún momento, pero se hicieron urgentes pedidos en que se declaraba que tal persona no podía comer tal o cual cosa, y que su estómago podía digerir la carne mejor que cualquier otra cosa. De esta forma fui tentada a colocar carne en mi mesa...

Todos los que vienen a mi mesa son bienvenidos, pero no pongo delante de ellos ninguna carne. Los cereales, los vegetales y las frutas frescas y conservadas constituyen nuestro menú. Ahora tenemos abundancia de las mejores naranjas, y muchos limones. Esta es la única fruta fresca que podemos conseguir en esta estación del año...

He escrito esto para darle alguna idea de cómo vivimos. Nunca gocé de mejor salud que la que tengo actualmente, y nunca escribí más que ahora. Me levanto a las tres de la mañana, y no duermo durante el día. A menudo estoy levantada a la una, y cuando mi mente está especialmente preocupada, me levanto a las doce para escribir acerca del asunto que ha sido traído con urgencia a mi mente. Alabo al Señor con todo el corazón y el alma y con mi voz por su gran misericordia hacia mí.

Empleo moderado de frutas oleaginosas (nueces)

16*. No comemos carne ni mantequilla, y usamos muy poca leche al cocinar. No hay fruta fresca en esta estación. 588 Tenemos una buena producción de tomates, pero nuestra familia aprecia mucho las nueces preparadas de varias maneras. Usamos la quinta parte de lo que la receta especifica.

[Los tomates son especialmente buenos- 532]

Un régimen adecuado, pero sin carne

17*. cuando estaba en Cooranbong, muchas personas que eran grandes consumidoras de carne formaron parte de mi familia, y cuando se sentaban a mi mesa, y no había una partícula de carne que se servía, decían: "Bueno, si Ud. tiene alimentos como éstos, yo puedo pasarlo sin carne". Creo que mi alimento satisface a nuestra familia. Le digo a mi familia: "No importa lo que Uds. hagan, no preparen un régimen pobre. Pongan suficiente sobre la mesa como para nutrir el organismo. Deben hacerlo. Deben inventar e inventar y estudiar todo el tiempo, y obtener los mejores platos que puedan, como para no tener un régimen pobre".

Té y café

18*. Por años no he comprado un solo centavo de té. Conociendo su influencia no me atrevo a usarlo, excepto en casos de vómito severo cuando lo tomo como medicina, pero no como bebida...

No soy culpable de beber ninguna clase de té, excepto el té de trébol rosado, y si me gustara el vino, el té y el café, no usaría estos narcóticos destructores de la salud, porque valoro la salud y valoro un ejemplo saludable en todas estas cosas. Quiero ser un modelo de temperancia y de buenas obras delante de los demás.

[Declaración relativa al régimen en 1902- 522] 589

Alimento sencillo

19*. Mi salud es buena. Mi apetito es excelente. Hallo que cuanto más sencillo es el alimento, y cuantas menos variedades como, más fuerte soy.

Siguiendo la luz en 1903

20*. En nuestra familia tenemos el desayuno a las seis y media, y el almuerzo a la una y media. No tenemos cena. Cambiaríamos las horas de comer un poco, si no fuera por el hecho de que éstas son las horas más convenientes para algunos miembros de la familia. Yo tomo sólo dos comidas por día, y todavía sigo la luz que me fue dada hace treinta y cinco años. No uso carne. En cuanto a mí, he definido la cuestión de la mantequilla. No la uso. Este asunto debe ser fácilmente definido en todo lugar donde el artículo más puro no puede obtenerse. Tenemos dos buenas vacas lecheras, una Jersey y una Holstein. Usamos crema, y todos están satisfechos con esto.

21*. Tengo setenta y cinco años de edad. Pero escribo tanto como siempre. Mi digestión es buena y mi cerebro está lúcido.

Nuestro menú es sencillo y sano. No tenemos en nuestra mesa nada de mantequilla, nada de carne, nada de queso, y nada de mixturas con grasas. Durante algunos meses un joven que no era creyente, y que había comido carne toda su vida, tomó pensión con nosotros. No hicimos ningún cambio en nuestro régimen por su causa; y mientras estuvo con nosotros aumentó unas veinte libras.. El alimento que le proporcionamos era mucho mejor para él que la comida a la cual había estado acostumbrado. Todos los 590 que se sientan a mi mesa expresan que están bien satisfechos con la comida provista.

No se le impone a la familia reglas rígidas

22*. Yo consumo la comida más sencilla, preparada de la manera más simple. Por meses mi régimen principal ha sido fideos y tomates envasados cocinados juntos. Esto lo como con pan retostado. También tengo alguna clase de fruta cocinada y a veces pastel de limón. Maíz seco, cocinado con leche o con un poco de crema, es otro plato que uso a veces. Pero los otros miembros de mi familia no comen las mismas cosas que yo. No me erijo en un criterio para ellos, sino que dejo que cada uno siga sus propias ideas acerca de qué es lo mejor para él. No ato la conciencia de ninguna otra persona a la mía. Una persona no puede ser criterio para otra en materia de alimentación. Es imposible hacer una regla para que todos la sigan. Hay algunos en mi familia que gustan mucho de las habichuelas, en tanto que para mí éstas son veneno. Nunca se coloca mantequilla en mi mesa, pero si los miembros de mi familia quieren usar un poco de ella fuera de la mesa, están en libertad de hacerlo.

Nuestra mesa se pone dos veces por día, pero si hay personas que quieren algo para comer por la tarde, no hay regla que les prohiba hacerlo. Nadie se queja o sale de nuestra mesa insatisfecho. Siempre se provee una variedad de alimentos sencillos, sanos y sabrosos.

Una declaración para los que objetan la manera de comer de la Sra. White

23*. Algunos informan que yo no he vivido a la altura de los principios de la reforma pro salud, tal como los he 591 presentado con mi pluma. Pero puedo decir que hasta ahora, por todo lo que yo sepa, no me he apartado de esos principios. Los que han comido en mi mesa saben que no he puesto carne delante de ellos... Han pasado varios años desde el tiempo en que ponía carne en mi mesa. Nunca usamos té o café. Ocasionalmente he usado té de flor de trébol rosado como bebida caliente, pero pocos de mi familia beben alguna clase de líquido en la comida, En la mesa hay crema en lugar de mantequilla, aun cuando tengamos invitados presentes. No he usado mantequilla por muchos años.

Y sin embargo no tenemos un régimen empobrecido. Tenemos abundancia de fruta seca y envasada. Si nuestra propia cosecha de fruta es escasa, compramos parte en el mercado. La Hna. Gray me manda las uvas sin semillas, y éstas cocinadas constituyen un plato apetitoso. Nosotros recogemos una especie de zarzamora, y la usamos en abundancia. Las fresas no crecen bien en esta localidad, pero de nuestros vecinos compramos otras clases de fresas, manzanas y peras. Tenemos también abundancia de tomates. A la vez recogemos una buena variedad de maíz dulce, y secamos una gran cantidad para usar durante los meses de invierno. Cerca de nosotros hay una fábrica de productos alimenticios, donde podemos surtirnos de las preparaciones de cereales.

[El uso de maíz seco y guisantes o arvejas - 524]
Tratamos de usar buen juicio para determinar qué combinaciones de alimentos nos sientan mejor. Es nuestro deber obrar sabiamente con respecto a nuestros hábitos de comer, ser temperantes, y aprender a razonar de la causa al efecto. Si queremos hacer nuestra parte, el Señor hará la suya en preservar nuestro poder mental

Por más de cuarenta años he tomado solamente dos comidas al día. Y si tengo una obra especial que hacer, limito la cantidad de alimento que tomo. Considero mi deber rehusar colocar en mi estómago cualquier alimento que tengo razones para creer que producirá molestias. ¡Mi mente debe ser santificada para Dios, y debo guardarme cuidadosamente contra todo hábito que tienda a disminuir mis facultades intelectuales. Estoy ahora en mis ochenta y un años, y puedo dar testimonio de que, como familia, no apetecemos las ollas de Egipto. He conocido algunos de los beneficios que se reciben viviendo según los principios de la reforma pro salud. Considero un privilegio así como un deber ser una reformadora en este sentido.

Sin embargo, lamento que haya tantos miembros de nuestro pueblo que no siguen estrictamente la luz sobre la reforma pro salud. Aquellos que en sus hábitos violan los principios de la salud, y no prestan atención a la luz que el Señor les ha dado, sufrirán seguramente las consecuencias.

Describo estos detalles, para que Ud. sepa cómo contestar a cualquiera que objete mi manera de comer...

Considero que una razón por la cual he podido hacer tanto trabajo, tanto en la predicación como en escribir, es porque me adhiero estrictamente a la temperancia en mi manera de comer. Si se colocan delante de mí varias clases de alimentos, trato de escoger solamente los que yo sé que me caen bien. Así me capacito para mantener claras mis facultades mentales. Rehuso colocar en mi estómago a sabiendas cualquier cosa que produzca fermentación. Este es el deber de todos los reformadores en pro de la salud. Debemos razonar de la causa al efecto. Es nuestro deber ser temperantes en todas las cosas.

Principios generales de reforma

24*. He tenido gran luz del Señor sobre el tema de la reforma pro salud. Yo no he buscado esa luz; no he estudiado para obtenerla; me fue dada por el Señor a fin de que la diera a otros. Presento estos asuntos ante el pueblo insistiendo sobre los principios generales, y a veces, si se hacen preguntas en la mesa a la cual he sido invitada, contesto de acuerdo con la verdad. Pero nunca he hecho un ataque contra ninguno con respecto a la mesa o a su contenido. No considero tal proceder como cortés o propio en absoluto.

Tolerancia para con los demás

25*. No me constituyo en criterio de ninguna otra persona. Hay cosas que yo no puedo comer sin sufrir grandes molestias. Trato de descubrir lo que es mejor para mí, y entonces sin decir nada a otra persona, participo de las cosas que puedo comer, y que a menudo son sencillamente dos o tres variedades que no crearán ninguna perturbación en el estómago.

26*. Existe una amplia diferencia en las constituciones y los temperamentos, y las exigencias del organismo difieren grandemente en distintas personas. Lo que sería alimento para uno podría ser veneno para otro; de manera que no pueden sentarse reglas precisas que cuadren con todos los casos. Yo no puedo comer habichuelas (judías verdes), porque son veneno para mí; pero que yo diga que por esta razón nadie debe comerlas, sería sencillamente ridículo. Yo no puedo comer ni una cucharada de salsa hecha con leche, ni tostadas servidas con leche, sin sufrir la consecuencia; pero otros miembros de mi familia pueden comer estas cosas, sin tener ningún mal efecto; por lo tanto yo tomo lo que sienta mejor a mi estómago, y ellos hacen lo mismo. No cruzamos palabras al respecto ni discutimos; todo se mueve armoniosamente en mi gran familia, porque yo no trato de dictar lo que ellos deben o no deben comer. 594

"He sido una fiel reformadora en pro de la salud"

27*. Cuando recibí por primera vez el mensaje de la reforma pro salud, yo era débil, y estaba sujeta a frecuentes accesos de desfallecimientos. Pedí ayuda a Dios, y él abrió delante de mí el gran tema de la reforma pro salud. Me instruyó acerca de que los que guardan sus mandamientos deben ponerse en sagrada relación con él, y que por la temperancia en el comer y en el beber deben conservar su mente y su cuerpo en la condición más favorable para el servicio. Esta luz ha sido una gran bendición para mí. He hecho mi decisión como una reformadora en pro de la salud, sabiendo que el Señor me fortalecería. Tengo mejor salud ahora, a pesar de mi edad, de la que tuve en mis días más jóvenes.

Algunos han informado que yo no he seguido los principios de la reforma pro salud tales como los defendí con mi pluma; pero puedo decir que he sido una fiel reformadora en pro de la salud. Los que han sido miembros de mi familia saben que esto es cierto.

APÉNDICE 2

UNA DECLARACIÓN DE JAIME WHITE CON RESPECTO A LA REFORMA PRO SALUD

[Al presentar un informe ante el congreso campestre de Kansas, en 1870, el pastor Jaime White hizo la siguiente declaración con respecto a la luz progresiva que había sido recibida sobre la reforma pro salud, los peligros de usar un método falto de juicio para enseñar estos temas, y la relación de la Sra. de White con ciertas posiciones extremas que entonces algunos defendían. Como una declaración histórica, ilumina algunas de sus enseñanzas registradas en ese tiempo. Los compiladores.] 595

*La Sra. de White ha hablado sobre el tema de la salud de manera tal que ha producido entera satisfacción. Sus observaciones fueron claras y enérgicas, y sin embargo prudentes, de tal suerte que conquistaba los sentimientos de toda la congregación. Cuando habla de este tema, ella siempre evita los extremos, y es cuidadosa como para asumir únicamente las posiciones que ella está completamente segura que no despertarán prejuicios.

La gente se excita y alberga prejuicios con facilidad sobre el tema de la reforma pro salud, si quienes manejan esta cuestión son desacertados en la selección de la oportunidad, o en el estilo en que presentan el asunto, especialmente si aparecen ante el pueblo como extremistas. Algunas cuestiones delicadas, tales como "el vicio solitario", raramente deben discutirse, si es que alguna vez hay que hacerlo, y sólo en publicaciones adecuadas sobre el tema. No hay ni uno de cada diez de nuestros predicadores que está convenientemente informado, y que es debidamente cuidadoso, como para presentar la cuestión de la salud en sus diversos aspectos ante el pueblo. Y la cantidad de daño que se hace a la causa de la verdad presente por un proceder falto de juicio de parte de los que han introducido el tema de la reforma pro salud en las oportunidades y los lugares no adecuados, y de la manera equivocada, apenas puede estimarse.

"Aún tengo muchas cosas que deciros dijo Jesús, pero ahora no las podéis sobrellevar" (Juan 16:12). Jesús sabía cómo llevar consigo las mentes de sus discípulos. El Señor también sabía cómo presentar a la gente que lo esperaba el gran tema de la reforma pro salud, paso a paso, en la medida en que podían soportarlo, y hacer un buen uso de él, sin herir la mente del público. En el presente otoño se cumplen veintidós años desde que nuestra atención fue dirigida a los efectos perjudiciales del tabaco, el té y el 596 café, por medio del testimonio de la Sra. de White. Dios ha bendecido maravillosamente el esfuerzo para eliminar estas cosas de nosotros, de manera que como denominación podemos regocijarnos en la victoria, con muy pocas excepciones, sobre estas complacencias pecaminosas del apetito...

Cuando habíamos obtenido una buena victoria sobre estas cosas, y cuando el Señor vio que podíamos soportar más, nos fue dada luz con respecto a los alimentos y el vestido. Y la causa de la reforma pro salud entre nuestros hermanos avanzó en forma decidida, y se hicieron grandes cambios, especialmente con respecto al uso de la carne de cerdo, hasta el momento cuando, a consecuencia de nuestra enfermedad, la Sra. de White dejó de hablar y de escribir sobre el tema de la reforma pro salud. Desde ese punto puede datarse el comienzo de nuestras desgracias y errores como pueblo con respecto a este asunto.

Desde que hemos vuelto a ser activos de nuevo, la Sra. de White se siente llamada a hablar acerca del tema de la reforma pro salud más a menudo a causa de los extremos que manifiestan los reformadores, que por cualquier otra razón. El hecho de que todos o casi todos los extremistas sobre el tema de la reforma, que hay entre nosotros, esperan recibir la sanción absoluta de la Hna. White, es la razón por la cual ella se siente llamada a exponer sus verdaderos sentimientos. El pueblo debe conocer su posición sobre este asunto, y a su debido tiempo la sabrá.

Con respecto al uso del tabaco, el té, el café y la carne, y también sobre el vestido, existe acuerdo general. Pero por el momento ella no está preparada para asumir una posición extrema en lo que atañe a la sal, el azúcar y la leche. Si no hubiera otras razones para avanzar cuidadosamente con respecto a estas cosas de uso tan común y abundante, existe por lo menos una razón suficiente en el hecho de que las mentes de muchos no están preparadas aún para recibir los hechos relativos a estas cosas. La ruina completa 597 de algunos individuos y la casi destrucción de algunas de nuestras iglesias, pueden adjudicarse claramente a algunas posiciones extremas sobre el régimen, presentadas en forma poco juiciosa en la Review hace algún tiempo. Los resultados han sido malos. En tanto que algunos han rechazado el tema de la reforma pro salud, debido a que éste ha sido malamente dirigido, otros, listos y concienzudos, han adoptado las más extremas posiciones, que perjudican grandemente su salud, y como consecuencia la causa de la reforma pro salud.

En este estado de cosas, por desanimador que sea, la Sra. de White se siente llamada a reasumir su tarea en este ramo de labor, y al hacerlo, hará que sus puntos de vista sean plenamente entendidos. Será bueno declarar aquí, sin embargo, que aun cuando ella no considera la leche, tomada en grandes cantidades, como se consume habitualmente con pan, el mejor artículo de alimentación, su atención hasta ahora ha sido llamada solamente a la importancia de la mejor y más saludable condición posible de la vaca, cuya leche se usa como artículo alimenticio. Ella no puede unirse para hacer circular publicaciones que asuman una posición extrema sobre el importante asunto de la leche, con la luz que ella tiene hoy sobre el tema. Tales publicaciones pueden ser muy buenas para los reformadores en pro de la salud bien informados, y pueden ser una guía debida en el departamento de arte culinario de nuestro Instituto de Salud de Battle Creek después que de sus mesas eliminen el empleo habitual de la leche. Además, tales obras pueden tener una influencia mayor entre nuestros hermanos cuando nuestros pastores, que son ardientes reformadores en pro de la salud, abandonen el uso abundante de la leche de vaca.

Aquí está nuestra debilidad sobre este tema. Nuestras publicaciones, que circulan entre las personas no informadas y entre los que son muy susceptibles de prejuicios, 598 están más adelantadas, sobre algunos de estos puntos, que las prácticas de los que entre nosotros representan la reforma pro salud. La Sra. de White ruega que este asunto sea cambiado de tal manera que nuestras publicaciones presenten solamente los conceptos sobre los cuales están de acuerdo los que están a la cabeza de la reforma, y esto, en un estilo que no suscite prejuicio, y no ponga a buenos hombres y buenas mujeres fuera de nuestra influencia. Que la práctica uniforme de los reformadores en pro de la salud existan primero, y que luego sigan nuestras publicaciones, y presenten puntos de vista bien madurados a medida que las personas no instruidas puedan soportarlos.

La Sra. de White cree que un cambio de las más sencillas clases de carne a un uso abundante de azúcar, está yendo de mal en peor. Ella quiere recomendar un empleo muy escaso tanto del azúcar como de la sal. El apetito puede Y debe acomodarse a un uso muy moderado de ambas cosas. En el caso de la sal, los alimentos con una cantidad de sal tan reducida que los hace parecer insípidos a uno que está acostumbrado a usarla en gran cantidad, después de unas pocas semanas de un uso muy moderado, llegarán a parecer desagradablemente salados al gusto.

Aunque el tabaco, el té y el café pueden ser dejados de inmediato, uno a la vez, los que son tan desafortunados que han sido esclavizados por todos, deben realizar con cuidado los cambios en el régimen, uno a la vez. Y aun cuando ella quiere decirles esto a los que están en peligro de hacer los cambios demasiado rápidamente, también quiere decir a los despaciosos: Estad seguros de no olvidar el cambio. Los hechos más sencillos posibles exigen un cambio de los hábitos comunes de la vida, pero no se hagan éstos con tanta rapidez como para perjudicar la salud y la constitución física.

d work 4/22/24

elen N

610 4350816

Colesterol ✓   LDL   140.
Sugar
Liver
Kidneys

Vitamin D³ → over   15 IU

Sugar 6.4 → carbs
                    20.